KB253112

형법총론
쟁점연구 I

KSI 한국학술정보㈜

형법총론 쟁점연구 I

박찬걸 저

KSI 한국학술정보㈜

머리말

본서는 필자가 2010년 3월부터 2011년 12월까지 국내 학술지에 발표한 논문 총 26편 가운데 형법총론과 관련된 11편의 논문을 수정·보완하여 엮은 연구서의 형식을 취하고 있다. 필자가 박사학위논문을 2010년 2월에 취득하였으니, 형사법학계에서는 아직 걸음도 제대로 걷지 못하는 신생아와 같은 단계에 있음에도 불구하고 책을 출판하게 된 계기는 다음과 같은 이유에서이다.

무엇보다도 가장 큰 이유는 나 자신이 가지고 있는 무지함과 게으름이라는 한계에 대해서 계속적인 주의를 가지기 위함이다. 누군가 나에게 형사법에 대하여 과연 얼마나 알고 있느냐고 물어 본다면, 단연코 아무것도 없다고 할 것이다. 형사법이라는 방대한 학문의 세계에서 필자의 지식은 거대한 사막에 존재하는 모래알 하나라고 생각하기 때문이다. 그렇기 때문에 하루도 빠짐없이 연구를 게을리하지 않아야 할 필요성이 생긴다. 본서의 제목을 '형법총론 쟁점연구 Ⅰ'이라고 명명한 이유는 여기에서 찾을 수 있다. 본서는 '형법총론 쟁점연구 Ⅱ'라는 후속작의 예고편이라고 할 수 있는데, 앞으로 일정한 주기를 가지고서 '형법총론 쟁점연구'라는 시리즈의 형식으로 연구서가 계속 나올 것이다. 이와 같이 필자의 연구계획을 공식적으로 밝힘으로써 무지함과 게으름을 조금이나마 극복하고자 하려는 데 출판의 가장 큰 이유가 있는 것이다.

한편 최근의 형사입법은 자고 일어나면 변화하는 예측불가능의 경향을 띠고 있다. 예를 들면 「성폭력범죄의 처벌 등에 관한 특례법」은 제18대 국회에서 총 58건의 개정법률안이 접수되는 진기록을 낳기도 하였다. 필자는 되도록 최근의 입법 내지 경향에 대하여 연구를 하려고 노력하고 있으나, 본서에 수록된 각종 법률들의 내용도 아마 빠른 시일 내에 구법이 될 것이다. 연구서의 출판시일을 먼 훗날로 생각하였던 적도 있었으나 그 시점에서는 이 책의 상당수의 내용은 법제사의 성격을 취할 것이 분명할 것이라는 회의적인 생각이 출판기일을 앞당긴 큰 요인으로 작용하였다. 최근의 입법이나 경향을 되도록 가장 빨리 독자들에게 전달하고자 하는 욕심이 생긴 것이다.

이 자리를 통하여 감사의 말씀을 전할 분이 많이 계신다. 먼저 형사법에 대하여 아무것도 모르는 부족한 필자에게 학자의 길을 선택할 수 있도록 물심양면으로 이끌어 주신 한양대학교 오영근 지도교수님께 감사드린다. 필자의 정신세계에 있어서 학문적 아버지라고 할 수도 있다. 또한 형사법의 주요 쟁점들에 대하여 깊이 있는 이야기와 더불어 인생을 사는 데 있어서 올바른 방향을 제시해 주신 한양대학교 이은모 교수님과 김재봉 교수님께도 감사드린다. 그리고 대구가톨릭대학교 정희천 교수님과 강경래 교수님이 베풀어 주신 은혜에도 감사의 말씀을 꼭 전해 드리고 싶다. 교수생활을 이제 막 시작하는 단계에 있는 필자에게 여러 가지 조언과 동시에 학계의 동향 등에 대하여 허심탄회하게 이야기할 수 있도록 도와주시는 고마우신 분들이다.

좀 더 심도 있고 발전된 모습을 담을 것을 간절히 소망함과 동시에 '형법총론 쟁점연구 Ⅱ'의 출간을 기약하며 머리말에 갈음하고자 한다.

2012. 4.

대구가톨릭대학교 법정대학 연구실에서

박찬걸

CONTENTS

CONTENTS

CONTENTS

제1장 비범죄화의 유형에 관한 연구

Ⅰ. 문제의 제기

우리나라에서는 기존에 범죄로 규정하고 있지 않은 행위들을 신범죄화하거나 존재하는 범죄를 보다 더 가중하게 규정하는 형식의 법률개정은 자주 일어나는 반면에 사회적인 변화 내지 가치관의 변화 추세에 따라 기존에 범죄로 규정하였던 것을 비범죄화하는 노력은 거의 일어나지 않고 있다. 극단적으로 전혀 비범죄화되고 있지 않다고 해도 과언이 아닐 것이다. 형법 제정 당시부터 비범죄화 논란이 되었던 간통죄 폐지 논의가 2010년 현재까지도 지속되고 있는 사실이 그 대표적인 예이다. 약 60여 년 동안 비범죄화가 논의되어 온 단 하나의 형벌조항도 섣불리 결단을 못 내리고 있는 현 상황은 다른 형벌조항의 비범죄화 논의에 대한 접근 자체를 사전에 억누르는 경향이 있다.

이러한 비범죄화의 논의는 형법 투입의 사회적 비용이 너무 높은 경우, 형법 이외의 기타 사회통제수단에 의한 규율이 더 적합한 경우, 대량적으로 발생하는 피해자 없는 범죄의 경우 등에서 의미를 가진다. 비범죄화의 방안으로 제시될 수 있는 유형들은 매우 다양하다. 범죄의 양상에 따라 더욱 엄중하게 처벌해야 하는 행위유형이 있는 반면 비범죄화를 시도해야 하는 행위유형도 있는 것이다.[1] 문제는 현재 범죄로 규정되어 있는 여러 가지 행위들 중 과연 어떠한 유형으로 비범죄화시킬 것인가이다. 단적으로 모든 범죄행위들을 입법단계에서의 완전한 비범죄화로 처리하기는 불가능하다. 이는 잘못된 형사정책이 될 수 있다. 비범죄화는 입법단계에서만 이루어지는 것이 아니라 수사절차나 공판절차를 통한 집행단계에서도 얼마든지 이루어질 수 있기 때문이다. 따라서 비범죄화 조치는 개별 사안에 합당한 방법으로 다양하게 이루어져야 한다. '일률적'인 비범죄화보다는 '적절하고 개별적인' 비범죄화를 통해 처리하는 것이 보다 바람직하다.

한편 비범죄화의 정의에 대한 학자들의 견해는 일치를 보이고 있지 않다.

---

* 『저스티스』 제117호, 한국법학원, 2010. 6. 99면 이하.

1) 원혜욱·김찬, "교통사고의 비범죄화와 그 방안으로서 통고처분제도", 『형사정책연구』 제13권 제1호(통권 제49호), 한국형사정책연구원, 2002. 봄, 128면.

예를 들어 기광도 교수는 '이미 범죄로 처벌하고 있던 행위에 대한 형벌권의 폐지나 철회 그리고 형벌의 경감조치'라고 한다.[2] 그러면서 비범죄화(decriminalization,[3] Entkriminalisierung)의 구체적인 유형을 비법규화(delegalization), 비형벌화(depenalization), 다이버전(diversion) 등으로 구분한다. 반면에 임웅 교수는 '종래 범죄로 취급되던 일정한 인간행태에 관하여 형사정책상의 변화가 옴으로써 국가형벌권(sttatliche Strafugnis) 행사의 범위를 축소시킬 의도로 일정한 형사제재 규정을 사실상 적용하지 않거나 형사제재를 보다 가볍게 하려는 모든 시도'라고 한다.[4] 또한 김창군 교수는 '가벌적인 행위양태의 숫자를 감소시킬 목적으로 일정한 행위양태의 불법내용을 법정책적으로 달리 평가하여 당해 행위양태를 더 이상 제재하지 않거나 혹은 가볍게 제재하는 절차'라고 한다.[5]

이상에서 보는 바와 같이 비범죄화에 대한 개념정의는 학자들마다 조금씩 다르다. 이러한 차이점은 비범죄화의 범위를 어느 정도로 포섭할 것인가에 대한 입장 차이에서 비롯된다. 또 하나의 관점은 형사제재의 범위와 관련되어 있다. 범죄에 대한 법률효과인 형사제재로 가장 의미가 있는 것은 형법전에 명시적으로 규정되어 있는 총 9가지의 형벌이다. 하지만 오늘날 범죄인 처벌의 개별화 · 다원화 경향으로 인하여 형벌 이외의 여러 종류의 형사제재가 등장하였다. 이런 과정에서 형사제재와 행정제재의 구별이 명확하지 않은 제재수단이 출현하였다. 즉, 과거와 다른 새로운 제재수단의 체계적인 위치에 따른 학자들 사이의 견해의 대립도 비범죄화를 획일적으로 정의 내리기 어려운 이유 중의 하나이다.

---

2) 기광도, 『교통관련범죄의 비범죄화에 관한 연구』, 한국형사정책연구원(연구보고서 00-11), 2000. 12, 60면.

3) Decriminalization은 1966년에 Ancel이 '신사회방위론'이라는 책에서 처음으로 사용하였다.

4) 임웅, 『비범죄화의 이론』, 법문사, 1999, 6면.

5) 김창군, "비범죄화의 실현방안", 『형사정책』 제8호, 한국형사정책학회, 1996, 8면. 그 밖에도 Naucke는 '지금까지의 가벌적인 행위가 처벌되지 않게 되는 과정'이라고 하고 있으며 (Naucke, Uber deklaratorische, scheinbare und wirkliche Entkriminalisierung, in : *GA* 1984. S. 119), 유럽평의회보고서는 '일정한 행위양태에 대해 반작용으로 제재를 가할 수 있는 형사제도의 권한이 그 특수행위와 관련해서 철회할 수 있는 절차'라고 한다(Council of Europe, *Report of Decriminalization*, Strasbourg, 1980, p.13).

결론적으로 비범죄화의 논의에서 중요한 것은 비범죄화의 개념설정이라기보다는 비범죄화의 유형을 체계적으로 분류하여 각 체계상의 위치에서 적절한 방안을 모색하는 것이라고 할 수 있다. 오늘날에는 비범죄화를 할 것인가 여부의 문제보다는 비범죄화를 어떻게 할 것인가가 더욱 중요한 형사정책적 관심사가 되고 있다. 이에 따라 비범죄화의 유형도 갈수록 세분화되어 가고 있고, 새로운 비범죄화의 방안들도 개발되고 있다. 아래에서는 우리나라에서 비범죄화에 대한 논의가 진행되어 온 과정을 살펴본 후(Ⅱ), 이를 크게 입법단계에서의 비범죄화(Ⅲ)와 집행단계에서의 비범죄화(Ⅳ)로 나누어, 그 세부적인 내용에 대하여 고찰해 보기로 한다.

Ⅱ. 우리나라에서 비범죄화 논의의 전개

1. 1988년의 제2차 형법개정

'민주발전을 위한 법률개폐특별위원회'는 1988년 노태우 정부가 들어서고, 동년 13대 국회가 구성되면서 만들어진 위원회로서 국민의 기본적 인권의 신장 등 민주적 국가발전을 위하여 개정 및 폐지해야 할 필요성이 있는 법률을 심사하기 위하여 여야 합의에 의하여 발의된 국회 내의 위원회였다. 동 위원회는 1988년 12월 31일 형법 제104조의2 국가모독죄6) 조항(1975년 3월 25일 제1차 개정형법에서 신설)을 삭제하는 개정을 하였다.

이 개정은 우리나라의 총 8차례7) 진행된 형법개정의 역사상 유일한 비범죄화 개정이었다는 점에서 그 의의가 크다. 하지만 동 조항의 폐지는 군부독재

---

6) 동 조항은 처벌대상이 될 수 없는 행위를 중한 형벌로 처벌한다고 규정한 것으로서 민주국가의 형법이라고 볼 수 없다. 즉 형벌의 정당성이 인정되지 않는 것이다(박상기, "형법상 법익유형과 법정형에 관한 소고", 『형사법연구』 제19권 제3호(하), 한국형사법학회, 2007. 가을, 801면).
7) 이는 헌법개정의 횟수보다 적은 수치이다.

청산작업의 일환으로 이루어졌고, 그 범위도 단 하나의 조문이었다는 점에서
한계가 있다. 군부독재의 청산이 아닌 사회·문화·경제적 발전에 따른 시대
의 변화에 부응하는 비범죄화 작업이 절실히 요구된다고 하겠다.

2. 1995년의 제3차 형법개정

1984. 12. 31. 제정·공포된 형사법개정특별심의위원회규정(대통령령 제
1601호)에 의하여 1985. 6. 14. 법무부차관을 위원장으로 하고 학계, 법조계의
30여 명의 위원으로 구성된 '형사법개정특별심의위원회'가 설치되었다. 동 위
원회는 1985. 6. 21. 제1차 회의를 시작으로 총 76차례의 소위원회를 개최하였
다. 1985. 12. 20. 제2차 전체회의에서 형법전의 전면 개정을 위한 형법개정의
기본방향의 하나로 '사회의 가치관 및 윤리관의 변화에 따른 비범죄화'와 '사
회정세의 변화에 따른 범죄화'를 제안한 바가 있다. 동위원회에서 말하는 비
범죄화는 특수한 가치관에 근거하여 범죄로 규정한 것이나 형법에 의한 윤리
의 강요가 허용될 수 없다는 의미에서의 비범죄화 내지 비윤리화뿐만 아니라
특별법에 의한 규율이 적합하다는 이유로 형법의 규정을 삭제하는 경우를 포
함하였다.[8] 이러한 논의의 대상이 된 것은 공연음란죄, 도박죄, 혼인빙자간음
죄, 간통죄,[9] 혼인목적약취유인죄 등과 경미한 범죄였다.

형법개정작업의 결과 1992. 5. 27. 전문 405조의 형법개정법률안[10]이 만들

---

8) 법무부, 『형법개정법률안 제안이유서』, 형사법개정자료, 1992. 10, 9면.

9) 동 위원회는 간통죄 폐지의 논거로 간통행위의 불벌은 세계적인 입법추세라는 점(1964년
   제9회 국제형법회의에서 간통을 처벌하지 않기로 결의하였고, 현재 간통처벌국가는 중국과
   우리나라뿐이다), 헌법상의 인간의 존엄과 행복추구권의 보장은 개인의 성적 자기결정권을
   존중함을 요청한다(개인적 자유주의 사상)는 점, 형법은 개인의 사생활 질서, 특히 성에 관
   계된 사적 윤리에는 간섭해서는 안 된다는 점, 동의하는 간통행위에는 원칙적으로 피해자
   가 없다는 점, 암수가 많고 법의 실효성이 거의 없다는 점, 형사정책적으로 볼 때 형벌의
   범죄 억지효나 재사회화의 효과는 거의 없다는 점, 간통죄를 존치시킴으로써 범죄의 예방
   적 효과가 있을 것으로 생각하는 것은 우리의 고정관념에서만 유지되고 있는 생각이지 아
   무런 실증적 근거가 없다는 점 등 총 11가지 이유를 제시하고 있다(법무부, 『형사법개정공
   청회 자료집』, 형사법개정자료( ). 1992, 411-412면). 하지만 여론조사 결과 3분의 2 이
   상이 간통행위 처벌의 찬성을 원한다는 이유로 간통죄는 그대로 존치된다.

어져 국회에 제출되었다. 그 후 입법예고를 통하여 각계의 의견을 수렴하는 절차를 거쳐 정부안으로서 확정되어 1992. 7. 6. 국회에 제출되었고, 1992. 10. 2. 이 형법개정안은 법사위에 회부되었다. 그러나 1995년 12월에 이르기까지 각계의 의견이 일치되지 않은 규정이 있어 별로 진전을 이루지 못하고, 14대 국회의원 임기 만료에 따른 자동폐기의 우려가 있어 우선 시급히 개정되어야 할 부분을 발췌·정리하여 대안을 제시하였다. 그리하여 동년 12월 1일 국회 법사위는 정부가 제출한 형법개정법률안은 본회의에 부의하지 않기로 하고, 소위원회에서 제출한 대안을 법사위안으로 채택하여 원안의결한다. 이 안의 제안이유는 첫째, 정부의 형법개정안은 전부 개정으로 각계각층의 의견이 대 립하는 부분이 많이 있어 시간을 가지고 충분히 검토해야 할 필요가 있고, 둘째, 14대 국회의원 임기 만료로 형법개정안이 자동폐기될 우려가 있어 신종범 죄 등 최소한으로 필요한 개정부분을 반영한 부분개정 방식의 형법중개정법 률안을 제안한다는 것이었다.[11]

이 점이 시사하는 바는 크다. 우선 형법의 전면개정작업은 단시간 내에 이 루어질 수 없다는 점을 지적할 수 있다. 현행 국회의원의 임기 4년 동안 방대 한 형법, 특히 형사특별법[12]까지 포함하는 대폭적인 개정은 한꺼번에 이루어 질 수 없다는 것이다. 따라서 부분적인 개정을 수차례 걸쳐서 하는 방안을 모 색해야 한다. 예를 들어 성범죄, 양형의 통일, 어느 하나의 특별법의 폐지 및 흡수 등의 개별적인 방안이 보다 효과적인 형사법 개정의 길이 될 수 있다.

1995년 형법개정 이유를 보면, '1953년 형법 제정 이래 정치, 경제, 사회 등

---

10) 1992년의 형법개정법률안도 주로 총칙규정들에 대한 개정이 이루어졌고, 각칙에 관한 개 정작업은 그다지 많이 진행되지는 않았다고 할 수 있다[이천현 외, "형법각칙 개정연구 (1)-형법각칙의 개정방향과 기본문제-", 한국형사정책연구원(연구보고서 07-12-01), 2007. 12, 25면].

11) 이천현 외, "형법각칙 개정연구(9)-우리나라 및 주요 국가의 형법개정 동향-", 한국형사정 책연구원(연구보고서 07-12-09), 2007. 12, 31-32면.

12) 형법 제정 이후 새로운 범죄현상에 대한 대처방안으로 수많은 형사특별법을 제정하여 필 요한 대응을 해오고 있으나, 실무상 적용되는 대부분의 규정은 여러 곳에 산재된 형사특 별법의 규정들이 주를 이루고 오히려 형법전 자체는 선언적인 의미만을 가질 뿐이라는 비 판마저 제기되는 실정이 되었다(유인모, "개정형법안의 비범죄화와 범죄화에 대한 연구", 인천대학교 평화통일연구소, 1995, 89면).

모든 영역의 발전과 윤리의식의 변화로 발생한 법규범과 현실과의 괴리를 해소하고…'라고 밝히고 있다. 그러나 실제 개정에서는 개정이유에 따른 변화가 눈에 띄지 않는다. 최초 형법개정의 목적은 현실에 부합하도록 밝히고 있으나 이후 형법개정의 내용은 그에 따르지 못하고 있는 것이다. 1995년 형법개정의 내용을 살펴보면 1985년 형법개정 기본방향으로 제안한 '사회의 가치관 및 윤리관의 변화에 따른 비범죄화'를 철저히 무시한 반면에 '사회정세의 변화에 따른 범죄화'는 철저히 관철시켰다. 기존 형법전이나 특별형법전에 규정되어 있던 범죄를 비범죄화시킨 조문은 단 하나도 없었다. 이는 약 10여 년 동안 진행되었던 당시의 형법개정의 방향이 신종범죄의 적극 대처에 초점이 맞추어져 있었고, 비범죄화의 논의는 거의 찾아볼 수 없었던 점을 반증하는 것이다.

3. 1995년의 형법개정 이후

1995년 형법의 전면개정(?) 이후 최근까지 형법각칙과 관련하여 약 30여 차례 형법 개정안이 국회에 제출된 바 있다.[13] 형법 제304조의 혼인빙자 등에 의한 간음죄, 형법 제241조의 간통죄를 비범죄화하는 입법도 발의된 적이 있다. 그러나 1995년부터 2010년 현재까지 3차례의 개정에 그쳤다.

이러한 와중에 반가운 것은 2000년대 중반 들어 형법의 전면개정에 대한 학계의 관심이 뜨거워 졌고, 이러한 결과물이 산출되기도 하였다는 점이다.[14] 또한 2006년 5월 사법개혁추진위원회가 형사실체법의 정비과제를 법무부에 위임하였고, 법무부는 2007년 6월 11일 형사법개정특별분과위원회를 출범시켰다. 이는 2008년 6월까지 형사법개정요강을 마련하고, 2009년 12월까지 형

---

13) 이천현 외, 앞의 논문(각주 11), 82면.

14) 한국형사법학회의 "형사실체법의 개정방향" 학술회의(2004. 12.), 한국형사정책학회의 "주요 형사특별법의 정비방안" 학술회의(2006. 6.), 한국비교형사법학회의 "형사사법의 정비방안" 학술회의(2006. 1.) 등이 그것이다. 또한 한국형사정책연구원은 형사법개정연구사업의 일환으로서 여러 연구의 결과물들을 내고 있다. 주요한 것으로서 2008년 12월에 발간된 형사특별법의 정비방안 1~18권, 2007년 12월에 발간된 형법각칙 개정연구 1~11권, 2006년 12월에 발간된 일련의 형법총칙 개정연구 등이 있다.

사법개정시안을 성안한 후 2010년 12월 형사법개정안을 확정하여 국회에 제
출할 것을 목표로 하고 있다. 법무부는 각칙분야의 개정과제로서 몇 가지를
예시하고 있는데, 주요한 것으로 간통 · 혼인빙자간음 · 영아유기 · 낙태 등 일
부 범죄 폐지 또는 수정방안 검토, 형사특별법(특가법, 특강법, 특경법, 폭처
법, 성폭법 등) 규정 중 형법 규정의 가중 요건에 불과한 경우 형법으로 흡수
내지 통합, 신종 범죄의 신설 등이 있다. 사회변화로 인한 범죄화와 비범죄화
현상의 반영이라는 기본방향은 1995년 형법개정 당시의 기본방향과도 일치한
다. 형법의 전면개정이 이루어질 경우 그 개정의 범위가 매우 넓고 관계된 문
제도 매우 다양하기 때문에 그 문제 해결의 실마리를 찾는 것은 상당히 많은
시간과 노력이 필요한 작업이 될 것이다.[15)]

4. 2009년도 헌법재판소의 혼인빙자간음죄에 대한 위헌 결정

2009. 11. 26. 헌법재판소는 6:3의 의견으로 형법 제304조의 혼인빙자간음죄
에 대한 위헌결정을 선고하였다.[16)] 이는 헌법재판소가 결정한 형법조항에 대
한 최초의 단순위헌판결이었다는 점에서 그 의미가 매우 크다고 하겠다. 즉,
형법조항에 대한 법률상의 비범죄화를 이끌어 내기 위한 시도라는 점이 그것
이다.

동 결정의 아쉬운 점이 있다면 입법기관의 역할을 사법기관이 대신 행하였
다는 점을 들 수 있다. 국회가 적극적으로 나서서 동 조항의 위헌 여부를 검토
하여 개정 내지 폐지입법을 제안하여 의결해야 할 문제를 방치하고 있는 사이
에 사법기관이 개입하여 문제를 해결한 것이다. 그리하여 헌법재판소법의 형

---

15) 스위스는 2002. 12. 13. 20여 년에 걸쳐 지속되어 온 형법개정작업에 종지부를 찍는 형법
    전면개정(BBl. 2002, S. 2840 ff)을 단행하였다. 이는 스위스 의회에 법률안이 제출된 후
    4년간의 논의 끝에 이루어진 결과였다.

16) 헌재 2009. 11. 26. 2008헌바58: "개개인의 행위가 비록 도덕률에 반하더라도 본질적으
    로 개인의 사생활에 속하고 사회유해성이 없거나 법익에 대한 명백한 침해가 없는 경우에
    는 국가권력이 개입해서는 안 된다는 사생활에 대한 비범죄화 경향이 현대 형법의 추세이
    고…."

사처벌조항 위헌결정의 소급효에 따라 수많은 재심과 국가에 대한 손해배상 청구사건을 조장하였다. 국회의 비범죄화사상에 대한 깊이 있는 성찰이 요구된다고 하겠다.

Ⅲ. 입법단계에서의 비범죄화(법률상의 비범죄화)

1. 형벌폐지입법에 의한 비범죄화

1) 의의

형벌폐지입법에 의한 비범죄화란 입법작용에 의하여 형벌법규가 무효화됨으로써 이루어지는 비범죄화를 말한다. 이는 범죄구성요건 또는 범죄에 대한 형사제재를 규정한 실정법상의 형벌법규 자체가 대체입법 없이 무조건 삭제되는 경우[17]로서 실질적 범죄개념을 입법화해서 형법 적용의 수정원리로 삼는 것이다.

Naucke는 형벌폐지입법에 의한 비범죄화를 다시 선언적 비범죄화와 실질적 비범죄화로 구분한다.[18] 선언적 비범죄화는 '잠재적 피해자로부터의 사회적 저항도 없이' 형벌을 대체할 다른 수단이 강구되지도 않은 상태에서 그대로 사라지는 것을 의미한다. 이는 사람들이 그러한 행위를 더 이상 범죄행위로 보지 않게 된 것이 아니라, 더 이상 그런 행위가 일어나지 않기 때문에 처벌규정이 필요 없게 된 것이고, 이 경우 형벌법규를 없애는 것은 그 자체로서 아무런 사회적 효과도 가지지 않게 된다. 그저 더 이상 필요하지 않은 규정을 이제 말소시킨다는 '선언적 의미'만 가지는 것이다. 하지만 이러한 경우의 예는 찾

---

17) 김창군 교수는 이를 '순수한 형태의 비범죄화(die reine Form der Entkriminalisierung)'라고 한다[김창군, 앞의 논문(각주 5), 20면].

18) Naucke, a.a.o., S. 199 ff.

아보기 힘들 것이다. 이러한 현상은 해당 범죄행위에 대한 꾸준한 형사처벌을 비롯한 여러 가지의 사회적 조치가 매우 성공적으로 작용해서 나타나는 결과인데, 그러한 일은 이 세상에서 일어나기 힘들기 때문이다. 이에 반하여 실질적 비범죄화는 행위유형이 사회에서 사라진 것도 아니고, '잠재적 피해자로부터의 사회적 저항이 있음에도 불구하고' 형벌을 대체할 다른 수단이 강구되지도 않은 상태에서 그대로 사라지는 것을 의미한다. 이러한 비범죄화는 가장 좁은 의미(최협의)의 비범죄화, 가장 완벽한 형태의 비범죄화, 진정한 의미의 비범죄화, 순수한 의미의 비범죄화, 비범죄화의 정도(正道)라고도 한다. 사회가 일정한 행위에 대한 처벌상의 이익을 완전히 상실하여,[19] 비범죄화와 동시에 해당행위가 법적·사회적으로 완전히 승인되는 경우이다.[20] 형벌폐지입법에 의한 비범죄화가 되기 위해서는 형벌적인 보호에 대한 이해관계자들의 저항이 없거나 경미하여야만 가능하다.[21] 그래서 가장 현실화되기 어려운 비범죄화의 유형이기도 하다. 이러한 의미에서 형벌폐지입법에 의한 비범죄화는 비범죄화의 출발점이면서 또한 종착점이기도 하다.

이렇듯 성문의 규범이 스스로 예정하거나 의도하지 아니한 사실상의 요인으로 인하여 발생하는 사회적인 문제나 법률적인 평가 등으로 규율의 당부에 관하여 의심이 있는 경우 이를 개선하는 것은 입법재량에 속하는 것으로서 이는 원칙적으로 현실정치의 영역에서 국민을 대표하고 의사를 형성하는 입법기관의 책무라고 할 것이다. 즉 어떠한 행위를 불법이며 범죄라고 하여 국가가 형벌권을 행사하여 이를 규제할 것인지의 문제는 인간과 인간, 인간과 사회와의 상호관계를 함수로 하여 시간과 공간에 따라 그 결과를 달리할 수밖에 없는 것이고, 결국은 그 사회의 시대적인 상황과 사회구성원들의 의식 등에

---

19) Naucke, a.a.o., S. 201.

20) 일본, 독일 등에서의 간통죄 폐지입법이 좋은 예이다. 특히 독일은 1969년 형법개정법률에 의하여 수간(獸姦), 성인 간의 동성애에 대한 처벌규정을 삭제하였다.

21) 독일의 경우 1974. 3. 2. 형법전시행법(BGBl. I 1297)에서 계속적인 비범죄화의 징표 속에서 모든 가벼운 법률위반부분이 폐지되었고, 또 아무런 보상 없이 말살되었다. 이에 대한 자세한 내용으로는 Göhler, *Das Einführungsgesetz Zum Strafgesetzbuch*, in: NJW 1974, S. 825-836 참조.

의하여 결정될 수밖에 없으며, 기본적으로 입법권자의 의지인 입법정책의 문제로서 입법권자의 입법형성의 자유에 속한다.[22] 하지만 이는 자유재량이 아닌 기속재량이다. 어떠한 법규정의 개선요구가 있으면 입법자는 당연히 그 요구를 충분히 검토하여 수용할 자세가 되어 있어야 한다.

우리나라는 이러한 형태의 비범죄화에 상당히 인색한 편이다. 실제로 1953년 형법 제정 이래 총 8차례의 개정[23]이 있었지만, 형법상의 범죄를 비범죄화한 경우는 국가모독죄(구 형법 제104조 제2항)의 폐지, 단 한 차례뿐이었다. 1975년 개정형법은 정권안보의 차원에서 반대세력들의 비판을 차단하기 위하여 국가모독죄를 신설하였으나, 1988년 개정형법은 이 조문만을 다시 삭제하였다. 정치체계의 변혁에 따라 종래 범죄로 생각되던 행위가 사회적으로 용인되어 완전한 합법화를 국가가 선언한 경우이다. 또한 제헌국회 당시부터 비범죄화와 관련하여 논란이 되어오던 간통죄 논의는 60여 년이 지난 지금도 해결되지 못하고 있는 실정이다. 그 밖에도 국가보안법, 도박죄, 대(對) 존속범죄 등도 논의만 무성하지 입법적인 결단이 이루어지지 않고 있다.

2) 실질적 범죄개념의 일반규정 도입 문제

북한 형법 제14조(이 법에서 범죄로 규정한 행위를 한 경우라 하더라도 사회적 위험성이 없거나 작아 가벌성이 없을 경우에는 형사책임을 지우지 않는다)와 구 동독형법총칙 제2장 제3조 제1항[행위가 법률상 구성요건의 구문에 합치된다고 하더라도 시민 또는 사회의 권리와 이익에 미치는 행위의 영향과 행위자의 책임이 근소한(unbedeutend) 경우에는 범죄행위(Straftat)가 존재하지 아니한다] 등은 일정한 행위의 비범죄화에 대한 '일반적인' 규정을 두고 있다. 이와 같이 '실질적' 범죄개념을 명문으로 규정하는 것은 사회주의국가 형법의 큰 특징이다. 범죄의 성립을 확장하는 것이 아니라 축소하는 형식으로 실질적

---

22) 헌재 2001. 10. 25. 2000헌바60.

23) 이에 비해 독일은 2007. 8. 11. 제41차 형법개정법을 발효하였다.

범죄개념의 일반적인 조항을 규정하는 것은 가벌성을 부정하기 때문에 죄형 법정주의에 위반하는 것은 아니다. 형식적 범죄개념을 보다 중시하는 우리나라의 경우에는 검찰의 기소유예처분으로 위와 같은 기능을 대신한다고 볼 수 있다. 이는 실정법에 실질적 범죄개념을 규정해서 구체적인 경미범죄행위가 전적으로 무죄가 될 가능성을 열어 놓는 입법방식보다는 더 타당하다고 본다. 그 이유는 다음과 같다.

첫째, 범죄의 성립요건을 충족시킨 행위가 사회적 유해성이 적다는 이유로 처벌하지 않는다는 것은 그 집행의 자의성으로 인하여 평등의 원칙에 반할 위험이 크다. 이는 사회적 유해성의 객관적인 판단기준이 정립되지 아니한 상황에서 초래되는 논리적인 귀결이다.

둘째, 범죄의 성립요건을 충족시킨 행위가 사회적 유해성이 적다는 것은 불법이 완전히 없다는 것이 아니라 불법의 양이 경미하다는 것이다. 하지만 처벌은 완전히 없어진다. 불법이 0%일 경우에 처벌이 0%가 된다는 공식은 가능하다. 그러나 불법이 1% 내지 10% 사이일 경우(즉, 경미할 경우)에 처벌이 0%가 된다는 공식은 불가능한 것은 아니지만 바람직하지 못하다고도 볼 수 있다. 이는 일반예방과 특별예방의 관점에 부합하지 아니하기 때문이다.

셋째, 범죄의 성립요건을 충족시킨 행위가 사회적 유해성이 적다는 이유로 처벌하지 않는 것보다는 처음부터 그러한 행위는 사회적 유해성이 없기 때문에 범죄의 구성요건해당성조차도 충족시키지 못하는 것으로 보아 범죄로 규정하지 않는 것이 보다 더 합리적이다.

2. 형벌조정입법에 의한 비범죄화

형벌조정입법에 의한 비범죄화란 일정한 행위유형을 범죄로 규정하되 그에 대한 법률효과인 법정형의 조정을 통한 비범죄화를 말한다. 그 방법으로는 법정형의 하향조정과 대체 형벌의 신설이 있다. 예를 들어 사형만을 규정하고 있는 조항[24])에 자유형을 선택형으로 추가[25])하거나 사형을 삭제하고 무기징역형을 두는 방법, 자유형만을 규정하고 있는 조항에 벌금형을 선택형으로 추가하거나[26] 자유형의 형기를 낮추는 방법[27] 등이 그것이다. 이처럼 입법활동을 통하여 지금보다 더 경하게 처벌하는 것도 (넓은 의미에 있어서) 비범죄화의 일종으로 보아야 할 것이다. 하지만 이러한 유형의 비범죄화는 완전한 유형의 비범죄화가 아니라 완전한 유형의 비범죄화로 나아가는 전 단계로서의 역할을 한다고 볼 수 있다.

3. 형벌대체입법에 의한 비범죄화

형벌대체입법에 의한 비범죄화란 여전히 일탈행위로 규정되어야 하는 행위에 대하여 기존의 좁은 의미에서의 형벌규정은 삭제하되 다른 형태의 제재를 부과하는 비범죄화[28]를 말한다. 이는 형벌이 기술적인 의미에서는 배제되나, 비범죄화된 행위는 여전히 제재가 필요하다고 보는 입장이다. 더 이상 범죄행위로 평가하지 않는 방향으로 일반적인 법의식이 변경되어 처벌규정이 '완벽'하게 사라지는 형법폐지입법에 의한 비범죄화는 거의 발생하지 않는다. 대부분의 경우에는 형벌규정이 폐지되면서 제3의 방법에 의한 규제로 대체되는

---

24) 우리나라에서 현재 사형만이 법정형으로 되어 있는 규정은 형법 제93조(적국과 합세하여 대한민국에 항적한 자는 사형에 처한다)의 여적죄와 「군형법」 제5조 제1호(반란죄), 제11조(군대 및 군용시설제공죄), 제12조(군용시설파괴죄), 제13조(간첩죄), 제18조(불법전투개시죄), 제19조(불법전투계속죄), 제22조(강복죄), 제23조(솔대도피죄), 제24조 제1호(직무유기죄), 제27조 제1호(지휘관의 수소이탈죄), 제33조(적진에의 도주죄), 제84조(전지강간죄) 등 총 13개에 이른다.

25) 「군형법」 제53조(상관살해죄)는 소위 '김동민 일병사건'으로 위헌결정되었다(헌재 2007. 11. 29. 2006헌가12). 이에 정부는 2009. 11. 2. 「군형법」 제53조를 '상관을 살해한 사람은 사형 또는 무기징역에 처한다'고 개정하였다.

26) 「군형법」상 직무수행자 폭행·협박죄, 가혹행위죄, 무단이탈죄, 업무상과실·중과실 군사기밀누설죄 등에 대하여 선택적으로 벌금형을 추가하는 개정이 2009. 11. 2.에 있었다. 또한 1995. 12. 29. 형법개정으로, 제231·234조에 의하면 (구) 형법의 같은 조항의 법정형이 "5년 이하의 징역"이었던 것이 "5년 이하의 징역 또는 1천만 원 이하의 벌금"이 되어 벌금형이 추가되었다.

27) 「군형법」상 군무이탈죄의 법정형을 하향 조정하는 개정이 2009. 11. 2.에 있었다.

28) 이를 외견상의 비범죄화라고도 한다(Naucke, a.a.o., S. 199 ff).

것이 현실이다. 왜냐하면 기존의 형벌로써 규제하던 반사회적인 행위를 하루 아침에 정상적인 행위로 간주하기가 어렵기 때문이다. 따라서 형벌 다음으로 강력하게 부과될 수 있는 국가적 규제가 개입되어 시행이 되고, 얼마간의 시간이 지난 후에 보다 약한 국가적 규제가 개입되는 방법으로 진행되는 것이다.

형벌로 규정되어 있는 행위들에 대하여 형벌이 아닌 다른 통제수단으로 대체하는 형벌대체입법에 의한 비범죄화는 형법의 구성요건을 축소하려는 노력에서부터 시작된다. 여기서 다른 형태의 제재는 그 실효성의 측면에서 절대로 형벌에 뒤처지지 않아야 한다. 즉, '상이한 사회통제체계들의 존재'와 '그 사회통제체계들의 기능적인 등가성'이 전제되어야만 한다.

그러나 형벌대체수단이 그 실질에 있어서 기존의 형벌보다 오히려 가혹한 경우도 있다. 대체되기 전의 수단과 대체된 수단의 동 가치성이 인정되지 않아 대체된 제재수단이 오히려 완화되지 않으면 인권보장에 역행하게 된다. 인권보장을 후퇴시키는 포장된 비범죄화는 허용되어서는 아니 된다. 이것은 비범죄화의 기본이념에 반하는 것이기 때문이다. 만약 형벌대체수단이 형벌과 비교했을 때 보다 실질적으로 덜 가혹한 것으로 대체되지 않는다면, 차라리 기존의 형벌을 동원하는 것이 타당할 것이다.

한편 형벌대체입법에 의한 비범죄화는 그 종류가 매우 다양하여 확정적으로 열거할 수 없을 정도이다. 이하에서 개략적인 유형을 살펴보도록 한다.

1) 제3의 형사제재로의 대체

(1) 보안처분으로의 대체

보안처분이란 범죄로부터 사회를 방위하고 범죄자를 재사회화하기 위한 방법으로서, 특정범죄자에 대하여 형벌부과만으로는 형사제재로서의 목적달성이 부적합하거나 혹은 법적 관점에서 형벌이 허용되지 않는 경우에 시행하는 처분을 말한다.[29] 이에는 대인적(對人的) 보안처분[30]으로서 치료감호, 선행보

---

29) 박상기 · 손동권 · 이순래, 『형사정책』(제8판), 한국형사정책연구원, 2005, 318면.

증, 주거제한, 전자감시[31) 등과 대물적(對物的) 보안처분[32)으로서 영업장 폐쇄, 법인의 해산명령 등이 있다.

비범죄화로서 보안처분을 논하는 것은 이원주의가 아니라 형벌과 보안처분을 동일시하여 형벌의 집행이 부적합한 경우 보안처분만을 적용하자는 일원주의의 입장에 있는 것이다. 이는 형벌과 보안처분을 동시에 선고하되, 원칙적으로 형벌보다 보안처분을 우선하여 집행하도록 하여(독일형법 제67조 제1항), 보안처분이 형벌의 기능을 대체하게 한 점이 특징이다. 하지만 판결을 선고할 때 보안처분과 동시에 형벌을 선고하는 것은 형벌대체입법에 의한 비범죄화라고 볼 수 없다. 따라서 진정한 의미의 형벌대체입법에 의한 비범죄화가 되기 위해서는 일원주의의 입장을 보다 강력하게 관철하여 형벌 대신에 보안처분만을 선고해야겠다. 형벌은 책임을 한계로, 보안처분은 책임 이외에 행위자의 장래의 위험성을 근거로 부과되는 처분이라는 점에서 이원주의에 입각하여 형벌과 보안처분을 동시에 선고하고 순차적으로 중복 집행하는 것은 이중처벌의 문제점이 있다. 현행 치료감호법 제18조에 의하면 '형벌과 치료감호가 동시에 선고된 경우'에는 치료감호를 형벌보다 먼저 집행하고, 치료감호기간은 형기에 산입한다고 되어 있다. '형벌과 치료감호가 동시에 선고된 경우'라는 법문은 '형벌과 치료감호가 동시에 선고되지 않고 치료감호만 선고된 경우'를 배제하지 않는다고 볼 수 있다. 이러한 전향적인 해석이 시도되어야 진정한 의미의 형벌대체입법에 의한 비범죄화가 이루어질 수 있다.

한편 보안처분을 대체수단으로 한 비범죄화에 있어서는 다음을 유의해야

---

30) 2005년 이전에는 보호감호도 전형적인 보안처분의 일종이었으나, (구) 사회보호법의 폐지로 인하여 보호감호는 이제 더 이상 보안처분의 한 유형이 아니다. 보호감호처분은 그 집행실태가 구금위주의 형벌과 다름없이 시행되고 있어 국민의 기본권을 침해하고 있고, (구) 사회보호법 자체도 지난 권위주의시대에 사회방위라는 목적을 위하여 제정된 것으로 위험한 전과자를 사회로부터 격리하는 것을 위주로 하여 위헌적 소지가 많았다. 그리하여 (구) 사회보호법상의 보호감호제도는 이러한 이유로 2005. 8. 4. 폐지되었고, 대체입법으로 치료감호법이 제정되었다.

31) 「특정 범죄자에 대한 위치추적 전자장치 부착에 등에 관한 법률」(2009. 6. 9. 개정. 2010. 1. 1. 시행, 법률 제9765호) 제2조 제4호의 위치추적 전자장치가 그 예이다.

32) 몰수도 대물적 보안처분의 일종으로 보는 견해도 있으나, 적어도 현행법상 형벌로 규정되어 있으므로 보안처분으로 보는 것은 무리이다,

한다. 보안처분이 수용기간의 장기화, 비효율성, 실질적인 자유박탈처분화, 이중처벌의 위험성, 죄형법정주의와 형사소송법상의 기본권 침해가능성 등으로 말미암아 행위자에게 법적 불이익이 더욱 커질 수가 있다는 점이다.[33] 그러므로 형벌대체입법에 의한 비범죄화에서 가장 중요한 것은 비범죄화에 의하여 사라진 형사제재가 그 후 어떻게 되었는가 하는 주의 깊은 추적이 필요하다. 이는 진정한 비범죄화를 부진정한 비범죄화로부터 구별해 낼 수 있도록 형법을 넘어서 법체계 전반에 걸친 검토가 필요하다는 점을 의미한다.

이러한 추적의 대표적인 사례로「특정범죄가중처벌 등에 관한 법률」(2005. 8. 4. 법률 제7654호로 개정된 것; 이하 '특가법'이라고 한다) 제5조의4 제6항 중 "제1항 또는 제2항의 죄로 2회 이상 실형을 받아 그 집행을 종료하거나 면제받은 후 3년 이내에 다시 제1항의 죄를 범한 때에는 그 죄에 정한 형의 단기의 2배까지 가중한다"는 부분을 들 수 있다.[34] 특가법 제5조의4 제6항은

---

33) 임웅, "비범죄화의 방안에 관한 연구",『성균관법학』제19권 제3호, 성균관대학교 비교법연구소, 2007. 12, 470면.

34) 헌재 2008. 11. 27. 2006헌바94: "이 사건 법률조항은 형법상 누범과 달리 그 형의 단기를 2배 가중하도록 규정하고 있는바, 전범과 후범이 모두 고의범으로서 특가법에 의하여 가중처벌되는 상습절도 범죄(이하 '특가법상 상습절도'라 한다)라는 관련성을 가지고 있고, 특히 선범의 요건으로 특가법상 상습절도로 2회 이상의 실형을 선고받을 것을 요구하고 있어 형법상의 누범조항보다 그 요건을 엄격히 하고 있으며 이로써 전판결의 경고가 실질적으로 동일한 범죄를 억제할 것을 명하는 기능을 하는 경우에만 적용된다고 보여 지므로 형법상의 누범에 비하여 그 비난가능성이 더 크다고 할 수 있다. 그러므로 형법상 누범과 별도로 형의 단기를 2배 가중하여 처벌하더라도 책임에 비하여 지나치게 과한 형벌이라 할 수 없다. 또한 상습절도는 날이 갈수록 그 범행수법이 지능적이고 대담해지고 있고, 범행 도중 강도·강간·살인의 범행으로 돌변할 위험성이 높아 엄벌의 필요성이 있는 점, 그중 특가법상 상습절도로 2회 이상 실형을 받은 전력이 있음에도 그 형의 집행 종료 또는 면제 후 3년 내에 다시 동일한 죄를 범한 자에 대하여는 고도의 사회적 비난이 가능하고 이들로부터 사회를 방위하고 엄벌을 통해 그 재범을 방지하고자 하는 이 사건 법률조항의 입법목적 등을 고려한다면 이 사건 법률조항이 특가법상 상습절도죄에 정한 형의 단기를 2배 가중하여 처벌하도록 규정하고 있다는 이유만으로 헌법상 과잉금지의 원칙을 벗어난 과잉형벌이라 할 수 없다. 나. 이 사건 법률조항의 법정형이 '무기 또는 6년 이상의 징역'으로 강도·강간 및 살인죄의 법정형의 하한보다 높으나, 이 사건 법률조항의 입법목적, 특가법상 상습절도로 2회 이상 실형을 받은 전력이 있음에도 다시 동일한 범죄를 저지른 자에 대한 고도의 사회적 비난가능성 등을 고려할 때 이 사건 법률조항이 정한 법정형이 단 1회의 범행의 경우에도 적용이 가능한 살인·강도·강간의 법정형의 하한보다 높다는 이유만으로 형벌체계상의 균형을 상실한 것이라 볼 수도 없다."

2005. 8. 4. 제254회 국회에서 법률 제7654호로 「사회보호법 폐지법률안」과 함께 「특정범죄가중처벌 등에 관한 법률 일부개정법률안」으로 제안·의결된 것인바, 그 제안이유는 "사회보호법의 폐지에 따른 보완입법으로 사회보호법상 규정된 보호감호 청구의 주요 대상이 되었던 상습절도 사범 등에 대한 법정형을 강화함으로써 형벌의 일반예방 및 특별예방 효과를 제고하고 건전한 사회질서 유지에 이바지하기 위함"으로 되어 있다. 대법원도 "특가법 제5조의4 제6항의 입법취지는 (구) 사회보호법이 폐지됨에 따라 재범의 전력이 있는 일정한 상습절도 사범에 대한 법정형을 강화하기 위한 데 있고, 특가법 제5조의4 제6항의 적용요건이나 효과 등은 (구) 사회보호법상의 보호처분 등과 달리 규정되어 있으므로 폐지된 (구) 사회보호법이 부활한 것으로 볼 수 없다"고 한다. 하지만 동 조항은 (구) 사회보호법이 폐지됨에 따라 상습절도범에 대하여 법정형을 강화하자는 취지로 제정된 것으로 위헌적 소지가 있어 폐지된 (구) 사회보호법의 보안처분을 부활한 것이나 다름없다. 이러한 현상은 전형적인 부진정 비범죄화의 예이다.

(2) 보호관찰·사회봉사명령·수강명령으로의 대체

1995년 개정형법은 보호관찰[35]·사회봉사명령[36]·수강명령제도를 도입[37]하였는데, 판례[38]는 이들을 보안처분의 성격을 지닌 것으로 파악하고 있다.

------

35) 이는 형의 유예부 보호관찰(probation)과 가석방부 보호관찰(parole)의 두 종류로 나눌 수 있다. 전자는 형의 선고 혹은 집행을 유예하는 형식이며 사법결정으로서 그 취소에 대하여 모든 사법절차가 적용되지만, 후자는 형집행 중에 있는 자에 대하여 보호관찰을 조건으로 가석방, 가퇴원, 가출소시켜 잔여형기 동안 보호관찰을 부가하는 형식이며 행정처분으로서 처분취소에 대하여 재심사청구나 항소를 하지 못한다.

36) 사회봉사명령이란 유죄가 인정된 범죄인에게 구금 또는 벌금 대신 일정한 기간 동안 무보수노동에 종사하도록 의무를 지우는 제도이다. 우리나라의 경우 소년범의 경우 보호관찰처분과 함께 명하는 부가적인 처분이며(「소년법」 제32조 제3항), 성인범의 경우 집행유예에 따른 것이기 때문에 역시 부가적인 처분이다.

37) 이러한 현상은 소년사법의 보호처분의 이념이 전통적인 형사사법체계 속으로 스며드는 결과를 가져온다. 소년사법과 형사사법의 융화 내지 관점의 교류현상이라고 말할 수 있다.

38) 대판 1997. 6. 13. 97도703: "보호관찰은 형벌이 아니라 보안처분의 성격을 갖는 것으로서, 과거의 불법에 대한 책임에 기초하고 있는 제재가 아니라 장래의 위험성으로부터 행

이들 세 가지 유형은 동시에 선고될 수도 있다.39) 보호관찰·사회봉사명령·수강명령 등은 독자적으로 선고되는 경우는 없고, 일반적으로 형벌과 집행유예를 선고한 다음 부차적으로 부과되는 제재라고 할 수 있다.40) 이는 다이버전의 일종으로 볼 수 있지만, 엄밀한 의미에서의 비범죄화라고 보기에는 무리가 있다. 왜냐하면 형벌을 이미 선고하고 있기 때문이다. 만약 보호관찰·사회봉사명령·수강명령 등을 형벌에 부과되는 제재가 아닌 독립된 제재로서 입법화된다면 비범죄화의 한 유형이 될 것이다. 이러한 유형의 대표적인 사례가 '성구매자 재범방지 교육'(일명 '존스쿨 제도')이다. 수강명령의 한 종류로 볼 수 있는 성구매자 재범방지 교육은 형벌이 선고되지 않고, 검찰단계에서 기소유예41)의 조건으로 부과되는 처분이라는 점에서 진정한 의미의 형벌대체입법에 의한 비범죄화라고 볼 수 있다.

위자를 보호하고 사회를 방위하기 위한 합목적적인 조치이므로, 그에 관하여 반드시 행위이전에 규정되어 있어야 하는 것은 아니며, 재판 시의 규정에 의하여 보호관찰을 받을 것을 명할 수 있다고 보아야 할 것이고, 이와 같은 해석이 형벌불소급의 원칙 내지 죄형법정주의에 위배되는 것이라고 볼 수 없다."

39) 대판 1998. 4. 24. 98도98: "형법 제62조의2 제1항은 '형의 집행을 유예하는 경우에는 보호관찰을 받을 것을 명하거나 사회봉사 또는 수강을 명할 수 있다'고 규정하고 있는바, 그 문리에 따르면, 보호관찰과 사회봉사는 각각 독립하여 명할 수 있다는 것이지, 반드시 그 양자를 동시에 명할 수 없다는 취지로 해석되지는 아니할뿐더러, 「소년법」 제32조 제3항, 성폭력범죄의처벌및피해자보호등에관한법률 제16조 제2항, 「가정폭력범죄의 처벌 등에 관한 특례법」 제40조 제1항 등에는 보호관찰과 사회봉사를 동시에 명할 수 있다고 명시적으로 규정하고 있는바, 일반 형법에 의하여 보호관찰과 사회봉사를 명하는 경우와 비교하여 특별히 달리 취급할 만한 이유가 없으며, 제도의 취지에 비추어 보더라도, 범죄자에 대한 사회복귀를 촉진하고 효율적인 범죄예방을 위하여 양자를 병과할 필요성이 있는 점 등을 종합하여 볼 때, 형법 제62조에 의하여 집행유예를 선고할 경우에는 같은 법 제62조의2 제1항에 규정된 보호관찰과 사회봉사 또는 수강을 동시에 명할 수 있다고 해석함이 상당하다."

40) 2008. 6. 3. 서울고등법원 형사20부는 앞서 대법원(대판 2008. 4. 11. 2007도8373)이 "사회환원(3000억 원의 기부증서 제출)과 강연·기고로 이루어진 사회봉사명령이 위법하다"며 사건을 돌려보낸 파기환송심에서 정몽구 회장에게 징역 3년과 집행유예 5년을 선고하고, 사회봉사명령 300시간을 부가한 바 있다.

41) 주요 죄명별 기소유예율을 비교해 본 결과 2007년도 기준 성매매처벌법의 기소유예율이 평균(12.7%)보다 월등히 높은 비율(52.8%)을 보여 1위를 차지하였다(법무연수원, 『범죄백서』(통권 제25호), 2008. 12, 183면).

2) 행정제재로의 대체

이는 형사처벌 대신 행정질서벌을 확대하여 각종 행정법규 위반자에 대하여는 행정벌을 가하는 형태의 비범죄화 유형이다.[42] 이러한 비범죄화는 주로 경미범죄나 행정범의 성격이 강한 범죄영역에서 이루어질 수 있다.

형사소송은 상대적으로 장기간에 걸쳐 진행되며 부과된 제재의 집행에도 법률로 정해진 상당한 시간을 요하지만, 행정제재는 행정청이 자체적으로 부과할 수 있고 피처분자가 이의를 제기하지 않는 한 매우 신속하게 처리할 수 있다. 이는 형사사법에 있어서의 소송경제를 달성할 수 있다. 또한 형사소송은 절차적 보장이 엄격히 요구되지만, 행정쟁송절차나 비송사건절차에서는 제재부과가 용이하다.[43]

행정질서벌에 의한 제재는 수형인명부에 등재되지 아니하기 때문에 전과자[44]로 낙인되지도 아니할 뿐만 아니라 범죄행위로 인한 사후관리의 대상에

---

42) (구)「자동차운수사업법」(1986. 12. 31. 법률 제3913호) 제75조에 의한 재제가 벌금형에서 과태료로 변경된 경우, 정당한 사유 없이 명시기일에 출석하지 아니한 사람에 대하여 3년 이하의 징역 또는 500만 원 이하의 벌금에 처하도록 규정하고 있던 (구)「민사소송법」제524조의8 제1항이 2002. 7. 1.부터 시행된 민사집행법 제68조 제1항 제1호에서 법원의 결정으로 20일 이내의 감치에 처하는 것으로 개정된 경우 등이 그 예이다.

43) 김용세, "행정의무위반의 비범죄화 방안에 관한 연구",『비교형사법연구』제5권 제2호, 한국비교형사법학회, 2003. 12, 11면 이하.

44) 「형의 실효 등에 관한 법률」(2008. 6. 15. 법률 제8891호) 제2조 제7호에서 '전과기록'이라 함은 수형인명부·수형인명표·범죄경력자료를 말한다. 전과기록의 존재이유 중 하나로 공무원 임용 시의 결격사유를 손꼽을 수 있다. 하지만 이는 자격정지 이상의 형에 해당할 경우에 문제가 된다. 즉 벌금형 전과는 거의 이용될 여지가 없는 것이다. 특히 벌금형이 선고되는 경우의 대부분은 과실범이나 행정범이라는 점에서 전과기록으로 유지하여야 할 필요성도 그다지 크지 않다. 이러한 이유로 동법의 제1차 개정(1984. 7. 30.) 시 벌금형 수형인을 수형인명부의 등재대상에서 제외하고 등재대상을 자격정지 이상의 형을 받은 수형인으로 축소하였던 것이다. 또한 수형인명부와 수형인명표의 경우에는 일정한 기간이 경과하면 형이 실효되어 삭제 또는 폐기되는 경우가 있다. 하지만 수사자료표는 이러한 삭제·폐지에 관한 규정이 없어 한번 작성이 되면 당사자가 사망하기 전까지 영구히 보존하게 된다. 이는 전자의 경우와 형평성 차원에서 문제가 될 뿐만 아니라 존치이유도 불명확하기 때문에 문제의 소지가 다분하다. 전과기록에 대한 그 밖의 문제점에 대해서는 황태정, "전과기록의 이용·관리와 형실효법의 문제점",『형사정책』제18권 제2호, 한국형사정책학회, 2006. 12, 559면 이하 참조.

서 제외되므로 비범죄화의 요구에도 부합된다. 특히 범칙금 등의 부과를 통해 벌금의 부과와 거의 동일한 행정법규 준수의 강제효과를 거둘 수 있다. 법원의 부담을 완화하는 역할을 하며, 전문성을 가진 공무원에 의하여 행정목적을 기술적이고 효율적으로 달성하는 데 기여하며 국가의 수입확보에도 기여한다.45) 또한 벌금징수의 노력도 사전에 절감할 수 있다. 당사자의 입장에서는 범법자로 입건됨으로 인한 낙인의 불명예를 피하고 수사기관에 출석하여 조사에 응하여야 하는 불편을 겪지 않아도 되며, 심리에 시간과 노력을 빼앗기는 것을 피할 수도 있다.

하지만 형벌과 행정질서벌의 차이를 구별하는 구체적인 기준은 마련되어 있지 않고 학설46)에 위임하고 있는 실정이다.47) 이에 대해 행정목적 침해의 직접성 여부를 가지고서 둘을 구별하려는 견해가 있다. 즉 행정목적을 직접 침해하는 행위는 형벌부과의 대상이 되지만, 신고·등록·서류비치의무 위반과 같이 간접적으로 행정목적 달성에 장애를 일으키는 행위는 행정질서벌의 부과대상이 된다는 것이다. 그러나 적극적인 작위로 행정목적을 침해하는 경우에도 행정질서벌을 부과하는 경우가 있는가 하면, 소극적인 부작위로 행정목적을 침해하는 경우에도 형벌을 부과하는 경우가 많이 존재하므로 이러한 방법에 의한 구별은 타당하지 않다고 본다. 둘의 구별은 질적으로는 불가능하고 양적인 차이가 있을 뿐이다. 예를 들어 독일은 성매매행위를 비범죄화하였지만 금지구역(예컨대 학교나 병원)에서 행할 경우에는 질서위반법48)에 위반

---

45) 원혜욱·김찬, 앞의 논문, 132면.

46) 형벌과 행정질서벌의 구별기준에 대한 학설의 대립으로는 문영화, "행정범의 비범죄화에 관한 연구", 서울대학교 법학석사학위논문, 1991, 103면 이하 참고

47) 김용세, 앞의 논문, 21면 이하.

48) 질서위반법이라는 용어가 등장하게 된 것은 20세기 후반이었다. 이것은 새로운 것이 아니라 행정형법이라는 개념으로부터 도출되었다. 즉 '범죄적 형법'과 '행정형법'의 구별에서부터 출발하여 그와 관련된 법적인 그리고 실무적인 문제점들을 결국 입법적 수단을 통해 해결을 도모하는 방편으로 생겨난 법의 종류로서 실체법과 절차법을 통합한 상위개념 내지 문제해결적 개념이라고 할 수 있다. 질서위반법의 장점으로는 첫째, 질서위반자의 입장에서 금전적 제재에 응함으로써 사건을 신속하고 간편하게 종결지을 수 있다. 둘째, 금전적 제재는 관계된 행정관청이 일차적으로 부과, 징수할 수 있도록 함으로써 형사사법에 있어서의 소송경제를 달성할 수 있다. 셋째, 일정한 비난행위에 대하여 형벌에 속하지 아

되어 질서위반금을 부과하게 된다. 그러나 '집요하게' 금지구역에서 성매매행위를 할 경우에는 형법상의 문제로 되어 경죄(輕罪)로 처벌받게 된다.

일각에서는 범칙금·과태료·과징금 등의 행정질서벌이 벌금형보다 무거울 때는 문제가 될 수 있다고도 한다. 하지만 이러한 견해는 타당하지 않다고 본다. 현재 규정되어 있는 형벌 중에서 벌금의 액수는 비현실적인 경우가 상당히 많다. 즉, 형법의 제정 내지 개정 시 사회현상에 대한 부정적인 처분으로서 벌금을 선고하게 될 경우, 그 상한은 그 당시의 경제사정을 기초로 책정된다. 이렇게 한번 책정된 벌금의 상한은 시간의 경과에 따라 수시로 변동하지 않고, 오히려 잘 변동하지 않으려는 성질을 가지고 있다. 이에 따라 벌금액의 시대적 불균형 현상이 발생한다. 하지만 벌금형을 행정질서벌로 대체한다는 것은 기존에 있던 벌금형을 과태료 등으로 전환한다는 것인데, 행정질서벌로의 전환 시 경제사정이 반영되게 된다. 따라서 과거의 벌금액수와 행정질서벌상의 액수 사이에는 괴리가 생기게 마련이다. 이는 벌금형의 수시적인 조정이 이루어지지 않아 생기는 필연적인 결과이다. 따라서 단순히 벌금액보다 행정질서벌의 액수가 더 많다는 것만으로 불합리성을 추단하기는 어렵다.

3) 사회법으로의 대체

현대사회는 전통적인 공·사법 이원체계를 유지하기 어려운 여러 특수한

니하는 별도의 금전적 불이익을 부과함으로써 행위자에게 전과의 낙인을 찍지 않으면서 형벌의 효과도 기대할 수 있다(박미숙,『형사사건의 신속한 처리방안에 관한 연구 -경미범죄를 중심으로-』, 한국형사정책연구원, 1999, 200면). 즉 질서위반법은 종래 범죄로 취급되어 형벌이 부과되던 경미한 법규위반행위를 단기 금전적 제재만을 부과할 수 있는 질서위반행위로 전환하는 법률이다. 여기에서 다른 범죄행위에 비하여 불법의 내용이 훨씬 경미하고, 사회윤리적 반가치판단과 행위자에 대한 비난성도 현저히 미약한 경우를 말한다. 오늘날 범죄행위와 질서위반행위의 구별에 관하여 질적인 차이가 아니라, 정도의 차이, 양적인 차이가 있을 뿐이라는 견해가 지배적이다. 질서위반행위에 대한 제재로서는 형벌의 일종인 재산형과 행정질서벌의 일종인 과태료 사이에 위치하는 독자적 성격의 금전적 제재로서 질서위반금이 부과된다. 질서위반행위에 대해서는 원칙적으로 최저 5마르크에서 최고 1,000마르크에 달하는 질서위반금이 부과된다(OWiG 제17조 제1항). 이러한 질서위반행위는 연방중앙등록부에 기재되지 않으므로 당해인에게 전과의 기록을 남기지 아니한다.

상황을 맞이하였다. 일반 사인(私人) 간의 사적 자치를 관철함으로써 필연적으로 야기되는 자본주의의 모순인 경제적 불평등 문제가 등장하였고, 국가가 자유방임주의에 입각하여 시장경제에 개입하지 않음으로써 야기된 노동자와 자본가의 갈등 문제가 발생하였다. 이러한 문제를 해결하기 위해 등장한 법 영역이 사회법이다. 대표적인 것으로 노동법, 경제법, 보건의료법 등을 들 수 있다. 이러한 새로운 법 영역이 등장함에 따라 과거에는 완전히 불법이었던 행위들이 경우에 따라 예외적으로 허용되는 현상이 나타났다. 이는 기존의 엄격한 형벌수단의 동원으로 인한 음성화 및 탈법화를 허용된 범위 내에서 제도권 안으로 편입시키고자 하는 노력으로 보인다.

예를 들어 모자보건법(2010. 1. 18. 개정, 법률 제9932호) 제14조(인공임신중절수술의 허용한계) 제1항에 의하면 '의사는 ① 본인이나 배우자가 대통령령으로 정하는 우생학적 또는 유전학적 정신장애나 신체질환이 있는 경우, ② 본인이나 배우자가 대통령령으로 정하는 전염성 질환이 있는 경우, ③ 강간 또는 준강간에 의하여 임신된 경우, ④ 법률상 혼인할 수 없는 혈족 또는 인척 간에 임신된 경우, ⑤ 임신의 지속이 보건의학적 이유로 모체의 건강을 심각하게 해치고 있거나 해칠 우려가 있는 경우 중 하나에 해당되는 경우에 한하여 본인과 배우자(사실상의 혼인관계에 있는 자를 포함한다)의 동의를 얻어 인공임신중절수술(태아가 모체 밖에서는 생명을 유지할 수 없는 시기에 태아와 그 부속물을 인공적으로 모체 밖으로 배출시키는 수술)을 할 수 있다'고 규정하고 있다. 이는 1973. 2. 8. 제정된 것이 현재까지 그대로 유지되고 있는 규정으로서, 1953. 9. 18. 제정된 형법상의 낙태죄를 일정한 경우에 있어서 비범죄화한 것이다. 약 20년간 범죄로 규정하던 행위를 다른 법의 영역에서 이와 상반되는 행위(범죄로 규정하지 않는 행위)로 규정함으로써 신법우선의 원칙에 따라 비범죄화한 것이다. 이는 낙태의 의사가 있는 임산부를 처벌하는 것이 아니라 사회정책적 차원에서 실질적 도움을 제공하는 경우라고 볼 수 있다.

4) 보험법으로의 대체

(1) 기존의 교통사고처리특례법

기존에 형사처벌을 하던 행위유형 중 보험에 가입되어 있는 것을 조건으로 하여 특정유형을 분리하여 형사처벌에서 제외시키는 경우가 있었는데, 대표적인 법률이 기존의 「교통사고처리 특례법」(2008. 3. 21. 법률 제8979호)이었다. 동법은 업무상 과실 또는 중대한 과실로 교통사고를 일으킨 운전자에 관한 형사처벌 등의 특례를 정함으로써 교통사고로 인한 피해의 신속한 회복을 촉진하고 국민생활의 편익을 증진함을 목적으로 한다. 동법 제4조는 '교통사고를 일으킨 차가 보험업법 제4조 및 제126조 내지 제128조 등의 규정에 의하여 보험 또는 공제에 가입된 경우에는 제3조 제2항 본문에 규정된 죄를 범한 당해 차의 운전자에 대하여 공소를 제기할 수 없다. 다만, 제3조 제2항 단서에 해당하는 경우나 보험계약 또는 공제계약이 무효 또는 해지되거나 계약상의 면책규정 등으로 인하여 보험사업자 또는 공제사업자의 보험금 또는 공제금 지급의무가 없게 된 경우에는 그러하지 아니하다'라고 규정하고 있다. 따라서 일정한 보험(종합보험)에 가입된 자로서 11대 중대예외사유[49]에 해당하지 않는 사고가 발생한 경우에는 피해자의 의사와 무관하게 형사처벌을 받지 않게 되었다. 자동차의 급속한 보급으로 인한 상당수의 교통사고가 발생하고 있는데, 이에 대하여 모두 형법상 업무상과실치사상죄로 의율하는 것이 바람직하지 못하다는 반성적 고려에 의하여 일정한 행위유형을 비범죄화한 경우이다.

(2) 헌법재판소의 위헌결정

헌법재판소 전원재판부는 2009. 2. 26. 관여 재판관 7(일부 인용):2(기각)의 의견으로 교통사고처리특례법(2003. 5. 29. 법률 제6891호로 개정된 것) 본문

---

49) 기존에는 10대 중대예외사유였으나, 2007. 12. 21. 동법의 개정으로 하나의 예외사유가 추가되었다. '도로교통법 제12조 제3항에 따른 어린이 보호구역에서 같은 조 제1항에 따른 조치를 준수하고 어린이의 안전에 유의하면서 운전하여야 할 의무를 위반하여 어린이의 신체를 상해에 이르게 한 경우'가 그것이다.

중 업무상 과실 또는 중대한 과실로 인한 교통사고로 말미암아 피해자로 하여
금 중상해에 이르게 한 경우(신체의 상해로 인하여 생명에 대한 위험이 발생
하거나 불구 또는 불치나 난치의 질병에 이르게 한 경우)에 공소를 제기할 수
없도록 규정한 부분이 헌법에 위반된다고 선고하였다.50)

우리나라 교통사고율이 OECD 회원국에 비하여 매우 높고, 교통사고를 야
기한 차량이 종합보험 등에 가입되어 있다는 이유만으로 그 차량의 운전자에
대하여 공소제기를 하지 못하도록 한 입법례는 선진 각국의 사례에서 찾아보
기 힘들며, 가해자는 자칫 사소한 교통법규위반을 대수롭지 않게 생각하여 운
전자로서 요구되는 안전운전에 대한 주의의무를 해태하기 쉽고, 교통사고를
내고 피해자가 중상해를 입은 경우에도 보험금 지급 등 사고처리는 보험사에
맡기고 피해자의 실질적 피해회복에 성실히 임하지 않는 풍조가 있다는 점 등
에 비추어 보면 교통사고의 신속한 처리 또는 전과자의 양산 방지라는 공익을
위하여 피해자의 사익이 현저히 경시된 것이라는 그 이유이다.

하지만 교통사고로 인한 피해자에게 중상해가 아닌 상해의 결과만을 야기
한 경우 가해 운전자에 대하여 가해차량이 종합보험 등에 가입되어 있음을 이
유로 공소를 제기하지 못하도록 한도 내에서는, 그 제정목적인 교통사고로 인
한 피해의 신속한 회복을 촉진하고 국민생활의 편익을 도모하려는 공익과 동
법률조항으로 인하여 침해되는 피해자의 재판절차에서의 진술권과 비교할 때
상당한 정도의 균형을 유지하고 있으며, 단서조항에 해당하지 않는 교통사고

---

50) 헌재 2009. 2. 26. 2005헌마764. 동 위헌결정에 따라 국회는 2010. 1. 25. 법률 제9941호
로 「교통사고처리 특례법」 제4조를 다음과 같이 개정하였다.
　① 교통사고를 일으킨 차가 「보험업법」 제4조 및 제126조부터 제128조까지, 「여객자동차
　　운수사업법」 제60·61조 또는 「화물자동차 운수사업법」 제51조에 따라 보험 또는 공
　　제에 가입된 경우에는 제3조 제2항 본문에 규정된 죄를 범한 당해 차의 운전자에 대하
　　여 공소를 제기할 수 없다. 다만, 다음 각 호의 어느 하나에 해당하는 경우에는 그러하
　　지 아니하다.
　1. 제3조 제2항 단서에 해당하는 경우
　2. 피해자가 신체의 상해로 인하여 생명에 대한 위험이 발생하거나 불구 또는 불치나 난치
　　의 질병에 이르게 된 경우
　3. 보험계약 또는 공제계약이 무효 또는 해지되거나 계약상의 면책규정 등으로 인하여 보
　　험회사, 공제조합 또는 공제사업자의 보험금 또는 공제금 지급의무가 없게 된 경우

의 경우에는 대부분 가해 운전자의 주의의무태만에 대한 비난가능성이 높지 아니하고, 경미한 교통사고 피의자에 대하여는 비형벌화하려는 세계적인 추세 등에 비추어 보아도 과잉금지의 원칙에 반하지 않는다.

또한 교통사고로 인한 피해의 신속한 회복은 가해 운전자에 대한 형사처벌을 통하여서가 아니라 민사적인 수단과 방법으로, 특히 종합보험 등에 의하여 손해를 담보함으로써 해결되도록 함이 바람직한데, 교통사고 가해자에 대한 형사처벌의 범위를 확대하려는 것은 형사책임과 민사책임을 분리하여 후자를 강조하는 시대적인 조류에 거스르는 조치가 아닌지 의문이 든다.[51]

중상해와 상해의 구분이 동 조항의 핵심적인 쟁점이 될 것으로 보이는데, 이를 명백히 판단하기란 매우 어렵다. 또한 교통사고로 인한 상해의 정도는 운전자의 과실 정도에 비례하는 것이 아니라 피해자의 나이, 성별, 부상부위, 신체적 특이성 등 우연한 사정에 의하여 달라질 수 있는 것이므로, 법 적용의 예측가능성과 통일성을 확보하기 어렵게 될 것이다. 결론적으로 헌법재판소의 판단은 형사처벌의 범위를 모호하게 확장하는 것이므로 타당하지 않다고 본다.

5) 민사제재로의 대체

(1) 민사금전벌로의 대체

형사법적인 제재는 피해자의 수요를 도외시한 채 국법질서 또는 공동체의 평화라는 가치를 앞세워 가해자에 대한 해악부과만을 허용하는 측면이 없지 않다. 이러한 모순을 극복하고, 화해와 용서를 통해 갈등을 해소하고자 하는 이론으로서 미국의 민사금전벌제도(civil money penalties)와 같은 회복적 사법 이론이 있다. 이 제도는 행정관청 또는 법원이 행정상의 의무확보수단으로서 의무위반행위를 한 자에게 민사절차에 의하여 금전벌을 부과하는 제도이다. 이는 민법이 형법을 대신하여 오직 발생된 손해만을 배상시킬 뿐이고, 그 밖

---

51) 재판관 민형기, 재판관 조대현의 반대의견 중 발췌.

의 제재부과를 자제해야 한다는 것이다. 즉 법률에 의한 지나친 범죄화(과잉 범죄화)를 막아야 한다는 사상에 근거하고 있다.[52]

하지만 모든 형사재판을 민사금전벌제도로 변형시키는 것은 무리이다. 따라서 소액의 절도와 같은 경미범죄, 양벌규정에 의한 법인처벌 등과 같이 일정한 범위를 정하여 그에 속하는 행위유형에 대하여만 금전으로 형벌을 대신하게 하는 방안이 고려되어야 할 것이다.

(2) 민사적 원상회복으로의 대체

이는 가해자에게 피해자에 대한 원상회복을 위한 이행급부를 부과하고 형벌을 포기하는 제도로서, 종래의 형벌이나 보안처분이 범죄인 개개인에게 중점을 두던 시각에서 벗어나 피해자와 가해자 사이의 화해와 연대성회복에 중점을 두고자 하는 새로운 시도이다. 피해자의 만족은 가해자의 급부를 통해 실현된다는 점에서 원상회복제도는 가해자와 피해자 사이의 화해를 촉진시키고 이를 통해 법공동체 내에서의 법적 평화를 회복시킨다는 의미를 갖고 있다. 이 제도는 문제를 민사적으로 해결하도록 하고 피해자가 신속히 피해를 변상받을 수 있는 장점이 있기 때문에 형벌목적을 달성하는 데 기여하는 형벌과 보안처분 이외의 제3원(元)이라고까지 높이 평가되고 있다.[53]

재산범죄를 비롯한 일정한 범죄의 경우 피해자들은 처벌보다는 오히려 피해변상에 많은 관심을 가지고 있으며, 피해가 변상되고 나면 가해자가 어떻게 처벌되는지 별반 관심을 보이지 않는 경우가 흔하다. 이러한 현실은 원상회복이 가해자와 피해자 사이의 갈등해결에 중요한 인자가 됨을 말해주고 있다.[54]

---

52) 이러한 견지에서 성을 사는 행위와 이의 상대방이 되는 행위에 대해서는 독일의 ProstG 와 같이 민사적인 방법으로 이를 통제하는 방안도 검토해 볼 필요가 있다는 견해(천진호, "성착취와 성착취형 인신매매에 대한 형사법적 대응과 개선방안", 『형사정책연구』 제13 권 제4호(제52호), 한국형사정책연구원, 2002. 겨울호, 178면)도 있다.

53) 김일수, "형사상 원상회복제도의 형사정책적 기능과 효용에 관한 연구", 『성곡논총』 제21 집, 1990, 609면 이하.

54) 김창군, "경미범죄의 처리방안", 『성균관법학』, 성균관대학교 비교법연구소, 2006. 12, 476면.

이는 민법이 형법을 대체하여 손해배상만을 부과하고 그 밖의 부가적인 제재
들은 가하지 말아야 한다는 것이다.

하지만 다음과 같은 비판이 있을 수 있다. 첫째, 민법은 발생된 불법사례 모
두에 대해 그에 상응한 상쇄를 다 보장해 줄 수는 없다.[55] 둘째, 어떠한 불법
에 대하여 형사제재를 전적으로 포기해 버리면 당해 불법이 보다 큰 불법으로
발전해 나갈 소지가 있다. 셋째, 비범죄화의 대체수단이 원상회복이라는 사회
의 민사적 · 자율적 해결에 맡겨질 경우 범죄자와 피해자 사이에 속죄금의 성
격을 띤 손해배상이 만연해서 범죄의 반윤리성은 금전적 타협의 차원으로 격
하될 수 있다.[56]

(3) 징벌적 손해배상으로의 대체

징벌적 손해배상제도란 가해자가 불법행위를 행함에 있어서 악의적인 경우
에 인정되는 손해배상이다. 원칙적으로 불법행위로 인한 손해배상은 피해자
가 입은 현실적인 손해를 전보하는 것인데, 가해자의 행위가 폭력적(violent),
억압적(oppressive), 악의(malice), 기망(fraud), 의도적인 무시(wanton) 등으로 특
별히 그 사정이 가중될 만한 사유를 수반하는 때에는 피해자가 현실로 입은
손해를 초과한 손해배상액의 지급을 명할 수가 있는데, 이를 징벌적 손해배상
(punitive damages)이라고 한다.[57] 즉, 징벌적 손해배상은 악의적인 불법행위로
인하여 발생한 손해에 대하여 전보적 손해배상을 부가하여 불법행위자를 징
벌함으로써 불법행위자 및 제3자가 장래에 동일한 불법행위를 반복하는 것을
억제하기 위해 가해지는 손해배상을 말한다.[58]

---

55) 김창균, 앞의 논문(각주 54), 473면.

56) 임웅, 앞의 논문(각주 33), 471면.

57) L. Schlueter & Redden, *Punitive Damages*, Va. Michie Co. 2d ed, 1989, p.19;
Richard L. Blatt-Robert W. Hammesfahr, Lori S. Nugent, *Punitive Damages: A
State-By-State Guide to Law and Practice*, § 1.3, 2005. Exemplary Damages 또는
Vindictive Damages 등 여러 가지 용어가 사용되고 있으나, Punitive Damages가 가장
일반적이다. 원고가 예기치 못한 금액을 배상받는다는 뜻에서 횡재금(Smart Money)이라
불리기도 한다.

58) 이점인, "징벌적 손해해배상제도의 도입 필요성과 가능성에 대한 일고찰", 『동아법학』 제

징벌적 손해배상이라는 개념에는 민법과 형법의 전통적인 구조가 혼합되어 있다.59) 그러므로 징벌적 손해배상은 조화를 이루기 어려울 것 같은 목적의 징벌성과 민사적 제재절차인 두 요소의 특별한 조합인 것이다. 따라서 징벌적 손해배상을 달리 말하면, 징벌적 민사제재(Punitive Civil Sanction)라고 부를 수 있다. 결국 징벌적 손해배상의 본질을 이러한 기능을 토대로 하여 파악한다면, 징벌과 보상 그리고 억제의 3요소로 요약될 수 있다.60)

생각건대 징벌적 손해배상의 본질은 피해자에 대한 손해의 전보라기보다는 제재를 목적으로 하는 제도라고 보여진다. 즉, 가해자를 처벌함으로써 그 자의 불법행위를 예방하는 특별예방기능과 사회일반인에게 본보기를 보여 줌으로써 일반예방기능을 달성하는 제재적 기능이 있는 것이다. 이와 같은 공법적 기능이야말로 징벌적 손해배상의 진정한 본질이고, 사법적 기능은 부수적인 기능에 불과하다.61)

Ⅳ. 집행단계에서의 비범죄화(사실상의 비범죄화)

집행단계에서의 비범죄화62)라 함은 형사제재규정이 입법적으로 그대로 존속함에도 불구하고 일정한 행위 또는 상황에 대한 형사사법기관활동의 점진적인 변화로 형법의 적용범위가 축소되는 비범죄화를 말한다. 이는 형법투입의 사회적인 비용이 너무 높은 경우, 형법 이외의 다른 사회통제수단에 의한

38호, 동아대학교 법학연구소, 2007. 12, 188면. 현재 미국에서는 거의 모든 주에서 징벌적 손해배상이 인정되고 있다. 또한 이것이 인정되는 불법행위 유형도 처음에는 명예훼손, 폭행, 상해, 불법감금, 횡령 등에서 지금은 불법행위 전반에 걸쳐 인정되고 있다.

59) 징벌적 손해배상에 대하여 보다 자세한 내용은 유근홍, "징벌적 손해배상제도에 관한 연구", 청주대학교 법학박사학위논문, 2005. 12. 참조.

60) 윤동호, 『징벌적 민사제재에 관한 연구』, 한국형사정책연구원(연구보고서 04-20), 2004, 98면.

61) 同旨 早川吉尚, 懲罰的損害賠償の本質, 民商法雜誌 第110卷 第6號, 1995. 6, 1036-1037面.

62) 이를 광의의 비범죄화라고도 한다(기광도, 앞의 논문, 58면).

규율들이 더 적합한 경우, 형벌법규와 국민의 법감정 사이에 현저한 차이가 있는 경우, 사회변화와 함께 처벌의 필요성이 없어졌으나 아직 법률이 폐지되지 않은 경우 등과 같은 현상이 발생할 경우에 이루어진다.

집행단계에서의 비범죄화는 그 실행가능성에 있어서 입법단계에서의 비범죄화에 비해 양적으로 보다 많은 제한을 받게 된다. 즉 입법단계에서의 비범죄화는 헌법에 구속되어 행위에 대한 입법부의 형사정책적 판단에 따라 범죄를 결정하지만, 집행단계에서의 비범죄화는 법집행자가 입법적 선결인 법전을 근거와 한계로 인정해야 하기 때문에 법제정에 비해 법정책적인 재량의 폭이 좁다고 할 수 있다.

이러한 측면에서 집행단계에서의 비범죄화는 입법단계에서의 비범죄화와 비교했을 때 그리 추천할 만한 것은 못 된다는 점을 명심해야 한다. 만약 수사기관과 재판기관의 재량을 통한 선별적인 처분에 의한 사실상의 비범죄화가 증가하게 된다면 명확한 법적 근거에 기한 행위가 되지 못하므로 통제받지 못하는 자의가 개입될 여지가 충분히 있게 된다.63) 이는 헌법상의 평등의 원칙에 반할 우려가 있다. 또한 행정부나 사법부가 입법부가 행사하는 입법권을 우회적으로 행사하는 모습이 되므로 권력분립의 원칙에도 반할 우려가 있다. 따라서 집행단계에서의 비범죄화는 입법단계에서의 비범죄화에 대하여 보충적인 성격을 가진다고 하겠다.

1. 수사단계에서의 비범죄화

1) 경찰의 무혐의처리(훈방)

훈방권이란 검사만이 수사종결권을 갖는 우리나라 형사소송법 구조하에서

---

63) 실질적으로 경찰의 단속이 제대로 이루어지지 않기 때문에 성매매는 집행단계에서의 비범죄화(사실상의 비범죄화)가 폭넓게 행해지고 있다고 할 수 있다. 이에 대하여 성매매의 입법적인 비범죄화보다는 사실상의 비범죄화가 동 문제를 최소화시킬 것이라는 견해(이경재, "성매매특별법 시행 4년에 대한 평가와 제언", 『형사정책연구』 제20권 제1호(통권 제77호), 한국형사정책연구원, 2009. 봄, 722면)가 있다.

경찰서장 또는 지구대장이 '범죄사실이 경미하고 뉘우치는 정이 뚜렷하며 피해회복된 자로서, 60세 이상 고령자 또는 미성년자인 초범자, 정신박약, 보행불구, 질병자, 주거 및 신원이 확실하고 정상을 참작할 만한 부득이한 사유가 있는 자, 상습범이 아닌 자 기타 경찰서장[64]이 특히 훈방할 사유가 있다고 인정하는 자에 대하여 적발현장에서 방면할 수 있는 권한'[65]을 말한다. 실제로 경찰훈방은 광범위하게 이루어지고 있음에도 불구하고 이에 대한 명문의 법적 근거는 없는 실정이다. 동 제도는 특히 일정한 피해 이하의 범죄행위에 대하여 범죄관련자의 합의가 이루어진 경우에 주로 활용되고 있다.

실무에서는 「즉결심판에 관한 절차법」 제3조 제1항에 규정한 경찰서장의 즉결심판청구권과 동법 제19조(형사소송법의 준용)에 근거하여 훈방권을 인정한다. 즉, 경찰서장이 공소제기와 같은 성질의 즉결심판청구권을 가지고 있고, 즉결심판청구권의 성질에 반하지 않는 한 형사소송법의 규정을 준용하고 있으므로, 검사와 같은 기소유예처분권한(즉, 경찰훈방권)도 경찰서장이 가진다는 것이다. 즉결심판의 대상은 20만 원 이하의 벌금, 구류 또는 과료에 처할 범죄사건인데, 이는 선고형을 기준으로 하기 때문에 경찰서장이 검사에게 송치하지 않고 직접 즉결심판을 청구할 수 있는 범죄사건의 범위는 매우 넓은 편이다. 그러나 이처럼 「즉결심판에 관한 절차법」을 근거로 한 경찰훈방권은 그 실질적인 성격이 검사의 기소유예처분과 유사하기는 하지만, 적용범위가 즉결심판이 가능한 범죄에 한정되어 있다는 점에서 근본적인 한계를 피할 수는 없다.[66]

한편 소년범의 경우 경찰청예규인 「소년경찰직무규칙」에 근거하여 '소년풍

---

64) 훈방권의 주체를 경찰서장뿐만 아니라 사법경찰관리인 지구대장이나 사무소장에게도 인정한다(대판 1982. 6. 8. 82도117).

65) 경찰업무편람 7-12.

66) 「즉결심판에 관한 절차법」에 근거한 훈방권은 즉결심판의 대상이 되는 범죄사건에만 적용되는 것이기 때문에 우범소년과 촉법소년에 대한 처리에는 이를 직접적인 근거로 삼기는 어렵다. 이와 관련해서는 「경찰관직무집행법」 제2조 제1호의 규정을 원용할 수 있다고 본다(이호중, "소년범죄자에 대한 경찰단계의 비범죄화 정책제안", 『형사정책연구』 제15권 제3호(통권 제59호), 한국형사정책연구원, 2004. 가을, 36-37면). 촉법소년과 우범소년에 대한 처리는 범죄에 대한 수사의 차원이 아니라 경찰의 범죄예방활동의 범주 속에서 구체화될 수 있기 때문이다. 이들은 장래의 범죄의 예방만으로 국가가 개입할 수 있다.

기사범(불량만화나 음화 소지, 남녀혼숙, 음주, 흡연, 환각성 접착제 흡입 및 소지, 싸움 및 소란, 흉기소지 등)'에 대한 단속을 하는데, 이러한 경우 단순훈방은 소년범을 다시 범죄의 경향을 강화시킬 수 있는 환경에 무작정 노출시키게 되는 무력한 전략이 될 수도 있다.[67]

2) 검찰[68]의 기소편의주의

우리 「형사소송법」 제247조 제1항은 '검사는 「형법」 제51조의 사항을 참작하여 공소를 제기하지 아니할 수 있다'고 하여 기소편의주의를 채택하여 절차법적인 비범죄화의 기초를 마련하고 있다. 또한 「검찰사건사무규칙」(법무부령 제660호 2009. 3. 19) 제71조 제1항에 의하면 '검사가 기소유예의 결정을 하는 경우에는 피의자를 엄중히 훈계하고 개과천선할 것을 다짐하는 서약서를 받아야 한다. 다만, 경미한 사건의 경우에는 그러하지 아니하다'고 하여 세부적인 절차를 규정하고 있다.

피의사건이 소송조건을 모두 구비하고 범죄혐의가 충분하더라도 사안의 개별성을 감안하여 공소제기를 하지 않는 방식은 일반적으로 기소편의주의 국가에서는 널리 인정된다. 이뿐만 아니라 기소법정주의를 취하고 있는 독일도 경미범죄(Vergehen)[69]의 경우 예외적으로 합목적성을 고려하여 기소편의주의를 활용할 수 있는 예외규정(독일 형사소송법 제153조)을 두고 있다.[70] 이러한 기소편의주의는 비범죄화의 측면에서 형사사법의 탄력성 있는 운영을 도

---

67) 이호중, 위의 논문, 13-14면.

68) 검찰단계에서의 약식명령청구의 적극적 활용을 비범죄화 내지 다이버전의 한 내용으로 들고 있는 견해(조광훈, "수사기관에 의한 다이버전의 활성화 방안", 『사법행정』 제49권 제2호, 한국사법행정학회, 2008. 2, 52면)가 있는데, 이는 다소 무리가 있다. 약식명령제도는 경미사건의 신속하고 효율적인 처리방안의 하나로 고려되는 제도이지, 비범죄화의 이념과는 다소 거리가 있기 때문이다. 왜냐하면 벌금형이 주로 선고되어 전과자라는 낙인은 벗어날 수 없기 때문이다.

69) 법정형의 최저한이 1년 미만의 자유형 또는 벌금형으로 되어 있는 범죄를 말한다.

70) 그 밖에도 스위스 Basel 市의 「형사소송법」 제216조 제2항, 스위스 Aargau 州의 「형사소송법」 제136조 등이 있다.

모한다. 기소유예의 장점은 범죄자에게 유죄인정의 가능성과 일정한 부담을 줌으로써 형법의 경고기능은 살리되 형사처벌만은 지양하는 점에 있다. 또한 구체적 사안에 따라 기소를 할 것인가 하지 않을 것인가 또 기소를 하지 않는 경우에도 피의자에게 어떠한 부담을 지울 것인가를 재량함으로써 해결의 융통성 내지 비범죄화의 개별화도 잘 설명할 수 있다.[71] 종래 18세 미만의 소년범에 국한하여 시행해오던 선도조건부 기소유예[72]제도는 「보호관찰 등에 관한 법률」(2009. 5. 28. 개정, 법률 제9748호) 제15조 제3호에 의하여 연령의 제한이 없이 일반화되었고, 1995년부터 전국적으로 시행되었다. 범죄인을 모든 제재로부터 완전히 벗어날 수 있도록 하는 것은 형사정책상 올바르지 못하므로, 기소유예를 함에 있어서 일정한 조건을 부과하는 것이 타당하다.

하지만 검사의 기소재량도 평등의 원칙과 재판절차진술권이 보장되는 가운데 행사되어야 하는 의무가 전제되는 재량이므로 자의적으로 행사될 수는 없다. 이러한 의미에서 기소편의주의는 중대한 범죄에 대해서는 허용될 수 없으며, '형벌권을 행사하지 아니하는 것이 오히려 보다 더 나은 결과를 초래할 수 있다고 기대되는'[73] 경미한 범죄에 대해서만 운용될 수 있음을 간과해서는 아니 된다. 범죄를 기소유예하기 위한 보다 상세한 요건을 「형사소송법」에 명문화하고, 검사의 기소재량을 규제하기 위한 객관적이고 통일적인 기준을 제시하는 등의 기소편의주의에 대한 보완책도 함께 마련되어야 한다.

3) 소추요건의 상향조정

범죄의 친고죄화, 반의사불벌죄화, 반의사불벌죄의 친고죄화, 친족상도례의 확대 등 기존의 소추조건을 보다 강화하여 형사처벌의 영역에서 배제하고자

---

71) 임웅, 앞의 논문(각주 33), 475면.

72) 동 제도는 범죄소년에 대하여 기소유예처분을 하면서 범죄예방자원봉사위원의 선도보호를 받을 것을 조건으로 범죄소년에 대하여 기소유예의 범위를 확대하여 소년범죄의 예방과 처우 개선에 기여하고자 함을 목적으로 1978. 4. 1. 광주지방검찰청에서 처음 실시된 이후 1981. 1. 1.부터는 전국 검찰청에서 실시하게 된 것이다.

73) 헌재 1989. 4. 17. 88헌마3.

하는 유형의 비범죄화 방안이 있다. 자주 논의되는 것으로 손괴죄를 친족상도
례의 범위에 포섭하는 것이다.

4) 형사조정제도의 활용

형사조정제도는 재산범죄의 고소사건(사기, 횡령, 배임 등)과 소년, 의료, 명
예훼손 등 일정한 형사사건에 대하여 피해자와 피의자가 화해에 이를 수 있도
록 형사조정위원회에서 분쟁을 조정하는 제도를 말한다. 이는 사적 자치의 영
역에서 자율적 해결능력을 증대하는 토대가 되며, 범죄피해자의 피해를 실질
적으로 보상해주는 등 사인 간의 분쟁을 원만히 해결해 주는 것이 동 제도의
취지이다. 우리나라에서는 2006. 4. 시범실시된 이후 2007. 1.부터 전국 33개
검찰청에서 실시되었고, 2007. 8.부터는 전국 모든 검찰청에서 실시하고 있다.
또한 2008. 6. 1.부터는 전국 검찰청에 설치되어 있는 범죄피해자지원센터의
민간센터를 중심으로 행하여지고 있다.

이는 지역사회가 사회적 갈등과 분쟁해결에 적극 나서는 지역사회 분쟁조
정프로그램이라 할 수 있다. 이를 통해 형사사법의 비용을 절감하고 피해자의
형사절차 참여권을 보장하여 실질적인 피해구제를 하고자 실시하게 된 것이
다. 이러한 형사조정은 고소인, 피의자 등 당사자의 동의를 받아 의뢰하고 있
고 범죄피해자지원센터의 형사조정위원회 소속 위원들이 형사조정을 담당하
고 있다. 많은 형사사건이 고소나 고발로부터 시작되는 우리나라의 현실에서
당사자들의 원만한 합의로 인한 분쟁의 종결은 범죄인의 조속한 사회복귀를
돕는다는 점에서 비범죄화의 수단으로서 적극적인 활용이 요구된다고 하겠다.

범죄처리의 한 방편으로서 형사처벌보다는 범죄피해자와 가해자가 공정한
제3자가 마련한 조정안을 준수하여 범죄피해의 원상회복과 함께 당사자 간의
진정한 사죄와 용서가 뒤따른다면 범죄의 외적인 피해복구에만 그치는 것이
아니라 당해 범죄로 인한 충격과 혼란으로부터 벗어날 수 있다.

2. 재판단계에서의 비범죄화

재판단계에서의 비범죄화란 판례를 변경하여 형벌법규의 해석·적용을 수정하거나 처벌근거규정과 처벌강화규정의 축소해석(restriktive Auslegung) 내지 처벌완화규정과 처벌면제규정의 확장해석을 통하여 종래 처벌하던 행위를 처벌하지 않는 것을 말한다. 경우에 따라서는 무죄선고도 비범죄화의 일종이라고 볼 수 있을 것이다. 법규범은 일반조항이나 불확정개념을 사용하지 않더라도 법조항의 추상성을 피할 수 없기 때문에 법관이 법률의 목적을 고려하여 법조문의 해석이라는 평가를 통하여 규범의 내용을 구체화해야 한다. 상급심판결 및 이전의 판결이 법적인 구속력을 갖지 아니한 법제[74]에서는 이러한 경향이 주류로 되기 위해서는 일정한 시간의 지속을 요한다고도 볼 수 있겠지만, 선례의 사실상의 구속력도 무시하기 어려운 실정이므로 그 의미가 있다고 하겠다.

1) 판례의 변경을 통한 비범죄화

법적인 근거들을 제시하여 전원합의체판결로서 기존에 유죄판결을 행하던 것을 무죄판결 내림으로써 형사처벌의 대상에서 제외시키는 경우도 비범죄화의 일종으로 보아야 한다. 하지만 애석하게도 현재 대법원은 범죄인필벌주의에 입각해서 판결[75]을 하는 경향이 강하기 때문에 기존에 형사처벌의 대상이었던 사항을 형사처벌의 대상에서 제외시키는 판결을 한 경우는 거의 없다.[76]

---

74) 「법원조직법」(2010. 1. 25. 법률9940호) 제8조(상급법원의 재판에 있어서의 판단은 당해 사건에 관하여 하급심을 기속한다)는 기존 판결의 법적인 구속력을 인정하지 않는다.

75) 대표적인 예로 대판 2007. 9. 28. 2007도606(협박죄의 기수에 이르기 위하여 상대방이 현실적으로 공포심을 일으킬 것을 요하는지 않는다).

76) 대표적인 예로 대판 2008. 6. 19. 2006도4876(새마을금고 임직원이 동일인 대출한도 제한규정을 위반하여 초과대출행위를 한 사실만으로 업무상배임죄를 구성하는 재산상 손해가 발생하였다고 볼 수 없다); 대판 2008. 4. 17. 2004도4899(외국인이 외국에 거주하다가 반국가단체의 지배하에 있는 지역으로 들어간 행위는 국가보안법 제6조 제1항, 제2항

전원합의체판결의 대부분은 기존에 형사처벌을 하지 못한 행위들에 대해 시대와 상황에 따른 처벌의 공백을 메우기 위하여 형사처벌을 시도하기 위한 작업이었다고 해도 과언이 아니다.

또한 행위 당시의 판례에 의하면 처벌받지 않던 행위로 소추되었는데 그 사이에 그 행위를 처벌하는 것으로 판례가 변경된 경우에 있어서 판례[77]는 소급효를 긍정하고 있다. 법원은 이러한 논리에 입각하여 피고인을 처벌하고 있으나 이는 바람직하지 않다. 「형법」 제1조 제1항이 명문으로 '행위 시의 법률'이라고 규정하기 때문에 판례의 변경을 소급효금지의 원칙에 적용할 수는 없으나, 행위자가 과거 판례를 신뢰하여 자신의 행위가 허용되는 것으로 착오한 경우에는 그 착오에 정당한 이유가 있는 때에 해당하는 것 내지 기대가능성의 결여로 책임이 부정되는 경우로 보아야 하기 때문이다.

예를 들어 2004. 5. 서울남부지방법원의 한 판사가 양심적 병역거부자에 대하여 기존의 유죄판결을 깨고 무죄판결을 선고한 것처럼 법원은 항상 현실과 규범 간의 괴리를 발견하여 시대에 뒤떨어지는 조항이 있으면 무죄를 선고하거나 가벌성의 범위를 축소시킴으로써 입법자에 대하여 비범죄화에 대한 압력을 가하여야 할 것이다.

2) 법문의 해석을 통한 비범죄화

법문의 해석과 관련하여 비범죄화를 추구하는 유형으로는 명확성의 원칙 위반 사안, 종래 처벌의 반성적 고려에 의한 사안, 피고인에게 유리한 해석 사

의 '탈출'에 해당하는지 않는다); 대판 1999. 2. 11. 98도2816(「총포 · 도검 · 화약류등단속법시행령」 제3조 제1항 제3호는 위임입법의 한계를 벗어나고 죄형법정주의 원칙에 위배되어 무효이다) 등이 있다.

77) 대판 1999. 9. 17. 97도3349: "형사처벌의 근거가 되는 것은 법률이지 판례가 아니고, 형법 조항에 관한 판례의 변경은 그 법률조항의 내용을 확인하는 것에 지나지 아니하여 이로써 그 법률조항 자체가 변경된 것이라고 볼 수는 없으므로, 행위 당시의 판례에 의하면 처벌대상이 되지 아니하는 것으로 해석되었던 행위를 판례의 변경에 따라 확인된 내용의 형법 조항에 근거하여 처벌한다고 하여 그것이 헌법상 평등의 원칙과 형벌불소급의 원칙에 반한다고 할 수는 없다."

안 등으로 나누어 볼 수 있다. 명확성의 원칙의 위반 사안은 주로 헌법재판소의 해석에 의한 위헌 결정의 후속적인 입법조치로 추진되는 경우가 많고, 종래 처벌의 반성적 고려에 의한 사안은 주로 대법원의「형법」제1조 해석에 의한 판결과 관련된 문제로 등장한다. 또한 피고인에게 유리한 해석 사안은 규범적 구성요건요소에 대한 법원의 해석과 관련된 문제로 야기된다.

(1) 명확성의 원칙 위반 사안

형벌법규의 내용이 추상적이고 불명확한 경우에는 형벌법규의 해석에 있어서 법관의 자의가 허용되어 수범자에게 불이익이 된다. 법규범은 일반조항이나 불확정개념을 사용하지 아니하더라도 법문의 추상성을 피할 수 없기 때문에 해석이라고 하는 법관의 평가적 활동을 통해 비로소 구체화된다.[78] 따라서 법률에 범죄와 형벌이 가능한 명확하게 규정되어 있어야 법관의 자의를 방지할 수 있고, 또한 국민에게도 어떠한 행위가 형법에서 금지되고 있으며, 그러한 행위에 대해 어떤 형벌을 가하게 되는지를 분명히 인식시켜줌으로써 적극적 일반예방이 확보될 수 있다.

반대로 형벌법규의 불명확성은 가벌적인 행위와 불가벌적인 행위 사이의 사각지대를 창조한다. 하지만 복잡한 사회현상을 추상적 표현으로 규정하는 법규범의 성격상 형법에 규정된 범죄와 형벌에 관한 개념들이 어느 정도의 불명확성을 띠는 것은 불가피한 일이다. 따라서 명확성의 원칙이란 명확성의 유무가 아니라 정도의 문제라고 할 수 있다.[79] 해석의 여지가 없도록 누구나 판단하기 쉽게 법률규정을 입법화하는 것이 최우선의 과제이지만, 현실적으로 이러한 유형의 입법은 절대적으로 불가능하기 때문에 법관에 의한 정당한 해석을 통하여 명확성의 원칙을 보충해 줄 수밖에 없다.

명확성의 원칙과 관련된 법원의 해석으로 비범죄화된 것으로 (구)「집회 및 시위에 관한 법률」(1980. 12. 18. 법률 제3278호) 제3조 제1항 제4호(현저히 사

---

78) 임웅, "경미범죄의 비범죄화",『형사정책연구』제2권, 한국형사정책연구원, 1990. 11, 160면; 김창군, 앞의 논문(각주 54), 483면.

79) 오영근,『형법총론』(제2판), 박영사, 2009, §3/17.

회적 불안을 야기시킬 우려가 있는 집회 또는 시위)와 제5호(헌법의 민주적 기본질서에 위배되는 집회 또는 시위)를 삭제한 경우,[80] (구) 「특정범죄가중 처벌 등에 관한 법률」(1994. 6. 28. 법률 제4760호) 제4조 제1항(정부관리기업 체)을 삭제한 경우,[81] (구) 「지방세법」(1994. 12. 22. 법률 제4794호) 제112조 제2항(고급주택)을 삭제한 경우,[82] (구) 「전기통신사업법」(1991. 8. 10. 법률 제 4394호) 제53조 제1항(전기통신을 이용하는 자는 공공의 안녕질서 또는 미풍 양속을 해하는 내용의 통신을 하여서는 아니 된다)을 삭제한 경우,[83] (구) 「주 식회사의 외부감사에 관한 법률」(1998. 2. 24. 법률 제5522호) 제20조(감사보고 서에 기재하여야 할 사항을 기재하지 아니하거나 허위의 기재를 한 때)를 삭 제한 경우[84] 등을 들 수 있다.

(2) 종래 처벌의 반성적 고려에 의한 사안

대법원의 「형법」 제1조 해석에 관한 판결로 인해 비범죄화된 것으로 (구) 「증 권거래법」(1997. 1. 13. 법률 제5254호) 제188조의2(협회등록법인이 아닌 단순한 등록법인의 미공개 중요정보를 이용한 내부자거래를 형사처벌한 규정)를 삭 제한 경우,[85] (구) 「청소년보호법」(1999. 2. 5. 법률 제5817호로 개정되기 전의 것) 제2조 제5호(청소년의 숙박업소출입허용행위를 형사처벌한 규정)를 삭제 한 경우[86] 등을 들 수 있다.

(3) 피고인에게 유리한 해석 사안

비범죄화의 근본취지인 형법적용의 절제와 신중을 법률해석의 지침으로 받

---

80) 헌재 1989. 9. 8. 89헌가22.

81) 헌재 1995. 9. 28. 93헌바50.

82) 헌재 1999. 1. 28. 98헌가17.

83) 헌재 2002. 6. 27. 99헌마480.

84) 헌재 2004. 1. 29. 2002헌가20.

85) 대판 1999. 6. 11. 98도3097.

86) 대판 2000. 12. 8. 2000도2626.

아들인다면, 법관은 형법의 단편적이고 보충적인 성격을 항상 염두에 두어야 한다. 법규범과 사회현실 사이에 괴리가 커지고, 구체적인 경우 정상참작을 해야 할 사안이 있다면 제한해석 내지 확장해석이 법적 정의를 실현할 수 있는 가장 현실적인 방법일 것이다.[87] 법규범이 사회현실을 제대로 반영하지 못하는 경우임에도 불구하고 입법자의 소홀로 인하여 그대로 존치된다면 최종적인 규범의 적용자인 법관들은 체계내재적인 범위 내에서 행위의 가벌성 판단을 능동적으로 해야 한다. 이러한 개별적이고 구체적인 판단의 축적을 통해 입법자에게 무언의 압력을 가함으로써 형사처벌의 정의를 부활시켜야 한다. 이처럼 판례는 적용법규의 해석을 통하여 가벌성의 범위에 영향을 미친다. 형법규정이 일반조항의 형식을 취하면 취할수록 판례의 영향은 더욱더 커진다. 실무상으로는 법익론의 내용을 상세히 전개하기보다 불법판단을 받을 법익침해의 '최저수준'을 가늠해서 그 수준보다 경미한 법익침해가 발생하면 형벌권 발동의 대상이 되지 않는 것으로 하는 해석방법의 판단축적이 유용할 것이다.[88]

제한해석은 '의심스러울 때는 피고인의 이익으로'라는 법언에 부합된다. 형사법관은 피고인에게 중한 법적 효과를 부과할 수 있는 형법규정을 해석함에 있어서 다른 재판과 비교하여 상당한 신중성을 기해야 한다. 또한 형벌을 감경시키거나 배제하는 규정의 확장해석도 고려해야 한다. 형법 각칙상의 구성요건을 축소해석하는 방안도 있으며, 위법성조각사유를 확대해석하는 방안도 있다.

또한 독일의 사회적 상당성이론 내지 일본의 판례가 인정하고 있는 가벌적 위법성론 등도 좋은 참고가 될 것이다. 또한 구성요건의 축소해석의 한 원리로서 경미성의 원칙 또는 현저성의 원칙이 있다. 이 원칙에 의하면 법익침해의 정도가 현저할 경우에만 구성요건이 실현되었다고 말할 수 있고, 법익침해의 정도가 경미하면 처음부터 구성요건의 적용대상으로부터 제외시켜야 한

---

87) 김창군, 앞의 논문(각주 5), 34면.
88) 임웅, 앞의 논문(각주 78), 198면.

다.89) 감금죄의 경우 극히 짧은 시간 동안 신체적 자유를 박탈함에 더 나아가 어느 정도의 시간적 지속을 요구할 것, 손괴죄의 경우 물건에 단순한 외형적인 변형을 주는 것에 더 나아가 그 효용성의 침해를 요구할 것, 주거침입죄의 경우 승낙 없이 타인의 주거에 들어가는 것에 더 나아가 주거의 사실상의 평온이 어느 정도 침해될 것을 요구할 것 등은 그 좋은 예이다.

확장해석을 통하여 비범죄화를 실현시킬 시도가 필요한 영역 중 하나가 법률의 착오 분야이다. 법률의 착오란 위법한 행위를 하는 사람이 자신의 행위의 위법성을 인식하지 못하는 경우를 말한다. 「형법」 제16조는 법률의 착오에 정당한 이유가 있는 경우에 한하여 벌한다고 하고 있는데, 여기서 말하는 '정당한 이유'의 범위를 확장해석하여 비범죄화해야 한다.90) 또한 법률의 부지도 법률의 착오의 한 유형으로 파악해야 한다.91)

확장해석을 통하여 비범죄화의 대상으로 삼을 수 있는 또 다른 예로, 「형법」 제10조 제2항의 '심신장애', 제26조의 '중지미수', 제20조 내지 제24조의 위법성 조각사유에 대한 상황의 확장, '승낙'·'예비'·'과실'의 개념 확장 등이 있다.

3) 법원의 각종 유예선고를 통한 비범죄화

선고유예와 집행유예의 활용도 비범죄화의 한 유형으로 파악하는 견해92)

---

89) 독일 「형법」 제184조f 제1호에 의하면 '이 법률에서 성적 행위란 각각의 보호법익에 관련하여 어느 정도의 현저성이 있는 행위만을 뜻한다'고 하여 현저성의 원칙을 수용하고 있다.

90) 하지만 대법원의 태도는 정당한 이유를 극히 제한된 범위에서 인정하고 있는데, 이는 바람직하지 못하다(오영근, 앞의 책, §26/42).

91) 하지만 판례는 일관되게 법률의 부지를 법률의 착오로 인정하지 아니한다. 대판 2007. 5. 11. 2006도1993: "「형법」 제16조에 자기가 행한 행위가 법령에 의하여 죄가 되지 아니한 것으로 오인한 행위는 그 오인에 정당한 이유가 있는 때에 한하여 벌하지 아니한다고 규정하고 있는 것은 단순한 법률의 부지를 말하는 것이 아니고, 일반적으로 범죄가 되는 경우이지만 자기의 특수한 경우에는 법령에 의하여 허용된 행위로서 죄가 되지 아니한다고 그릇 인식하고, 그와 같이 그릇 인식함에 정당한 이유가 있는 경우에는 벌하지 않는다는 취지인바…"

92) 김창군, 앞의 논문(각주 54), 484면.

가 있다. 두 제도가 비록 형의 집행은 면제하면서도 범죄자에게 유죄판결을 내리고 있는 점에서 현행법상 비범죄화 효과를 달성할 수 있는 좋은 제도라는 것이다.[93] 이에 한 걸음 더 나아가 양형에서 범죄의 경미성을 양형인자로 파악하자는 주장도 있다.

그러나 이는 비범죄화의 개념을 지나치게 확대한 것으로 보인다. '유죄' 판결을 내린다는 것은 범죄를 인정하여 처벌을 한다는 것을 의미하는데, 이는 범죄를 인정하지 않는 비범죄화 개념과 모순된다. 유죄판결 이후에 고려되는 사안의 경미성 등 구체적인 사정은 양형판단의 기준점으로 사용될 뿐 비범죄화와는 무관하다고 본다. 또한 이러한 제도들은 일반예방적인 관점에서 형 집행의 필요가 없고 특별예방적인 관점에서 형벌완화가 필요한 때에 형 집행의 변용을 위하여 투입되는 제재수단이며, 범죄인의 자발성·능동적인 사회복귀를 용이하게 하는 특별예방적 목적에도 이바지할 수 있다는 견해[94]를 인용하여 비범죄화의 한 방안으로 제시[95]하고 있는데, 유예제도의 목적으로 지적한 부분은 타당하나, 그 목적과 비범죄화방안 사이의 연계성을 바로 인정하기에는 다소 무리가 있어 보인다.

V. 글을 마치며

국가가 범죄행위를 규정하고 그에 대한 형벌을 부과하는 과정에서 국민으로부터 정당성을 얻지 못하는 경우, 과도한 국가 개입을 입법화하면서도 집행상의 어려움으로 실제로 집행을 못하여 형벌의 효과가 나타나지 못하게 되는 경우 등의 부작용이 발생하면 형사사법체계 및 법체계의 정당성에 위기가 초래될 수 있다.

---

93) 임웅, 앞의 논문(각주 78), 202면.
94) 김일수·서보학, 『형법총론』(제11판), 박영사, 2007, 778면.
95) 김창군, 앞의 논문(각주 54), 484면.

따라서 사회의 가치관이 변화됨에 따라 더 이상 범죄로 여겨지지 않는 행위는 형법의 영역에서 제외되어야 한다. 이러한 비범죄화는 특히 경미범죄, 풍속범죄 등과 같은 공공질서 범죄와 관련해서 많이 논의된다. 그 이유는 이러한 범죄들은 국가나 사회통제를 위한 공식조직의 관심사항이 아니라 가족이나 지역사회 등과 같은 비공식적 통제조직에 의해서 오히려 효과적으로 통제될 수 있기 때문이다. 만일 국가가 이러한 범죄유형에 대해 개입하게 되면 오히려 상황을 악화시킬 뿐이다. 즉, 비범죄화는 사회통제력의 강화가 이루어져야 성공할 수 있다. 간통·성매매·도박 등과 같은 사회적 병폐는 단순히 범죄사건으로 취급하기보다는 현대사회의 부산물로 보아 대응하는 것이 효과적일 수도 있다. 형벌이 범죄억제효과를 갖기 위해서는 범죄에 대한 처벌이 확실하고, 신속하고, 공평하게 행해져야 하기 때문이다. 이러한 의미에서 형법의 효과를 과대평가하는 국가의 법 정책에 대한 반성으로 실질적인 일반예방효과의 확보와 보충성의 요청을 강화하기 위한 수단으로 비범죄화 이론이 등장하게 된 것이다. 비범죄화는 국가의 형사사법기관이 모든 범죄에 대하여 일일이 개입하는 것은 형사사법기관에 과부하를 초래하여 보다 심각한 범죄에 대응할 기회와 자원을 소진할 수 있고, 과잉범죄화로 인한 범죄자의 양산으로 전과자에 대한 낙인, 형사사법기관의 부담 증가, 형벌의 범죄예방효과의 약화 등의 부작용을 초래하였다는 주장에 근거하는 것이다. 하지만 비범죄화에 대한 전망은 그리 밝지 않다. 정치와 사회의 전반적인 상황은 더욱 범죄화를 부추기는 방향으로 나아갈 것으로 보이기 때문이다.[96] 마치 형법 '최우선'의 원칙을 관철시키려는 듯 '더 많은 형법', '더 강한 형법'의 요청으로 오늘날 형법은 역사 이래 최고의 호황기를 맞이하고 있고, 이러한 경향은 더욱더 심해지고 있다. 이는 분명히 잘못된 것이다. 늦었다고 생각되는 지금이 비범죄화를 심도 있게 논의해야 할 중요한 순간이다.

현재 형사사법실무에서는 법규의 폐지나 개정을 통한 비범죄화보다는 처리

---

[96] 일각에서는 과잉비범죄화의 문제점을 지적하여 지나친 비범죄화 주장에 대하여 회의적인 시각을 보이는 경우도 있는데 외국의 경우는 몰라도, 현재 우리나라의 상황에서는 그리 설득력이 있어 보이지 않는다.

절차의 간소화방향으로 비범죄화가 추구되고 있다. 하지만 비범죄화는 형사사법기관의 업무부담의 감소와 효율성의 입장보다는 바람직한 형벌권의 행사라는 측면에서 추진되어야 하기 때문에 이러한 태도는 바람직하지 못하다. 이 시점에서 우리는 개인의 사적 영역에 대한 국가의 과도한 개입은 바람직하지 않다는 계몽주의 시대의 명제를 다시금 되새겨 보아야 한다. 계몽시대의 사상을 추종하자는 것이 아니라 근대 초기의 너무 작은 크기의 형법도 아닌, 현대 행정국가에서의 너무 비대해진 크기의 형법도 아닌, 적절한 크기와 내용의 형법이 만들어져야 한다는 의미로 받아들여야 한다.

마지막으로 비범죄화를 논의할 때 가장 절실하게 필요한 점은 일정한 형벌규범의 필요성을 비판적으로 검토할 수 있는 용기이다. 많은 형법규범은 존치의 필요성에 대한 어떤 비판적 성찰도 없이 방치되어 있는 경우도 적지 않다. 이것은 해당규범이 제정된 동기 및 존치의 정당성과 상관없이 맹목적·습관적으로 존속되는 것을 의미한다. 형사정책가들은 개별 형법규범의 존재에 대하여 근본적으로 성찰할 수 있는 노력을 기울여야 한다.

제2장 전자감시제도의 소급적용에 관한 비판적 검토

Ⅰ. 문제의 제기

2010. 3. 31. 「특정 범죄자에 대한 위치추적 전자장치 부착 등에 관한 법률」(2007. 4. 27. 법률 제8394호 제정, 2008. 9. 1. 시행[1]); 이하 '전자감시법'이라고 한다) 일부개정법률안(대안)이 국회 법제사법위원회와 본회의에서 동시에 통과되어,[2] 2010. 4. 15. 공포(법률 제10257호)되었다. 동법은 '최근 잇따르고 있는 성폭력범죄의 재범 위험에 적극적으로 대처하기 위하여 과거 성폭력범죄

---

* 『교정학 반세기』, 허주욱 교수기념논문집, 한국교정학회, 2010. 9. 241면 이하.

[1] 동법은 당시 연속적으로 발생한 아동성폭력 사건 등에 따른 국민여론에 의해 다소 급격히 제정된 감이 없지 않다. 그리하여 제정 당시의 법시행일인 2008. 10. 28. 이전인 2008. 6. 13. 일부개정이 이루어 졌는데, 전자장치 부착명령의 기간을 최대 5년에서 최대 10년으로 연장하고(제9조), 특정지역·장소에의 출입금지, 외출제한 등 준수사항 도입 및 준수사항 위반시 형사처벌 규정을 신설하고(제9조의2 및 제39조), 부착명령 집행의 종료사유인 재범을 부착명령 집행의 정지사유로 수정하고(제13조 및 제20조), 법 시행일을 2008. 9. 1.로 앞당긴 것(부칙 제1조) 등이 그 주요 내용이다. 또한 약 8개월 후인 2009. 5. 8. 미성년 대상 유괴범죄자에 대한 전자감시를 추가하는 개정도 이루어졌다. 그리고 약 10개월 후인 2010. 4. 15. 전자장치 부착명령의 기간을 최대 10년에서 최대 30년으로 연장하고(제9조), 살인범죄자에 대한 전자감시를 추가하는 개정이 이루어졌다.

[2] 동 법안의 제안과정은 다음과 같다. 제288회 국회(임시회) 제2차 법안심사제1소위원회(2010. 3. 23.)는 이하 3건의 법률안을 본회의에 부의하지 아니하고 하나의 법률안으로 통합하여 위원회 대안으로 제안하기로 의결하여 제288회 국회(임시회) 제2차 법제사법위원회(2010. 3. 31.)는 법안심사제1소위원회에서 심사보고한 대로 이하 3건의 법률안을 본회의에 부의하지 아니하고 법안심사제1소위원회에서 마련한 대안을 위원회안으로 제안하기로 의결하였다.

건명(의안번호)	발의자 (제출자)	발의일 (제출일)	회부일	상정일	소위심사
특정 범죄자에 대한 위치추적 전자장치 부착 등에 관한 법률 일부개정법률안 (제1806965호)	이정선 의원 등 10명	'09.12.11.	'09.12.14.	'10.2.24.	'10.3.22. '10.3.23.
특정 범죄자에 대한 위치추적 전자장치 부착 등에 관한 법률 일부개정법률안 (제1807199호)	정부	'09.12.29.	'09.12.30.	'10.2.24.	'10.3.22. '10.3.23.
특정 범죄자에 대한 위치추적 전자장치 부착 등에 관한 법률 일부개정법률안 (제1807847호)	장제원 의원 등 11명	'10.3.11.	'10.3.12.	'10.3.18.	'10.3.22. '10.3.23.

를 저지르고 이미 확정판결을 받아 현행법으로는 위치추적 전자장치를 부착할 수 없는 경우에도 형 집행의 종료 등이 된 후 3년이 지나지 아니한 성폭력범죄자에게는 이를 부착할 수 있는 근거를 마련하고, 아울러 탁월한 재범억제 효과를 기대할 수 있는 위치추적 전자장치의 부착기간을 연장하고 그 대상범죄에 살인범죄와 같은 강력범죄를 추가하며, 피부착자가 부착기간 동안 보호관찰을 의무적으로 받게 하는 등의 보완책을 마련함으로써 성폭력범죄 등 특정범죄의 위험으로부터 국민을 두텁게 보호하려는 것'이라고 제안이유를 밝히고 있다.

2009년 가을에 발생한 조두순 사건과 2010년 2월에 발생한 김길태 사건 등에서 보는 바와 같이 최근 잇따르고 있는 성폭력범죄자들 대다수가 재범자이므로 이를 근절하기 위해서는 소급해서라도 성폭력범죄자에게 전자장치를 부착하여 관리 가능하도록 하여야 한다는 사회적 요청에 따른 일종의 맞춤형 입법이라고 할 수 있다.[3]

하지만 동법은 여러 가지 문제점을 내포하고 있는데, 이 중 소급효금지의 원칙과 관련하여 문제되는 조항이 「전자감시법」(법률 제9112호) 부칙 제2조의 신설이다. 「전자감시법」(법률 제9112호) 부칙 제2조(제1심판결 후의 부착명령 청구 등에 관한 경과조치 및 적용 특례) 제1항에 의하면 '검사는 성폭력범죄를 저질러 2008년 9월 1일 이전에 제1심판결을 선고받아 이 법 시행 당시 징역형 이상의 형, 치료감호 또는 보호감호의 집행 종료일까지 6개월 이상이 남은 사람(이하 "출소예정자"라 한다), 징역형 등의 집행 종료일까지 6개월 미만이 남은 사람(이하 "출소임박자"라 한다) 및 징역형 등의 집행이 종료, 가종료 · 가출소 · 가석방 또는 면제된 후 3년[4])이 경과되지 아니한 사람(이하 "출소자"라 한다)으로서 제5조 제1항 각 호의 어느 하나에 해당하고 성폭력범죄를 다

---

3) 류여해, "입법과정을 통한 형사문제점 고찰-최근 문제되는 성범죄를 중심으로 입법과정 고찰", 2010년 한국비교형사법학회 춘계학술회의 발표자료집, 2010. 4. 17, 12면.

4) 통상 형 집행 종료 후 3년 이내에 재범률이 높다는 점을 고려하여 이 법 시행일 당시 형 집행 중에 있거나 형 집행 종료 후 3년이 경과하지 아니한 범죄자 등으로 한정하고 있으므로 비례의 원칙을 준수하였다고 한다(제288회 국회 본회의회의록 제2호 중 한나라당 박민식 의원과 홍일표 의원 발언 부분 참조).

시 저지를 위험성이 있다고 인정되는 사람에 대하여 제5조 제2항, 제7조 및 제9조 제3항에도 불구하고 제1심판결을 한 법원 또는 출소예정자, 출소임박자, 출소자의 주거지 또는 현재지를 관할하는 지방법원(지원을 포함한다)에 부착명령을 청구할 수 있다'고 한다. 이는 기존의 '재판시법'에서 한 걸음 더 나아가 '형 집행 후 3년 이내 시 법'이라는 역사상 유례가 없는 형사제재 적용시점의 기준을 입법화한 것이다. 이러한 전자감시제도의 소급적용이 과연 타당한가에 대한 많은 논쟁이 예상되고 있는 현 시점에서, 본 논문은 비판적인 관점에서 접근을 시도하고자 한다. 이를 위하여 먼저 우리나라 전자감시제도의 법적 성격을 외국의 경우와 비교하여 살펴보고(Ⅱ), 보안처분의 소급적용 여부에 대한 기존의 입장을 검토한 후, 이러한 기존의 입장이 전자감시제도에도 그대로 적용될 있는지를 구체적으로 살펴보기로 한다(Ⅲ).

Ⅱ. 전자감시제도의 법적 성격

1. 우리나라 전자감시제도의 형태

전자감시제도는 사회 내 처우의 하나로서 범죄인을 보통 사람과 동일한 생활을 하게 하면서 전자장치를 통하여 범죄인의 위치를 확인하는 등의 감시를 하는 것을 말한다. 외국의 경우에는 대부분 가석방 시 보호관찰과 결합된 중간제재의 형태나 경미한 범죄에 대한 대체제재로서 이용되고 있으나, 우리나라의 경우에는 특정 강력 범죄자에 대하여 형집행 종료 후5) 감시와 통제를 위

---

5) 이와 같이 특정한 전과자에 대하여 형벌 집행이 끝난 후 또다시 전자장치를 부착할 수 있도록 규정한 것은 전통적인 형사법의 전제에 정면으로 반한다고 말할 수 있다. 전자감시제도가 대상자의 치료와 사회복귀를 위한 처분이 아니라, 그를 잠재적 위험원으로 파악하여 위치를 언제나 확인할 수 있도록 하기 위함이라는 점을 고려한다면 더더욱 전통적인 책임주의의 취지를 침해하고 있다고 보게 될 것이다(김호기, "전통적 책임주의에 대한 현대적 도전-특정 성범죄자에 대한 위치추적 전자장치 부착제도 도입이 가지는 의미", 『형사법연구』 제21권 제1호(통권 제38호), 한국형사법학회, 2009. 봄, 213면).

한 사회방위 차원에 중점을 두고 있는 점에서 큰 차이를 보이고 있는데, 이는 '특정' 범죄자의 '재범방지'를 위한 전자감시제도라는 점에서 전자감시제도의 일반적인 형태는 아닌 것으로 보인다. 또한 외국의 경우에는 소위 제1세대 방식인 전화선을 이용한 전자감시제도가 주로 활용되고 있으나,[6] 우리나라의 경우에는 소위 제3세대 방식인 GPS(Global Positioning System)[7]를 이용한 전자감시제도를 도입하고 있다.

현행 전자감시법상 전자장치 부착의 경우로는 크게 4가지가 있다. 첫째, 형 집행 종료 이후에 전자장치부착에 의한 전자감시가 있다(제5조).[8] 이는 형벌 부과와는 별도로 재범위험성을 근거로 부가하는 처분이다. 즉 형벌과 보안처분을 모두 선고하고 집행하는 병과주의 집행방식을 취하고 있다. 이 경우에 재범의 위험성을 형 집행종료 시가 아니라 형 선고 시를 기준으로 판단하고

---

6) Weber, Der elektronisch überwachte Hausarrest und seine versuchsweise Einführung in der Schweiz, Helbig & Lichtenhahn, 2004. S. 39. 이는 외국의 경우 주로 전자감시제도를 가택구금에 적용하기 때문이다.

7) 인공위성을 이용한 GPS방식은 다른 감시방식과는 달리 장소에 상관없이 감시대상자의 위치를 파악하는 것이 가능하므로 훨씬 더 넓은 범위에서 피부착자들을 감시할 수 있는 특징이 있다.

8) 「전자감시법」 제5조(전자장치 부착명령의 청구)
　① 검사는 다음 각 호의 어느 하나에 해당하고, 성폭력범죄를 다시 범할 위험성이 있다고 인정되는 사람에 대하여 전자장치를 부착하도록 하는 명령을 법원에 청구할 수 있다.
　　1. 성폭력범죄로 징역형의 실형을 선고받은 사람이 그 집행을 종료한 후 또는 집행이 면제된 후 10년 이내에 성폭력범죄를 저지른 때
　　2. 성폭력범죄로 이 법에 따른 전자장치를 부착받은 전력이 있는 사람이 다시 성폭력범죄를 저지른 때
　　3. 성폭력범죄를 2회 이상 범하여(유죄의 확정판결을 받은 경우를 포함한다) 그 습벽이 인정된 때
　　4. 16세 미만의 사람에 대하여 성폭력범죄를 저지른 때
　② 검사는 미성년자 대상 유괴범죄를 저지른 사람으로서 미성년자 대상 유괴범죄를 다시 범할 위험성이 있다고 인정되는 사람에 대하여 부착명령을 법원에 청구할 수 있다. 다만, 유괴범죄로 징역형의 실형 이상의 형을 선고받아 그 집행이 종료 또는 면제된 후 다시 유괴범죄를 저지른 경우에는 부착명령을 청구하여야 한다.
　③ 검사는 살인범죄를 저지른 사람으로서 살인범죄를 다시 범할 위험성이 있다고 인정되는 사람에 대하여 부착명령을 법원에 청구할 수 있다. 다만, 살인범죄로 징역형의 실형 이상의 형을 선고받아 그 집행이 종료 또는 면제된 후 다시 살인범죄를 저지른 경우에는 부착명령을 청구하여야 한다.

있는데, 형 집행 이후의 재범위험성을 형 집행 전에 판단하는 것은 무리가 있다고 보여 진다.9) 둘째, 가석방의 경우에 전자장치부착에 의한 전자감시가 있다(제22조 제1항).10) 이는 보호관찰만 부가하던 것을 전자감시로 강화한 것이다. 셋째, 치료감호의 가종료 또는 치료위탁에 의한 경우에 전자장치부착에 의한 전자감시가 있다(제23조 제1항).11) 넷째, 형을 집행유예하는 경우에 전자장치부착에 의한 전자감시가 있다(제28조 제1항).12) 하지만 집행유예를 받은 범죄자는 일반적으로 재범위험성이 인정되지 않는 경우임에도 불구하고 재범위험성이라는 형사정책적 견지에서 전자감시제도를 활용하는 것은 상호 모순되는 부분이라 하겠다.

한편 전자감시제도를 위해 현재 서울보호관찰소에 중앙관제센터를 설치하고, 전국 44개 보호관찰소에 전담 보호관찰관을 지정하여 시행하고 있다. 2010. 3. 24. 현재까지 총 574명의 전자장치를 부착하였는데, 이 중 동중재범자는 1명13)으로 약 0.17%의 낮은 재범률을 보이고 있다.14)

---

9) 이에 대하여 형의 집행이 종료되기까지는 오랜 시간이 소요되므로 그 시점을 기준으로 판사에게 재범의 위험성을 평가하게 하는 것은 불가능하다고 할 수 있으므로, 판결 시를 기준으로 재범위험성을 판단하여 부착명령을 선고한 후, 집행과정에서 재범위험성이 없으면 가해제할 수 있다는 견해(정현미, "성폭력범죄대책과 전자감시-특정 범죄자에 대한 위치추적 전자장치 부착에 관한 법률의 검토를 중심으로-", 『형사정책』 제21권 제1호, 한국형사정책학회, 2009, 336면)가 있다.

10) 「전자감시법」 제22조(가석방과 전자장치 부착)
   ① 제9조에 따른 부착명령 판결을 선고받지 아니한 특정 범죄자로서 형의 집행 중 가석방되어 보호관찰을 받게 되는 자는 준수사항 이행 여부 확인 등을 위하여 가석방 기간 동안 전자장치를 부착하여야 한다.

11) 「전자감시법」 제23조(가종료 등과 전자장치 부착)
   ① 「치료감호법」 제37조에 따른 치료감호심의위원회는 제9조에 따른 부착명령 판결을 선고받지 아니한 특정 범죄자로서 치료감호의 집행 중 가종료 또는 치료위탁되는 피치료감호자나 보호감호의 집행 중 가출소되는 피보호감호자에 대하여 「치료감호법」 또는 「사회보호법」(법률 제7656호로 폐지되기 전의 법률을 말한다)에 따른 준수사항 이행 여부 확인 등을 위하여 보호관찰기간의 범위에서 기간을 정하여 전자장치를 부착하게 할 수 있다.

12) 「전자감시법」 제28조(형의 집행유예와 부착명령)
   ① 법원은 특정범죄를 범한 자에 대하여 형의 집행을 유예하면서 보호관찰을 받을 것을 명할 때에는 보호관찰기간의 범위 내에서 기간을 정하여 준수사항의 이행 여부 확인 등을 위하여 전자장치를 부착할 것을 명할 수 있다.

2. 전자감시제도의 법적 성격

전자감시제도의 법적 성격과 관련하여 이를 보안처분으로 파악하는 것이 일반적인 견해[15]이다. 이에 대하여 대법원은 전자감시제도는 성폭력범죄자의 재범방지와 성행교정을 통한 재사회화를 위하여 그의 행적을 추적하여 위치를 확인할 수 있는 전자장치를 신체에 부착하게 하는 부가적인 조치를 취함으로써 성폭력범죄로부터 국민을 보호함을 목적으로 하는 일종의 보안처분이라고 판시[16]하고 있다. 즉 '전자감시제도의 목적과 성격, 그 운영에 관한 법률의 규정 내용 및 취지 등을 종합해 보면, 보안처분의 일종인 전자감시제도는 범죄행위를 한 자에 대한 응보를 주된 목적으로 그 책임을 추궁하는 사후적 처분인 형벌과 구별되어 그 본질을 달리하는 것으로서 형벌에 관한 일사부재리

---

13) 2008. 11. 6. 전자장치를 부착 중이던 자가 재범을 한 후 약 20여 시간 만에 검거된 일이 있었다. 또한 현재까지 전자장치를 훼손한 사례로는 총 7건이 있었다.

14) 윤지영, "위치추적 전자장치 부착제도에 관한 비판적 고찰-미국 캘리포니아 주와의 비교 검토를 중심으로-", 2010년 한국피해자학회 춘계학술대회 발표자료집, 2010. 4. 23. 82면.

15) 류여해, 앞의 논문, 12면; 문정민, "성범죄자 전자감시제도에 대한 고찰", 『법학연구』 제29집, 한국법학원, 2008. 2, 235면; 박상열, "전자감시제도의 입법과 적용방안", 『교정연구』 제35호, 한국교정학회, 2007, 91면; 정현미, 앞의 논문, 333면.

16) 대법원 2009. 5. 14. 선고 2009도1947, 2009전도5 판결(전자감시제도는 성폭력범죄자의 재범 방지와 성행교정을 통한 재사회화를 위하여 그의 행적을 추적하여 위치를 확인할 수 있는 전자장치를 신체에 부착하게 하는 부가적인 조치를 취함으로써 성폭력범죄로부터 국민을 보호함을 목적으로 하여(제1조), 징역형을 종료한 이후에도 성폭력범죄를 다시 범할 위험성이 있다고 인정되는 자에 대하여 일정한 요건 아래 검사의 청구에 의해 성폭력범죄사건의 판결과 동시에, 10년의 범위 내에서 부착기간을 정하여 선고되는 법원의 부착명령에 의해 이루어지는 점(제5조 제1항, 제9조 제1항, 제3항)에서 일종의 보안처분으로 볼 수 있고, 이러한 보안처분은 범죄행위를 한 자에 대한 응보를 주된 목적으로 그 책임을 추궁하는 사후적 처분인 형벌과 구별되어 그 본질을 달리하는 것으로서 형벌에 관한 일사부재리의 원칙이 그대로 적용되지 않는다고 보아야 할 것이며, 같은 이유에서 성폭력범죄사건의 양형은 부착명령의 요건에 대한 심사, 그에 따른 부착명령의 선고 여부와 선고되는 부착기간의 결정 등과는 구별되는 것이다. 위 법리에 비추어 보면, 위 법률 제9조 제5항은 전자감시제도가 보안처분으로서 형벌과는 그 목적이나 심사대상 등을 달리하므로, 이를 징역형의 대체수단으로 취급하여 함부로 형량을 감경하여서는 아니 된다는 당연한 법리를 주의적 · 선언적으로 규정한 것에 불과한 것이라고 해석될 뿐이고, 신청이유의 주장과 같은 근거에서 위 심판대상조항이 평등원칙, 과잉금지의 원칙, 일사부재리의 원칙 등에 위배된다고 볼 수는 없다).

의 원칙이 그대로 적용되지 않으므로 형 집행의 종료 이후에 부착명령을 집행하도록 규정하고 있다 하더라도 그것이 일사부재리의 원칙에 반한다고 볼 수 없다'고 판시하고 있다.[17]

Ⅲ. 보안처분의 소급적용 가능성 검토

1. 문제의 소재

遡及效禁止의 원칙(Rückwirkungsverbot)이란 범죄와 처벌은 행위 당시의 법률에 의해야 하고 행위 후에 법률을 제정하여 그 법률(사후입법)에 의해 피고인의 이전 행위에 대하여 불리하게 처벌해서는 안 된다는 원칙을 말한다.[18] 동 원칙은 입법자에게는 소급효를 적용하는 입법을 금지할 뿐만 아니라 형사재판의 법관에게는 행위 당시에 그 행위의 가벌성을 규정하는 구성요건이 존재할 경우에 한하여 그 적용가능성을 검토하도록 제한하고 있다.

이러한 소급효금지의 원칙이 형벌의 영역에 적용된다는 점에는 이견이 없다. 하지만 최근 형벌 이외의 형사제재가 다수 등장하게 되면서 과연 이러한 영역의 경우에도 동 원칙이 그대로 적용될 수 있는가라는 의문이 제기되기 시작하였다. 즉 형벌 이외의 보안처분과 관련하여 소급효 인정 여부에 관한 논쟁이 그것이다. 전자감시제도도 일종의 보안처분임을 앞에서 살펴보았는데, 이에 대한 소급효 인정여부에 대한 견해를 직접 밝히고 있는 문헌은 아직 활발히 등장하고 있지는 못한 실정이므로,[19] 이하에서는 기존에 논의되어 온 전

---

17) 대법원 2009. 9. 10. 선고 2009도6061, 2009전도13 판결.

18) 소급효금지의 원칙은 인간의 행위는 예견가능성이 보장되어야 한다는 점, 국민의 신뢰이익은 보호되어야 한다는 점, 형벌의 소급적용은 형법의 의사결정기능을 무시한다는 점, 책임에 상응하는 형벌이 되지 못하여 책임주의에 반한다는 점 등을 그 인정근거로 하고 있다.

19) 전자감시제도의 소급적용과 관련된 문제가 등장한 시점이 2010. 4. 15. 이후라는 것이 그 결정적인 이유가 되겠다.

자감시제도 이외의 보안처분의 대표적인 유형인 보호관찰 등을 중심으로 전개된 이론을 살펴본 뒤, 이를 전자감시제도에 적용해 보는 순서로 논의를 전개해 보고자 한다.

2. 보호관찰의 법적 성격과 보안처분의 소급효 문제

1) 보호관찰의 법적 성격

(1) 보안처분이라는 견해

집행유예 제도는 일반예방적 관점에서 형집행의 필요가 없고 특별예방적 관점에서 형벌완화가 필요한 때에 형집행의 변용을 위해 투입되는 독자적인 제재수단으로서, 형벌과 보안처분에 이은 형법상 제3의 형사제재 제도이며, 이와 같은 집행유예에 부가되는 보호관찰은 보안처분의 일종이라고 한다.[20] 대법원 판례의 견해[21]이기도 하다.

(2) 형벌 집행의 변형된 형식이라는 견해

보호관찰은 형의 집행을 유예하거나 중단하고 그 대신 사회 내에서의 지도, 감독을 통하여 형의 집행과 같은 효과를 얻게 되는 것으로 형벌집행의 변형된 형식이라고 본다.[22] 보호관찰을 형의 집행을 마치고 나오는 만기출소자 등에게 시행하는 경우에는 보안처분의 일종이 되겠으나 보호관찰은 일반적으로 형의 선고나 집행을 유예받은 자와 가석방자 등에게 시행되는 것이기 때문에 이는 보안처분으로 보기보다는 형벌집행의 변형이라고 한다.

---

20) 김일수, "보안처분과 형벌불소급의 원칙", 『법률신문』(1997. 9. 1.자), 15면.

21) 대법원 1997. 6. 13. 선고 97도703 판결.

22) 차용석, "보호관찰제도의 효율적 시행방안", 『사회복지』 제102호, 한국사회복지협의회, 1989. 9, 96면.

(3) 독립된 제3의 처분이라는 견해

보호관찰은 자유형의 변형도 아니고 순수한 보안처분도 아니며 형법상의 독립된 제재수단이라는 견해이다.[23] 일단 보호관찰은 처벌은 아니므로 형벌과 같이 볼 수는 없다. 또한 보안처분은 사회방위를 위하여 감호·거세 등 피고인에 대한 직접적인 자유의 제한을 가하는 것인 데 비하여, 보호관찰은 사회방위보다는 피고인의 개선과 교화를 통한 사회복귀라는 측면에 중점을 두고 보호를 위한 관찰을 위주로 하는 것이므로 일반적인 보안처분과 동일시하는 것에도 난점이 있다. 특히 형벌과 보안처분은 독립적으로 부과되고 자유의 박탈 내지 제한을 내용으로 하는 데 비하여, 보호관찰은 독립적으로 부과되는 것도 아니고 그 내용이나 정도도 자유의 박탈 내지 제한이라고 보기 어렵다.[24]

(4) 검토

생각건대 보안처분(Maßregeln der Besserung und Sicherung)의 개념에 대한 정립이 선행되어야 한다고 본다. 보안처분이 형벌과는 구분되는 제도라는 점에는 이론이 없다. 형벌은 「형법」 제41조에 명문의 규정을 두고 있기 때문에 형벌의 개념과 범위에 대하여는 적어도 해석론적인 측면에서 별다른 다툼이 있을 수가 없다. 하지만 보안처분의 개념에 대하여는 명문의 규정이 없기 때문에 그 개념설정작업에서부터 난관에 봉착하게 된다. 보호관찰을 독립된 제3의 처분으로 보는 견해에 의하면 '보안처분은 사회방위를 위하여 감호·거세 등 피고인에 대한 직접적인 자유의 제한을 가하는 것인 데 비하여, 보호관찰

---

23) 김혜정, "보호관찰과 형벌불소급의 원칙", 『형사판례의 연구Ⅰ』(지송 이재상 교수화갑기념논문집), 박영사, 2003, 36-37면; 박형남, "사회봉사명령제도의 적정한 운용방안", 『사회봉사·보호관찰제도 해설』, 법원행정처, 1997, 14면; 이재홍, "보호관찰과 형벌불소급의 원칙", 『형사판례연구』 제7권, 형사판례연구회, 1999, 23면.

24) 이재홍, 앞의 논문, 23면. 하지만 보호관찰을 범죄에 대한 '일종의' 처벌로 볼 수도 있다고 본다. 또한 보호관찰이 다른 보안처분과는 별도의 특성을 지니고 있다고 보는 점은 타당하나, 그렇다고 하여 보호관찰을 보안처분의 일종으로 보지 않는 것은 타당하지 않다. 마지막으로 독립적으로 부과되는지 여부에 따라 보안처분을 판단하는 것은 무리이고, 보호관찰을 자유의 박탈은 아니더라도 자유의 제한까지도 인정하지 않는 것도 타당하지 않다.

은 사회방위보다는 피고인의 개선과 교화를 통한 사회복귀라는 측면에 중점
을 두고 보호를 위한 관찰을 위주로 하는 것이므로 일반적인 보안처분과 동일
시하는 것에도 난점이 있다'고 하는 주장을 하는데, 이는 보안처분의 개념설
정의 혼란을 잘 보여 주는 예이다. 동 견해에 따르면 보안처분은 '직접적인'
자유의 제한을 하는 것인 반면에, 보호관찰은 '간접적인' 자유의 제한을 하는
것이기 때문에 보호관찰은 보안처분이 아니라는 결론을 도출하고 있는데, 직
접과 간접의 구별기준이 모호할 뿐만 아니라 경우에 따라서는 보호관찰이 '직
접적인' 자유의 제한을 가할 수도 있는 경우를 전적으로 배제하고 있기 때문
이다. 특히 '형벌과 보안처분은 독립적으로 부과되고 자유의 박탈 내지 제한
을 내용으로 하는 데 비하여, 보호관찰은 독립적으로 부과되는 것도 아니고
그 내용이나 정도도 자유의 박탈 내지 제한이라고 보기 어렵다'는 주장에 대
해서도, 보호관찰의 내용이나 정도가 자유의 제한에 해당하는 경우는 얼마든
지 발생할 수도 있다는 반론을 제기할 수 있다.

이러한 점에서 일반적으로 보안처분이란 '형벌과 같이 행위자가 범한 불법
에 대하여 책임에 근거한 응보가 아니라 범죄자의 개선을 통해 범죄를 예방하
고 범죄를 저지른 범인의 장래에 대한 위험을 방지하여 사회를 보호하기 위하
여 형(벌) 대신 또는 형(벌)의 보충으로 과하는 자유의 박탈 또는 제한을 포함
하여 범인을 격리, 개선하는 일체의 처분'25)이라고 정의할 수 있다. 보안처분
인가 아닌가의 여부는 자유의 제한이 발생하느냐의 여부가 중요한 쟁점이 됨
을 명심해야 한다. 이러한 관점에서 우리나라 법률상 보호관찰제도는 다양한
형태를 나타내고 있기 때문에 이를 일률적으로 파악하는 것이 곤란하다. 현행
법상 보호관찰대상자는 「소년법」상의 보호처분 대상자, 「가정폭력범죄의 처
벌 등에 관한 특례법」상의 보호처분 대상자, 형의 선고유예 또는 집행유예 시
의 보호관찰 대상자, 가석방 시의 보호관찰 대상자, 「성매매알선 등 행위의 처

---

25) 김혜정, 앞의 논문, 29면. 그러면서 보안처분은 제재의 체계 내에서 형벌을 보충함으로써
    형벌이 적용될 수 없거나 형벌의 효과를 기대할 수 없는 행위자를 개선, 치료하고 이러한
    행위자의 위험성으로부터 사회를 보호하기 위한 형사정책적 필요에 의하여 생성된 제재
    라고 한다.

벌에 관한 법률」상의 보호관찰 대상자 등을 포함하고 있다. 또한 보호관찰의 전제가 형의 선고유예 또는 집행유예인가 아니면 가석방 또는 가출소인가에 따라 Probation과 Parole supervision으로 구분하기도 한다. 이렇게 여러 법률에 산재해 있는 보호관찰을 통일적으로 규율하기 위하여 '보호관찰 등에 관한 법률'이 제정되기도 하였다.

이와 같이 다의적인 보호관찰의 법적 성격에 대하여 입법부와 사법부는 일의적으로 파악하고 있는 것으로 보인다. 먼저 입법부는 보호관찰 등에 관한 법률 제1조에서 사회봉사명령, 수강명령 등과 동일선상에서 보호관찰을 체계적인 사회 내 처우의 일종으로 파악하고 있다. 또한 사법부도 집행유예의 부담부조건으로 부과되는 보호관찰과 (구) 사회보호법상의 보호관찰을 설명함에 있어서 '장래의 위험성으로부터 행위자를 보호하고 사회를 방위하기 위한 조치'라고 함으로써 양자를 동일한 법적 성격으로 파악하고 있다.

하지만 현행법상의 보호관찰은 일의적으로 파악할 수 없기 때문에 개별 규정의 목적에 부합되게 다의적으로 파악해야 한다고 본다. 먼저 가석방 시의 보호관찰 대상자는 행정처분인 가석방에 부수하는 처분으로서 법원의 유죄판결 선고와 관련해 독자적인 의미가 없으므로 자유형 집행방법의 변형이라고 할 수 있다.26)

다음으로 「소년법」상의 보호관찰은 '소년의 건전한 육성을 목적'으로 하며, 「가정폭력범죄의 처벌 등에 관한 특례법」상의 보호관찰은 '가정의 평화와 안정을 회복하고 건강한 가정을 가꾸며 피해자와 가족구성원의 인권을 보호함을 목적'으로 한다. 즉 처분의 목적이 사회를 보호하는 것이 일차적인 것이 아니라, 비행소년 자신과 가정폭력행위자의 가정을 보호함을 지향한다는 점이 본래의 보안처분과 크게 다르다. 본래의 보안처분은 책임에 상응하는 형벌로서 사회방위의 목적을 달성할 수 없기에 사회를 보호하기 위해 도입된 제도인데 반하여 위의 보호관찰은 책임에 상응하는 형벌을 부과할 수 있는 행위에 대하여 형벌을 부과하지 않는 것이 사회적으로 더 적절하다는 취지에서 도입

---

26) 신동운, "선고유예·집행유예시의 보호관찰의 법적 성질과 소급효금지의 원칙", 『현대형사법의 쟁점과 과제』(동암 이형국 교수 화갑기념논문집), 법문사, 1998, 820면.

된 것이다.

마지막으로 형의 선고유예 또는 집행유예 시의 보호관찰 대상자를 검토하건대, 선고유예나 집행유예는 정상에 참작할 만한 사유가 있어 자유형을 집행하지 않아도 정상적인 사회생활을 할 것으로 기대되는 자에 대하여 형을 집행하는 것은 피고인의 사회적응에 방해가 되고 재범가능성이 오히려 높아지며 이는 본인은 물론 사회에도 바람직하지 않기 때문에 도입된 제도이다. 집행유예 시 보호관찰을 부과할 수 있도록 한 것은 특별예방목적을 좀 더 효과적으로 달성하기 위한 것이라고 볼 수 있다. 한편 집행유예는 과거의 불법에 대한 책임에 상응하는 형벌을 선고하고 단지 그 집행을 하지 않는 것임에 반하여, 보안처분은 과거의 불법에 대한 책임에 상응하는 제재가 아니라 장래의 위험성으로부터 사회를 방위하기 위한 조치라는 점에서 구별된다. 그러므로 집행유예에 부과되는 보호관찰도 독립적인 형벌은 아니지만 특별예방목적을 실현하기 위한 형사제재수단으로 보는 것이 적절하다. 이때의 보호관찰은 법원의 재판에 의하여 부과되는 점에서 가석방 시의 보호관찰과 구별된다. 즉 집행유예의 부담조건부 보호관찰은 사법부의 재판에 부수하는 처분이며, 넓은 의미에 있어서 재판의 일종이라고 보아야 한다. 이러한 점에서 보안처분에 대하여 재판시법이 적용될 수 있다는 논거에 의하더라도 보호관찰을 부담부조건으로 하는 집행유예조항은 처벌에 관한 형사제재조항으로서 행위시법주의의 예외가 될 수 없다고 하겠다.[27]

2) 보안처분의 소급효 문제

(1) 소급효인정설

보안처분은 형벌이 아니라 장래의 재범 위험을 방지하기 위한 것이므로 소급효금지의 원칙이 적용되지 않는다고 한다. 동 학설의 논거는 다음과 같다.

첫째, 죄형법정주의에서 말하는 '형'은 형벌을 의미하는데, 보안처분은 형

---

27) 김일수, 앞의 논문, 811면.

벌이 아니므로 소급효금지의 원칙이 적용되지 아니한다.

둘째, 독일 형법에 의하면 법률에 다르게 규정되어 있지 않으면 보안처분에는 소급적용이 가능하다고 한다. 또한 프랑스 헌법위원회도 일정한 경우의 보안처분을 소급적용하는 결정을 한 바 있다.[28]

셋째, 소년보호사건에서 보호관찰 등을 도입할 당시 「소년법」 부칙에서 '이 법은 이 법 시행당시 조사 또는 심판 중에 있는 보호사건에도 적용한다'고 규정하고 있었다.

넷째, 보호관찰은 형 그 자체가 아니다.[29]

다섯째, 보안처분은 과거의 불법에 대한 책임을 묻는 형벌과는 달리 장래에 범죄자의 재범위험성에 근거하여 사회방위라는 차원에서 그 타당성을 인정한다는 점에서, 비록 행위 시에 재범위험성이 존재했다고 하더라도 만약 보안처분 판결 시에 재범위험성이 더 이상 존재하지 않는다면 보안처분을 선고할 수 있는 필요성은 사라지게 된다. 이 경우 보안처분을 선고할 수 없게 되고, 따라서 보안처분의 선고는 행위시법이 아니라 재판시법에 따르는 것이 타당하다.[30]

---

28) 프랑스에서 2007년에 3회의 아동강간죄로 18년을 복역한 범인이 출소 직후 5세 아동을 납치 강간하고 40여 회의 추가범행을 자백한 사건이 있자 국회는 재범 방지대책으로 우리나라의 치료감호제도와 유사하게 시설에 강제수용하는 보안유치제도를 도입하면서, 이미 재판이 확정되어 수용 중인 재소자에게도 형기 종료 후 보안유치를 할 수 있도록 하는 법안을 통과시켰다. 프랑스 헌법위원회는 이 법안의 위헌 여부를 심사한 끝에 2008년 2월 보안유치가 보안처분이지만 신체의 자유를 중대하게 침해한다는 이유로 소급적용을 인정하지 않는 대신 그에 대한 대안으로 우리나라의 보호관찰과 유사한 보안감시와 우리나라의 전자감시제도와 유사한 전자감시처분을 허용하였다.

29) 高松高等裁判所 1954(昭和 29). 4. 20. 판결(일본 고등재판소판례집 7-6-823)에서 갑이 절도죄로 징역 8월에 집행유예 3년을 선고받고 그 유예기간 중인 1953. 3. 12.부터 3. 26.경까지 사이에 다시 장물죄를 범하자, 제1심이 보호관찰에 관한 「형법」 제25조 제2항, 제25조의2가 시행된 1953. 12. 1.이후인 1954. 1. 12. 징역 4월 및 벌금 2,000엔에 처하고 그 징역형에 대하여 집행유예 3년을 선고하면서 보호관찰을 붙이지 않았다. 이에 대하여 검사가 항소한 사안에서 항소심은 "…보호관찰은 형 그 자체가 아니므로 「형법」 제6조 '범죄 후의 법률에 의하여 형의 변경이 있는 때에는 그 가벼운 것을 적용한다'는 조항에 위반되는 것은 아니다. 원판결이 본건에 있어서 형의 집행유예를 선고하면서 갑에게 보호관찰을 붙인다는 취지를 선고하지 않은 것은 판결에 영향을 미친 법령의 적용의 잘못이 있다"고 판시하면서 제1심 판결을 파기하였다.

30) 김혜정, 앞의 논문, 33면.

(2) 소급효부정설

보안처분도 형벌과 함께 형사제재의 일종이라는 이유로 소급효금지의 원칙이 적용되어야 한다고 한다.[31] 동 학설의 논거는 다음과 같다.

첫째, 보안처분의 경우에도 형벌에 못지않은 자유의 제한이 가해진다. 즉 국민의 기본적 인권의 침해라는 실질적인 면에서 보안처분은 형벌과 크게 다르지 않다. 그러므로 보안처분이라는 우회적인 방법으로 형벌불소급의 원칙을 유명무실하게 할 위험성을 사전에 차단해야 한다.

둘째, 「헌법」 제13조 제1항은 '모든 국민은 행위 시의 법률에 의하여 범죄를 구성하지 아니하는 행위로 소추되지 아니하며…'라고 규정하여 독일헌법과 달리 가벌성(strafbarkeit)이라는 표현을 하고 있지는 않다. '소추'라는 의미에는 수사, 공소, 재판, 형집행뿐만 아니라 보안처분의 부과를 위한 절차의 개시, 청구 및 집행 등을 모두 포함하고 있다.[32]

셋째, 「헌법」 제12조 제1항은 '누구든지 법률과 적법한 절차에 의하지 아니하고는 처벌, 보안처분 또는 강제노역을 받지 아니한다'라고 규정하여 형벌과 보안처분을 동일하게 취급하여 죄형법정주의뿐만 아니라 보안처분법정주의도 아울러 규정하고 있다.

넷째, 우리나라 형법에는 독일 형법 제2조 제6항(보안처분에 관하여는 법률에 특별한 규정이 없는 때에는 판결 시의 법률에 의한다)과 같이 보안처분의 소급효를 인정하는 명문의 규정이 없다.[33] 또한 독일 형법 제2조 제1항(형벌과 그 부수효과는 행위 시의 법률에 따른다)의 규정에서 집행유예의 조건 및 그 밖의 법효과에 대해서는 행위시법을 따른다. 독일에서는 집행유예에 조건

---

31) 권오걸, 『형법총론』(제3판), 형설출판사, 2009, 31면; 김일수, "형의 집행유예제도에 관한 일고찰", 『현대형사법의 쟁점과 과제』(동암 이형국 교수 화갑기념논문집), 법문사, 1998, 807면; 박상기, 『형법총론』(제8판), 박영사, 2009, 31면; 박양빈, "죄형법정주의", 『법학논총』 제18집, 단국대학교 법학연구소, 1992, 19면; 성낙현, 『형법총론』, 동방문화사, 2010, 70면; 오영근, 앞의 책, §3/34; 정영일, 『형법총론』(제3판), 박영사, 2010, 46-47면.

32) 신동운, 앞의 논문, 827면.

33) 성낙현, 앞의 책, 70면. 하지만 독일 형법 제2조 제6항은 독일 기본법 제103조 제2항의 기본정신에 반할 수 있다.

부부담으로 부과되는 보호관찰을 보안처분이라고 분류하는 견해는 없기 때문에[34] 집행유예에 조건부부담으로 부과되는 보호관찰과 관련해서는 형벌에 대하여 적용되는 소급효금지원칙이 그대로 적용되는 것으로 해석되고 있다.[35]

한편 스위스 형법 제1조(형벌 또는 보안처분은 법률이 명시적으로 처벌하는 행위에 한하여 선고할 수 있다)[36]와 오스트리아 형법 제1조 제1항(형벌 또는 보안처분은 그 행위에 대한 명시적인 처벌규정이 법률에 있고 행위 당시에 이미 처벌될 때에만 과할 수 있다)[37]은 보안처분도 죄형법정주의의 적용을 받는다고 규정하고 있다.[38]

다섯째, 개인의 자유보장이라는 죄형법정주의의 이념을 고려할 때 소급효금지의 원칙은 형벌에만 적용될 것이 아니라 형사피고인에게 불리하게 작용할 수 있는 모든 사항에 적용되어야 한다. 형벌과 보안처분은 법익보호와 범죄인의 사회복귀를 제재 목적으로 삼는다는 점에서 같고, 그를 통하여 범인이 당하는 부자유와 고통 또한 유사하기 때문이다. 소급입법금지의 원칙이 범죄행위에 앞서 예견하지 못했던 제재로부터 개인을 보장해 준다는 점에서 보안처분을 굳이 배제할 이유는 없다.[39]

여섯째, 형법상의 보호관찰은 보안처분의 성격만 아니라 형벌집행방법으로서의 성격도 지니고 있다.[40] 집행유예와 동시에 선고되는 보호관찰의 경우는

---

34) Schönke/Schröder/Eser, StGB, 27. Aufl., 2006, §56 Rn. 4.

35) Schönke/Schröder/Eser, 위의 책, §2 Rn. 42(독일 형법 제2조 제6항은 소급효금지원칙을 깨뜨리는 규정이므로 이 조문의 해석에는 엄격한 기준을 적용하여야 한다. 따라서 제2조 제6항의 적용범위는 독일 형법 제61조가 보안과 개선의 처분이라고 명시한 처분에 한정되며, 기타 보안처분에 유사한 제재방법들은 독일 형법 제2조 제1항이 규정한 행위시법의 적용을 받는다).

36) Eine Strafe oder Massnahme darf nur wegen einer Tat verhängt werden, die das Gesetz ausdrücklich unter Strafe stellt.

37) Eine Strafe oder eine vorbeugende Maßnahme darf nur wegen einer Tat verhängt werden, die unter eine ausdrückliche gesetzliche Strafdrohung fällt und schon zur Zeit ihrer Begehung mit Strafe bedroht war.

38) 한편 독일형법택일안(AE) 제1조 제2항은 보안처분에도 소급효금지를 확대적용하고 있다.

39) 김일수, 앞의 논문, 807면.

40) 오영근, 앞의 책, §3/34.

일종의 집행유예의 조건이라고 본다면, 이러한 종류의 보호관찰은 일반적인 보안처분과는 그 성질을 달리한다고 볼 수 있다.

(3) 개별설

보호관찰은 범죄자의 재범의 위험성에 대해 부과하는 것이 아니라 형벌유예로 인한 범죄자의 석방에 따른 위험성에 대처하기 위한 합목적적 조치이므로 소급효금지원칙이 적용되지 아니하나, 감금을 내용으로 하는 구 사회보호법상의 보호감호처분과 같은 것은 형벌에 상응하는 강도를 가지고 있으므로 소급효금지의 원칙이 적용된다고 한다. 이와 같이 개별설[41]은 보안처분의 범주가 상당히 넓다는 측면[42]에 착안하여 보안처분에 해당한다는 이유로 일괄적으로 소급효금지의 원칙 적용여부를 판단하는 것이 아니라 개별적으로 고찰해야 한다는 것을 핵심으로 한다.

이러한 개별설은 소급효금지의 원칙의 적용대상으로 어느 범위의 보안처분까지 포섭하느냐에 따라 세부적으로 나누어지는데, 일반적으로 보호관찰, 사회봉사명령, 수강명령 등의 경우는 소급효금지의 원칙이 적용되지 않고, 보호감호, 치료감호 등의 경우는 소급효금지의 원칙이 적용된다고 본다.[43] 또한 보호관찰은 소급효금지의 원칙이 적용되지 않고, 사회봉사명령과 수강명령은 소급효금지의 원칙이 적용된다고 보는 견해[44]도 있다.

이에 대하여 대법원 판례도 개별설을 취하고 있는 것으로 보여지는데, 보안

---

41) 이재홍, 앞의 논문, 30면.

42) 경우에 따라서는 몰수, 영업소 폐쇄, 선행보증, 운전면허박탈, 직업금지, 거세 등도 보안처분의 일종으로 포함하는 경우도 있다.

43) 대표적으로 김병운, "개정 형법 시행 이전에 죄를 범한 자에 대하여 개정 형법에 따른 보호관찰을 명할 수 있는지 여부", 『형사재판의 제 문제』 제3권, 형사실무연구회, 2000, 31-32면(김병운 판사는 97도703 판결은 개정형법 시행 이전의 범죄에 대하여도 보호관찰을 명하는 것이 거의 하급심의 실무관행으로 굳어져 가고 있었던 점을 고려한 판단이라고 한다).

44) 사회봉사명령과 수강명령은 의무적 노동 내지 수강의 부과 및 여가시간의 박탈을 그 내용으로 하기 때문에 보호관찰과는 달리 형벌적 요소를 포함하고 있기 때문에 소급효금지의 원칙이 적용된다(이재홍, 앞의 논문, 36면).

처분 중 보호관찰의 경우45)에는 소급적용을 인정하지만 사회봉사명령의 경우46)에는 소급적용을 부정하는 특이한 태도를 보이고 있다. 헌법재판소는 보호감호의 경우에 소급적용을 부정하고 있다.47)

---

45) 대법원 1997. 6. 13. 선고 97도703 판결: 원심은 피고인이 1995. 6.부터 1995. 11. 15.까지 사이에 범한 이 사건 판시 제1, 2의 범죄사실(국가보안법위반, 공직선거 및 선거부정방지법 위반)을 유죄로 인정하여 피고인에게 징역 1년 6월에 집행유예 3년의 형을 선고하면서, 1995. 12. 29. 법률 제5057호로 개정·신설되어 1997. 1. 1.부터 시행된 개정「형법」제62조의2 제1항, 제2항을 적용하여 보호관찰을 받을 것을 명하였음을 알 수 있다. 개정「형법」제62조의2 제1항에 의하면 형의 집행을 유예를 하는 경우에는 보호관찰을 받을 것을 명할 수 있고, 같은 조 제2항에 의하면 제1항의 규정에 의한 보호관찰의 기간은 집행을 유예한 기간으로 하고, 다만 법원은 유예기간의 범위 내에서 보호관찰의 기간을 정할 수 있다고 규정되어 있는바, 위 조항에서 말하는 보호관찰은 형벌이 아니라 보안처분의 성격을 갖는 것으로서, 과거의 불법에 대한 책임에 기초하고 있는 제재가 아니라 장래의 위험성으로부터 행위자를 보호하고 사회를 방위하기 위한 합목적적인 조치이므로, 그에 관하여 반드시 행위 이전에 규정되어 있어야 하는 것은 아니며, 재판 시의 규정에 의하여 보호관찰을 받을 것을 명할 수 있다고 보아야 할 것이고, 이와 같은 해석이 형벌불소급의 원칙 내지 죄형법정주의에 위배되는 것이라고 볼 수 없다.

46) 대법원 2008. 7. 24. 자 2008어4 결정: 2006. 7. 말경에 있었던 재항고인의 이 사건 폭행행위에 대하여 현행「가정폭력범죄의 처벌 등에 관한 특례법」(이하 '가정폭력처벌법'이라고 한다) 제41조, 제40조 제1항 제5호, 제4호를 적용하여 재항고인에게 6개월간 보호관찰을 받을 것과 200시간의 사회봉사 및 80시간의 수강을 명하고 있는데, 원심이 적용한 보호처분에 관한 위 규정은 이 사건 폭행행위 이후인 2007. 8. 3. 법률 제8580호로 개정된 것으로서 개정 전「가정폭력처벌법」(이하 '구 가정폭력처벌법'이라고 한다)에는 사회봉사 및 수강명령의 상한이 각각 100시간으로 되어 있다가 위 개정 당시 각각 200시간으로 그 상한이 확대되었다. 그런데 가정폭력처벌법이 정한 보호처분 중의 하나인 사회봉사명령은 가정폭력범죄를 범한 자에 대하여 환경의 조정과 성행의 교정을 목적으로 하는 것으로서 형벌 그 자체가 아니라 보안처분의 성격을 가지는 것이 사실이나, 한편으로 이는 가정폭력범죄행위에 대하여 형사처벌 대신 부과되는 것으로서, 가정폭력범죄를 범한 자에게 의무적 노동을 부과하고 여가시간을 박탈하여 실질적으로는 신체적 자유를 제한하게 되므로, 이에 대하여는 원칙적으로 형벌불소급의 원칙에 따라 행위시법을 적용함이 상당하다. 그렇다면 이 사건 폭행행위에 대하여는 행위시법인 구「가정폭력처벌법」제41조, 제40조 제1항 제4호, 제3호를 적용하여 100시간의 범위 내에서 사회봉사를 명하여야 함에도 불구하고, 원심은 현행 가정폭력처벌법을 잘못 적용한 나머지 위 상한시간을 초과하여 사회봉사를 명하였으니, 원심결정에는 법률적용을 그르친 위법이 있고, 이 점을 지적하는 재항고인의 주장은 이유 있다.

47) 헌법재판소 1989. 7. 14. 선고 88헌가5 결정: 사회보호법이 규정하고 있는 보호감호처분이 보안처분의 하나이고, 보안처분은 행위자의 사회적 위험성에 근거하여 부과되는 것으로써 행위자의 책임에 근거하여 부과되는 형벌과 구별되는 것이기는 하지만, 상습범에 대한 보안처분인 보호감호처분은 그 처분이 행위자의 범죄행위를 요건으로 하여 형사소송절차에 따라 비로소 과해질 수 있는 것이고, 신체에 대한 자유의 박탈을 그 본질적 내용으로 하고 있는 점에서 역시 형사적 제재의 한 태양이라고 볼 수밖에 없다.「헌법」이 제

(4) 검토

① 형벌과 보안처분 사이의 차이점

형벌이 책임에 기초를 둔 형사제재인 반면 보안처분은 행위자의 장래 위험성에 기초를 둔 형사제재임은 분명하다. 하지만 형벌론에서 응보사상을 제거한다면 형사제재에서 형벌과 보안처분의 차이는 본질적인 것이라 하기 어렵다.48) 형벌과 보안처분은 국가의 형자제재를 통하여 피고인의 자유를 제한하고 있다는 점에서는 차이가 없다. 이는 양 제도에 본질적인 차이가 있는 것이 아니라 정도의 차이만이 존재함을 의미한다. 죄형법정주의의 실질적 의미를 고려할 때 형벌과 보안처분 양자는 모두 국민의 자유과 권리를 제한하고 있다는 공통점을 지니고 있다. 책임과 장래의 위험성이라는 구별이 모호한 전제를 가지고 소급효금지의 원칙의 적용여부를 일도양단적으로 구별하는 것은 실질적 법치국가이념에 반한다고 할 수 있다. 형벌 이외의 부가처분에 대하여도 실질상 형의 가중과 동일한 결과를 가져오는 것이라면 피고인에게 불리하게 부과할 수는 없다.

② 보호감호 · 치료감호와 보호관찰 · 사회봉사명령 · 수강명령 사이의 차이점

전자의 경우를 자유박탈적 보안처분이라고 하는 반면에, 후자의 경우를 자

12조 제1항 후문에서 "…법률과 적법한 절차에 의하지 아니하고는 처벌 · 보안처분 또는 강제노역을 받지 아니 한다"라고 규정하여 처벌과 보안처분을 나란히 열거하고 있는 점을 생각해 보면, 상습범 등에 대한 보안처분의 하나로서 신체에 대한 자유의 박탈을 그 내용으로 하는 보호감호처분은 형벌과 같은 차원에서의 적법한 절차와 「헌법」 제13조 제1항에 정한 죄형법정주의의 원칙에 따라 비로소 과해질 수 있는 것이라 할 수 있고, 따라서 그 요건이 되는 범죄에 관한 한 소급입법에 의한 보호감호처분은 허용될 수 없다고 할 것이다. 그렇다면 비록 신법이 그 부칙 제4조에서 신법시행 당시 이미 재판이 계속 중인 감호사건에 대하여는 신법을 적용하여 처리하도록 규정하고 있지만, 이와 같이 신법이 구법당시 재판이 계속 중이었던 사건에까지 소급하여 적용될 수 있는 것은 실체적인 규정에 관한 한 오로지 구법이 합헌적이어서 유효하였다는 것을 전제로 하고 다시 그 위에 신법이 보다 더 피감호청구인에게 유리하게 변경되었을 경우에 한하는 것이다. 신체의 자유는 자유민주주의 헌법 아래에서 가장 근본적인 국민의 기본권이기 때문에 이와 같은 자유권을 현저히 침해하는 법률에 대한 해석은 엄격히 하여야 할 것이며, 만일 이와 같은 법률에 위헌성이 있다고 인정된다면 비록 그 법률이 합헌적으로 개정되었다고 하더라도 이로써 종전의 위헌성이 치유되는 것은 아니라고 봄이 법치주의의 원칙상 마땅하다 하겠다.

48) 김일수, 앞의 논문, 809면.

유제한적 보안처분이라고 일반적으로 말한다. 이러한 구별은 동 제도들의 외형적인 측면을 바라보았을 때 구별할 수 있겠으나, 내면에 덮여 있는 실질을 바라보았을 때 소급효금지의 원칙 적용여부를 구별하는 기준이 될 수는 없다고 본다. 양자 모두 국민의 자유와 권리를 일정 부분 제한하고 있다는 점에서 동일하기 때문이다.

개별설에 의하면 보호감호와 달리 보호관찰제도는 자유를 완전히 박탈하는 것이 아니어서 자유 제한의 정도도 상대적으로 적다고 한다. 이는 동 제도가 자유를 어느 정도 제한하고 있음을 인정하는 것인데, 단지 보호감호와 비교했을 때 자유제한의 정도가 상대적으로 적을 뿐이지 보호관찰 그 자체가 자유를 제한하는 처분임을 부정하는 것은 아니라고 할 것이다. 또한 「형법」 부칙 제2조는 '이 법은 이 법 시행 전에 행하여진 죄에 대하여도 적용한다. 다만, 종전의 규정을 적용하는 것이 행위자에게 유리한 경우에는 그러하지 아니하다'고 규정하고 있다. 형법은 보호관찰에서 정한 준수사항이나 명령을 위반하고, 그 정도가 무거운 때에는 집행유예의 선고를 취소할 수 있다고 규정하고 있는데, 집행유예를 선고하면서 보호관찰을 받을 것을 명하는 것을 부과하는 경우에는 실질적으로 불리한 처분을 가중하는 것이 되므로, 부칙 제2조 단서에 의하여 종전 규정을 적용하여야 할 것이다.

보안처분과 관련하여 소급효금지의 원칙이 문제된 사안은 사회보호법의 제정과 관련하여 야기되었다. 이에 대해 대법원은 보안처분의 일종인 보호감호에 대하여 소급효를 인정하는 태도를 보였다.[49] 그러나 사회보호법상의 보호

---

49) 대법원 1983. 6. 28. 선고 83도1070,83감도208 판결: 사회보호법 부칙 제2조에 의하면 이법시행 이전에 금고이상의 형을 받아 그 전부 또는 일부의 집행을 받거나 면제된 자는 같은 법 제5조 제1항 제1호 및 제2항 제1호의 적용에 있어 실형을 받은 자로 본다고 규정함으로써 사회보호법시행 이전의 실형전과자라 할지라도 같은 법 시행 이후의 같은 법 제5조 제1항 제1호 및 제2항 제1호의 실형전과자와 다름없이 그 보호대상자로 하려는 취지임은 소론이 지적한 바와 같으나 사회보호법 제1조는 과거에 실형전과를 가진 자로서 동종 또는 유사한 죄를 범하여 재범의 위험성이 있고 특수한 교육개선 및 치료가 필요하다고 인정되는 자에 대하여 보호처분을 함으로써 사회복귀를 촉진하고 사회를 보호하려는 데 그 목적이 있다고 설명하고 있는 바와 같이 사회보호법상의 보호처분은 형벌과는 달리 이미 형벌을 받은 자를 이중으로 처벌하기 위함이 아니고 이미 처벌을 받은 자라 할지라도 생태적 또는 습성적으로 동종 또는 유사한 죄를 반복할 위험성이 있는 실형전과자

감호와 관련된 일련의 대법원 판결들을 집행유예 부담조건부 보호관찰의 사안에 그대로 적용할 수는 없다.[50] 보호관찰은 범죄행위 후에 일어나는 새로운 보안처분임에 반하여, 보호감호는 범죄행위 시에 부과되는 보안처분이기 때문이다. 다만 보호감호의 부과 요건으로서 전과사실을 과거의 사실까지 소급하여 고려하는 문제가 발생하고 있을 뿐이다.

③ 보호관찰과 사회봉사명령·수강명령 사이의 차이점

「보호관찰 등에 관한 법률」상 보호관찰 대상자와 사회봉사명령 등 대상자의 준수사항은 다음과 같은 점에서 차이가 있다. 먼저 동법 제32조(보호관찰 대상자의 준수사항)에 의하면 보호관찰 대상자는 보호관찰관의 지도·감독을 받으며 준수사항을 지키고 스스로 건전한 사회인이 되도록 노력하여야 하며(제1항), 보호관찰 대상자는 1. 주거지에 상주하고 생업에 종사할 것, 2. 범죄로 이어지기 쉬운 나쁜 습관을 버리고 선행을 하며 범죄를 저지를 염려가 있는 사람들과 교제하거나 어울리지 말 것, 3. 보호관찰관의 지도·감독에 따르고 방문하면 응대할 것, 4. 주거를 이전하거나 1개월 이상 국내외 여행을 할 때에는 미리 보호관찰관에게 신고할 것 등의 사항을 준수해야만 한다(제2항). 또한 법원 및 심사위원회는 판결의 선고 또는 결정의 고지를 할 때에는 제2항의 준수사항 외에 범죄의 내용과 종류 및 본인의 특성 등을 고려하여 필요하면 보호관찰 기간의 범위에서 기간을 정하여 1. 야간 등 재범의 기회나 충동을 줄 수 있는 특정 시간대의 외출 제한, 2. 재범의 기회나 충동을 줄 수 있는

에 대한 앞으로의 범죄예방 및 교화조치로서 필요한 보호처분을 하자는 데 있는 것이므로 형벌과는 별도로 또는 이를 병행하여 보호처분을 한다 한들 이를 가지고 일사부재리의 원칙 또는 법률불소급의 원칙에 관한 헌법위반이라고 할 수 없으므로 논지는 이유 없다. 대법원 1987. 2. 24. 선고 86감도286 판결: 「사회보호법」 제5조 제1항 제1호 전단의 동종 또는 유사한 죄로 3회 이상 실형선고를 받은 피감호청구인의 전력이 위 법 시행 이전의 사실이라 하더라도 그 후단의 동종 또는 유사한 죄에 해당하는 이사건 범죄를 저지른 것이 위 법 시행 이후에 속하는 이상 피감호청구인은 위 법 소정의 보호감호처분의 대상자가 되는 것이고 위 법이 죄형법정주의의 원칙에 위배된다거나 법률불소급의 원칙을 정한 헌법규정에 위배된다고 할 수 없다.

50) 同旨 신동운, 앞의 논문, 826-827면.

특정 지역·장소의 출입 금지, 3. 피해자 등 재범의 대상이 될 우려가 있는 특정인에 대한 접근 금지, 4. 범죄행위로 인한 손해를 회복하기 위하여 노력할 것, 5. 일정한 주거가 없는 자에 대한 거주장소 제한, 6. 사행행위에 빠지지 아니할 것, 7. 일정량 이상의 음주를 하지 말 것, 8. 마약 등 중독성 있는 물질을 사용하지 아니할 것, 9. 「마약류관리에 관한 법률」상의 마약류 투약, 흡연, 섭취 여부에 관한 검사에 따를 것, 10. 그 밖에 보호관찰 대상자의 재범 방지를 위하여 필요하다고 인정되어 대통령령으로 정하는 사항51) 등을 특별히 지켜야 할 사항으로 따로 과할 수 있다(제3항). 이에 더하여 보호관찰관은 보호관찰 대상자의 재범을 방지하고 건전한 사회 복귀를 촉진하기 위하여 필요한 지도·감독을 하는데(동법 제33조 제1항), 지도·감독 방법으로 1. 보호관찰 대상자와 긴밀한 접촉을 가지고 항상 그 행동 및 환경 등을 관찰하는 것, 2. 보호관찰 대상자에게 제32조의 준수사항을 이행하기에 적절한 지시를 하는 것, 3. 보호관찰 대상자의 건전한 사회 복귀를 위하여 필요한 조치를 하는 것 등이 있다(동법 동조 제2항).

반면에 사회봉사명령 등 대상자는 동법 제62조(사회봉사·수강명령 대상자의 준수사항) 제2항에 의하여 1. 보호관찰관의 집행에 관한 지시에 따를 것, 2. 주거를 이전하거나 1개월 이상 국내외 여행을 할 때에는 미리 보호관찰관에게 신고할 것 등의 2가지 준수사항을 지키면 된다.52) 그리고 보호관찰은 대

---

51) 「보호관찰 등에 관한 법률 시행령」 제19조(특별준수사항) 법 제32조 제3항 제10호에서 "대통령령으로 정하는 사항"이란 다음 각 호의 사항을 말한다.
  1. 운전면허를 취득할 때까지 자동차(원동기장치자전거를 포함한다) 운전을 하지 않을 것
  2. 직업훈련, 검정고시 등 학과교육 또는 성행개선을 위한 교육, 치료 및 처우 프로그램에 관한 보호관찰관의 지시에 따를 것
  3. 범죄와 관련이 있는 특정 업무에 관여하지 않을 것
  4. 성실하게 학교수업에 참석할 것
  5. 정당한 수입원에 의하여 생활하고 있음을 입증할 수 있는 자료를 정기적으로 보호관찰관에게 제출할 것
  6. 흉기나 그 밖의 위험한 물건을 소지 또는 보관하거나 사용하지 아니할 것
  7. 가족의 부양 등 가정생활에 있어서 책임을 성실히 이행할 것
  8. 그 밖에 보호관찰 대상자의 생활상태, 심신의 상태, 범죄 또는 비행의 동기, 거주지의 환경 등으로 보아 보호관찰 대상자가 준수할 수 있고 자유를 부당하게 제한하지 아니하는 범위에서 개선·자립에 도움이 된다고 인정되는 구체적인 사항

개 집행유예 기간 전체에 부과되기 때문에 2년 이상인 것이 보통이나, 사회봉사명령 등은 최장시간이 각각 500시간과 200시간이며 통상 200시간과 50시간 내외에서 부과된다. 그러므로 사회봉사명령 등의 내용이 보호관찰보다 더 정형적이기는 하지만 그렇다고 해서 양자가 형벌적 성격에 차이가 있다고 보기는 힘들다. 따라서 보호관찰, 사회봉사명령, 수강명령 등은 모두 집행유예의 특별예방목적을 실현하기 위해 당사자에게 최적의 처우를 받게 할 수 있는 형사제재수단으로 보는 것이 타당하다.

3. 전자감시제도의 소급효 문제

1) 소급입법의 정당성 문제

형사입법자는 사회적 충격이 큰 사건이 발생하면 사후에 소급적으로 죄를 정하거나 더 무거운 제재를 가하는 방법으로 대중의 반향에 영합하려는 경향이 있다. 감성적인 소급 입법으로 침해되는 것은 잠재적으로 범인이 될 수 있는 개인의 자유와 안전 그리고 법적 안전성과 신뢰성이다. 법치국가의 시민들은 행위 시 예상하지 못했던 죄목으로 처벌받거나 더 가중해서 처벌받지 않는다는 신뢰와 예측가능성을 가질 때 안정된 시민생활을 영위할 수 있다.

전자감시제도를 시행한 지 얼마 경과되지 않은 우리나라의 경우, 동 제도의 효용성에 대한 평가를 내리기에는 성급한 면이 없지 않아 있지만 대체로 소기의 성과는 거두고 있는 것으로 평가된다. 적어도 전자감시제도의 필요성 내지 정당성의 측면에서는 긍정적인 것이다. 하지만 전자감시제도의 필요성을 인정한다고 하더라도 '소급적용을 통한' 필요성은 인정할 수가 없다.[53] 이는 엄

---

52) 법원은 판결의 선고를 할 때 제2항의 준수사항 외에 대통령령으로 정하는 범위에서 본인의 특성 등을 고려하여 특별히 지켜야 할 사항을 따로 과할 수 있다(동법 동조 제3항). 하지만 동법 시행령에는 특별히 지켜야 할 사항을 따로 규정하고 있지는 않다.

53) 이와 관련하여 직접적으로 의견을 표명한 논문이 현재 2건이 있는데, 소급적용을 인정하는 견해(류여해, 앞의 논문, 12면)와 소급적용을 부정하는 견해(윤지영, 앞의 논문, 87면)로 나뉘어져 있다.

연히 감정적인 조치에 불과하기 때문이다. 어떠한 형사제도를 시행하기 위해서는 이성적인 판단하에 객관적이고 과학적인 검증절차를 오랜 시간에 걸쳐 신중하게 도입하는 것이 정도(正道)이다. 하지만 전자감시제도의 소급적용을 인정한 2010. 4. 15. 개정법은 이러한 기본적인 사상을 무시한 것이다. 만약 김길태 사건 등 언론에 보도된 몇몇의 아동 성폭력 사건이 발생하지 않았다고 가정한다면 이러한 입법은 도저히 발의될 수가 없었을 것이 분명하기 때문이다.

한편 소급효를 인정하더라도 어디까지 소급적용할 것인가에 대한 문제는 다시 검토되어야 한다. 실무에서는 전자감시제도를 법시행 이전 성폭력범죄의 경우에도 법시행 이후에 재판을 받게 되면 부착명령하고 있는데, 이에 대해서도 논란이 있을 수 있다. 하지만 더욱 논란이 되는 것은 과연 법시행 이전에 이미 판결이 확정되어 수용 중이거나 복역을 마치고 출소한 사람에게 전자감시를 명령할 수 있느냐 하는 것이다.

생각건대 복역을 마치고 출소한 사람에 대해서까지 대상을 확대해 소급적용하는 것은 그 범위를 정하는 것도 어렵거니와 대상자의 신뢰를 크게 저해하는 것이므로 타당하지 않다고 본다. 개정법은 '징역형 등의 집행이 종료, 가종료·가출소·가석방 또는 면제된 후 3년이 경과되지 아니한 사람'이라고 한정하고 있지만, 이러한 기준점에 대한 객관적이고 과학적인 이유는 그리 설득력 있게 제시되고 있지는 않다. 또한 형사사건의 판결이 확정된 후 다시 보안처분을 부과하는 것은 형벌과 보안처분을 동시에 부과하는 경우와는 달리 일사부재리의 원칙에도 위배될 소지가 있다.

2) '형집행 후 3년 이내 시 법'의 타당성 문제

기존에는 보안처분의 소급적용을 논하는 문제의 영역으로, 형법의 시간적 적용범위의 기본적인 원칙인 행위시법주의와 관련하여 이에 대한 예외로서 재판시법을 적용하여 피고인에게 불리한 처분을 할 수 있는가에 대한 논의가 그 대상이었다. 즉 피고인의 범죄행위 당시에는 존재하지 않았던 형사제재가 재판 도중에 새롭게 신설되거나 기존에 있었던 형사제재가 가중되는 개정이 있을 경우에 과연 이렇게 피고인에게 불리한 형사제재를 재판 시에 적용할 수 있는가 하는 문제가 그것이었다. 이에 대하여 형벌과 달리 보안처분은 피고인에게 불리한 경우에도 소급해서 처벌할 수 있다는 입장과 그렇지 않다는 입장이 대립되어 왔다. 여기서 중요한 것은 이러한 학설의 대립의 전제가 되는 것인데, 그것은 바로 피고인이 아직 재판 도중이라는 것이다. 재판이 아직 확정되기 전 단계의 경우에는 피고인의 신뢰보호의 측면을 다소 감쇄시킬 수 있다는 사정이 존재한다는 착상이 있는 것이다.

하지만 2010. 4. 15. 개정된 전자감시법은 이러한 기존의 논의의 틀과는 전혀 다른 소급입법의 문제를 야기하고 있다. 기존에는 형사법의 적용시점에 관하여 '행위 시 법'과 '재판 시 법'이라는 큰 흐름이 있었는데, 여기에 '형집행 시 법'을 고안해 냈으며, 한 걸음 더 나아가 '형 집행 후 3년 이내 시 법'이라는 역사상 그 유례가 없는 입법을 한 것이다. 재판시법에 대한 소급적용의 문제에 대해서도 찬반의 견해가 대립하고 있는데, 하물며 '형집행 시 법'이나 '형 집행 후 3년 이내 시 법'에 대한 소급적용의 문제의 경우에는 현행 입법에 대한 상당한 반대견해의 주장이 장차 예상된다고 하겠다. 또한 형 집행 후 자유의 몸이 된 자에게 형 집행 후 3년이 경과되지 않았다는 이유로 (물론 재범의 위험성이 인정된 경우) 이전에 전혀 예상하지 못했던 전자장치 부착명령을 받는 일이 실제로 발생하게 된다면 헌법소원 내지 위헌소원의 문제로 비화될 가능성이 충분히 있다고 본다.

3) 전자감시와 병과되는 자유의 제한

전자감시제도는 형벌을 부과하면서 범죄자가 사회로 복귀하였을 때 이를 감시하는 수단으로 활용되고 있는데, 이는 자유박탈적 보안처분이 아니라 자유제한적 보안처분이라고 할 수 있다. 전자감시제도는 장치를 착용한다는 불편은 수반되지만 자유를 박탈당하는 다른 형벌보다 가볍다고 볼 수 있다는 견해도 있다. 하지만 전자장치를 30년간 부착하고 생활하는 것은 '불편'을 넘어 '불안' 내지 '공포'에 가까울 정도로 극심한 심리적인 부담감을 안기게 된다. 또한 자유의 박탈이 아닌 제한은 사실이지만, 그 제한의 정도는 다시 검토해 보아야한다. 즉 현행법은 전자장치부착만으로 재범방지 목적을 효과적으로 달성할 수없기 때문에 다음과 같이 구체적인 의무사항을 추가하여 부과하고 있다.

첫째, 「전자감시법」 제9조 제3항에 의하면 '부착명령을 선고받은 사람은 부착기간 동안 「보호관찰 등에 관한 법률」에 따른 보호관찰을 받는다'고 하여, 필수적인 보호관찰을 강제하고 있다. 동 조항은 2010. 4. 15. 신설된 조항에 해당하는데, 전자감시제도만으로는 부족한 물적인 감시를 보호관찰제도를 활용하여 인적인 감시까지 병행하겠다는 취지이다. 이를 소급적용과 관련하여 보면 과거 1995년 개정형법에서 도입된 성인범에 대한 보호관찰제도를 동법 시행일 이후의 재판에서 부과한 것과 동일한 법적 논쟁이 발생할 수 있다. 이에 대하여 당시 대법원은 보호관찰은 보안처분의 일종이기 때문에 소급효금지의 원칙의 적용을 받지 않는다고 판시한 바 있는데, 13여 년이 지난 지금의 경우에도 그러한 결론을 유지할 수 있는지는 의문이다. 왜냐하면 보호관찰 시행초기의 부가처분과 현행 보호관찰 시의 부가처분은 앞에서 살펴본 것과 같이 많은 차이점을 가지고 있기 때문에 자유의 제한 측면을 동일하게 평가할 수없기 때문이다.

둘째, 「전자감시법」 제9조의2(준수사항) 제1항에 의하면 '법원은 제9조 제1항에 따라 부착명령을 선고하는 경우 부착기간의 범위에서 준수기간을 정하여 다음 각 호의 준수사항 중 하나 이상을 부과할 수 있다. 다만, 제4호의 준수사항은 500시간의 범위에서 그 기간을 정하여야 한다. 1. 야간 등 특정 시간대의 외출제한, 2. 특정지역·장소에의 출입금지, 2의2. 주거지역의 제한, 3. 피해자 등 특정인에의 접근금지, 4. 특정범죄 치료 프로그램의 이수, 5. 그 밖에 부착명령을 선고받는 사람의 재범방지와 성행교정을 위하여 필요한 사항'이라고 규정하고 있다. 특히 제4호 사유인 '특정범죄 치료 프로그램의 이수'의 경우 500시간을 초과하지 않은 범위에서 기간을 정할 수 있는데, 이는 일종의 수강명령에 해당한다고 볼 수 있다. 이를 소급적용의 문제와 관련하여 살펴보면, 「가정폭력처벌법」상의 사회봉사명령 및 수강명령에 대한 소급적용 사안54)과 유사하다고 볼 수 있는데, 동 판결의 판시사항과 같이 특정한 자에게 의무적 노동을 부과하고 여가시간을 박탈하여 실질적으로는 신체적 자유를 제한하게 되므로, 이에 대하여는 원칙적으로 형벌불소급의 원칙에 따라 행위시법을 적용함이 타당하다고 판단된다.

셋째, 「전자감시법」 제14조 제3항에 의하면 '피부착자는 주거를 이전하거나 7일 이상의 국내여행을 하거나 출국할 때에는 미리 보호관찰관의 허가를 받아야 한다'고 규정하고, 이에 위반한 경우에는 제14조의2(부착기간의 연장 등) 제1항 제3호(피부착자가 다음 각 호의 어느 하나에 해당하는 경우에는 법원은 보호관찰소의 장의 신청에 따른 검사의 청구로 1년의 범위에서 부착기간을 연장하거나 제9조의2 제1항의 준수사항을 추가 또는 변경하는 결정을 할 수 있다. … 3. 정당한 사유 없이 제14조 제3항을 위반하여 허가를 받지 아니하고 주거 이전·국내여행 또는 출국을 하거나, 거짓으로 허가를 받은 경우)에 의해 형사처벌을 부과하고 있다.

넷째, 「전자감시법 시행령」 제13조(상담치료 등의 집행) 제1항에 의하면 '법무부장관은 다음 각 호의 시설 또는 단체를 지정하여 법 제15조 제2항의 치료 및 상담치료 등을 실시하게 할 수 있다. 1. 「정신보건법」 제3조 제2호의 정신보건시설, 2. 「성폭력범죄의 처벌 및 피해자보호 등에 관한 법률」 제23조에 따른 성폭력피해상담소, 같은 법 제33조에 따른 전담의료기관, 3. 특정 범죄자를 치료하고 특정 범죄자 교정프로그램을 개발·실시한 경험이 있는 민간 단체 또는 기관'라고 규정하고 있다.

이상에서 살펴본 바와 같이 현행 전자감시제도는 전자장치 부착 그 자체에 대한 자유의 제한에서 더 나아가 수많은 종류의 부가처분을 병과할 수 있는 여지를 두고 있다. 자유를 제한하는 보안처분의 소급효를 논할 때, 동 제도가 자유의 박탈이 아닌 자유의 제한에 해당한다고 하여 소급효를 자동적으로 인정하는 입장은 당연히 지양되어야 한다. 중요한 것은 자유의 제한의 정도의 문제인데, 전자감시제도의 경우에는 그 정도가 다른 자유제한적 보안처분의 경우와 비교했을 때 그 정도가 심각하다고 평가할 수 있다.

---

54) 대법원 2008. 7. 24. 자 2008어4 결정.

Ⅳ. 글을 마치며

우리나라의 전자감시제도는 외국의 경우와 달리 형의 집행을 종료한 자를 원칙적으로 그 대상으로 하고 있는 것이 특징이다. 특정한 범죄를 저지르고 그에 대한 대가인 징역형 등을 종료한 자를 대상으로 사회복귀 후 재범가능성을 판단하여 이를 인정하는 경우에 한하여 부과할 수 있는 형사제재이다. 여기서 이러한 전자장치 부착명령의 실효성은 차치하더라도 동 제도가 정당성을 가진 제재가 되기 위해서는 형사법의 대원칙인 죄형법정주의 내지 헌법상의 신뢰보호의 원칙 등과 결부되어야만 하는 것이 마땅하다. 하지만 최근 개정된 「전자감시법」은 위에서 언급한 근본원칙에 부합하지 않는 입법이라고 판단된다. 기존에 유지되어 온 형사제재의 적용시점에 대한 기본 기준인 '행위 시 법'과 '재판 시 법'을 배제하고, 새롭게 '형집행 시 법'과 '형 집행 후 3년 이내 시 법'을 고안했기 때문이다. 소급효금지의 원칙은 원래 '피고인'의 범죄행위 당시에 존재하지 않았던 (불리한) 법이 만약 재판 시에 존재한다면 이를 소급해서 처벌할 수 있는가에 대한 논의가 주를 이루는 것이었다. 하지만 이제는 피고인이 아니라 '수형인' 또는 '전과자'의 범죄행의 당시에 존재하지 않았던 (불리한) 법이 만약 형 집행 후 3년 이내에 존재한다면 이를 소급해서 처벌할 수 있는가에 대한 논의를 해야 하는 상황에 봉착하게 되었다. 이러한 현상은 소급효금지의 원칙에 관한 기존의 이론을 근본적으로 재검토하게 만들고 있다.

하지만 소급효금지의 원칙에 관한 기존의 이론에 대한 재검토보다 더 시급한 문제는 소급효를 감정적으로 인정하는 우리 입법의 태도에 대한 진지한 재검토라고 할 것이다. 국민여론이나 입법자 개인이 아무리 감정에 격해 있더라고 입법기관은 이성적인 판단을 해야 한다. 전과자도 국민의 한 사람이기 때문에 전과자의 법에 대한 신뢰는 국민의 법에 대한 신뢰와 동일하게 평가되어야 하기 때문이다.

제3장 「군형법」상 명령위반죄의 문제점과 개선방안

Ⅰ. 문제의 제기

　「군형법」(2009. 11. 2. 제14차 개정; 법률 제9820호)[1]은 제47조에서 '정당한 명령 또는 규칙을 준수할 의무가 있는 사람이 이를 위반하거나 준수하지 아니한 경우에는 2년 이하의 징역이나 금고에 처한다'고 하여 명령위반죄를 규정하고 있다. 「군형법」은 제8장(항명의 죄)에서 항명죄(제44조), 집단항명죄(제45조), 상관제지불복종죄(제46조) 등과 함께 명령위반죄(제47조)를 규율하고 있는데, 이러한 범죄들은 일반적으로 일정한 명령 또는 규칙의 위반에 대하여 엄격한 형사제재를 가함으로써 군의 조직과 운영에 있어서 필수불가결한 계급제도와 그에 따른 명령의 강제적 실현을 통한 명령·복종관계를 유지하여 군의 통수권을 확립하는 것을 목적으로 하고 있다. 하지만 명령위반죄는 정당한 명령 또는 규칙을 위반하거나 준수하지 아니한 때에 형사처벌을 한다고 되어 있을 뿐 법률의 규정 자체에서는 명령 또는 규칙의 성격, 제정권자, 내용, 범위, 형식 등을 구체적으로 특정하지 않고 하위법령에 위임하고 있다. 그리하여 법률주의(포괄적 위임입법금지의 원칙), 명확성의 원칙, 비례성의 원칙 등 죄형법정주의의 세부원칙 위배 여부에 대한 끊임없는 논란이 이어져 왔으며, 현재에도 해석상의 많은 문제점을 야기하고 있는 실정이다.

　하지만 명령위반죄의 위헌 여부에 대한 사법부의 판단은 일관되게 합헌성을 인정하고 있다. 먼저 대법원[2]은 1967. 7. 25. '(「군형법」) 제47조에서 말하는 명령 및 규칙의 내용은 그의 성질상 비록 개활적·유동적인 것이라고 할지라도 그의 위반을 처벌한다는 죄와 형은 법정되어 있다고 할 것이므로 동 명령위반죄가 죄형법정주의를 선언한 「헌법」 제11조에 위반된다고는 볼 수 없다'고 최초로 판시한 이래, 같은 견해를 계속하여 유지하고 있다.[3] 다음으로

---

* 『형사법연구』 제23권 제3호, 한국형사법학회, 2011. 9. 285면 이하.

1) 이하에서 법률의 명칭이 없이 단순히 조문만 표기한 것은 「군형법」을 의미한다.

2) 대법원 1967. 7. 25. 선고 67도734 판결.

3) 대법원 1968. 5. 28. 선고 68도372 판결; 대법원 1968. 7. 16. 선고 68도660 판결; 대법원 1969. 2. 18. 선고 68도1846 판결; 대법원 1969. 3. 18. 선고 68도1836 판결; 대법원

헌법재판소[4]는 1995년 제1차 명령위반죄 결정[합헌(4):한정합헌(1):반대(3)[5]:
반대(1)[6]][7]에서 '「군형법」 제47조는 헌법에 위반되지 아니한다'고 판시하여
군무이탈자 복귀명령[8] 위반행위를 명령위반죄로 처벌하는 것에 대해 그 합헌

1969. 4. 15. 선고 68도1833 판결; 대법원 1969. 5. 13. 선고 68도1838 판결; 대법원
1969. 10. 28. 선고 68도1834 판결; 대법원 1970. 11. 24. 선고 70도1839 판결; 대법원
1970. 12. 22. 선고 70도2130 판결; 대법원 1971. 2. 9. 선고 70도2540 판결; 대법원
1971. 2. 11. 선고 69도113 전원합의체 판결; 대법원 1971. 6. 22. 선고 71도845 판결; 대
법원 1973. 12. 11. 선고 73도2560 판결; 대법원 1976. 3. 9. 선고 75도3294 판결; 대법원
1979. 11. 13. 선고 79도2270 판결; 대법원 1982. 7. 27. 선고 82도399 판결; 대법원
1984. 2. 28. 선고 83도3362 판결; 대법원 1984. 3. 13. 선고 84도95 판결; 대법원 1984.
3. 27. 선고 83도3260 판결; 대법원 1984. 5. 15. 선고 84도250 판결; 대법원 1984. 7. 24.
선고 84도265 판결; 대법원 1984. 9. 25. 선고 84도1329 판결; 대법원 1984. 10. 10. 선고
84도239 판결; 대법원 1989. 9. 12. 선고 88도1667 판결; 대법원 2002. 6. 14. 선고 2002
도1282 판결 등.

4) 그동안 군형법 조항이 헌법재판소의 심판대에 오른 사안은 총 7건에 이르고 있다. 헌법재
판소 2011. 3. 31. 선고 2009헌가12 결정[「군형법」 제47조(명령위반죄) 위헌제청; 합헌],
헌법재판소 2011. 3. 31. 선고 2008헌가21 결정[「군형법」 제92조(추행죄) 위헌제청; 합헌],
헌법재판소 2007. 11. 29. 선고 2006헌가13 결정[「군형법」 제53조 제1항(상관살해죄) 위
헌제청; 위헌], 헌법재판소 2002. 6. 27. 선고 2001헌바70 결정[「군형법」 제92조(추행죄)
위헌소원; 합헌], 헌법재판소 1999. 2. 25. 선고 97헌바3 결정[「군형법」 제1조 제3항 제3
호(인적 적용범위) 위헌소원; 합헌], 헌법재판소 1995. 10. 26. 선고 92헌바45 결정[「군형
법」 제75조 제1항 제1호(군용물범죄) 위헌소원; 합헌], 헌법재판소 1995. 5. 25. 선고 91헌
바20 결정[「군형법」 제47조(명령위반죄) 헌법소원; 합헌] 등이 그것이다. 이 중 추행죄와
관련된 헌법재판소 결정에 대한 평석으로는 박찬걸, "「군형법」상 추행죄의 문제점과 개선
방안", 『한양법학』 제22권 제3집(통권 제35집), 한양법학회, 2011. 8, 73면 이하 참조.

5) 재판관 김진우, 재판관 김문희, 재판관 황도연은 「군형법」 제47조가 죄형법정주의를 규정
한 「헌법」 제12조에 위반된다고 하여 합헌의견에 반대하고 있다.

6) 재판관 조승형은 다수의견 중 「군형법」 제47조의 입법목적 및 성격과 동 법조가 죄형법정
주의나 과잉금지원칙에 위반되지 아니한다는 부분에 대하여는 찬성하나 군복무이탈자 복귀
명령이 헌법에 위반되지 아니한다거나 동 법조에 대한 합헌해석의 한계를 밝힌 바 없이 단
순하게 헌법에 위반되지 아니한다는 주문으로 선고하는 부분에 대하여 합헌의견에 반대하
고 있다.

7) 헌법재판소 1995. 5. 25. 선고 91헌바20 결정.

8) 군무이탈자복귀명령은 1964. 1. 26. 각군 참모총장에 의해 처음으로 발령되었다. 「군형법」
은 1962. 1. 20. 제정되었는데, 1961. 5. 16. 이전의 군무이탈자는 舊 「병역법」 부칙 제30
조에 의하여 공소권이 소멸되었고, 1963. 12. 14.에는 일반사면령에 의하여 1963. 11. 30.
이전의 군무이탈자도 사면되었다. 그러던 중에 1964. 1. 26. 군무이탈자복귀명령이 발하여
져 이에 위반한 자는 명령위반죄로 처벌되었던바, 이미 사면령에 의하여 사면된 자까지도
처벌되는 결과가 초래되었다. 즉 최초의 군무이탈자복귀명령은 사면령의 입법상 불비를 복
귀명령이라는 행정명령으로 보완하려는 의도가 있었으나 결과적으로는 각군 참모총장의

성을 인정하였고, 2011년 제2차 명령위반죄 결정[합헌(5):위헌(4)][9]에서도 동 입장을 유지하였다. 하지만 제1차 명령위반죄 결정에서 한정합헌의견 및 반대의견, 제2차 명령위반죄 결정에서 위헌의견 등은 다른 견해를 피력하고 있는데, 이들의 견해가 합헌의견보다 오히려 더 설득력이 있는 것으로 판단된다. 또한 명령위반죄를 개정해야 한다는 견해[10]가 다수에 이르고 있으며, 「군형법」이 제·개정될 당시에도 국방부나 三軍의 법무감실이 모두 본조의 삭제를 강력히 주장하기도 하였다.[11]

위와 같은 기존의 논의를 바탕으로 본 논문에서는 우선 명령위반죄에서 말하는 '정당한 명령 또는 규칙'의 내용을 '정당한'의 의미와 '명령 또는 규칙'의 의미로 나누어 고찰해 본다. 특히 '명령 또는 규칙'의 개념, 판례가 제시하고 있는 명령위반죄의 판단기준 및 구체적인 유형, 항명죄와 명령위반죄에서 말하는 '명령'의 차이점 등을 통하여 '명령 또는 규칙'이 가지고 있는 모호성을 비판한다(Ⅱ). 다음으로 명령위반죄의 주체, 방법, 주관적 구성요건 등의 문제점을 지적하고(Ⅲ), 앞에서 살펴본 문제점을 보완할 수 있는 명령위반죄의 합리적인 개선방안을 제시하며(Ⅳ), 논문을 마무리하고자 한다(Ⅴ).

명령으로써 대통령의 사면령을 취소한 모순이 발생하였다.

9) 헌법재판소 2011. 3. 31. 선고 2009헌가12 결정.

10) 권기훈, "명령위반죄 적용상의 문제점에 관한 소고-특히 군무이탈자 복귀명령과 관련하여-", 『군사법논문집』 제9권, 공군본부, 1990. 1, 45면; 김석영, "「군형법」 제47조(명령위반죄)는 위헌인가", 『군사법논문집』 제13권, 공군본부, 1994. 4, 20면; 송문일, "「군형법」 제47조를 비판한다", 『군사법논집』 제1집, 육군본부, 1983, 86면; 송문호, "「군형법」과 '제복을 입은 시민'", 『형사법연구』 제21권 제4호, 한국형사법학회, 2009. 12, 390면; 오병두, "「군형법」의 문제점과 개정방향", 『형사정책』 제20권 제1호, 한국형사정책학회, 2008. 6, 28면; 이상석, "「군형법」상 항명죄에 있어서 명령의 의미", 『군사법연구』 제10권, 육군본부, 1992. 11, 90면; 이상철 외 5인, 『군사법원론』, 박영사, 2011, 184면; 이승호, "「군형법」의 문제점과 개정방향에 관한 연구", 연세대학교 법학박사학위논문, 2008. 2, 92-93면; 이진우, "입법론적 견지에서 본 「군형법」상의 문제점", 『검찰』 제52호, 대검찰청, 1973. 12, 149면; 조윤, "군형법개정론", 『사법논집』 제2집, 법원행정처, 1972. 2, 448면; 한위수, "「군형법」 제47조(명령위반)의 문제점과 판례동향에 대한 소고", 『군사법연구』 제2집, 육군본부, 1984. 4, 16면. 이에 반하여 명령위반죄의 합헌성을 주장하는 견해로는 박상열, "항명죄와 명령위반죄의 구별", 『군사법연구』 제1권, 육군본부, 1982. 11, 27면 이하.

11) 이상철 외 5인, 앞의 책, 183면.

Ⅱ. '정당한 명령 또는 규칙'의 내용 및 문제점

1. '정당한'의 의미

명령위반죄에서 '명령 또는 규칙'을 수식하는 '정당한'의 의미에 대하여는 적법성설과 정당성설의 대립이 있다. 먼저 다수설에 해당하는 적법성설은 명령 또는 규칙이 위법한 경우에는 이에 따르지 않아도 본죄는 성립하지 않지만, 적법한 경우에는 그것의 정당 또는 부당을 불문하고 따르지 않을 경우 본죄가 성립한다는 견해[12]이다. 그러므로 수범자는 명령 또는 규칙이 법규에 합치하는가 여부에 대한 심사권만을 가진다. 적법성설은 부당한 명령 또는 규칙에 대해 불복하는 경우에도 본죄의 성립을 부정하는 것은 군에 있어서의 특수성에 비추어 수범자에게 명령·규칙의 실질적 합리성에 대한 심사권을 부여하기 때문에 부당하다는 점,[13] 명백히 위법한 명령·규칙까지 강제할 수는 없다는 점, 우리나라 「군형법」의 모태가 된 미국 통일군사법전 제90조 제2항이 적법한 명령(Lawful command)이라고 규정하고 있다는 점 등을 그 논거로 제시하고 있다.

이에 반하여 정당성설은 명령 또는 규칙이 위법한 경우에는 이에 따르지 않아도 본죄가 성립되지 않을 뿐만 아니라, 부당한 경우에도 이를 따를 의무가 없다는 견해[14]이다. 그러므로 명령이나 규칙이 정당하지 않은 경우에는 이를 위반하여도 형사처벌을 받지 아니한다. 정당성설은 명령위반죄의 법문이 명시적으로 '정당한'이라고 규정하고 있다는 점,[15] 부당한 명령이나 규칙도 그

---

12) 권기훈, 앞의 논문, 40면; 김이수, "명령위반죄의 유형별 연구", 『군사법논집』 제1집, 육군본부, 1983, 98면; 박상열, 앞의 논문, 32면; 한위수, 앞의 논문, 25면.

13) 즉, 수명자인 부하에게는 상관의 명령이 명백히 위법이 아닌 한 그 명령을 심사할 권한을 부여하지 않는다. 이는 법적 형평성에 어긋난 것이라는 비판이 따를 것이나 부하에게 완전한 명령심사권이 부여되었을 때 이는 군의 규율이 붕괴될 위험에 처하게 되는 딜레마에 빠지게 될 것이다.

14) 육군본부 법무실, 『군형법주해』, 국군인쇄창, 2011, 144면; 이상철 외 5인, 앞의 책, 182면.

15) 이에 대하여 본죄에서의 명령이나 규칙은 일반적 규범이므로 일단 공포된 후에 그 명령이

하자가 중대하고 명백한 경우에는 당연무효이므로 이에 복종할 필요가 없다는 점, 부당한 명령 또는 규칙에 대한 불복도 법원이 타당하다고 판단한 경우에는 본죄가 성립하지 않을 것이라는 점16) 등을 그 논거로 제시하고 있다.

생각건대 '명령 또는 규칙'을 수식하는 '정당한'의 개념은 불필요한 것으로 판단된다. 먼저 명령 또는 규칙이 위법한 경우에는 수범자가 이를 준수해야 할 의무가 발생하지 않기 때문에 당연히 적법한 것임이 요구된다고 하겠다. 문제는 정당한 것과 부당한 것의 구별인데, 다수설인 적법성설에 따르면 다소 부당한 것이더라도 이를 이행해야만 한다고 하고 있다. 하지만 이는 항명죄와 명령위반죄에서 말하는 명령의 의미를 혼동하는 해석이라고 할 수 있다. 즉, 구체적·직접적인 명령을 의미하는 항명죄에서의 명령은 구두에 의한 것도 당연히 포함하고 있는데, 이는 엄격한 정형성이 보장되지 않고 개별적인 상황에 따라 당해 명령의 성격이 달라질 수 있기 때문에 다소 부당하더라도 일단 이행해야 할 의무가 생긴다. 하지만 불특정하면서 동시에 다수인에게 발하여지는 명령위반죄에서의 명령은 일반적·간접적인 명령을 의미하기 때문에 성문의 형식으로 존재해야만 한다. 그러므로 상황에 따른 개별화가 인정되지 않고 일반적인 성격을 띠게 되므로, 부당한 명령 또는 규칙이란 처음부터 존재할 수 없는 것이다. 명령위반죄에서의 명령 또는 규칙은 법령의 형식으로 존재하기 때문에 부당한 규정이 있다면 법정절차에 따른 개정의 문제만이 발생할 뿐, 일단 존재하는 규정 자체는 정당한 것이라고 보아야 한다. 그러므로 '정당한'이라는 수식어는 삭제가 되어야 마땅하며, 단순히 '명령 또는 규칙'이라고 규정하여도 무방하다고 본다.

나 규칙의 위법성이나 부당성을 수범자로 하여금 판단하게 하여 그 명령이나 규칙이 적법하거나 정당한 경우에만 준수의무가 있다고 하는 것은 있을 수 없으므로, 본조의 '정당한'이라는 문구는 어감상 삽입에 불과하다는 견해(이진우, 『군형법』, 법문사, 1973, 160-161면)가 있다.
16) 이상철 외 5인, 앞의 책, 182면.

2. '명령 또는 규칙'의 의미

1) '명령 또는 규칙'의 개념

일반적으로 '명령'은 「헌법」 제107조 제2항의 '명령'과 같이 법규명령, 즉 대통령령, 총리령, 부령 등 행정권이 정립하는 일반적 · 추상적 규정으로서 법규의 성질을 가지는 것을 말한다. 또한 '규칙'도 「헌법」 제107조 제2항의 '규칙'과 같이 행정권이 정립하는 일반적 · 추상적 규정으로서 대외적 구속력을 갖는 행정규칙, 즉 법령보충적 행정규칙과 같이 상위법령의 위임한계를 벗어나지 아니하는 한 법규명령적 효력을 갖는 것 또는 재량권 행사의 준칙으로서 자기구속적 행정관행을 이루게 되어 대외적인 구속력을 갖게 되는 것을 말한다. 논란이 되는 것은 하명(下命)과 같이 명령적 행정행위로서 개별 법규정에 명시적 · 구체적으로 '명령'이라고 규정되어 있는 것과 단순히 행정기관 내부관계를 위하여 제정된 일반적 · 추상적 규정으로서 대외적 구속력이 없는 규칙도 명령위반죄에서 말하는 '명령 또는 규칙'에 포함되는지 여부이다. 이에 대하여 명령위반죄에서의 명령은 법규명령, 규칙은 행정규칙으로 파악하는 견해,17) 명령위반죄는 특별권력관계 내에서만 문제되므로 국가와 국민 간의 일반적 효력을 가지는 법규명령은 동조의 명령에 포함되지 않으며 순수한 의미에서의 행정규칙만을 의미한다는 견해,18) 형사법상 구성요건이 되는 사실적 개념으로 파악하여 군에서 발동하는 다양한 형태로 존재하는 일반적 · 추상적 규범의 총체로 파악하는 견해19) 등이 대립하고 있다.

판례는 '명령 또는 규칙'의 해당성 여부를 함께 판단하는 것으로 보아 명령과 규칙을 엄격하게 구분하고 있지는 않다. 이는 본죄가 명령을 위반한 것이

---

17) 김이수, 앞의 논문, 95면; 이진우, 앞의 책, 203-204면.

18) 김오원, "「군형법」상 명령위반죄에 관한 판례연구", 연세대학교 행정대학원 석사학위논문, 1975, 68면.

19) 권기훈, 앞의 논문, 39-40면; 박상열, 앞의 논문, 28-30면; 한위수, 앞의 논문, 21-22면; 헌법재판소 2011. 3. 31. 선고 2009헌가12 결정 중 위헌의견.

냐 아니면 규칙을 위반한 것이냐에 따른 차이를 인정하지 않기 때문인 것으로 보이는바, 실무에 의하면 명령과 규칙의 구분은 별다른 실익이 없는 것이다. 또한 여기서 말하는 명령이란 대통령령, 총리령, 부령 등의 법규명령만을 의미하는 것이 아님은 분명하다. 명령위반죄 위반 여부가 문제되는 대부분의 사안에서 '명령 또는 규칙'의 발령권자는 대통령, 국무총리, 행정각부의 장관 등이 아닌 각군 참모총장, 군단장, 사단장 등이기 때문이다. 헌법재판소와 대법원의 견해와 같이 명령 또는 규칙의 범위를 확장하는 해석은 행정법의 영역에서는 받아들일 수 있을지 모르겠지만, 적어도 형사처벌의 영역에서는 수용할 수 없는 것으로 판단된다. 이러한 의미에서 위의 3가지 학설들은 모두 타당하지 않다.

하지만 이보다 더 본질적인 문제는 '명령 또는 규칙'이 "개별 법규정에 명시적 · 구체적으로 '명령'이라고 규정된 것"(명령의 경우) 또는 "제정된 것"(규칙의 경우)이 아닐지라도 인정되는 것이 있다는 점이다. 즉 성문의 형식으로 제정된 것이 아닌 불문의 형식으로 존재하는 구두의 명령도 포함[20]하고 있는 것이다. 대표적으로 1983. 3. 12. '구두지시'인 GOP 및 선점(추진포대)지역 내에서의 병력이동은 규정된 무장을 하여 4인 이상 단체행동(전술대형유지)하라는 명령[21]위반을 명령위반죄로 인정하여 유죄판결을 내린 사안이 그 예이다. 이와 같이 개별적인 구두명령도 명령위반죄로 처리하는 것은 항명죄 위반 사안과의 구분을 모호하게 만드는 결과를 초래한다. 이러한 혼란의 원인은 법령상에서 명령 또는 규칙의 성격, 내용,[22] 범위 등에 대한 구체적인 제한이 없기 때문이다.

---

20) 고등군사법원 1964. 12. 4. 선고 육군64고군형항374 판결.

21) 대법원 1984. 3. 13. 선고 84도95 판결.

22) 영국의 경우 The Army Act §36(2)에 의하면 'This section applies to standing orders or other routine orders of continuing nature made for any formation or unit or body of troops, or for any command or other area, garrison or place, or for any ship, train or aircraft'라고 규정하여 명령의 내용에 일정한 한계를 두고 있다.

2) 판례가 제시하고 있는 명령위반죄의 판단기준 및 구체적인 유형

판례에 의하면 '정당한 명령 또는 규칙'은 군의 특성상 그 내용을 일일이 법률로 정할 수 없어 법률의 위임에 따라 군통수기관이 불특정다수인을 대상으로 발하는 일반적 효력이 있는 명령이나 규칙 중 그 위반에 대하여 형사처벌의 필요가 있는 것, 즉 법령의 범위 내에서 발해지는 군통수작용상 필요한 중요하고도 구체성 있는 특정한 사항에 관한 것을 의미한다고 일관되게 판시하여 왔다. 또한 '정당한 명령'이라 함은 죄형법정주의와 군통수권의 특수성에 비추어 통수권을 담당하는 기관이 입법기관인 국회가 「군형법」 제47조로 위임한 것으로써, 본질적으로는 입법사항인 형벌의 실질적 내용에 해당하는 사항에 관한 명령을 뜻하여 군인의 일상행동의 준칙을 정하는 사항 등은 이에 해당하지 아니한다.

이와 같은 판단기준[23])에 따라 정당한 명령 또는 규칙의 종류는 그동안 판례를 통하여 상당수 축적되어 왔는데, 군무이탈자 복귀명령,[24]) 참모총장 및 군단장의 지휘각서로 된 음주통제명령이나 군인 출입금지구역에 관한 군인복무규율,[25]) 육군 제1군단이 휘하 장병에게 준수하게 하기 위하여 제정한 DMZ 관리운용예규 제47조(비무장지대에서 근무하는 장병에 대하여 심리전 교육을 받은 허가된 장병 이외에는 적과의 접촉을 금하는 규정),[26]) 통문은 여하한 인원과 상황하에서도 사단장발행의 출입증과 허가 없이는 개폐할 수 없다고 규정한 통문개폐에 관한 GOP 근무지침,[27]) 3군경계근무지침 및 보병 제27연대 GOP 초급간부지침서의 순찰근무 및 철책점검에 관한 규정,[28]) DMZ 지대의

---

23) 헌법재판소는 대법원이 명령위반죄를 이와 같이 해석·적용하여 옴으로써 '정당한 명령 또는 규칙'의 범위에 관하여 자의적인 확대해석에 의한 법집행을 방지하고 있다고 한다 (헌법재판소 2011. 3. 31. 선고 2009헌가12 결정 중 합헌의견).

24) 대법원 1968. 7. 16. 선고 68도660 판결; 대법원 1969. 3. 18. 선고 68도1836 판결; 대법원 1969. 4. 15. 선고 68도1833 판결; 대법원 1969. 10. 28. 선고 68도1834 판결.

25) 대법원 1970. 11. 24. 선고 70도1839 판결.

26) 대법원 1967. 7. 25. 선고 67도734 판결.

27) 대법원 1984. 10. 10. 선고 84도239 판결.

혹한기 동계근무계획에 따른 GP 초소의 야간경계근무는 밀어내기식으로 한다는 군 내규 및 GP 소대장 및 선임하사관은 야간순찰근무를 수행하여야 한다는 DMZ운영내규(7사 정보 78. 7. 2.),[29] DMZ 및 GOP에 관한 규정 중 사단장의 사격장출입통제에 관한 지시, 휴전선 접적지역에서의 통제초소근무·DMZ근무·GOP근무 등 군작전상의 근무명령인 보병 제A사단 GP 및 GOP근무내규,[30] 해안경계순찰근무자는 소총과 실탄을 휴대하여야 한다는 육군 제31사단장의 해안경계실무지침 제3장 제16절 제8항 규정,[31] 보병 제12사단장의 1982. 3. 28. 근무지침 및 1983. 3. 12. 구두지시인 GOP 및 선점(추진포대)지역 내에서의 병력이동은 규정된 무장을 하여 4인 이상 단체행동(전술대형유지)하라는 명령,[32] 제1사단 야전예규 별지 1(비무장지대감시)에 규정된 비무장지대의 북진문 및 전진문 초소편성은 반드시 장교를 포함 건재 1개 분대 이상으로 하도록 한 규정,[33] 사격장 통제명령[34] 등은 명령위반죄의 규율대상이라고 판시하였다. 또한 명령위반죄보다 형벌이 가벼운 경범죄처벌법 위반행위를 명령위반죄 위반으로 처벌한 경우,[35] 범죄가 되지 아니하는 자살미수행위를 명령위반으로 처벌한 경우,[36] 상관에 대한 결례를 명령위반죄로 처벌한 경우,[37] 주번사관 근무 시 발생한 사고에 대해 주번사관의 직무상 과실조차 인정할 수 없을 때 무과실 책임을 묻기 위하여 명령위반죄로 처벌한 경우 등도 있다.[38]

---

28) 대법원 1984. 2. 28. 선고 83도3362 판결.

29) 대법원 1979. 11. 13. 선고 79도2270 판결.

30) 대법원 1984. 9. 25. 선고 84도1329 판결.

31) 대법원 1989. 9. 12. 선고 88도1667 판결.

32) 대법원 1984. 3. 13. 선고 84도95 판결.

33) 대법원 1982. 7. 27. 선고 82도399 판결.

34) 대법원 1968. 3. 19. 선고 68도121 판결.

35) 육군 수도경비사 보통군사법원 64형제94 판결(공무원 자격을 사칭한 「경범죄처벌법」 제1조 제8호 위반행위를 명령위반죄로 처벌함).

36) 공군 10 전투비행단 보통군사법원 64형제21 판결.

37) 육군 제27사 보통군사법원 1964. 5. 15. 선고 64형제38 판결.

38) 군 수사당국에서는 명령위반죄를 남용하는 경우가 많은데, 범죄의 혐의가 명백하지 않더

반면에 명령위반죄에서의 명령 또는 규칙에 해당하지 않는다고 판시한 것으로, '음주를 함에는 소속 중대장의 사전 허가를 받고 음주허가증을 소지하여야 한다'는 사단장의 음주통제명령,[39] 육군참모총장이 구타행위에 관한 육군의 공론을 통일하여 이를 금할 것을 강조하면서 구타 및 가혹행위를 한 자의 계급에 따라 가할 제재조치에 관하여 일반적 지침을 시달한 육군참모총장의 일반명령 제37호(1979. 12. 22.자),[40] 육군참모총장의 음주에 관한 명령,[41] 군인복무규율 제27조 각호의 사항,[42] 군인은 안전을 위하여 제반 규정을 준수하고, 항상 조심하고 확인 점검할 것이라는 안전준수사항을 규정하고 있는 군인복무규율 제153조,[43] 예비군 보급지원규정(육군규정 403-10) 제26조·총기안전관리규정(육군규정 141-1)·예비군교육 및 훈련장관리내규(수도군단 내규 5-1) 제19조·안전규정(제701지단 내규6장) 제3조,[44] 금전대차금지·유언비어 유포금지·도박행위금지·금품수수금지·참모총장의 보직 및 인사청탁을 금지한다는 명령, 후문에는 일정한 인원 및 차량을 제외하고는 출입을 금한다는 특별수칙 제3호(부근 고모지역에 거주하는 장교 및 하사관이나 기타 장교가 탑승한 차량의 출입 및 고모역에서 하차된 물자나 삼종창고관계물자의 작업인원의 출입에 편의를 도모하는 한편 이를 제외한 다른 출입을 금한다),[45] 휴전선 이남 20km 이내에 위치해 있는 소속 부대 내에서 개인 이동전화를 무단으로 소지·사용하여 동 행위를 금지하고 있는 군사보안업무시행규칙(1999. 8. 23. 국방부훈령 제633호) 제102조 제6항 제3호[46] 등이 있다.

라도 일간 구속해 놓고 일반범죄가 성립되지 않을 때에는 명령위반죄로 수사하는 경우가 그것이다. 또한 기소할 때에도 일반범죄의 성립여부에 대해 자신이 없을 때에는 일반범죄와 명령위반죄의 경합범으로 기소하거나 또는 명령위반죄를 예비적 죄명으로 기소하는 예도 있다(박상열, 앞의 논문, 24면).

39) 대법원 1970. 12. 22. 선고 70도2130 판결.
40) 대법원 1984. 5. 15. 선고 84도250 판결; 대법원 1984. 7. 24. 선고 84도265 판결.
41) 대법원 1971. 3. 23. 선고 70도2735 판결.
42) 대법원 1971. 2. 11. 선고 69도113 전원합의체 판결.
43) 대법원 1971. 2. 9. 선고 70도2540 판결.
44) 대법원 1984. 3. 27. 선고 83도3260 판결.
45) 대법원 1976. 3. 9. 선고 75도3294 판결.

3) 항명죄와 명령위반죄에서 말하는 '명령'의 차이점

「군형법」에는 상관의 명령에 위반하는 경우를 대비하여 명령위반죄와 항명 죄를 동시에 규정하고 있는데, 양 죄에서 말하는 명령의 개념은 동일하지 않다는 것이 일반적이다. 즉, 제44조의 항명죄는 상관의 정당한 명령에 항거하거나 복종하지 아니한 행위를 처벌하도록 하여 특정인에게 발하여지는 개별적 명령의 불복행위에 대한 처벌규정임에 반하여, 제47조의 명령위반죄는 불특정 다수인을 피적용자로 하여 발하여지는 규범으로서의 효력을 가지는 명령 또는 규칙을 위반한 경우에 적용되는 규정이라고 한다. 그리하여 항명죄에서의 명령은 개별성을 띠고 있기 때문에 직접 또는 제3자를 통하여 반드시 수명자(개인 또는 특정할 수 있는 다수인)에게 개별적으로 하달되어야 하는 특정명령을 말하는 반면에, 명령위반죄에서의 명령은 불특정(이면서) 다수인을 피적용자로 하여 발하여지는 규범으로서의 효력을 가지는 명령이나 규칙을 말하므로 불특정(이면서) 다수인에게 일반적으로 하달되어야 하는 일반명령을 말한다.

3. 명령위반죄에서 말하는 '명령 또는 규칙'의 모호성

명령위반죄의 구성요건상에는 명령 또는 규칙의 내용에 대한 아무런 제한이 없음에도 불구하고, 판례가 명령 또는 규칙의 내용을 다소 제한하고 있는 이유는 본죄의 성립범위를 줄이기 위한 시도로 평가된다. 이는 본죄의 구성요건이 추상적이어서 명확성의 원칙과 조화를 이룰 수 없다는 점을 나타내는 것이기도 하다. 하지만 이러한 해석으로 피적용자가 충분히 예측할 만큼 구체적 기준이 제시되었다고 볼 수는 없다. 또한 이러한 해석을 도출하는 것이 누구에게나 용이하지는 아니하므로 군내에서 명령위반죄의 운용이 판례와 같이 이루어지리라고 확실히 보장할 수 없으며, 특히 피적용자가 개개의 명령에 대

---

46) 대법원 2002. 6. 14. 선고 2002도1282 판결.

하여 그것이 명령위반죄의 형사책임을 지는 명령인지 여부를 사전에 예측하는 것은 불가능하다.[47] 판례가 일반적으로 제시하고 있는 명령 또는 규칙의 개념에서 파생되는 문제점을 분설하여 살펴보면 다음과 같다.

1) 위임입법의 필요성

명령위반죄는 법률에서 구체적인 '명령 또는 규칙'을 규정하지 않고 하위법령에 그 내용을 위임하고 있는데, 과연 군의 특성상 그 내용을 일일이 법률로 정할 수 없어 위임의 필요성이 존재하는가가 문제된다. 위임은 반드시 구체적이고 개별적으로 한정된 사항에 대하여 행해져야 하며, 그렇지 아니하고 일반적이고 포괄적인 위임을 한다면 이는 사실상 입법권을 백지위임하는 것이나 다름이 없어 의회입법의 원칙이나 법치주의를 부인하는 것이 된다. 특히 명령위반죄와 같은 처벌법규의 위임은, 그 요건과 범위가 보다 엄격하게 제한적으로 적용되어야 한다. 따라서 처벌법규의 위임은 특히 긴급한 필요가 있거나 미리 법률로써 자세히 정할 수 없는 부득이한 사정이 있는 경우에 한정되어야 하며 이러한 경우라도 법률에서 범죄의 구성요건은 처벌대상행위가 어떠한 것일 것이라고 예측할 수 있을 정도로 구체적으로 규정하여야 한다.

이에 대하여 합헌의견[48]은 다음과 같은 3가지의 이유에서 명령위반죄가 위임입법의 일반원칙을 준수하였다고 판단하고 있다. 첫째, 군통수를 위하여 일정한 행위의무를 부과하는 명령은 특정되어 존재하는 한 그 형식에 관계없이 준수되어야 하며, 명령의 구체적 내용이나 발령조건을 미리 법률로 정하는 것은 거의 불가능하다. 둘째, 군에서의 명령은 지휘계통에 따라 군통수권을 담당하는 기관이 그에게 부여된 권한범위 내에서 발할 수 있는 것이므로, 명령을 제정할 수 있는 통수권 담당자는 대통령이 국군의 통수권자임을 규정한 「헌

---

47) 헌법재판소 1995. 5. 25. 선고 91헌바20 결정 중 재판관 정경식의 한정합헌의견.

48) 명령위반죄가 죄형법정주의의 내용 중 명확성의 원칙과 포괄적 위임입법금지의 원칙에 부합하는지와 관련하여 제2차 결정은 제1차 결정의 내용을 그대로 반복하여 제시하고 있을 뿐 더 이상 구체화하려고 하는 시도는 엿보이지 않는다.

법」제74조와 국군의 조직 및 편성에 관한 사항을 정한「국군조직법」의 규정 등에 의하여 결정되나, 구체적인 명령의 제정권자[49]를 일일이 법률로 정할 수도 없다. 셋째, 명령위반죄의 취지는 군 내부에서 명령의 절대성을 보호하기 위한 것으로서 명령위반행위에 대한 형벌의 종류와 내용이 법률에 구체적으로 정해져 있으므로 그 피적용자들이 동 규정에 의하여 금지된 행위와 처벌의 정도를 예측할 수 없는 것도 아니다.

하지만 합헌의견이 제시하고 있는 논거는 다음의 점에서 타당하지 않다고 본다. 첫째, 명령이나 규칙 자체는 그 위반에 대하여 형벌을 규정할 수 없다는 것을 인정하면서도 명령위반죄처럼 다른 법률로써 모든 명령과 규칙위반에 대하여 형벌을 부과한다고 하는 것은 실질적으로 볼 때 명령·규칙에 형벌권을 인정하는 것과 다름이 없다. 즉 형식적인 면에서 본다면「군형법」제47조라는 법률위반에 대하여 형벌을 가하는 것이므로 죄형법정주의와 부합하는 것처럼 보이나, 실질적으로 명령위반죄는 백지형법의 형태를 띠고 있는 것이다. 합헌의견과 같이 '특정되어 존재하는 한 그 형식에 관계없이 준수되어야' 한다는 명제는 적어도 형사처벌을 대상으로 하는 법규에서는 불가능한 것이다. 또한 명령의 구체적 내용이나 발령조건을 미리 법률로 정하는 것이 불가능한 것도 아니다. 판례에 등장하고 있는 명령위반죄 위반사안은 모두 행위 이전에 미리 법규로서 정립되어 있는 것이었고, 다만 당해 법규가 법률이 아니었을 뿐이다.

둘째,「국군조직법」제6조는 대통령이 군통수권자임을 선언하면서, 국방부장관, 합동참모의장, 각군 참모총장, 각군의 부대 또는 기관의 장의 순서로 지휘·감독권을 부여하고 있을 뿐(동법 제7조 내지 11조), 누가 명령·규칙을 제정할 수 있는지에 관하여 아무런 규정이 없다.

---

49) 미국의 경우 UCMJ의 시행령이라고 할 수 있는 Manual for Courts-Martial United States(1969, MCM)에 의하면 군일반에 적용되는 일반적 명령 또는 규칙의 제정권자로서 대통령, 국방장관, 각군성장관을, 각 지휘부대에 적용되는 일반적 명령 또는 규칙의 제정권자로서 일반 군법회의 설치권자[이는 대통령, 각군성장관, 관구사령관, 군사령관, 함대사령관을 말한다(UCMJ §22)], 장관급 지휘관 및 그 이상의 지휘관으로 각각 규정하고 있다.

셋째, 명령위반죄는 '형벌구성요건'의 종류와 내용만이 구체화되어 있지 '범죄구성요건'의 종류와 내용에 대하여는 전혀 언급이 없다. 그러므로 피적용자들이 동 규정에 의하여 금지된 행위를 전혀 예측할 수 없는 것이다.

넷째, 명령위반죄의 '명령 · 규칙'은 불특정 다수인을 피적용자로 하여 발하여지는 규범이고, 구체적 상황에서 특정인에게 발하여지는 개별적 명령을 말하는 것이 아니다. 즉, 군통수 및 지휘 · 감독에 있어서 탄력성 · 유동성 · 긴급성 · 기밀성 등의 필요성은 구체적인 상황에서 개별적 명령이 발령될 때 요구되는 것이고 이를 규율하는 것은 항명죄에 관한 조항이므로, 명령위반죄가 규율하는 것과 같이 군이 불특정다수인을 상대로 일반적 · 추상적 규범을 제정할 경우에는 탄력성 · 유동성 · 긴급성 · 기밀성 등이 절실히 요구되는 상황이 아니다. 그러므로 명령위반죄가 범죄구성요건을 실질적으로 명령 · 규칙에 위임할 수밖에 없는 부득이한 사정이 존재한다고 볼 수 없다.[50]

2) 형사처벌의 필요성

명령위반죄의 내용은 그 위반에 대하여 형사처벌의 필요가 있는 사항에 한정되어야 한다. 이는 본질적으로 입법사항인 형벌의 실질적 내용에 해당하는 사항에 관한 명령을 뜻한다. 그러므로 군인의 일상행동의 준칙을 정하는 사항 등은 이에 해당하지 아니한다. 하지만 '본질적으로 입법사항인 형벌의 실질적 내용에 해당하는 사항'을 법규명령인 대통령령, 총리령, 부령 이외에 다른 군 지휘권자가 발령하는 명령 · 규칙에 의하여 규율할 수 있는지는 의문이다. 일반적으로 일정한 범위 내에서 인정되고 있는 백지형법은 (법규)명령에 법률의 내용을 위임한 것이지, 그보다 하위의 규범에 위임한 것은 아니다. 특히 형벌법규의 내용은 더욱 엄격하게 위임되는 태도에서 보면 문제의 심각성은 매우 크다고 할 수 있다.

---

50) 헌법재판소 2011. 3. 31. 선고 2009헌가12 결정 중 위헌의견.

3) 군통수작용상의 필요성

명령위반죄의 내용은 법령의 범위 내에서 발해지는 군통수작용상 필요한 중요하고도 구체성 있는 특정한 사항에 관한 것이어야 한다. 먼저 명령위반죄에 해당하는 명령 또는 규칙은 대부분 상위법령에 위배되지 않기 때문에 모법에 저촉되지는 아니한다. 문제는 과연 명령의 범위가 군통수작용상 필요한 중요하고도 군사상 의무에 관한 구체적 사항으로 한정되어 있는가에 있다. 군통수작용상의 필요성, 중요성, 군사상 의무의 적합성, 구체성 등의 모든 요건이 부합하여야만 하는데, 이를 판단하기가 쉽지 않다. 예를 들면 군인복무규율[51] 이나 음주통제명령의 경우에는 군인의 일상 행동의 준칙을 규정한 데 불과한 것이기 때문에 원칙적으로 그 명령내용인 사항의 성질상 군통수작용상 필요하고도 중요한 사항에 관한 것이 아니므로 이를 위반하였다고 하더라도 명령위반죄로 의율할 수는 없다고 한다. 하지만 70도1839판결은 명령위반죄와 관련하여 '피고인이 참모총장 및 군단장의 지휘각서로 된 음주통제명령이나 군인 출입금지구역에 관한 군인복무규율의 규정 있음을 알면서 이에 위반하여 음주하고 출입금지구역인 사창가에 가서 창녀와 성교행위를 한 사실을 넉넉히 인정할 수 있고, 위와 같은 명령이나 규정에 위반한 행위는 「군형법」 제47조 명령위반죄를 구성하는 것이라 할 것이다'라고 하여, 원칙적인 입장에서 다소 어긋나는 판단을 하고 있다. 동 사안에서 참모총장 및 군단장의 음주통제명령의 경우에는 70도2130 판결(사단장의 음주통제명령)과 비교해야 하고, 군인복무규율의 경우에는 69도113 판결과 비교해야 한다. 먼저 70도2130판결은 그 대상이 '음주를 함에는 소속 중대장의 사전 허가를 받고 음주허가증을 소지하여야 한다'는 사단장의 음주통제명령인 반면에 70도1839 판결의 대상은 참모총장 및 군단장의 지휘각서로 된 음주통제명령인 점에서 명령의 발동주체가 다른 점에서 차이가 있지만 명령의 내용은 동일하다고 할 수 있다. 이

---

51) 군인복무규율(대통령령 제21750호. 일부개정 2009. 9. 29.)은 군인사법 제47조의2에 따라 군인의 복무 기타 병영생활에 관한 기본사항을 규정함을 목적으로 한다.

와 같이 단지 명령의 발동주체가 상위 지휘관이라는 이유로 동죄의 위반 여부가 상이하다는 결론을 도출하는 것은 문제가 있다. 사단장과 군단장이라는 지위가 당해 명령의 범죄 성립여부를 판가름할 수 있는 결정적인 기준이 된다고 보는 것은 받아들이기 힘들기 때문이다. 사단장과 군단장의 동일한 명령에 대하여는 결론을 동일하게 이끌어 내는 것이 보다 합리적인 대처로 보이는바, 이러한 문제점은 명령권의 발동주체에 대하여 명문의 규정이 없어 개별적인 해석에 맡기고 있는 불합리에 기인하는 것이다. 다음으로 69도113 판결과 70도1839 판결의 명령은 군인복무규율(1966. 3. 15. 제정; 대통령령 제2465호) 제27조 제5호(군인의 출입을 금지하는 구역에 출입하여서는 아니 된다)가 그 대상인데, 동일한 적용법조를 위반내용에 따라 개별적으로 달리 판단하고 있다. 그야말로 耳懸鈴鼻懸鈴의 전형적인 예라고 할 수 있다. 대법원에 의하면 군인복무규율의 내용은 군인의 일상행동의 준칙을 정하는 사항이기 때문에 명령위반죄의 적용대상이 아니라고 일반적으로 판시하고 있는데, 70도1839판결은 이러한 선례도 무시하고 있다. 만약 군인복무규율도 정당한 명령의 대상이라고 한다면, 수많은 규정(1966년 제정 당시에는 182개, 현재는 43개)으로 채워진 올가미로 군인의 일상생활에 대한 경미한 위반을 모두 형사처벌하게 되는 우를 범할 것이다.

Ⅲ. 그 밖의 구성요건과 관련된 문제점

1. 행위의 주체: 정당한 명령 또는 규칙을 '준수할 의무가 있는 사람'

법문의 구조상 명령위반죄의 주체가 일정한 의무 있는 사람으로 한정되어 있는 것처럼 보이나, 본죄의 명령 또는 규칙은 일반적 규범으로서 그 수범자는 명령 또는 규칙 자체에서 정해지는 것이므로 '준수할 의무가 있는 사람'이라는 법문의 표현은 불필요한 것이라고 보는 것이 타당하다.[52]

「군형법」 제1조 제1항 및 동조 제2항에 의하면 「군형법」은 같은 법에 규정된 죄를 범한 대한민국 군인에게 적용되고, 여기에서 군인이라 함은 현역에 복무하는 장교, 준사관, 부사관 및 병(단, 전환복무중인 병을 제외한다)을 말한다고 규정되어 있다. 또한 「군형법」 제1조 제3항에서는 준군인을 규정하고 있는데, 군무원(제1호), 군적을 가진 군의 학교의 학생ㆍ생도와 사관후보생ㆍ부사관후보생 및 「병역법」 제57조의 규정에 의한 군적을 가지는 재영 중인 학생(제2호), 소집되어 실역에 복무 중인 예비역ㆍ보충역 및 제2국민역인 군인(제3호) 등이 그것이다.53) 또한 병역의무자가 소정의 절차에 따라 현역병입영대상자로 병역처분을 받고 징집되어 군부대에 들어갔다면, 설령 그 병역처분에 흠이 있다고 하더라도 그 흠이 당연무효에 해당하는 것이 아닌 이상, 그 사람은 입영한 때부터 현역의 군인으로서 「군형법」의 적용대상이 되는 것으로 보아야 할 것이다.54)

2. 행위의 방법: 정당한 명령 또는 규칙을 '위반하거나 준수하지 아니한 경우'

명령위반죄는 그 행위태양을 정당한 명령 또는 규칙을 위반하는 경우와 정당한 명령 또는 규칙을 준수하지 아니하는 경우로 나누어 규정하고 있다. 이에 대하여 위반한다는 것은 적극적으로 명령 또는 규칙에 위배된 행위를 하는 것이고, 준수하지 않는다는 것은 소극적으로 명령 또는 규칙이 요구하는 규범

---

52) 이에 대하여 명령위반죄는 명령복종관계의 침해에 그 가벌성의 근거가 있는 것이므로 명령ㆍ규칙을 준수해야 할 의무가 있음을 아는 자가 고의로 이를 준수하지 않는 경우에 한하여 명령위반죄가 성립한다고 보아야 할 것이며, 법문의 표현은 바로 이러한 준수의무에 대한 고의를 요한다는 점을 명백히 하기 위한 것으로서 의미 있는 규정이라고 보는 견해(박상열, 앞의 논문, 28면)도 있다.

53) 「군형법」 제1조 제1항 내지 제3항에 규정된 자가 군복무 중이나 재학 또는 재영 중에 이 법에 정한 죄를 범한 때에는 전역ㆍ소집해제ㆍ퇴직 또는 퇴교나 퇴영 후에도 이 법을 적용한다(「군형법」 제1조 제5항).

54) 대법원 2002. 4. 26. 선고 2002도740 판결.

내용을 그대로 실현하지 않는 것을 의미한다고 한다.55) 하지만 위반하는 경우와 준수하지 아니하는 경우의 구별은 무의미한 것으로 판단된다. 범죄행위는 구별기준에 따라 여러 가지로 분류될 수 있는데, 작위행위와 부작위행위로의 구분도 가능하다. 이를 명령위반죄의 행위태양에 접목시켜 보면, 위반한 경우는 작위행위를 상정한 것이고, 준수하지 아니한 경우는 부작위행위를 상정한 것으로 판단된다. 하지만 이러한 상정은 불필요한 것으로 보이는바, '위반한 경우'만을 규정하더라도 작위와 부작위를 모두 포함하고 있는 것이기 때문이다. 일반적으로 형벌법규는 진정부작위범이 아닌 이상 작위의 형태와 부작위의 형태를 모두 함축하고 있는 것으로 보아야 한다. 이러한 측면에서 명령위반죄의 두 행위태양은 불필요하게 두 가지의 경우로 나누어서 규정하고 있는 것이므로 조문의 정리가 필요하다. 만약 준수하지 아니한 경우(부작위)의 형벌을 위반한 경우(작위)의 형벌보다 감경할 수 있도록 규정한다면 이러한 구분의 필요성이 있다고 하겠지만, 그렇지 않은 이상 별도의 구분은 불필요한 것이다.

3. 주관적 구성요건

명령위반죄의 고의가 인정되기 위해서는 행위자가 명령 · 규칙의 존재와 그 내용에 관하여 인식하고 이를 위반한다는 의욕이 있을 것이 요구된다. 하지만 실무에서는 고의의 성립요건을 다소 완화시키고 있는데, 주관적 구성요건인 명령의 존재사실에 대한 인식을 놓고 항명죄와 명령위반죄 사이에 미묘한 차이가 존재한다. 즉, 항명죄의 경우에는 수명자가 명령이 자신에게 발령되었다는 것을 명확하게 인식하여야 하는 반면, 명령위반죄에서는 소정의 절차를 거쳐 명령이 공고되기만 하면 수명자가 그러한 명령이 발령되었음을 구체적으로 인식하지 못하였다고 하더라도 그 인식의 가능성만으로도 실무상 고의가

---

55) 이상철 외 5인, 앞의 책, 183면(양자 모두 명령 · 규칙에 따르지 않는다는 점에서 본질적으로 동일하므로 실제상 구별의 실익이 없다고 할 것이다); 지대남 · 박경환, 『군사법원론』, 대명사, 2008, 197면.

존재하는 것으로 취급하는 것이다.[56] 하지만 명령·규칙의 범위가 참모총장이 제정하는 것으로부터 중대장[57]이 제정하는 것에 이르기까지 매우 다양하다는 점, 이러한 명령·규칙이 일반적인 법률의 공포와 같은 절차를 거치지 않고 있다는 점, 군의 거의 모든 분야에 걸쳐 규제를 가하고 있는 명령·규칙 중 어느 것이 헌법재판소의 선례나 대법원 판결이 설시하는 명령·규칙에 해당하는지에 대하여 그 수범자인 군인·군무원은 물론 법률전문가조차 예측하기 힘들다는 점 등으로 인하여 규범의 수범자가 명령·규칙의 발동 여부와 그 내용에 대하여 충분히 인식하지 못하고 있는 경우가 많다는 문제점이 있다. 즉 이러한 경우는 판례와 학설이 말하는 '위법성의 인식가능성'조차도 없는 상황일 가능성이 상당히 크다고 할 수 있다.

이와 관련하여 판례[58]에 의하면 참모총장의 군무이탈자 복귀명령[59]이 각종 매스컴(국방일보 등)을 통하여 전국에 알려졌다면 특별한 사정이 없는 한 군무이탈자는 복귀명령의 존재 및 내용을 알았던 것으로 추정된다고 한다.[60]

---

56) 육군종합행정학교, 『군형법』, 제6지구인쇄소, 2011, 141면.

57) 한위수, 앞의 논문, 23면.

58) 대법원 1972. 11. 28. 선고 72도2164 판결; 고등군사법원 1974. 12. 13. 선고 74고군형항 669 판결.

59) 기존에 각군 참모총장은 2년 11개월마다 정기적으로 군무이탈자에 대한 복귀명령을 발하여 왔는데, 그 내용은 통상 "1961. 5. 16. 이후 현재까지 육·해·공군에서 근무 중 군무이탈 중인 자"는 복귀기간(통상 1개월) 내에 "가까운 헌병대 및 경찰관서에 자진 복귀신고할 것"이라고 되어 있다. 2년 11개월을 주기로 복귀명령을 내리는 이유는 명령위반죄의 공소시효가 기존에 3년으로 되어 있었던 것이 그 이유인바, 『군사법원법』 제291조의 개정으로 명령위반죄의 공소시효가 기존 3년에서 5년으로 연장되었으므로 이제는 4년 11개월을 주기로 복귀명령을 내리게 될 것이다. 군무이탈자복귀명령은 군무이탈자에 대한 조기 복귀의 권유를 하는 측면도 있겠으나, 다른 한편 군무이탈자가 군무이탈죄의 공소시효인 10년을 경과한 후에 체포될 경우 처벌의 공백을 명령위반죄로 메우려는 측면도 없지 않다. 즉 이러한 경우에는 군무이탈죄의 공소시효가 완성되어 처벌할 수 없지만, 군무이탈을 한 자에 대한 복귀명령을 위반한 죄(명령위반죄)의 공소시효는 완성되지 않아 처벌을 할 수 있게 된다. 군무이탈자에 대하여 자수하라는 명령은 군무이탈죄에 대한 공소시효가 완성된 자에 대하여도 정당한 명령이 되기 때문이다(대법원 1969. 4. 15. 선고 68도1833 판결). 군무이탈자 복귀명령의 내용 및 문제점에 대한 보다 자세한 논의로는 박찬걸, "『군형법』상 군무이탈죄와 관련된 문제점과 개선방안", 『형사정책』 제22권 제1호, 한국형사정책학회, 2010. 6, 209면 이하 참조.

60) 고의의 입증에 있어서 우회적인 방법(정황증거)에 의하여 명령·규칙에 대한 인식을 요한

하지만 이는 어디까지나 번복이 가능한 추정에 불과할 뿐 모든 경우에 복귀명령의 존재를 인식하는 것으로 확장해석하는 것은 금물이다.[61] 또한 군무이탈자가 이탈 후에 군무이탈자 복귀명령을 인지하고 자수한 경우와 군무이탈자복귀명령을 미인지하고 자수한 경우를 현실적으로 구분할 수는 없다. 전국에알려진 사실이라도 행위자 본인이 인지하지 못한 경우가 충분히 발생할 수 있기 때문이다.

IV. 명령위반죄의 합리적인 개선방안

1. 형사처벌 위임입법의 2가지 한계사유

헌법상 국회입법의 원칙에 따라 입법권은 법률의 유보가 적용되는 범위 내에서 국회의 배타적인 권한이므로 위임입법에는 일정한 한계가 있다. 이러한한계를 지키지 아니하고 포괄적인 위임을 허용한다면 사실상 입법권을 백지위임하는 것과 다를 바가 없으며, 행정권의 부당하고 자의적인 행사와 더불어기본권의 무제한적인 침해를 야기할 수도 있다. 특히 법률에 의한 처벌법규의위임은, 헌법이 특히 인권을 최대한으로 보장하기 위하여 죄형법정주의와 적법절차를 규정하고 있는 점, 법률에 의한 형사처벌을 특별히 강조하고 있는의회입법의 원칙이나 법치주의가 관철되어야 한다는 점, 의회민주주의의 원칙과 권력분립의 원칙 등에 비추어 그 요건과 범위가 보다 엄격하게 제한적으로 적용되어야 한다. 이러한 제한원리에 의해서 형사처벌 법규의 위임은 2가지의 구체적인 한계가 파생되는데, 첫 번째 한계는 특히 긴급한 필요가 있거

다고 보는 견해는 타당하다고 할 수 없으며, 오히려 미 군법과 같이 추정적 인식만으로도 가능하다고 보아야 한다는 견해(이상철 외 5인, 앞의 책, 183면)가 있다. 즉 일반명령이나 이와 동등한 고급지휘관에 의하여 공포된 그 명령이나 규칙은 수범자에게 인식된 것으로 추정할 수 있는 것이라고 한다.

61) 박찬걸, 앞의 논문(각주 59), 225면.

나 미리 법률로써 자세히 정할 수 없는 부득이한 사정이 있는 경우에 한정되어야 한다는 것(제1한계 사유 내지 필요성)이고, 두 번째 한계는 법률에서 범죄의 구성요건은 처벌대상인 행위가 어떠한 것일 것이라고 이를 예측할 수 있을 정도로 구체적으로 규정하여야 한다는 것(제2한계 사유 내지 구체성)이다. 여기서 한 가지 주의할 점은 형사처벌 법규의 위임형태가 한계범위 내에 속해 있는지 여부를 판단하기 위한 순서는, 제1한계 사유 → 제2한계 사유로 순차적으로 이루어져야 한다는 것이다. 만약 제1한계 사유를 충족시키지 못한다면 제2한계 사유를 검토할 필요 없이 당해 입법은 위임입법의 한계를 일탈한 것으로 평가할 수 있다.

2. 명령위반죄에 있어서 제1한계 사유와 제2한계 사유의 구별실익

「군형법」상 명령위반죄는 명령 또는 규칙의 발령권자가 정한 바에 의하여 부과된 명령 또는 규칙에 위반한 경우 처벌할 수 있도록 하는 수권규정으로서, 처벌의 대상이 되는 구성요건적 행위에 대하여 행정입법에 위임하고 있는 형식을 취하고 있다. 하지만 처벌법규의 구성요건적 내용에 대하여 아무런 규정을 하지 않은 채 그 구체적인 내용을 포괄적·전면적으로 하위법령에 위임하고 있어서, 수권조항에서는 하위법령에 규정될 구성요건적 요소가 어떠한 것인지를 전혀 예측할 수 없다는 점에서 논란이 있다. 이러한 논란은 앞에서 살펴본 형사처벌 법규의 위임에 있어서 제2한계 사유를 충족시키지 못하는 것에서 비롯된다.

하지만 제2한계 사유의 충족여부에 대한 논의에 앞서 제1한계 사유의 충족이 선행되어야 하는데, 명령위반죄와 관련하여 이를 살펴보면 다음과 같다. 먼저 제1한계 사유를 판단하는 경우, 제1한계 사유가 충족된다면 제47조는 존치하되 제2한계 사유 충족 여부에 대한 판단에서 세부적인 개정의 여부가 문제될 수 있고, 제1한계 사유가 충족되지 않는다면 별도의 제2한계 사유에 대한 판단 없이 제47조는 곧바로 삭제가 요망된다고 하겠다. 다음으로 제1한계

사유가 충족된 것을 전제로 제2한계 사유를 판단하는 경우, 제2한계 사유가 충족된다면 제47조는 그대로 존치하게 되고, 제2한계 사유가 충족되지 않는다면 제47조는 개정된 형태로 존치하게 된다. 이는 제2한계 사유의 충족여부와 관계없이 제47조가 존치하게 된다는 것을 의미한다. 이상에서 살펴본 바와 같이 제1한계 사유의 충족 여부에 따라서는 명령위반죄 그 자체의 존폐문제가 대두되고, 제2한계 사유의 충족 여부에 따라서는 명령위반죄의 구성요건에 대한 개정문제가 대두된다고 할 수 있다. 그러므로 명령위반죄가 제1한계 사유를 충족시키지 못하면 제47조는 폐지되어야 한다는 결론을 도출할 수 있다.

3. 명령위반죄가 제1한계 사유를 충족하는지 여부

형사처벌법규 위임의 2가지 한계 중 제1한계 사유는, 처벌법규의 위임이 특히 긴급한 필요가 있거나 미리 법률로써 자세히 정할 수 없는 부득이한 사정이 있는 경우에 한정되어야 한다는 것인데, 명령위반죄에서의 '명령 또는 규칙'은 이 사유를 모두 충족시키지 못하고 있다. 이를 자세히 살펴보면 다음과 같다.

첫째, 명령위반죄에서 말하는 명령 중 가장 대표적인 유형이라고 할 수 있는 군무이탈자 복귀명령의 경우, 1964. 1. 26. 처음 발령된 이후 현재까지 일정한 주기에 따라 반복되고 있으며(긴급성의 결여), 그 내용도 발령 당시의 것과 동일하게 유지되고 있다(법률로써 자세히 정할 수 없는 부득이한 사정의 결여). 이러한 현상은 다른 유형에서도 흔히 찾아볼 수 있는데, DMZ관리운용예규, GOP 근무지침, GOP 초급간부지침서, DMZ 운영내규, 해안경계실무지침 등은 수범자의 행위 훨씬 이전에 이미 성문의 형식으로 제정되어 있었고, 그 내용도 대동소이하게 유지되었던 것이다. 이와 비교할 수 있는 조항으로「형법」제112조의 중립명령위반죄(외국 간의 교전에 있어서 중립에 관한 명령에 위반한 자)와 동법 제145조 제2항의 집합명령위반죄(전항의 구금된 자가 천재, 사변 기타 법령에 의하여 잠시 해금된 경우에 정당한 이유 없이 그 집합명령에 위반한 때)를 들 수 있다. 형법상의 범죄의 경우 형법 제정 당시 중립명령 또는 집합명령이 선포되어 있지 않았으므로 미리 법률에서 그 내용을 규정할 수 없어 명령에 위임하는 것이 부득이하다고 판단되기 때문에 죄형법정주의와 양립할 수 있다(제1한계 사유에 부합). 또한 법률을 보충하는 명령이 구성요건상 어떠한 내용의 명령이며 누구에 의하여 어떠한 경우에 발하여져 보충되어야 할 것인지가 명백하게 나타나 있다(제2한계 사유에 부합). 하지만 「군형법」상의 명령위반죄는 처벌법규의 위임에 있어서 특히 긴급한 필요가 전혀 없고, 미리 법률로써 자세히 정할 수 없는 부득이한 사정이 없음에도 불구하고 수권법률의 형식으로 존재하고 있는 것이다.

둘째, 명령위반죄는 「군형법」 제2편(각칙) 제8장 '항명의 죄' 부분에서 항명죄(제44조), 집단항명죄(제45조), 상관제지불복종죄(제46조) 등과 더불어 규정되어 있다. 그런데 동일한 장에 규정되어 있는 항명죄와 집단항명죄의 경우에는 그 처벌을 적전인 경우, 전시·사변 시 또는 계엄지역인 경우, 그 밖의 경우 등으로 나누어서 상황에 따른 차등을 두고 있는 반면에 명령위반죄는 위의 3가지 상황과 관계없이 동일한 형으로 처벌하고 있는 차이점을 보이고 있다. 즉 항명죄의 형벌은 적전인 경우에는 사형, 무기 또는 10년 이상의 징역, 전시·사변 시 또는 계엄지역인 경우에는 1년 이상 7년 이하의 징역, 그 밖의 경우에는 3년 이하의 징역[62]으로 규정되어 있고, 또한 제45조에서는 집단항명죄를 별도로 두어 형벌을 가중하고 있는데,[63] 이는 명령위반죄의 형벌(2년 이하의 징역이나 금고)보다 상당히 중하게 의율되고 있는 것이다. 「군형법」에 규정되어 있는 범죄의 처벌조항은 상황에 따른 차등적인 처벌이 원칙적인 형태인데, 명령위반죄는 그렇지 못한 것이다. 이와 같이 명령위반죄가 「군형법」상의 다른 범죄와 달리 취급되고 있는 이유는, 긴급성이라는 행위상황과 관계없이 규

---

62) 기존의 형벌은 2년 이하의 징역으로 되어 있었으나, 「병역법」상 입영기피죄의 형벌이 3년 이하의 징역으로 되어 있는 관계로, 악용의 소지가 있다고 하여 법정형을 상향조정하였다 (이만종, "군형사법 적용에 있어서의 문제점: 개정 「군형법」 및 군사법원법을 중심으로", 『법학논집』 제2권, 조선대학교 법학연구소, 1996. 6, 188면).

63) 이러한 점 때문에 항명죄에서 명령권의 발동주체가 순정상관으로 제한되어 있는 것이다.

율되고 있는 범죄이기 때문이다. 즉 항명죄는 명령이 직접적이면서 명령과 그 이행 사이의 시간적인 간격이 좁은 반면에, 명령위반죄는 명령이 간접적이면서 명령과 그 이행 사이의 시간적인 간격이 넓은 편이다. 또한 항명죄의 경우에는 그것이 상관에 대한 대인적 범죄로서의 성격을 가지기 때문에 직접적으로 군의 상명하복관계를 침해하게 되어 형사처벌의 필요성이 쉽게 인정됨에 반하여, 명령위반죄의 경우에는 직접적인 침해를 쉽게 확인할 수 없다. 특히 명령위반죄의 경우에는 명령이 제정된 후 폐지가 되지 않는다면 제정 당시의 수범자뿐만 아니라 이후에「군형법」피적용자의 신분을 취득한 자에게도 당연히 적용되는 성질을 지니고 있다. 이와 같이 명령위반죄는 행위상황에 따른 긴급성이 요구되지 않기 때문에「군형법」의 대표적인 특징이라고 할 수 있는 상황에 따른 형벌의 차등적용이 불가능한 것이다.

4. 명령위반죄의 삭제와 항명죄의 적절한 대체 운용

명령위반죄는 위임입법의 법리에 위배되기 때문에 법조문 자체가 삭제되어야 하며, 그동안 판례를 통하여 규율되어 왔던 명령위반죄 사안의 '명령 또는 규칙'은 국회의 입법작용을 통하여 법률의 형식을 갖추어야만 한다. 위임내용을 보다 구체화하는 방법으로 명령위반죄의 존치를 주장할 수도 있겠으나, 구체화 작업의 어려움으로 인하여 폐지가 보다 더 타당하다고 본다. 명령위반죄의 폐지 후 당해 '명령 또는 규칙'의 대부분은 현행「군형법」의 한 부분으로 편입될 수 있는데, 이와 같이 국회가 제정한 법률의 형식을 취할 경우, 그 적용대상은 군에 몸담고 있는 자 전체를 아우르게 될 것이다.64) 예를 들면 군무이탈자 복귀명령을「군형법」에 편입시킨다면, 제30조(군무이탈죄) 다음에 제30조의2(군무이탈자복귀명령위반죄)를 신설하여 '전조의 군무이탈자에 대하여 자진복귀를 내용으로 하는 각군 참모총장의 명령을 위반한 자는 ○년 이하

---

64) 이러한 점에서 명령위반죄의 적용대상을 '군에 몸담고 있는 자 전체'가 아닌 '특정 지역에 있는 일정한 범위의 자'에 한정시키고 있는 대법원 2002. 6. 14. 선고 2002도1282 판결은 비판받아 마땅하다.

의 징역에 처한다'고 하는 방식이 될 것이다.

한편 이와 같은 입법방식은 기존에 대법원이 판시하고 있는 명령위반죄의 규율대상을 모두 포섭할 수 없다는 문제점이 있다. 즉 DMZ관리운용예규, GOP 근무지침, GOP 초급간부지침서, DMZ 운영내규, 해안경계실무지침 등의 모든 내용을 「군형법」에 편입시킨다는 것은 사실상 불가능한 일이다. 그러나 이러한 미비점은 명령위반죄에 대한 보충적 역할을 하고 있는 항명죄를 활용하여 규제할 수 있다. 위에서 제시한 내규 또는 지침들 중에서 군통수작용상 필수불가결하고, 본질적으로 입법사항인 형벌의 실질적 내용에 해당하는 사항에 관한 조항들은 「군형법」에 편입시키되, 그 성격이 애매모호하거나 상황에 따라 명령의 내용이 구체적으로 변경될 가능성이 있는 조항들은 내규 또는 지침에 그대로 규정하는 것이다. 이 경우 후자의 조항들도 군통수작용상 필요한 것임에는 변함이 없기 때문에 동 내용은 각급 부대의 지휘관 또는 상관들에 의하여 반복적인 교육 및 구두지시가 내려질 것이다. 이는 법규범이 수범자에게 법규의 의미내용을 알 수 있도록 공정한 고지를 하여 예측가능성을 담보할 수 있는 것으로 평가될 수 있으며, 동시에 수범자가 당해 명령을 위반할 경우에는 항명죄로의 처벌을 가능하게 해 준다. 또한 수범자의 구체적인 인식가능성을 바탕으로 하기 때문에 상황에 따른 형벌의 차등적용도 가능하다.

마지막으로 명령위반죄로 인하여 달성하고자 하는 목적은 항명죄 이외에 영창을 포함한 그 밖의 징계벌로서도 충분히 달성할 수 있다고 본다. 특별권력관계인 군 내부의 질서는 징계벌로 규제하는 것이 바람직한데,[65] 명령위반

---

[65] 외국의 경우를 살펴보면, 미국의 통일군사법전(Uniform Code of Military Justice) 제92조 제1항은 '명령 또는 규칙의 불이행(Failure to obey order or regulation)'이라는 제목으로 '적법한 일반 명령 또는 규칙을 위반하거나 준수하지 않을 경우(violates or fails to obey any lawful general order or regulation)에 불명예제대, 봉급 및 수당의 전부 몰수 및 2년의 구금에 처한다'고 규정하고 있고, 미국 연방대법원은 제92조 제1항이 명확성의 원칙을 위반한 것이 아니라고 판단한 바 있다(Scott v. Schledinger, 498 F.2d 1093). 또한 영국의 「육군법」(The Army Act) 제36조 제1항, 프랑스의 '육군 군법 개정에 관한 1928. 3. 9. 법률' 등도 개별적이고 구체적인 명령에 대한 위반과 일반적이고 추상적인 명령에 대한 위반의 경우를 나누어 처벌하도록 규정하고 있다. 이와 같이 상관의 개별적인 명령에 대한 불복종행위를 처벌하는 규정은 세계적으로 공통적인 현상이지만 군의 일반적인 명령·규칙 위반에 대하여 형사처벌로 제재하는 국가는 미국과 영국 이외에는 찾

죄는 징계벌로 규제할 명령이나 규칙 위반행위에 대하여도 형사처벌(2년 이하의 징역이나 금고)을 하도록 규정하고 있으므로 과잉금지 원칙의 위배가 문제될 수 있다. 이는 명령이나 규칙의 종류와 내용에 따라서는 형사처벌로써 다루어야 할 것도 있겠지만, 그렇지 않은 경우도 엄연히 존재하는 현실을 반영하지 못한 것이다. 그러므로 명령위반죄는 명백히 징계벌의 대상인 행위에 대해서도 형사벌을 과할 수 있는 모순을 범하고 있는데, 이는 미국의 군사법제도와 우리의 군사법제도의 차이를 간과한 채,[66] UCMJ 제92조 제1항의 규정을 그대로 도입함으로써 초래된 혼란이라고 판단된다. 즉 행정법상 명령이나 규칙에 대한 위반은 징계사유가 될 뿐이나,「군형법」은 명령위반에 대해 형벌을 부과함으로써 명령이나 규칙에 형벌권을 인정하고 있다.[67] 그러므로 징계사유와 형벌사유의 명확한 구별기준의 정립 및 이에 대한 개별적인 처리가 요망된다고 하겠다.

V. 글을 마치며

군은 국가안전보장과 국토방위의 의무를 수행하는 조직으로서 계급제도를 바탕으로 엄격한 상명하복 관계에 의하여 유지된다. 이에 따라 군에서 명령에 불복하는 행위는 군의 지휘통솔을 불가능하게 하고 나아가 군의 존립 자체에

아보기 힘들다.

66) 영미의 군사법은 징계벌과 형사벌이 혼합규정되어 있고, 군사법원의 판결로 형사처벌만이 아니라 징계처벌도 할 수 있으며, 그 중점도 오히려 후자에 두어져 있는바, 이러한 법체계 아래에서는 징계범의 성격을 띤 명령위반죄를 군사법상의 죄로 규정하고, 이를 군사법원의 판결에 의하여 처벌하여도 아무런 무리가 없다. 한편 우리「군형법」은 순수한 군사범만을 규정하고 있고, 군사법원의 판결은 형사처분만을 목적으로 하고 있기 때문에 이러한 법제하에서 명령·규칙 위반을 형사범으로 처벌한다는 것은 법체계상의 차이를 간과한 무분별한 계수에 기인한 것이라고 할 수 있다(송문일, 앞의 논문, 84면). 따라서 형사처벌을 하기 위한 목적으로 명령위반죄를「군형법」에 두고 있는 국가는 우리나라가 유일하다고 하겠다.

67) 이승호, 앞의 논문, 87면.

대한 중대한 위협이 될 수 있으므로 군의 통수권 확립을 위하여 군 내부에서의 명령에 대한 복종관계는 유지되어야 함에는 이론(異論)이 없다. 하지만 이러한 경우에도 「헌법」과 「군형법」의 대전제인 죄형법정주의는 반드시 관철되어야 하며, 군이라는 특수성이 이를 몰각시키는 역할을 해서는 아니 된다. 명령위반죄는 법률주의, 명확성의 원칙, 과잉금지의 원칙 등에서 많은 문제점을 내포하고 있는데, 특히 명령위반죄의 구성요건을 문면 그대로 해석한다면 군에서 거의 모든 분야에 걸쳐 발령되는 명령이나 규칙은 발령권자나 제정권자가 누구이든, 그 내용 및 범위가 군사상 의무에 관한 사항이든 일상생활상의 의무에 관한 사항이든, 형식 및 발령조건 등과 관계없이 이를 준수하지 아니할 경우 형사처벌을 할 수 있다는 뜻이 되어 적용범위가 지나치게 광범위할 수가 있다. 이러한 지적에 대하여 합헌론은, 사법부의 선례를 통하여 어느 정도 예측가능성이 담보된다고 하나, 확고한 선례가 확립되어 있다면 이러한 내용들을 입법화하는 것이 보다 더 바람직한 자세라고 판단된다. 그러므로 명령위반죄는 의회입법의 원칙에 따라 삭제되어야 마땅하며, 기존에 명령위반죄를 통하여 규율되어 왔던 명령 또는 규칙의 내용은 이를 구체화한 「군형법」상의 신설조항 또는 기존의 항명죄로 다루는 것이 죄형법정주의의 기본정신에 입각한 태도라고 할 수 있다.

제4장 교원에 의한 체벌행위의 정당성과 그 허용범위

Ⅰ. 문제의 제기

각국의 역사적 · 사회적 · 문화적인 배경과 국가의 성격에 따라 다소 차이는 있으나 동 · 서양을 막론하고 체벌은 효과적인 교육수단으로 여겨져 왔다. 하지만 최근에 이르러서는 미국의 일부 주나 소수의 국가를 제외한 대부분의 선진국에서 체벌이 비인간적이고 학습에 부정적인 영향을 준다는 이유 등으로 법으로 금지하는 경향이다. 우리나라의 경우 학교교육현장에서 교원에 의한 체벌은 적어도 2010년 이전까지는 거의 일상화되었다고 해도 과언이 아닐 것이다. 하지만 2010년 6월 2일 시행된 교육감선거를 통하여 다수의 진보교육감이 선출되면서 체벌을 금지하는 일련의 조치들이 취해지고 있다.[1] 먼저 2010년 9월 17일 경기도의회 제8대 제253회 제3차 본회의에서 경기도학생인권조례안이 재석의원 77명 중 찬성 68명, 반대 3명, 기권 6명으로 원안가결되었고, 이후 10월 5일 경기도조례 제4085호로 공포 · 시행되었다. 경기도의회는 대한민국 최초로 학생인권조례를 제정하여 시행에 들어가고 있는데, 동 조례는 「헌법」 제31조, 「유엔 아동의 권리에 관한 협약」, 「교육기본법」 제12조 및 제13조, 「초 · 중등교육법」 제18조의4에 근거하여 학생의 인권이 학교교육과정에서 실현될 수 있도록 함으로써 인간으로서의 존엄과 가치 및 자유와 권리를 보장하는 것을 목적으로 한다(제1조). 이 중 제6조(폭력으로부터 자유로울 권리) 제2항에서 '학교에서 체벌은 금지된다'고 명시하고 있는데, 이에 따라 경기도 내 초 · 중 · 고등학교는 이 조례가 공포된 이후 6개월 이내인 2011년 4월 4일까지 체벌을 금지하는 학교생활규정을 개정할 규정개정심의위원회를 구성하여야 한다(동 조례 부칙 제2조 제2항).

다음으로 2010년 11월 1일부터 서울 지역의 모든 초 · 중 · 고등학교에서 학

---

* 『형사정책연구』 제22권 제1호, 한국형사정책연구원, 2011. 3. 39면 이하.

[1] 과거에는 체벌에 대하여 정부차원에서의 입장이 발표(대표적으로 2002년 3월 19일 당시 교육인적자원부가 발표한 '공교육 진단 및 내실화 대책'을 통하여 체벌을 인정한 것을 들 수 있다)되었던 것과 비교하여 볼 때 현재는 지방교육청별로 그 입장이 각각 표출되고 있는 특징을 보이고 있다.

생 체벌이 전면적으로 금지되고 있다.2) 서울시교육청의 지침에 따라 각급 학교들이 체벌 금지 규정을 담은 새로운 생활규정을 마련했기 때문이다. 일정한 유예기간을 두고 체벌을 금지하려고 시도한 경기도와는 달리 서울시의 경우 체벌의 대체방안 등에 대한 충분한 논의가 부족한 상황3)에서 체벌금지가 시행되어 교육현장에서의 혼란을 가중시키고 있는 양상이다. 그리고 2010년 11월 14일 서울시교육청은 "체벌금지에 관한 교사 대응 매뉴얼"을 개발하여 발표하였는데, 매뉴얼은 학생의 문제행동 유형을 교사에 대한 불손한 언행, 복장 불량, 학습태도 불량 등 18가지로 분류하고, 이에 대한 교사의 대응책을 각각 4~5개씩 제시하고 있다. 또한 2010년 12월 29일 교육과학기술부 주관의 체벌금지와 관련한 세미나에서는 '초등학교는 교사가 체벌 없이도 학생들을 통제할 수 있으므로 곧바로 체벌금지를 시행해도 괜찮지만 중학교 및 고등학교는 교사들이 체벌을 대체할 지도방법을 습득하기 위한 준비기간으로 1년 또는 2년을 두어야 한다고 하였고, 체벌금지의 대체벌로 출석 정지 제재수단을 도입한다는 방침을 밝혔다.

이와 같이 체벌에 대한 논의가 최근 큰 이슈로 부각되고 있는 시점에서, 체벌에 관한 사법부의 판단과 형사법학계의 논의4)들을 검토해 보는 것은 유의미한 일이라고 하겠다. 왜냐하면 이러한 논의를 통하여 현재 급격히 추진되고 있는 체벌금지의 타당성 여부에 대하여 적절한 판단을 할 수 있기 때문이다. 이러한 문제의식을 가지고서, 본 논문은 먼저 체벌의 허용여부에 대하여 제한적 허용설과 전면적 금지설을 중심으로 학설의 입장과 「초·중등교육법」 시행을 전후한 판례의 태도를 분석하기로 한다(Ⅱ). 다음으로 ① 체벌허용 여부

---

2) 이에 대하여 한국교원노동조합, 자유교원조합, 대한민국교원조합 등 보수 성향의 3개 교원 노조는 2010년 12월 20일 체벌 전면 금지조치에 대한 불복종운동을 선언하기도 하였다.

3) 곽노현 서울시교육감이 체벌 금지 방침을 밝힌 것은 2010년 7월 19일인데, 이는 모 초등학교에서 '오장풍' 교사 파문이 빚어진 지 나흘 뒤였다. 그 후 넉 달도 안 돼 체벌 금지가 시행되고 있는 것이다.

4) 체벌과 관련한 논의의 스펙트럼은 단순히 금지와 찬성의 영역에서부터 체벌의 개념, 체벌의 범위, 體罰을 대신할 수 있는 代替罰의 모색 등에 이르기까지 상당히 광범위하다고 할 수 있다.

에 대한 전제사실의 불명확성 문제, ② 징계와 지도(내지 처벌)의 불구별 문제
③ 체벌주체의 범위 문제 등에 대한 세부적인 검토를 통하여 학설과 판례의
문제점을 지적한 후, 체벌허용 여부 논의의 새로운 기준점을 설정하고, 교원
에 의한 간접체벌의 허용성 판단기준을 제시하기로 한다(Ⅲ).

Ⅱ. 체벌에 대한 학설과 판례의 입장

1. 학설의 입장

1) 체벌의 개념 및 범위

체벌의 유형은 상당히 폭넓은 범위를 가지고 있기 때문에 이를 정당화할 수
있는 근거 또한 다양하다고 할 수 있다. 그러므로 체벌의 허용여부를 판단하
기 전에 체벌의 개념 및 유형에 대한 검토가 필수적으로 요구된다. 이와 관련
하여 체벌의 정의에 대해서는 법률상의 명확한 규정이 없기 때문에 전적으로
학설을 통한 해석에 위임되어 있는 실성이다. 그리하여 체벌의 개념에 대하여,
'교사가 훈육을 목적으로 학생에게 의도적으로 신체적 고통을 주려는 일체의
시도',5) '교육자가 피교육자의 행동을 변화시키려는 목표를 달성하기 위한 수
단으로서 의도적으로 가하는 육체적 고통',6) '교사 등 일정한 권한을 가진 자
가 학생 등 규칙을 위반한 대상자의 징계 또는 지도의 수단으로 신체에 불이
익 또는 고통을 가하는 일체의 제재',7) '학교에서 규칙을 위반한 학생에게 권

---

5) 노성호, "학교폭력의 실태와 문제점", 『범죄방지포럼』 통권 제15호, 한국범죄방지재단,
   2004. 10, 17면.

6) 조국, "교사의 체벌과 정당행위-대상판결: 대법원 2004. 6. 10. 선고 2001도5380 판결-", 『서
   울대학교 법학』 제48권 제4호(통권 제145호), 서울대학교 법학연구소, 2007. 12, 316면.

7) 이인영, "사회상규의 의미와 정당행위의 포섭범위-체벌의 허용요건과 정당행위-", 『형사판
   례연구』 제13권, 형사판례연구회, 2005, 180면.

위를 가지고 있는 교장 혹은 교사가 의도적으로 신체적인 고통을 주는 것',8) '교육현장에서 교원이 교육상 불가피한 경우 학생에게 행사할 수 있는 신체적인 고통이 수반되는 학생지도의 하나',9) '교원이 교육현장에서 교육목적을 달성하기 위하여 학생의 신체에 직접·간접으로 유형력을 행사하는 행위',10) '금지되어 있는 행위를 범하거나 학업이 부진한 경우 신체적 제재를 가함으로써 격려 또는 교정하고자 하는 벌'11) 등이라는 견해가 각각 제시되고 있다.

이상의 견해들을 종합해보면, 체벌의 주체와 관련하여 교장뿐만 아니라 교사를 포함하는 교원으로 파악하고 있다는 점, 체벌의 목적과 관련하여 교육의 목적을 달성하기 위한 것으로 파악하고 있다는 점, 체벌의 시점과 관련하여 교육상 불가피한 경우에 최후의 수단으로 시행해야 한다는 점, 체벌의 방법과 관련하여 신체적 고통을 수반하는 직접적인 유형력의 행사뿐만 아니라 간접적인 유형력의 행사도 포함하고 있다는 점 등에 대해서 대체로 공감을 하고 있는 것으로 보인다. 하지만 체벌의 목적과 시점의 경우와는 달리 체벌의 주체와 방법의 경우에 대해서는 이견이 있을 수 있다. 후자의 논점들을 경우의 수로 나누어 보면, ① 교장에 의한 직접적 체벌, ② 교사에 의한 직접적 체벌, ③ 교장에 의한 간접적 체벌, ④ 교사에 의한 간접적 체벌 등으로 살펴볼 수 있다. 여기서 직접적 체벌이란 신체적 고통을 직접적으로 가하는 체벌을 말하는데, 도구를 이용한 체벌과 신체접촉을 통한 체벌로 다시 나누어 볼 수 있다. 일명 사랑의 매라고 불리는 회초리, 마대자루, 막대기, 자, 컵, 출석부, 야구방망이 등을 사용하는 것이 전자의 예이고, 체벌의 주체가 손이나 발 등을 사용

---

8) 정진곤, "체벌의 개념과 교육적 의미",『비교교육연구』제11권 제2호, 한국비교교육연구회, 2001. 12, 165면.

9) 윤용규, "교원의 학생체벌에 대한 형법적 고찰",『형사법연구』제21호, 한국형사법학회, 2004. 여름, 130면.

10) 노기호, "초·중등학교의 교육환경 조성의무와 학생의 학습권 보장",『원광법학』제24권 제3호, 원광대학교 법학연구소, 2008. 9, 27면; 표시열, "한국 학교에서 아동권리협약의 적용과 과제: 체벌·징계절차·표현의 자유를 중심으로",『교육법학연구』제20권 제2호, 대한교육법학회, 2008. 12, 156면.

11) 양석진, "학교체벌 허용에 관한 헌법학적 고찰",『법학연구』제9집, 한국법학회, 2002. 6, 138면.

하는 것이 후자의 예이다. 또한 간접적 체벌이란 신체적 고통을 간접적으로 가하는 체벌을 말하는데, 도구나 신체를 이용하지 않고 학생에게 의무 없는 일을 하게 함으로써 신체적 고통을 느끼게 하는 경우를 말한다. 일명 얼차려 또는 기합이라고도 할 수 있다. 예를 들면 훈계하기, 팔 들고 있게 하기, 꿇어 앉히기, 오래 세워 두기, 청소시키기, 방과 후에 나머지 공부시키기, 엎드려뻗쳐, 걸상 들게 하기, 토끼뜀, 오리걸음, 팔굽혀펴기, 교실에 들어오지 못하게 하기, 당번의 횟수 늘리기, 집단등교하게 하기, 운동장 뛰게 하기, 쪼그려뛰기, 엎드렸다 일어나기, 팔벌려뛰기12) 등이 그것이다.

2) 체벌의 허용여부에 대한 견해의 대립

(1) 제한적 허용설

비인간적이고 비교육적인 체벌 그 자체는 분명히 없어져야 하지만 학교에서 교육적으로 이루어지고 있는 체벌마저 없앤다고 한다면 이는 우리의 폭력문화나 교권이 실추된 교육 풍토에서는 오히려 부작용이 심각할 것이다. 즉 체벌 그 자체를 없애려고 하는 것은 소수의 비인격적인 체벌을 예방하려다가 교육적으로 이루어지는 체벌마저 못하게 막는 것으로서 小貪大失의 愚를 범하는 것이다. 또한 일부 학생의 인권을 침해하고 폭력적인 체벌을 구사하는 폭력성 교사들 때문에 교육적 체벌을 통해 학습권을 보장하는 많은 교사의 교권마저 실추시켜 교실의 위기를 자초하게 될 것이다. 그러므로 일정한 절차와 방법에 따라 시행되는 제한적인 형태의 체벌은 허용되어야 한다는 입장을 취한다.

제한적 허용설에 의하면 체벌행위 그 자체는 형법상 폭행죄 또는 상해죄 등의 구성요건해당성이 인정되지만, 정당행위로서 위법성이 조각된다고 본다. 이와 같이 교원의 체벌행위를 정당행위로 파악하고 있지만 구체적인 정당행

---

12) 대법원 2000. 4. 11. 선고 99다44205 판결(…단체기합을 주게 된 동기와 약 5분 정도에 걸쳐 쪼그려뛰기 20회, 엎드렸다 일어나기 20회, 팔벌려뛰기 20회를 실시한 체벌의 방법과 정도로 보아 교육적 차원에서 정당하고…).

위의 유형에 대해서는 견해가 나누어져 있는데, 업무로 인한 행위로 파악하는 견해,[13] 법령에 의한 행위로 파악하는 견해,[14] 기타 사회상규에 반하지 아니하는 행위로 파악하는 견해[15] 등이 그것이다.

(2) 전면적 금지설

체벌은 그 수단과 목적의 비례성의 측면에서 인간의 존엄과 가치를 존중하는 헌법정신과 교육의 목적에 비추어 볼 때 폭행죄 또는 상해죄(경우에 따라서는 강요죄)에 해당할 뿐이기 때문에 교원의 학생에 대한 체벌을 전면적으로 금지해야 한다는 견해[16]로서, 주요한 논거는 다음과 같다.

---

13) 권오걸, 『형법총론』(제3판), 형설출판사, 2009, 274면; 김일수 · 서보학, 『형법총론』(제11판), 박영사, 2007, 344면.

14) 윤용규, "교원의 학생체벌에 대한 형법적 고찰", 140면; 이인영, 앞의 논문, 182면; 임웅, 『형법총론』(제3정판), 법문사, 2010, 207면; 정성근 · 박광민, 『형법총론』(제4판), 삼지원, 2009, 212면.

15) 김성돈, 『형법총론』(제2판), 성균관대학교 출판부, 2009, 315-316면; 김성천 · 김형준, 『형법총론』(제3판), 동현출판사, 2005, 304-305면(체벌은 일본제국주의자들의 식민교육 정책이 남긴 폐해이기도 하다. 교육의 전문가들에 의해서 운영되는 학교는 식민 잔재가 완전히 청산될 수 있도록 체벌 없는 교육을 지향해야 한다); 김용희, 『형법총론』(제2판), 형설출판사, 2005, 107-108면; 박상기, 『형법총론』(제8판), 박영사, 2009, 157면; 오영근, 『형법총론』(제2판), 박영사, 2010, §18/17(하지만 교육목적의 체벌은 있을 수 없기 때문에 교사의 체벌행위는 사라져야 한다); 손동권, 『형법총론』(제2개정판), 율곡출판사, 2006, §15/37(다만 장래의 발전방향은 체벌의 허용성을 부정하는 쪽으로 나아가야 할 것이다); 유인창, "형사상 학생체벌의 정당성에 관한 소고", 『법학연구』 제16집, 한국법학회, 2004. 12, 169면; 윤영미, "학생의 기본권에 관한 몇 가지 문제", 『헌법학연구』 제14권 제3호, 한국헌법학회, 2008. 9, 436-437면; 이상돈, 『형법강의』(제1판), 법문사, 2010, 362면; 이영란, 『형법학(총론강의)』, 형설출판사, 2008, 294면; 정영일, 『형법총론』(제3판), 박영사, 2010, 264면.

16) 김신규, 『형법총론』, 청목출판사, 2009, 352면; 배종대, 『형법총론』(제8전정판), 홍문사, 2005, §59/9(학교장의 징계에 체벌은 포함되지 않는다. 학교장의 징계권에 체벌이 포함되지 않는다면 교사의 체벌행위는 더욱 인정될 여지가 없다); 성낙현, 『형법총론』, 동방문화사, 2010, 308면; 이재상, 『형법총론』(제5판), 박영사, 2007, §21/8; 정웅석 · 백승민, 『형법강의』(전정제1판), 대명출판사, 2008, 216면; 조국, 앞의 논문, 325면(직접체벌은 위법성이 조각되지 아니 한다); 진계호 · 이존걸, 『형법총론』(제8판), 대왕사, 2007, 317면; 천진호, "'사회상규에 위배되지 아니하는 행위'에 대한 비판적 고찰", 『비교형사법연구』 제3권 제2호, 한국비교형사법학회, 2001. 12, 179-180면(「초 · 중등교육법」상 어떤 불가피한 경우에도 학교의 장이나 교사의 체벌을 예외적으로 허용하고 있지 않다). 한편 김일수 · 서보학 교수는 학교장의 체벌은 허용되지 않지만(김일수 · 서보학, 앞의 책, 340면), 교사

첫째, 「초·중등교육법」 제18조의 징계 또는 지도에는 동법 시행령 제31조와의 관계에 비추어 체벌이 포함되지 아니한다.[17] 동 조문을 목적론적으로 축소해석하여 학교장의 징계 또는 지도에는 체벌이 들어갈 수 없다고 해야 한다. 체벌행위가 교육현장에서 교사와 학생의 관계가 아니라 다른 상황에서 발생한다면, 이는 체벌이 아닌 폭행이 된다. 이러한 점에서 체벌이란 사회적 관계와 목적에 따라서 다르게 취급될 뿐이지 폭력의 한 범주라고 볼 수 있다.

둘째, 체벌의 효과는 통제와 권위[18]에 순응하는 수동적인 인간을 양성하는 효과밖에 없고, 통제대상인 당사자들에게 불안감, 우울증, 학교강박증, 정신적 공포감, 굴욕감, 폭력에의 굴종감 등 부정적 감정만 양산하는 결과를 초래하며, 자존심 내지 자긍심과 같은 학생의 인격을 파괴하는 행위이다.[19] 또한 체벌 그 자체가 회피나 무단결석과 같은 도피행동을 조장할 수 있다.

셋째, 체벌의 내재된 폭력성 때문에 그 교육적 효과가 떨어지며, 체벌 이외에 상담·격려·벌점 등의 방법이 있다는 점에서 학생에 대한 체벌은 허용될 수 없다. 교사는 학생을 위한다고 하지만 체벌에는 감정이 개입되기 쉬우므로

의 체벌은 업무로 인한 행위로 허용된다(같은 책, 344면)고 하는 독특한 입장을 취하고 있다.

17) 그러므로 정당방위 또는 긴급피난과 같은 다른 위법성조각사유에 해당하지 않는 한 징계권의 행사로서 교사의 폭행이나 상해는 허용될 수 없다고 해야 한다(이재상, 앞의 책, §21/8).

18) 학생의 교사에 대한 폭력이나 불손한 행동으로 교사의 권위가 실추되는 예가 있음을 들어 체벌의 필요성을 강조하는 견해가 있을 수 있다. 그러나 그와 같은 행위에 대해 징계를 하는 등으로 대처하여 교사의 권익을 보호할 필요가 있고, 또 교사나 다른 학생의 생명과 신체를 보호해야 할 긴급한 사정이 있는 경우에 행해지는 체벌 대상 학생에 대한 신체적 위해는 긴급피난이나 정당방위 등의 법리에 의해서 위법성이 조각될 수도 있다. 체벌로 교사의 권위를 세울 수 있다는 생각은 종래의 뿌리 깊은 권위주의적 사고에 터 잡아 교사의 권위를 그릇된 방법으로 강조한 것이다. 우리 사회에는 훈육과정에서의 폭력은 별로 문제 삼지 않는 전통이 있어 왔는데, 이러한 전통은 권위주의적이고 가부장제적인 체계와 관련되어 있다. 예를 들어 부모의 자식에 대한 폭력, 교사의 학생에 대한 폭력, 남편의 아내에 대한 폭력, 지위가 높은 상사의 부하에 대한 강압과 폭력, 군대 내에서 상급자의 하급자에 대한 폭력, 과도한 공권력의 행사 등이 그것이다. 하지만 교사의 참된 권위는 학생들에게 신체적 고통을 가하는 데서 나오는 것이 아니라 학생들을 인격의 주체로 대하고 사랑과 관심을 베풀어 지도하려고 노력할 때에 학생들의 마음으로부터 우러나는 것이다.

19) 안주열, "학교교육에서의 아동의 일반인권에 관한 법적 고찰", 『헌법학연구』 제10권 제1호, 한국헌법학회, 2004. 3, 610면.

결과적으로 폭력이 되기 쉽다.

넷째, 각 학생에 대하여 체벌의 균형성을 유지하기가 어렵다. 교사에 따라 편차가 있는 체벌의 강도에 의해서 체벌의 효과 및 수위가 달리 나타나기 때문이다.

다섯째, 체벌이라는 교육방법을 용인하는 순간 체벌은 가장 손쉬우면서도 단기적 효과가 명확한 지도방법으로 오·남용될 수밖에 없다. 체벌은 일종의 폭력이기 때문에 폭력에 길들여지는 인간을 길러낼 뿐이며, 바람직하지 않은 행동을 제거하는 것이 아니라 오히려 제거가 아닌 일시적인 억압의 한 방편에 불과하다. 어느 경우에도 교육이 한 인간의 인권을 침해하는 정당한 논리가 될 수는 없다.[20]

여섯째, 유엔아동권리위원회는 1991년 '유엔아동권리협약'[21]에 가입한 한국 정부에 대하여 1996년과 2003년에 걸쳐 모든 형태의 체벌을 명백하게 금지할 것을 권고한 바 있으며, 2007년 12월 14일 신설된 「초·중등교육법」 제18조의4는 '학교의 설립자·경영자와 학교의 장은 헌법과 국제인권조약에 명시된 학생의 인권을 보장하여야 한다'고 규정하고 있다. 또한 「교육기본법」(2008. 3. 21. 개정, 법률 제8915호) 제12조(학습자) 제1항(학생을 포함한 학습자의 기본적 인권은 학교교육 또는 사회교육의 과정에서 존중되고 보호된다)과 동조 제2항(교육내용·교육방법·교재 및 교육시설은 학습자의 인격을 존중하고 개성을 중시하여 학습자의 능력이 최대한으로 발휘될 수 있도록 마련되어야 한다)은 체벌금지를 간접적으로 규정하고 있는 것이다.

---

20) 최순영, "학교에서부터 폭력의 재생산 고리를 끊어야 한다", 『국회보』 통권 제479호, 국회사무처, 2006. 10(체벌을 정당화하는 논리라면 笞刑을 부활시켜야 할 것이다).

21) 동 협약 제19조에 의하면 체약국은 부모, 법정보호자 또는 기타의 아동양육자에 의한 아동에 대한 모든 형태의 신체적 또는 정신적 폭력, 침해, 학대, 방임, 성적 학대로부터의 보호조치를 하도록 하고 있다.

2. 판례의 입장

1) 「초·중등교육법」 시행 이전의 입장

1998년 3월 1일 「초·중등교육법」이 시행되기 이전에 대법원은 체벌행위를
징계의 일종으로 파악하였다.[22] 즉 '피고인은 피해자가 욕설을 하였는지 확인
도 하지 않을 정도로 침착성과 냉정성을 잃고 있었고 욕설을 하지 아니한 피
해자는 징계의 대상학생이 아닐 것인데도 피해자를 구타하여 상해를 입혔으
니 교사로서 교육상 학생을 훈계하기 위하여 한 일이라고 하더라도 이는 **징계
권의 범위를 일탈**한 위법한 폭력행위가 된다'.[23] '피고인이 국민학교 5학년인
피해자를 양손으로 교탁을 잡게 한 다음 길이 50센티미터, 직경 3센티미터가
량 되는 나무 지휘봉을 거꾸로 잡고 엉덩이를 두 번 때리고, 아파서 무릎을 굽
히며 허리를 옆으로 트는 피해자의 엉덩이 위 허리부분을 다시 때려 6주간의
치료를 받아야 할 상해까지 입힌 것이라면 위 징계행위는 그 방법 빛 정도가
교사의 **징계권행사의 허용한도를 넘어선 것**으로서 정당한 행위로 볼 수는 없
다.'[24] '피고인이 피해자를 엎드리게 한 후 몽둥이와 당구큐대로 그의 둔부를
때려 3주간의 치료를 요하는 우둔부심부혈종좌이부좌상을 입혔다면 비록 피
고인이 학생주임을 맡고 있는 교사로서 제자인 피해자를 훈계하기 위한 것이
었다 하더라도 이는 **징계의 범위를 넘는 것**으로서 「형법」 제20조의 정당행위
에는 해당하지 아니한다'.[25] '「교육법」 제76조 제1항에 의하면, 각 학교의 장
은 교육상 필요할 때에는 학생에게 징계 또는 처벌을 할 수 있고, 같은 법 제
75조 제1항 제1호에 의하면, 교사는 교장의 명을 받아 학생을 교육하도록 규
정되어 있는바, 위 인정 사실을 교육법의 위 규정에 비추어 보면, 위 피고인은
학생들을 교육하고 학생들의 생활을 지도하는 교사로서 피해자가 교내에서

---

22) 대법원 1976. 4. 27. 선고 75도115 판결.
23) 대법원 1980. 9. 9. 선고 80도762 판결.
24) 대법원 1990. 10. 30. 선고 90도1456 판결.
25) 대법원 1991. 5. 14. 선고 91도513 판결.

흡연을 하였을 뿐만 아니라 거짓말까지 하여 이를 훈계하고 선도하기 위한 교육 목적의 **징계의 한 방법으로서 피해자를 때리게 된 것**…'26)이라고 판시함으로써 당시 시행되던 (구) 「교육법」 제76조의 '징계 또는 처벌' 중 체벌은 징계의 일종임을 분명히 밝히고 있었다. 이와 같이 당시의 판례에 의하면 체벌과 징계를 명확하게 구분하고 있지는 않았다.27) 한편 체벌행위의 정당화사유로서 사회상규에 위배되지 아니하는 행위,28) 업무로 인한 행위29) 등으로 파악하여, 통일적인 해석을 하지는 못하고 있었다. 또한 대법원은 '교사의 학생에 대한 체벌이 징계권의 행사로서 정당행위에 해당하려면 그 체벌이 교육상의 필요가 있고 다른 교육적 수단으로는 교정이 불가능하여 부득이한 경우에 한하는 것이어야 할 뿐만 아니라 그와 같은 경우에도 그 체벌의 방법과 정도에는 사회관념상 비난받지 아니할 객관적 타당성이 있지 않으면 안 된다'고 판시30)하여 체벌행위를 제한적으로 허용하는 태도를 보이고 있었다.

2) 「초·중등교육법」 시행 이후의 입장

1998년 3월 1일 「초·중등교육법」이 시행된 이후 대법원은 체벌행위를 징계의 일종으로 파악하던 기존의 태도를 탈피하고, "법령에 의한 학생에 대한 징계나 학생에 대한 교육적 지도행위의 경우에는 그 행위의 위법성이 조각된다"31)고 판시하여 징계와 교육적 지도행위의 일종으로서 체벌이 명확하게 구분되는 성질의 것임을 천명함과 동시에 체벌의 위법성조각사유를 「형법」 제20조의 법령에 의한 행위로 보고 있다. 또한 이후 나온 하급심 판례32)에서는

---

26) 대구지방법원 1996. 12. 27. 선고 96노170 판결.

27) 이에 대한 자세한 검토는 윤용규, 『형사법의 주요이론』, 강원법학 총서 제7권, 강원대학교 출판부, 2007, 89-90면 참조.

28) 대법원 1976. 4. 27. 선고 75도115 판결.

29) 대법원 1979. 9. 11. 선고 79다522 판결; 대법원 1991. 5. 28. 선고 90다17972 판결.

30) 대법원 1988. 1. 12. 선고 87다카2240 판결; 대법원 1991. 5. 28. 선고 90다17972 판결.

31) 대법원 2004. 6. 10. 선고 2001도5380 판결.

32) 인천지방법원 2009. 4. 23. 선고 2009고단1010 판결.

"징계방법으로서의 체벌은 허용되지 않으며, 기타 '지도'의 방법으로서도 훈육·훈계가 원칙이고, 학생에게 신체적 고통을 가하는 체벌은 교육상 불가피한 경우에 예외적으로만 허용되는 것으로서, 교사의 체벌은 교육적 목적이 있다는 등의 일정한 요건을 갖추면 당연히 행사될 수 있는 것이 아니라, 원칙적으로 학생에 대한 체벌은 금지하되, 교육상 불가피한 예외적인 경우에 한해 학교장의 위임을 받아 학생의 기본적 인권이 존중되고 보호될 수 있는 한도 내에서만 허용되는 것이라 할 것이다. 따라서 다른 교육적 수단으로는 도저히 학생의 잘못을 교정하기 불가능하였던 경우로서 그 방법과 정도에서도 사회통념상 용인될 수 있을 만한 객관적 타당성을 갖추었던 경우에만 학교장의 위임을 받아 교사의 체벌이 예외적으로 허용된다 할 것이다"라고 판시하여 이를 보다 명확하게 하고 있다.

한편 헌법재판소[33)]도 "징계방법으로서의 체벌은 허용되지 않으며, 기타 지도 방법으로서도 훈육·훈계가 원칙이고 학생에게 신체적 고통을 가하는 체벌은 교육상 불가피한 경우에 예외적으로만 허용된다는 취지다. 이러한 법령들에는 시대적인 조류에 따라 교육과정에서 학생들의 기본적 인권을 특별히 존중하겠다는 입법자의 결단이 서려 있다"고 판시하고 있다. 또한 비록 체벌이 교육적으로 효과가 있는지에 관하여는 별론으로 하더라도 교사가 학교장이 정하는 학칙에 따라 불가피한 경우 체벌을 가하는 것이 금지되어 있지는 않다고 한다.[34)]

Ⅲ. 학설과 판례의 문제점 및 개선방안에 대한 검토

1. 체벌허용 여부에 대한 전제사실의 불명확성 문제

일반적으로 체벌은 신체에 대한 침해를 수반하는 것이기 때문에 「형법」상

---

33) 헌법재판소 2006. 7. 27. 선고 2005헌마1189 결정.
34) 헌법재판소 2000. 1. 27. 선고 99헌마481 결정.

폭행 내지 상해의 구성요건에 해당하지만, 경우에 따라 「형법」 제20조에 의하여 위법성이 조각될 수 있는 행위로 평가되어왔다. 즉 체벌에 대한 학설의 입장은 체벌을 전적으로 금지하자는 견해와 일정한 요건 아래에서 허용하자는 견해로 나누어진다. 여기서 중요한 점은 논의의 대상인 체벌의 개념인데, 대체적으로 신체에 직접적인 침해를 수반하는 체벌을 전제로 하고 있다는 것이다. 즉 신체에 간접적인 침해를 수반하는 소위 '간접체벌'이라고 불리는 유형에 대한 학설의 태도는 명확하지가 않다. 왜냐하면 직접체벌과 간접체벌을 구별하여 개별적으로 법적인 판단을 하기보다는, 주로 대법원 판례에 등장하는 체벌 관련 사안에 입각하여 이를 허용할 것인가 아니면 허용하지 않을 것인가 또는 허용한다면 어느 조건 아래에서 허용할 것인가가 논의의 주류를 이루고 있기 때문이다. 대법원에 등장하는 체벌 관련 사안들은 대부분 신체에 대한 직접적인 침해를 수반하는 소위 '직접체벌' 또는 체벌로 평가할 수 없는 폭행 내지 상해 사안이기 때문에, 이러한 전제사실들을 가지고서 간접체벌의 금지에 대한 논거로 사용해서는 아니 된다.

2. 징계와 지도(내지 처벌)의 불구별 문제

과거 (구) 「교육법」 제76조는 '각 학교의 장은 교육상 필요한 때에는 학생에게 징계 또는 처벌을 할 수 있다. 의무교육에서는 학생을 퇴학시킬 수 없다'라고 규정하여 징계와 처벌을 구별하고 있었다. 또한 (구) 동법 시행령 제77조 제1항은 '학교의 장은 교육상 필요하다고 인정할 때에는 학생에 대하여 다음 각 호의 1의 징계를 할 수 있다. 이 경우 학교장은 학생 또는 학부모 등 보호자에게 의견을 진술할 기회를 주어야 한다. 1. 학교 내의 봉사, 2. 사회봉사, 3. 특별교육이수, 4. 선도처분'이라고 규정하였다. 이후 교육에 관한 중심법규이던 (구) 「교육법」에 갈음하여 「교육기본법」(법률 제5437호)이 1998년 3월 1일부터 시행되고, 동법 제9조에 의거하여 1997년 12월 13일 법률 제5438호로 제정된 「초·중등교육법」 제18조(학생의 징계) 제1항은 '학교의 장은 교육상 필요한 때에는 법령 및 학칙이 정하는 바에 의하여 학생을 징계하거나 기타의 방법으로 지도할 수 있다. 다만, 의무교육과정에 있는 학생을 퇴학시킬 수 없다'라고 규정하여, 징계와 지도를 구별하고 있다. 또한 동법 시행령 제31조 제1항은 '법 제18조 제1항 본문의 규정에 의하여 학교의 장이 교육상 필요하다고 인정할 때에는 학생에 대하여 다음 각 호의 1.의 징계를 할 수 있다. 1. 학교 내의 봉사, 2. 사회봉사, 3. 특별교육, 4. 퇴학처분'이라고 규정하고, 동법 시행령 제31조 제7항은 '학교의 장은 법 제18조 제1항 본문의 규정에 의한 지도를 하는 때에는 교육상 불가피한 경우를 제외하고는 학생에게 신체적 고통을 가하지 아니하는 훈육, 훈계 등의 방법으로 행하여야 한다'고 규정하고 있다.

생각건대 구법과 신법의 체계적인 분석에 의하면 체벌은 징계가 아니라 (구법에 의할 경우) '처벌' 또는 (신법에 의할 경우) '기타의 방법에 의한 지도'의 한 유형으로 구별된다고 볼 수 있다. 왜냐하면 (구) 「교육법 시행령」과 「초·중등교육법 시행령」이 징계권의 내용을 명시적으로 규정하였기 때문에 체벌은 징계의 대상이 될 수 없기 때문이다. 하지만 체벌금지에 대한 일부 학설[35]과 일부 판례[36]의 입장에 따르면 징계와 지도의 엄격한 구별을 하지 않고, 오히려 체벌을 지도가 아닌 징계의 일종으로 파악하고 있다. 하지만 체벌금지 논의의 시작점이라고 할 수 있는 현행 법령은 정확한 분석이 요구된다고 하겠는데, 체벌은 지도의 한 방법에 속해 있으며, 원칙적으로는 인정되지 않지만 교육상 불가피한 경우에 한하여 학생에게 신체적 고통을 가하는 방법을 동원하는 것도 예외적으로 인정되고 있는 것이다. 이러한 입장은 「초·중등교육법」 시행 이후에 처음으로 등장한 체벌 관련 판결인 대법원 2004. 6. 10. 선고 2001도5380 판결부터 나오기 시작하는데, 이에 의하면 체벌을 명시적으로 징계가 아닌 지도의 일종으로 파악하고 있다.[37]

---

35) 이재상, 앞의 책, §21/8; 임웅, 앞의 책, 207면. 이에 반하여 징계와 지도를 구분하고, 체벌을 지도의 일종으로 파악하는 견해로는 유인창, 앞의 논문, 154면; 윤용규, "교원의 학생체벌에 대한 형법적 고찰", 134면; 정영일, 앞의 책, 263-264면; 조국, 앞의 논문, 321면.

36) 대법원 1976. 4. 27. 선고 75도115 판결; 대법원 1980. 9. 9. 선고 80도762 판결; 대법원 1990. 10. 30. 선고 90도1456 판결; 대법원 1991. 5. 14. 선고 91도513 판결 등 다수.

37) 이후 헌법재판소 2006. 7. 27. 선고 2005헌마1189 결정 및 인천지방법원 2009. 4. 23. 선

3. 체벌주체의 범위 문제

교육현장에서는 학교장에 의한 체벌행위보다는 교사에 의한 체벌행위가 훨씬 더 많다. 현행법규에는 학교장만이 그 주체로 규정되어 있어 교사의 체벌행위에 대한 근거규정이 없음에도 불구하고 교사에 의한 체벌이 빈번히 발생하고 있었던 것이다.[38] 이에 대하여 교사가 체벌의 주체가 될 수 있는가와 관련하여서는, ① 학교장과 교사 모두 체벌의 주체가 될 수 없다는 견해,[39] ② 시행령 제31조 제7항의 취지는 과거 통상 교사들에 의해서 행해지던 체벌을 학교장이라는 비교적 객관적인 주체에게 제한적으로 허용하여 체벌의 오·남용을 막겠다는 것으로 해석해야 한다는 점, 교사가 체벌을 해야 할 상황이면 바로 자신이 직접 해서는 안 되며, 교사는 학교장에게 학생의 문제점과 체벌의 필요성을 보고하고, 학교장은 교사와 학생의 의견을 청취한 후 학교장이 체벌을 해야 한다는 점 등을 근거로 학교장만 체벌의 주체가 될 수 있다는 견해,[40] ③ 「초·중등교육법」은 제20조 제3항에서 '교사는 법령이 정하는 바에 따라 학생을 교육한다'고 규정하고 있다는 점, 교사는 학교장의 지도·감독을 받으므로 학생지도권을 학교장으로부터 위임받았다고 해석하면 된다는 점, 징계의 경우에는 학교장만이 할 수 있지만 사실행위로서의 체벌은 학교장뿐만 아니라 교원도 교육상 불가피한 경우에는 할 수 있다는 점 등을 근거로 학교장과 교사 모두 체벌의 주체가 될 수 있다는 견해,[41] ④ 학교장은 체벌의 주체가 될 수 없지만 교사는 체벌의 주체가 될 수 있다는 견해[42] 등의 대립이

고 2009고단1010 판결 등도 같은 입장을 취하고 있다.

38) 일본의 경우 「학교교육법」 제11조에서 '교장 및 교사는 교육상 필요가 있다고 인정될 때에는 감독청이 정하는 바에 따라 학생, 생도 및 아동에게 징계권을 가할 수 있다. 다만 체벌을 가할 수 없다'고 규정하고 있다.

39) 성낙현, 앞의 책, 308면; 심재무, "징계권의 한계", 『비교형사법연구』 제2권 제2호, 한국비교형사법학회, 2000. 12, 63면.

40) 조국, 앞의 논문, 326면.

41) 노기호, 앞의 논문, 28면; 유인창, 앞의 논문, 157면; 윤용규, "교원의 학생체벌에 대한 형법적 고찰", 139면.

42) 이상돈, 앞의 책, 362면.

있다. 판례는 ③의 견해를 취하고 있다.43) 이러한 견해의 대립이 야기된 근본적인 원인은 법 제18조와 시행령 제31조에 의하면 학생징계와 지도의 행사자를 '학교의 장'이라고 규정하고 있는 반면에, 동 법령의 위임으로 제정된 일부 생활규정과 교육현실에서는 교사가 체벌을 하고 있기 때문이다.

생각건대 체벌은 일정한 절차를 거쳐 학교장의 명의로만 내려질 수 있는 징계와는 다르다. 징계는 성격상 어느 한 교사 개인이 단독으로 내릴 수 있는 처분이 아닌 것이기 때문에 징계권은 위임이나 대리될 수 없는 것이다. 학생에 대하여 징계를 하기 위해서는 학교 내에 설치되어 있는 위원회의 논의와 징계대상자의 의견진술권 등 일정한 징계절차를 반드시 거쳐야 하고, 이후 학교장의 재가를 거친다. 그러나 체벌은 징계를 하기 위한 절차가 요구되지 아니한다. 왜냐하면 체벌은 성격상 징계보다는 가벼운 사안에 대해 행해지는 것으로, 정형적이고 엄격한 징계에 대한 사전적 경고와 예방을 그 목적으로 하기 때문이다.44) 판례에 의하면 '교사는 학교장의 위임을 받아 교육상 필요하다고 인정할 때에는 징계를 할 수 있다'고 하는데, 징계의 경우에는 학교장으로부터 교사에로의 위임이 불가능하다고 본다. 또한 전교생에 대한 체벌을 학교장 한 사람이 모두 행한다는 것은 현실적으로 불가능하다. 더구나 체벌상황과 당해 학생의 구체적인 성향 등에 관해 해당 교사보다 잘 파악하고 있다고 하기 어려운 학교장만이 학생지도를 한다면 그 실효성과 적절성을 기대할 수 없을 것이다. 결론적으로 징계와 지도를 구별하는 입장에서 볼 때 체벌은 지도의 한 방법에 해당하고, 그렇기 때문에 정형화되고 합의제에 해당하는 징계절차에 의하지 않고서도 체벌을 교사의 독자적인 판단하에 개별적으로 시행될 수 있는 것이다. 또한 위임권의 관점에서 판단할 때 판례와 학설이 인정하는 징계의 위임은 불가능한 것인바, 단지 지도의 위임만이 가능할 뿐이다. 그러므로 교사는 독립적으로 (간접)체벌을 가할 수 있는 것이다.

---

43) 대법원 2004. 6. 10. 선고 2001도5380 판결.
44) 윤용규, "교원의 학생체벌에 대한 형법적 고찰", 139면.

4. 개선방안

1) 체벌허용 여부 논의의 새로운 기준점 설정

기존 학설과 판례의 문제점을 극복하기 위해서는 체벌 허용여부에 대한 논의의 기준점을 새롭게 설정해야 할 필요성이 있다. 먼저 직접체벌과 간접체벌의 명확한 구별을 한 후, 직접체벌을 체벌허용 여부의 논의에서 배제하여야한다. 과거 일부 판례[45)]에 의하면 직접체벌의 경우에도 사회상규를 벗어난 것으로 볼 수 없다고 판시한 적도 있었으나, 이는 30~40년 전에는 합리화될 수 있었을지 몰라도 현재의 상황에서는 절대로 허용될 수 없다고 보아야 하기 때문이다. 또한 「초 · 중등교육법 시행령」에서 말하는 '신체적 고통을 가하는 지도'에 직접체벌과 간접체벌이 모두 포함되는지 여부를 검토해 볼 필요가 있는데, 간접체벌만이 동 시행령에서 규정하고 있는 '신체적 고통을 가하는 지도'라고 판단된다. 그러므로 학생의 신체에 직접적인 유형력을 행사하는 직접체벌은 절대적으로 배제되어야 하며, 체벌논의에서도 이는 마찬가지라고 할 수 있다.

이와 같이 직접체벌의 배제논거로는 다음을 들 수 있다. 첫째, 학생들에게 직접적인 유형력을 행사하는 행위는 그 자체로서 폭행죄 내지 상해죄의 구성요건에 해당한다. 상대적으로 약자에 해당하는 학생 측의 인권보호를 위해서는 위법성조각사유로서 일정한 경우의 예외를 허용하는 것보다는 처음부터 예외사유를 허용하지 않는 것이 바람직하다. 둘째, 위법성조각사유로서 허용사유를 인정할 경우 그 허용범위를 정해야 하는 문제가 등장하는데, 범위설정의 객관적인 기준을 정립하기가 쉬운 일이 아니다. 셋째, 직접체벌이 아닌 간

---

45) 대법원 1976. 4. 27. 선고 75도115 판결[「교육법」 제76조에 의하면 각 학교의 장은 교육상 필요할 때는 학생에게 징계 또는 처벌을 할 수 있도록 규정하고 있으므로 피고인(중학교 교장직무대리자)이 훈계의 목적으로 교칙위반 학생에게 뺨을 몇 차례 때린 정도는 감호교육상의 견지에서 볼 때 징계의 방법으로서 사회관념상 비난의 대상이 될 만큼 사회상규를 벗어난 것으로는 볼 수 없다].

접체벌을 통해서도 얼마든지 교육적인 목적을 달성할 수 있음에도 불구하고 곧바로 보다 강력한 직접체벌을 허용하는 것은 보충성의 원칙에 반한다.

다음으로 학교의 장뿐만 아니라 교사도 체벌의 주체로 인정하여야 한다. 이를 위해서는 교사의 체벌을 허용할 수 있는 근거가 반드시 필요하게 되는데, 현행 교육 관련법에 의하면 학교의 장이 아닌 교사의 체벌을 인정하고 있는 근거규정은 없다. 그러므로 교사의 체벌행위를 법령에 의한 정당행위로 볼 수는 없다. 그러나 교육목적상 체벌이 필요한 상황이 존재하는 현실도 부인할 수 없기 때문에 체벌을 절대적으로 위법행위로 볼 것이 아니라 체벌필요성 여부 및 방법과 한계설정을 전제로 '사회상규에 반하지 아니하는 행위'로 파악하여 개별적·제한적으로 허용할 수 있다고 본다.

이상의 논의를 종합해 보면 학교장의 경우에는 법령에 의한 정당행위로서 간접체벌이 허용되고, 교사의 경우에는 사회상규에 반하지 아니하는 정당행위로서 간접체벌이 허용된다고 할 수 있다. 하지만 학교장이든 교사이든 체벌의 허용이 인정되는 근거는 서로 다르지만, 체벌의 범위와 한계는 동일하다고 평가할 수 있다. 왜냐하면 법령(「초·중등교육법」 및 동법 시행령)에 의한 행위도 사회상규에 반하지 아니하는 범위 내에서만 인정될 수 있어야 하는 것인데, 현행 법령 그 자체에는 체벌에 관한 구체적인 기준이 설정되어 있지 않기 때문에 결국은 사회상규에 반하지 아니하는 행위로 귀결되는 현상이 벌어지기 때문이다.

2) 교원에 의한 간접체벌의 허용

體罰이란 신체적인 고통을 수반하는 벌이라고 할 수 있는데, 이는 직접적으로 신체적인 고통을 수반하는 벌과 간접적으로 신체적인 고통을 수반하는 벌로 구별될 수 있고, 후자의 경우(간접체벌)는 인정될 수 있음을 앞에서 살펴보았다. 이러한 간접체벌은 학생의 인권보호와 교사의 학생규율 확보 사이에 균형점을 확보할 수 있기 때문이다.[46] 한편 신체적 고통을 수반하지 아니하는 범위 내에서의 罰[47]은 체벌금지의 영역 밖의 문제로 평가할 수 있다. 그러므로 직접체벌을 대체할 수 있는 간접체벌과 신체적 고통을 수반하지 아니하는 범위 내에서의 罰의 유형을 강구하는 것이 무엇보다도 중요한데, 신체적 고통을 수반하지 아니하는 범위 내에서의 罰은 적정한 범위 내에서 시행된다면 이견이 없이 인정되는 부분이기 때문에, 간접체벌의 유형화와 절차의 모색이 논의의 핵심이라고 하겠다.

이와 관련하여 군인복무규율 제15조에 의하면 '군인은 어떠한 경우에도 구타·폭언 및 가혹행위 등 사적 제재를 행하여서는 아니 되며, 사적 제재를 일으킬 수 있는 행위를 하여서도 아니 된다'고 규정하여 소위 직접체벌에 해당하는 행위를 원천적으로 금지하고 있지만, 육군에서는 얼차려규정시행방침(육방침05-12호, 2005. 4. 1.)[48]을 시행하고 있는데, 이에 의하면 소위 간접체벌(팔굽혀펴기, 앉았다 일어서기, 보행, 뜀걸음, 특정지역 청소, 반성문 작성 등)에 해당하는 행위에 대해서는 일정한 절차와 방법을 통하여 허용하고 있다. 이러한 군대 내에서의 체벌에 관한 형식은 학교 내에서의 체벌 논의에 참고가 될 수 있을 것이다.

3) 교원에 의한 간접체벌의 허용성 판단기준

(1) 목적의 정당성

교육적인 체벌이란 한 인간으로서의 존엄성을 침해하지 않는 범위 내에서 학생의 기본적 인권인 학습권과 교사의 교수권을 보장하는 차원에서 이루어져야 한다. 이를 위해서는 체벌의 목적, 동기, 과정, 방법, 결과, 효과 등이 모두 교육적이어야 한다. 체벌상황이 존재하여 체벌을 하더라도 그 정도와 방법

---

46) 조국, 앞의 논문, 324면.

47) 예를 들면 상담을 통해 학생이 반성할 수 있는 시간을 주기, 학부모 호출하기, 교칙을 잘 지킨 학생에겐 칭찬표를 주고 어긴 학생에겐 봉사 활동에 참여시키거나 자기행동이행 계획서를 쓰게 하기 등의 지도방법을 상정할 수 있다.

48) 이에 대하여 보다 자세한 내용은 임천영, 『군인사법』(제3판), 법률문화원, 2007, 692면 참조.

은 교육목적에 부합하여야 한다. 교사의 폭력적 성향이나 기질로 인하여 체벌이 행사되었다면 이는 재량의 남용에 해당할 경우가 많을 것이다. 그러므로 감정에 치우치는 체벌을 사전에 방지하기 위하여 체벌대상행위의 발생시점과 체벌의 시행시점 사이에 시간적 간격을 두는 것이 필요하다.[49]

(2) 절차의 준수

체벌은 체벌대상 학생과 교사, 다른 학생의 이해관계가 얽혀 있으므로 그 규율의 형식과 내용, 절차는 법령과 학교생활규정 등에 의해 엄격하게 정해져야 한다. 다음은 ○○고등학교 (구) 학생생활규정(이하 '동 규정'이라고 한다) 중 학생체벌에 관한 조항이다.

제58조(학생 체벌) 「초ㆍ중등교육법 시행령」 제31조 제7항의 '교육상 불가피한 경우'를 체벌규정으로 정하고, 이를 특수하고 예외적인 상황으로 제한 해석하여야 하며, 학생에게 체벌을 주고자 할 때에는 각 호의 사항을 준수해야 한다. (1) 교사는 감정에 치우친 체벌을 해서는 안 되며 체벌기준에 따라야 한다. (2) 교사가 체벌할 때에는 사전에 학생에게 체벌 사유를 분명히 인지시킨다. (3) 체벌 시행은 다른 학생이 없는 별도의 장소에서 반드시 제3자(생활지도부장이나 교감)를 동반하여 해당 학생을 체벌해야 한다. (4) 체벌하기 전에 교사는 학생의 신체적ㆍ정신적 상태를 점검해서 이상이 없는지를 반드시 확인해야 하며, 이상이 있다고 판단되는 경우 체벌을 해서는 안 되며, 이때 체벌을 연기하여 실시할 수 있다. (5) 체벌 도구는 지름 1.5cm 내외로 길이는 60cm 이하의 나무로 하며, 직선형이어야 한다. (6) 체벌 부위는 둔부로 한다. 단, 여학생의 경우는 대퇴부로 제한한다. (7) 1회 체벌봉 사용 횟수는 10회 이내로 하고, 해당 학생에게 상해를 입혀서는 안 된다. (8) 해당 학생이 대체벌을

---

49) 직접체벌에서는 학생의 반응에 따라 교사가 흥분할 가능성과 그에 따라 체벌이 과도하게 진행될 가능성이 있는데, 간접체벌에서는 이러한 요건을 요구함으로써 교사의 폭력적 성향이나 기질을 미연에 차단할 수 있다. 또한 직접체벌은 교사의 힘의 정도에 따라 강도가 큰 차이를 보일 수 있지만, 간접체벌은 어느 정도 객관적이기 때문에 강도의 차이가 상대적으로 작다.

요구할 수 있으며, 해당 교사는 학교장의 허가를 얻어 학생의 보호자를 내교
토록 하여 학생지도문제를 협의할 수 있다.

동 규정은 과거 직접체벌이 허용되던 때의 조항인데, 간접체벌을 허용하는
경우에 있어서 참고가 될 수 있을 것이다.[50] 이를 간접체벌에 적용하여 구체
적으로 살펴보면, ① 교사는 감정에 치우친 체벌을 해서는 안 되며 체벌기준
에 따라야 한다. 따라서 사전에 체벌대상행위와 그에 상응하는 체벌의 유형에
관한 체벌기준을 마련하여야 한다. ② 체벌 전에 학생에게 체벌의 목적을 알
리고 훈계하여 변명과 반성의 기회를 주어 학생이 왜 잘못했는가를 명확히 인
식시켜야 한다. 이와 같이 체벌의 절차를 신중하게 하도록 정한 이유는 교사
가 위엄을 유지하면서도 좀 더 냉철한 마음으로 체벌의 필요성과 정도를 헤아
려 학생에게 큰 피해가 가지 않는 범위 내에서 체벌을 가하도록 하고, 학생에
게는 대체벌을 요구하거나 스스로의 잘못이 무엇인지를 깨달을 수 있는 시간
적인 여유를 주기 위한 것이다. ③ 체벌 전에 학생의 신체적 · 정신적인 상태
를 점검하여, 이상 유무를 살핀 후 시행해야 한다. 체벌은 학생의 성별 · 연령 ·
장소적 환경 또는 시간적 환경(용변이 급한 경우, 식사시간이 지난 경우) 등
개인적인 사정에 따라 수인할 수 있는 정도이어야 하고, 특히 견디기 어려운
정도를 강요해서는 아니 된다. 예를 들어 교실 안에서 행하는 것과 여름철의
뜨거운 날씨 또는 겨울철의 차가운 날씨 속에서 행하는 것은 학생의 신체에
미치는 영향에 차이가 있기 때문에 구체적인 사정을 고려해야 한다. ④ 체벌
의 방법은 객관성, 정당성, 공정성, 일관성을 유지해야 한다. 또한 체벌의 내용
과 정도가 비행에 상응해야 하는데, 이때 잘못을 저지른 학생 이외의 다른 학
생에 대하여 체벌이 미치는 교육적 효과 또는 반교육적 효과에 대하여 고려해

---

50) 물론 동 규정에서 직접체벌을 고려하여 규정하고 있는 (3), (5), (6), (7) 등은 검토의 대상
에서 제외된다. 특히 (3)의 경우는 직접체벌이 학교의 교실 내에서 그 반 학생들이 보고
있는 가운데 이루어지는 상황에서 이를 지켜보는 다른 학생들에게도 심각한 정신적 충격
을 줄 수 있기 때문에 공개체벌을 금지하는 것으로 판단된다. 하지만 간접체벌은 일정한
한도와 절차를 준수할 경우에 이러한 우려를 불식시킬 수 있기 때문에 공개된 장소에서
시행하는 것이 가능하다고 본다.

야 한다. 왜냐하면 사소한 잘못 또는 용서를 받아도 좋을 만한 잘못으로 평가될 수 있는 비행에 대하여 체벌을 가하거나 과잉체벌을 하는 경우 또는 마땅히 엄하게 다루어야 할 비행에 대하여 체벌을 가하지 않거나 과소체벌을 하는 경우에는 다른 학생들의 공감을 얻기 어렵고, 학생들의 신뢰를 저버리는 반교육적 효과를 일으킬 수 있기 때문이다. ⑤ 체벌은 '교육상 불가피한 경우'에만 행해져야 한다. '교육상 불가피한 경우'란 훈육이나 훈계 등 다른 교육적 수단으로는 교정이 불가능하여 체벌을 할 수밖에 없는 특수하고 예외적인 경우를 말한다. 따라서 다른 대체수단으로 지도할 수 있음에도 체벌을 하는 경우에는 체벌의 불가피성을 충족하기 어렵다.

Ⅳ. 글을 마치며

학교현장에서 직접체벌이든 간접체벌이든 불문하고 모두 사라지는 것이 이상적인 것이라는 점에는 누구나 공감을 할 것이다. 하지만 현실세계는 우리의 이상과 달리 체벌이 필요한 경우가 발생하고 있다. 이러한 체벌상황이 불가피하게 나타나는 현실을 인정하지 않을 수 없기 때문에 전면적으로 체벌을 부정하기보다는 체벌의 범위와 방법에 대한 진지하고도 구제적인 모색이 필요한 것이다. 그러므로 간접체벌에 대한 구체적인 방안이 관련법령과 학생생활규정에 명시되어야 한다. 이와 관련하여 국회는 2011년 3월 18일 「초ㆍ중등교육법 시행령」 제9조 제1항 제7호를 개정하여 기존의 '학생포상 및 학생징계'를 '학생 포상, 징계, 징계 외의 지도방법 및 학교 내 교육ㆍ연구 활동 보호와 질서 유지에 관한 사항 등 학생의 학교생활에 관한 사항'으로 학칙의 기재사항을 변경하였다. 이는 도구와 손 등을 통한 직접체벌을 금지했지만, '학칙으로 정하는 바에 따른 징계 외의 지도방법 및 학교 내 교육ㆍ연구 활동 보호와 질서 유지에 관한 사항'라는 구절을 통해 간접체벌 권한을 각 학교에 보장한 것이다. 이는 입법부와 행정부의 공식적인 입장이 간접체벌에 대한 구체적인 기준의 마련을 전제로 그의 정당성을 인정하는 것으로 평가된다. 여기서 주의할 점은 이러한 학생에 대한 간접체벌에 관한 학칙은 체벌행위에 대한 형사법적 평가를 할 때에 참고자료로 활용될 수 있을 뿐이라는 것이다. 학생체벌에 관하여 학칙에서 마련된 규정을 준수하지 않았다고 하여 곧바로 학생체벌에 대한 사회적 상당성을 부정하거나 형사처벌의 가벌성을 인정하여서는 안 된다.

제5장 우범소년 처리의 합리화 방안에 관한 연구

Ⅰ. 문제의 제기

「소년법」은 모든 소년을 그 대상으로 하는 것이 아니라, 반사회성이 있는 소년만을 대상으로 한다. 반사회성이 있는 소년이란 비행소년[1]이라고 할 수 있는데, 이에는 범죄소년, 촉법소년, 우범소년 등이 있다. 또한 반사회성이 있는 소년들의 행위를 가리켜 소년비행(juvenile delinqunecy)이라고 한다. 이러한 소년비행은 다시 둘로 나누어지는데, 범죄소년과 촉법소년이 행하는 범죄적 비행과 우범소년이 행하는 지위비행이 그것이다. 비행소년의 개념에 대하여 분설하자면, 먼저 범죄소년이란 '죄를 범한 소년'을 말한다(제4조 제1항 제1호[2]). 이와 관련하여 형사책임능력이 없는 14세 미만의 형사미성년자는 범죄소년에 포함되지 않기 때문에 범죄소년이란 14세 이상 19세 미만의 자만을 의미한다. 이러한 연령의 제한은 제4조 제2항의 촉법소년이 '형벌 법령에 저촉되는 행위를 한 10세 이상 14세 미만인 소년'으로 규정되어 있기 때문에 체계적으로 타당하다. 범죄소년은 범죄의 성립요건을 모두 갖춘 자를 의미하고, 여기에서 말하는 범죄의 대상은 「형법」뿐만 아니라 「형사특별법」의 범죄도 당연히 포함된다. 이러한 범죄소년은 검사의 판단에 따라 형사절차의 대상이 될 수도 있고, 보호절차의 대상이 될 수도 있다.

다음으로 촉법소년이란 '형벌 법령에 저촉되는 행위를 한 10세 이상 14세 미만인 소년'을 말한다(제4조 제1항 제2호). 이와 관련하여 「형법」 제9조의 적용을 배제하고 있는 특별법, 즉 「조세범처벌법」 제4조, 「관세법」 제194조, 「담배사업법」 제31조 등을 위반한 10세 이상 14세 미만의 소년을 동 조항의 규정에 따라 범죄소년으로 취급할 것인가 아니면 촉법소년으로 취급할 것인가에 관하여 논란이 있다. 생각건대 「소년법」상의 촉법소년 규정을 근거로 하여 범

---

* 『소년보호연구』 제16호, 한국소년정책학회, 2011. 6. 71면 이하.

[1] 비행소년과 구분되는 개념으로 문제소년이 있다. 문제소년이란 사소한 지위비행 등을 지속적으로 저지르는 단계에 있는 소년을 말한다. 하지만 양자의 개념이 엄격히 구분되는 것은 아니다.

[2] 이하에서 법률의 명칭 없이 단순히 법조문만 표현한 것은 「소년법」 조항을 의미한다.

죄소년으로 처리하지 않고 보호처분이 가능한 촉법소년으로 다루는 것이 타당하다고 본다. 촉법소년의 경우에는 형사미성년자이기 때문에 형사절차에서는 당연히 배제되고 보호사건으로만 처리된다. 따라서 경찰이 범죄사건을 수사한 결과 피의자가 촉법소년으로 밝혀진 경우에는 소년법원에 송치하여야 한다.

　마지막으로 우범소년이란 일정한 우범사유가 있고 그의 성격이나 환경에 비추어 앞으로 형벌 법령에 저촉되는 행위를 할 우려가 있는 10세 이상 19세 미만인 소년을 말한다(제4조 제1항 제3호). 이러한 우범소년은 성인에 있어서는 큰 문제가 되지 않는 지위비행을 저지른 소년을 의미하는데, 실제로 형벌 법령에 저촉되는 행위를 행하지 않은 자에 대한 개입의 여부, 시기, 방법, 정도 등에 대하여 논란의 여지가 있을 수 있다. 이러한 논란의 원인은 아마도 「소년법」상 우범소년 규정의 모호성으로부터 출발된다고 볼 수 있는데, 제정 당시의 법과 비교했을 때 점차 구체화하려고 하는 노력을 보이고는 있으나, 현행법에 의해서도 우범사유를 명확히 판단할 수 있을 정도에는 이르지 못하고 있는 것으로 보인다. 이는 범죄소년과 촉법소년의 개념이 상대적으로 명확한 것과 비교했을 때 그 적용대상의 판단에 있어서 심각한 문제점을 야기할 수 있는 것이다. 소년범에 대한 조기개입의 중요성이 날로 부각되고 있는 현 상황에서 아래에서는 먼저 우범소년 규정의 변천과정을 살펴보고, 우범소년의 요건 중 우범사유와 우범성에 대하여 각각의 내용과 문제점 등을 지적해 보고자 한다(Ⅱ). 다음으로 우범소년 처리에 관한 기존의 방식을 검토해 보는데, 특히 경찰단계에서의 처리방식 중 소년업무처리규칙상 불량행위소년 처리의 문제점 및 전건송치주의의 문제점을 다룬 다음(Ⅲ), 우범소년 규정 존폐론의 내용과 구제적인 문제점을 지적하고 합리적인 처리방안으로서 우범사유의 명확화와 우범소년 처리의 세분화를 통한 우범규정 존치의 입장을 취한 후(Ⅳ), 지역사회의 역할도 동시에 강조하는 것으로서 결론에 갈음하고자 한다(Ⅴ).

Ⅱ. 우범소년 규정에 대한 고찰

1. 우범소년 규정의 변천과정

해방 후 조선소년령을 대체할 수 있는 법률의 필요성이 대두되었는바, 1958년 6월 23일 당시 법제사법위원장은 소년법안을 제안하였고, 이로부터 약 한 달 후인 1958년 7월 24일 법률 제489호로 「소년법」이 제정되어, 공포한 날로부터 시행되었다. 제정 「소년법」에서부터 우범소년을 소년부의 보호사건으로 심판할 수 있도록 하고 있는데, 이에 의하면 우범소년이란 '가정의 환경 또는 본인의 성벽을 참작하여 죄를 범할 염려 있는 12세 이상의 소년으로 경찰국장으로부터 송치된 자'를 의미하였다(제정 「소년법」 제4조 제3호).[3)]

1963년 7월 31일 「소년법」 제1차 개정(법률 제1376호)이 이루어지는데, 당시 국가재건최고회의에서는 우범사유를 구체적으로 열거하여 보다 객관적인 판단이 가능하도록 하였다. 즉 '다음에 열거하는 사유가 있고 그의 성격 또는 환경에 비추어 장래 형벌법령에 저촉되는 행위를 할 우려가 있는 12세 이상의 소년; 가. 보호자의 정당한 감독에 복종하지 않는 성벽이 있는 것, 나. 정당한 이유 없이 가정에서 이탈하는 것, 다. 범죄성이 있는 자 또는 부도덕한 사와 교제하거나 자기 또는 타인의 덕성을 해롭게 하는 성벽이 있는 것'(제1차 개정 「소년법」 제4조 제1항 제3호)이라고 한 것이다. 또한 우범소년에 해당하는 소년이 있을 때 경찰서장은 직접 관할 소년부에 송치하여야 하고(제1차 개정 「소년법」 제4조 제2항), 우범소년에 해당하는 소년을 발견한 보호자 또는 학교와 사회복리시설의 장은 이를 관할소년부에 통고할 수 있다고 규정하여(제1차 개정 「소년법」 제4조 제3항), 경찰서장의 경우에는 필요적 송치주의를, 보호자 또는 학교와 사회복리시설의 장의 경우에는 임의적 통고주의를 각각 명문의 규정으로 두었다.

---

3) 당시 국회 본회의에서 우범소년규정에 대한 이의는 전혀 없이 그대로 원안이 통과되었다 (대한민국 제4대 국회 제29회 제20차 본회의 회의록, 1958. 7. 12, 19면).

마지막으로 2007년 12월 21일 「소년법」 제6차 개정[4](법률 제8722호)에서 우범소년 규정의 변화가 있었는데, 이에 의하면 우범소년이란 우범사유가 있고 그의 성격이나 환경에 비추어 앞으로 형벌 법령에 저촉되는 행위를 할 우려가 있는 10세 이상 19세 미만인 소년을 말한다(제4조 제1항 제3호). 여기서의 우범사유란 집단적으로 몰려다니며 주위 사람들에게 불안감을 조성하는 성벽이 있는 것, 정당한 이유 없이 가출하는 것, 술을 마시고 소란을 피우거나 유해환경에 접하는 성벽이 있는 것 등이다. 또한 우범소년을 발견한 보호자 또는 학교·사회복리시설·보호관찰소(보호관찰지소를 포함한다)의 장은 이를 관할 소년부에 통고할 수 있다고 하여(제4조 제3항),[5] 기존에 임의적 통고를 할 수 있는 주체에 보호관찰소의 장을 추가하는 문구를 삽입하였다.

현행 「소년법」은 기존의 우범소년 규정을 존치하면서 다만 우범사유를 구체화한 것이 특징인데, 첫째, 기존의 우범사유 중 '보호자의 정당한 감독에 복종하지 않는 성벽이 있는 것'을 삭제하였다. 왜냐하면 보호자의 정당한 감독에 복종하지 않는다면 그 기준으로서 보호자의 자질, 정당한 명령에서의 정당성에 대한 판단기준, 복종하지 않는 성벽의 정도 등의 판단기준이 어느 정도 객관화되어 있어야 했지만 그렇지 못하였기 때문이다. 둘째, 기존의 우범사유 중 '범죄성이 있는 자 또는 부도덕한 자와 교제하거나 자기 또는 타인의 덕성을 해롭게 하는 성벽이 있는 것'을 삭제하였다. 왜냐하면 범죄성의 의미, 범죄

---

4) 우범규정과 관련하여 당시 입법과정에서 법무부안은 우범사유를 구체화하는 반면, 대법원 안은 우범사유를 삭제하였다. 법무부안은 '소년인구의 감소에도 불구하고 재범률이 높은 이유는 비행초기단계에서의 보호조치가 미흡한 데 원인이 있다. 비행초기단계에서의 선도 및 보호를 통하여 우범소년이 범죄소년으로 발전하는 것을 차단하고 범죄예방을 위하여 우범규정이 필요하다'고 주장하였다(법무부, "소년법개정특별분과위원회 검토의견", 소년법 개정법률안 공청회 자료, 86-87면). 이에 비하여 대법원 개정시안은 우범소년의 요건이 추상적·주관적·포괄적이어서 현재 죄를 범하지 아니한 소년을 범죄행위를 할 개연성이 높다는 사유만으로 보호처분대상에 포함시키고 신체의 자유 등을 억압할 수 있어 소년의 인권보장과 관련하여 문제되기 때문에 우범규정을 삭제하고자 하였다(서울가정법원 가사소년제도개혁위원회, 자료집(Ⅰ): 가사소년제도개혁위원회 백서, 2005. 6. 153면).

5) 하지만 정부가 2007년 11월 1일 제출한 「소년법 일부개정법률안」(의안번호 7682)에 의하면 현행법 제4조 제3항을 삭제하여 보호자 또는 학교·사회복리시설·보호관찰소(보호관찰지소를 포함한다)의 장이 우범소년을 관할 소년부에 통고할 수 있는 제도를 폐지하는 견해를 취하였다.

성을 가진 자의 기준, 부도덕한 자의 기준, 교제의 범위 등의 판단기준이 모호하였기 때문이다. 이와 같이 기존에 모호하게 규정되어 있던 우범사유를 보다 구체화하고 명확하게 하였다는 점에서 제6차 개정의 의미를 찾을 수 있는 데 반하여, 실제 우범소년 규정의 적용문제에 있어서 해당소년이 과연 우범소년에 해당하는지를 판단하기에는 아직까지 미흡한 점이 많다고 평가할 수 있다. 또한 이러한 현상은 우범소년과 후술하는 불량행위소년 사이의 구별과 적용범위에 있어서의 혼란도 초래하고 있는 것이다.

2. 우범소년의 요건

1) 우범사유

우범소년은 범죄소년이나 촉법소년에 대하여 보충적인 관계에 있다고 할 수 있다. 즉 범죄행위 또는 촉법행위가 존재하는가를 먼저 검토한 다음 범죄소년이나 촉법소년의 범위를 적용할 수 없을 경우에 비로소 우범사유와 우범성을 살펴 우범소년으로 인정할 수 있는 것이다.[6] 아래에서 설명되는 우범사유는 우범소년을 판단함에 있어서 객관성을 보장하여 소년의 인권보장측면에 기여하려고 하는 점을 고려할 때 예시적인 규정이 아니라 제한적인 열거규정이라고 해석해야 한다.[7] 그러나 우범사유는 대체로 규범적·추상적 요소를 많이 내포하고 있음으로 인하여 제한적인 열거규정의 취지를 반감시키는 경향[8]이 있는데, 이에 대하여 자세히 살펴보면 다음과 같다.

---

6) 최병각, "소년보호사건의 범위와 처리에 관한 연구", 서울대학교 법학박사학위논문, 1998. 8. 95면.

7) 같은 견해로 김혁, "조기 개입을 통한 소년 비행의 예방-우범소년과 불량행위소년에 대한 대응방안을 중심으로-", 『경찰학연구』 제10권 제1호(통권 제22호), 경찰대학교, 2010. 4. 107면.

8) 우범소년 규정은 형법상 일반조항이라고 하기에도 다소 무리가 따른다. 「소년법」이 특별형법이고 보호처분 역시 형사제재의 일종이라면, 이러한 법문언은 죄형법정주의의 내용 중 명확성의 원칙에 반하는 규정이다(정희철, "개정 「소년법」과 소년사법의 효율성", 『고려법

(1) 집단적으로 몰려다니며 주위 사람들에게 불안감을 조성하는 성벽이 있는 것

집단적이란 적어도 3인 이상의 집합체를 의미한다. 성인범과 달리 소년범의 특징으로서 집단화 경향을 반영한 것이라고 할 수 있는데, 집단적으로 몰려다니는 행위와 주위 사람들에게 불안감을 조성하는 행위 사이의 (상당)인과관계 판단이 쉽지 않은 문제로 부각된다. 먼저 집단적으로 몰려다니는 행위 자체를 비행성의 척도로 보는 것은 소년들의 일반적인 행위특성을 제대로 반영하지 못한 것이다. 대부분의 소년들은 학교생활이라는 공동체생활을 영위하고 있는 단계에 있기 때문에 필연적으로 집단적으로 몰려다닐 수밖에 없음에도 이러한 행위 자체를 비행성 판단의 기초로 삼는 것은 문제인 것이다. 그리고 주위 사람들에게 불안감을 조성하는 성벽9)의 발현이라는 결과가 나타나야 하는데, 불안감이라는 매우 추상적인 개념의 사용은 그 성립범위를 무한히 확대하는 해석이 도출될 수 있다는 점에서 불합리하다.

(2) 정당한 이유 없이 가출하는 것

「민법」 제914조에 의하면 '자는 친권자의 지정한 장소에 거주하여야 한다'고 하여 친권자의 거소지정권을 규정하고 있다. 여기서 19세 미만의 자가 친권자의 거소지정권 행사에 불응하는 경우를 별도의 우범사유로서 규정하고 있는데, 이는 당해 소년이 가출한 사실뿐만 아니라 정당한 이유가 없어야 한다는 요건을 동시에 충족해야 한다. 따라서 정당한 이유 없는 가출의 해당 여부를 판단하기 위해서는 소년의 행상만이 아니라 가정의 실태를 반드시 고려해야 한다. 판단 결과 정당한 이유가 있는 가출의 경우에는 우범사유에 해당하지 아니한다. 예를 들면 가정의 방임 내지 붕괴, 향학열 또는 구직을 위하여 가정을 이탈한 경우, 가정구성원으로부터의 학대 등 폭력이 있는 경우에는 정당한 이유가 있는 가출이라고 할 수 있고, 이러한 경우에 해당한다면 우범사

학』 제51호, 고려대학교 법학연구소, 2008. 10. 339면).

9) 성벽이란 상습성이라는 말과 같은 뜻으로 이해되지만 행위의 반복이 있는 위에 그러한 행동을 하려는 성격상의 경향이라고 해야 할 것이다(최종식, "「소년법」상 우범소년에 관한 연구", 『강원법학』 제8권, 강원대학교 비교법학연구소, 1996, 466면).

유를 충족시키지 못하는 것이다. 또한 정당한 이유 없이 가출하였다고 하더라도 그것만으로 형벌법령에 저촉되는 행위를 할 위험성을 갖추었다고 할 수는 없다.[10] 특이한 점은 다른 우범사유와는 달리 가출의 '성벽'을 요구하지 않기 때문에 단 1회성의 가출이라고 하더라고 우범소년으로 처리될 가능성이 있다는 점이다.

(3) 술을 마시고 소란을 피우거나 유해환경에 접하는 성벽이 있는 것

① '술을 마시고 소란을 피우거나'의 의미

단순히 술을 마시는 것만으로는 우범사유에 해당하지 아니하고 술을 마신 행위와 소란을 피우는 행위 사이에 상당한 인과관계에 인정되어야만 한다. 술을 마시는 행위는 객관적으로 쉽게 판단할 수 있지만 소란을 피우는 행위가 과연 무엇을 의미하는가에 대해서는 약간의 논의가 필요하다. '소란'이라는 개념을 사용하고 있는 대표적인 법률이『경범죄처벌법』(법률 제8435호 2007. 5. 17. 일부개정) 제1조 제25호(음주소란 등)와 제1조 제26호(인근소란 등)[11]

---

10) 정당한 이유라는 것은 가정에서 이탈하는 이유가 정당하다고 평가되는 것뿐만 아니라 가정에서 이탈하여 생활을 하는 경우라도 그 생활이 사회적으로 별로 비난받거나 문제시될 만한 것이 아니라고 인정되어야 한다는 견해(송광섭 · 점승헌, "우범소년의 우범사유와 우범성",『한일형사법의 과제와 전망』(이한교교수 정년기념논문집), 2000. 492면; 점승헌, "소년사법절차에 관한 연구-문제점과 개선방안을 중심으로-", 원광대학교 법학박사학위논문, 1998. 12. 46면)가 있다. 하지만 나이 어린 소년이 정당한 이유 없이 가출한 경우가 문제시될 만한 것이 아닌 상황은 존재하지 않는다고 본다. 다만 18세 정도의 나이에 있는 다소 나이가 많은 소년의 경우에는 예외가 인정될 여지가 있다고 본다.

11) 대법원 2003. 10. 9. 선고 2003도4148 판결: 불가불 타인의 주목을 끌고 자신의 주장을 전파하기 위하여 목소리나 각종 음향기구를 사용하여 이루어지는 선교행위가「경범죄처벌법」제1조 제26호 소정의 인근소란행위의 구성요건에 해당되어 형사처벌의 대상이 된다고 판단하기 위해서는 당해 선교행위가 이루어진 구체적인 시기와 장소, 선교의 대상자, 선교행위의 개별적인 내용과 방법 등 제반 정황을 종합하여 그러한 행위가 통상 선교의 범위를 일탈하여 다른 법익의 침해에 이를 정도가 된 것인지 여부 등 법익 간의 비교교량을 통하여 사안별로 엄격하게 판단해야 할 것이다. 원심판결 이유에 의하면, 원심은, 피고인이 ① 1999. 12. 9.경 서울시 소재 지하철 2호선 전동차 내에서 선교활동을 하기 위해 큰소리로 "하나님을 믿으면 천국에 갈 수 있고 하나님을 믿어라"라는 등의 말을 하여 인근을 소란하게 하고, ② 2001. 3. 27.경 같은 장소에서 위와 같은 방법으로 인근을 소란하게 하였다는 이 사건 공소사실에 대하여, 피고인의 법정 및 경찰에서의 진술과 수사기록에 편철된 단속경위서 및 범칙자적발보고서를 종합하여 위 공소사실을 인정한 다음, 이

등이라고 할 수 있는데, 먼저 음주소란행위란 공회당·극장·음식점 등 여러 사람이 모이거나 다니는 곳 또는 여러 사람이 타는 기차·자동차·배 등에서 몹시 거친 말 또는 행동으로 주위를 시끄럽게 하거나 술에 취하여 이유 없이 다른 사람에게 주정을 한 사람을 말하고, 인근소란행위란 악기·라디오·텔레비전·전축·종·확성기·전동기 등의 소리를 지나치게 크게 내거나 큰소리로 떠들거나 노래를 불러 이웃을 시끄럽게 한 사람을 각각 말한다. 이러한 음주소란행위와 인근소란행위 중 우범사유에 가까운 소란행위는 음주소란행위라고 판단된다. 그런데 음주소란행위에서 장소적인 측면의 개념징표는 공연성이 요구되는 것인데, 즉 여러 사람이 모이거나 다니는 곳 또는 여러 사람이 이용하는 교통수단 등지에서의 행위만을 그 규율대상으로 하고 있다. 이와 같이 다른 유형의 소란행위와의 균형을 고려할 때 우범사유로 규정되어 있는 소란의 경우는 단순히 큰소리로 한두 마디 내뱉은 정도를 넘어 이웃의 일상생활에 평온을 해할 정도로 지장을 주는 등 상당한 정도의 소란을 발생케 한 경우를 지칭한다고 보아야 한다.[12] 상당한 정도의 소란을 발생케 한 경우를 판

러한 피고인의 행위가 「경범죄처벌법」 제1조 제26호 소정 인근소란행위에 해당한다고 판단하였다. 그러나 원심이 유죄의 증거로 삼은 피고인의 법정 진술이나 경찰 피의자신문조서의 기재내용은 피고인이 위 일시 장소에서 자신이 신봉하는 기독교를 선교할 목적으로 전동차 탑승객들을 상대로 공소사실과 같은 내용의 선교활동을 하였다는 점을 인정한 것에 불과할 뿐, 더 나아가 자신의 행위가 그러한 선교활동의 범위를 넘어서서 「경범죄처벌법」 제1조 제26호에서 예정하고 있는 인근소란행위에 해당된다는 사실까지 인정한 것은 아니라고 보아야 할 것이고, 나머지 증거들인 단속경위서 및 범칙자적발보고서를 살펴보더라도 과연 피고인이 위 일시장소에서 한 선교행위의 구체적 내용과 목소리의 크기, 소란의 정도가 어떠한 것이었는지 도무지 알 수 없을뿐더러, 달리 기록상 피고인에 대한 공소사실을 인정할 증거를 찾아볼 수 없다. 그럼에도 불구하고, 위 공소사실에서 적시한 일시 장소에서 피고인이 한 구체적인 선교행위의 내용과 방법, 소란의 정도, 피고인의 선교행위로 인하여 그 전동차에 탑승한 승객들의 평온한 공공시설 이용권이 어느 정도로 침해되었고 그 수인한도를 얼마나 초과한 것인지 여부, 피고인의 선교행위가 공공질서의 유지에 현존하는 명백한 위험을 초래한 것인지 여부 등에 관하여 이를 심사할 아무런 자료도 없는 이 사건에 있어서, 막연히 전동차 구내에서 선교활동을 하였다는 정도만으로 피고인에 대하여 유죄를 인정한 원심판결에는 종교와 선교의 자유 및 경범죄처벌법에 관한 법리를 오해하여 심리를 다하지 아니한 위법이 있다.

12) 대법원 2008. 11. 27. 선고 2008도8793 판결: 피고인은 자신의 집 현관문 앞 복도에서 조용히 하라는 말과 욕설을 섞어 한두 마디 정도의 말을 한 것인데 당시 시간이 낮이었고 말한 시간도 아주 짧았다는 점에서 위와 같은 행위가 바로 이웃의 일상생활의 평온을 해

단할 때 고려될 수 있는 사항으로는 시간이 주간인지 또는 야간인지의 여부, 실제로 말한 시간의 장단(長短), 당해 소년의 행동을 제지하거나 이의를 제기한 다른 주민이 있었는지의 여부, 의사표현의 자유의 한계를 넘어 허용될 수 없는 행위라고 볼 수 있는지의 여부 등을 종합적으로 고려하여 개별적으로 판단하여야 한다고 본다.

한편 후단의 '성벽'이 전단의 '술을 마시고 소란을 피우는 것'을 수식하는지 여부가 문제될 수 있다. 만약 성벽이 수식을 한다고 하더라도 술을 마시고 소란을 피우는 소년의 발견 시 그 성벽을 추론해 내기란 여간 어려운 문제가 아니다. 이러한 수식이 가능하다고 보는 시각은 단 1회성에 불과한 술을 마시고 소란을 피우는 행위의 경우에는 성벽의 발현이라고 보여 지지 아니하는 한 우범소년으로 처리하지 않겠다는 의미로 파악할 수 있다. 또한 전단의 '술을 마시고'가 후단의 '유해환경에 접하는 성벽이 있는 것'을 수식하는지 여부가 문제될 수도 있다. 이러한 수식이 문리해석으로 불가능한 것은 아니지만 목적론적 해석에 의할 때에는 불가능한 것으로 보인다. 즉 유해환경에 접하는 성벽이 있는 소년이 반드시 술을 마시고 그러한 행위를 해야만 우범소년으로 판단할 것을 요구한다고 보기는 어렵기 때문이다. 이러한 문제점은 제4조 제1항 제3호 다목의 서술방식에서 비롯된 것으로서 해석의 기본적인 방법인 문리해석으로서도 '술을 마시고'와 '유해환경에 접하는 성벽이 있는 것'의 연관성을 요하지 않는 방향으로의 개정이 필요하다고 본다.

② '유해환경에 접하는 성벽이 있는 것'의 의미
유해환경이란 소년에게 해를 줄 수 있는 환경을 의미하는데, 「청소년보호

칠 정도였다고 보기는 어려운 점, 피고인과 실랑이를 벌이던 공소외인 외에는 피고인의 행동을 제지하거나 이의를 제기한 다른 주민이 없었고 공소외인 역시 피고인이 큰소리로 떠들어 이웃을 시끄럽게 하고 있다는 내용으로 신고한 것은 아니었던 점, 피고인이 욕설을 한 행위가 형법상의 다른 범죄에 해당하는 것은 별론으로 하고 집 앞에서 큰소리로 한두 마디 정도의 말을 한 것이 의사표현의 자유의 한계를 넘어 허용될 수 없는 행위라고 보기는 어려운 점 등에 비추어 볼 때 피고인의 행위가 「경범죄처벌법」 제1조 제26호에 정한 큰소리로 떠들어 이웃을 시끄럽게 한 경우에 해당한다고 보기 어렵다.

법」(법률 제9932호 2010. 1. 18 일부개정)상의 청소년유해업소가 대표적으로 이에 해당한다고 볼 수 있다. 「청소년보호법」 제2조 제5호에서 청소년유해업소라 함은 청소년의 출입과 고용이 청소년에게 유해한 것으로 인정되는 업소와 청소년의 출입은 가능하나 고용은 유해한 것으로 인정되는 업소를 말한다. 이 경우 업소의 구분은 그 업소가 영업을 함에 있어서 다른 법령에 의하여 요구되는 허가 · 인가 · 등록 · 신고 등의 여부에 불구하고 실제로 이루어지고 있는 영업행위를 기준으로 한다. 청소년유해업소 중 청소년출입 · 고용금지업소에 해당하는 것으로는 (가) 「식품위생법」에 의한 식품접객업 중 유흥주점영업 및 단란주점영업, (나) 「영화 및 비디오물의 진흥에 관한 법률」에 의한 비디오물감상실업 및 「음악산업진흥에 관한 법률」에 의한 노래연습장업(다만, 청소년실을 갖춘 노래연습장업의 경우에는 당해 청소년실에 한하여 청소년의 출입을 허용함), (다) 「체육시설의 설치 · 이용에 관한 법률」에 의한 무도학원업, 무도장업, (라) 「사행행위 등 규제 및 처벌특례법」에 의한 사행행위영업, (마) 전기통신설비를 갖추고 불특정한 사람 상호 간의 음성대화 또는 화상대화를 매개하는 것을 주된 목적으로 하는 영업(다만, 「전기통신사업법」 등 다른 법률의 규정에 의하여 통신을 매개하는 영업을 제외함), (바) 청소년유해매체물, 청소년유해약물 및 청소년유해물건을 제작 · 생산 · 유통하는 영업 등 청소년의 출입과 고용이 청소년에게 유해하다고 인정되는 영업으로서 대통령령이 정하는 기준에 따라 청소년보호위원회가 결정하고 여성가족부장관이 이를 고시한 것[13] 등을 들 수 있고, 청소년고용금지업소에 해당하는 것으로는 (가) 「식품위생법」에 의한 식품접객업 중 휴게음식점영업으로서 주로 다류를 조리 · 판매하는 다방 중 종업원에게 영업장을 벗어나 다류 등을 배달 · 판매하게 하

---

13) 「청소년보호법 시행령」 제3조 ③ 법 제2조 제5호 가목 (6)의 "청소년의 출입과 고용이 청소년에게 유해하다고 인정되는 영업으로서 대통령령이 정하는 기준"은 다음 각 호의 1과 같다. 1. 윤락행위, 퇴폐적 안마 등의 신체적 접촉, 성 관련 신체부위의 노출 등 성적 접대행위 및 이와 유사한 행위가 이루어질 우려가 있는 영업일 것, 2. 영업의 형태나 목적이 주로 성인을 대상으로 한 술 · 노래 · 춤의 제공 등 유흥접객행위가 이루어지는 영업일 것, 3. 주로 성인용의 매체물을 유통하는 영업일 것, 4. 청소년유해매체물 · 청소년유해약물 등을 제작 · 생산 · 유통하는 영업 중 청소년의 출입 · 고용이 청소년의 심신발달에 장애를 유발할 우려가 있는 영업일 것.

면서 소요시간에 따라 대가를 수수하게 하거나 이를 조장 또는 묵인하는 형태로 운영되는 영업과 일반음식점영업 중 음식류의 조리·판매보다는 주로 주류의 조리·판매를 목적으로 하는 소주방·호프·카페 등의 영업형태로 운영되는 영업, (나) 「공중위생관리법」에 의한 숙박업(다만, 「관광진흥법」의 규정에 의한 휴양콘도미니엄업과 「농어촌정비법」 또는 「국제회의산업 육성에 관한 법률」의 적용을 받는 숙박시설에 의한 숙박업은 제외), 이용업(다만, 다른 법령에 의하여 취업이 금지되지 아니한 남자청소년의 경우에는 그러하지 아니하다), 목욕장업 중 안마실을 설치하여 영업을 하거나 또는 개실로 구획하여 하는 영업, (다) 「영화 및 비디오물의 진흥에 관한 법률」 제2조 제16호 나목에 따른 비디오물소극장업 또는 「게임산업진흥에 관한 법률」 제2조 제6호에 따른 게임제공업·동법 제2조 제8호에 따른 복합유통게임제공업, (라) 「유해화학물질 관리법」에 의한 유독물영업(다만, 유독물 사용과 직접 관련이 없는 영업으로서 유독물을 직접 사용하지 아니하는 장소에서 이루어지는 영업은 제외), (마) 회비 등을 받거나 유료로 만화를 대여하는 만화대여업, (바) 청소년유해매체물, 청소년유해약물 및 청소년유해물건을 제작·생산·유통하는 영업 등 청소년의 고용이 청소년에게 유해하다고 인정되는 영업으로서 대통령령이 정하는 기준에 따라 청소년보호위원회가 결정하고 여성가족부장관이 이를 고시한 것[14] 등을 들 수 있다.

생각건대 「소년법」에는 우범사유로서 유해환경에 대한 구체적인 정의규정이 없기 때문에 다른 법률에서 유사한 개념을 차용하여 비교·검토해야 하는데, 일반적으로 우범사유로서 유해환경은 「청소년보호법」상의 청소년유해업소의 범위보다 넓은 개념이라고 할 수 있다. 예를 들어 청소년일반음식점영업

---

14) 「청소년보호법 시행령」 ⑧ 법 제2조 제5호 나목 (7)의 "청소년의 고용이 청소년에게 유해하다고 인정되는 영업으로서 대통령령이 정하는 기준"은 다음 각 호의 1과 같다. 1. 청소년유해매체물 또는 청소년유해약물 등을 제작·생산·유통하는 영업으로서 청소년이 고용되어 근로할 경우에 청소년유해매체물 또는 청소년유해약물 등에 쉽게 접촉되어 고용청소년의 건전한 심신발달에 장애를 유발할 우려가 있는 영업일 것, 2. 외견상 영업행위가 성인·청소년 모두를 대상으로 하지만 성인대상의 영업이 이루어짐으로써 고용청소년에게 유해한 근로행위의 요구가 우려되는 영업일 것.

중 음식류의 조리·판매보다는 주로 주류의 조리·판매를 목적으로 하는 소주방·호프·카페 등의 영업형태로 운영되는 영업은 청소년고용금지업소에 해당하여 청소년의 고용은 금지되어 있지만 청소년의 출입은 허용되어 있다. 즉 청소년이 소주방이나 호프집에 출입하는 행위는 적어도 청소년보호법상의 청소년유해업소에는 해당되지 아니하나「소년법」상의 유해환경에는 해당할 수 있는 것이다. 하지만「소년법」의 이러한 입법방식은 모호한 개념인 유해환경의 해석에 자의가 개입될 여지가 상당히 높은 것이기 때문에「청소년보호법」과 같이 보다 구체적인 세부내용을 제시하는 것이 바람직하다고 본다.

2) 우범성

우범성이란 소년의 성격이나 환경에 비추어 앞으로 형벌 법령에 저촉되는 행위를 할 우려가 있는 상태를 말하다. 우범성은 범죄소년 또는 촉법소년이 될 단순한 가능성을 의미하는 것이 아니라 어느 정도 구체성을 가진 범죄의 개연성을 말한다. 즉 우범성의 판단은 범죄원인이나 비행예측에 관한 과학적 지식을 기초로 하고 또한 구체적인 사건에 즉응하여 경험칙 및 실무상의 일반적 경향 등을 모두 종합적으로 고려하여 사건에 즉응하여야 할 것이다.

하지만 소년의 장래의 행동을 정확하게 예측하는 것 자체가 불가능한 상태에서 이를 판단하는 것은 무리가 있다고 하겠다. 예를 들어 음주를 하거나 흡연을 하는 소년 대부분에 대하여 우범성을 인정하게 되면 우범소년으로 되는 비율이 상당히 높아질 것이다. 중·고등학생의 흡연율 통계[15]를 보면 이를 알 수 있다. 우범성은 보안처분의 일종으로 파악할 수 있는데, 보안처분 부과의 핵심적인 지표인 재범위험성과 비교했을 때 상대적으로 추상적인 개념인 우범성을 이유로 보안처분적 성질을 지니는 형사제재를 부과하는 것은 비례성의 원칙에 어긋나는 처사임과 동시에 우범성 판단의 과학적인 기준도 모호하

---

15) 2000년 이후 남자 고등학생의 경우 약 20% 내외가 흡연율을 보이고 있다 (http://nosmokeguide.or.kr/poli-cy/policy4_02_list.asp?gotopage=4&idx_no=223&pds_code=S; 2011. 4. 25. 검색).

기 때문에 심사의 어려움을 겪을 수밖에 없다. 또한 우범성의 예측을 우범구성요건으로 요구하는 것은 수사기관이 소년의 성격이나 환경에 깊이 간섭하도록 하는 것이 되어 결과적으로 소년의 인권보장의 문제가 발생될 위험성이 있다는 지적도 받는다.

3) 우범사유와 우범성과의 관계

현재 우범소년을 판단함에 있어서 우범사유만으로 족하다는 견해는 찾아보기 힘들며, 우범소년으로 인정되기 위해서는 우범사유와 우범성이 동시에 충족되어야 한다는 견해가 주류를 이루고 있다. 하지만 우범사유와 우범성을 병렬적으로 놓여 있는 것으로 파악하는 것은 아니다. 생각건대 3가지의 우범사유 가운데 하나 또는 그 이상의 사유가 존재함과 동시에 소년의 성격이나 환경에 비추어 앞으로 형벌 법령에 저촉되는 행위를 할 우려가 있는 상태도 요구한다고 본다. 즉 우범사유는 우범소년을 판단함에 있어서 형식적 요건이고 우범성은 그 실질적 요건이며, 개개의 우범사유를 검토함에 있어서 우범성을 고려하여 해석하여야 한다.16) 이에 의하면 우범성이 있는 우범사유만이 우범소년의 요건을 충족시킬 수 있다. 만약 우범성이 없는 우범사유가 존재하는 소년이 존재한다면 이 사실만으로는 보호처분을 정당화시키지 못한다.

---

16) 같은 견해로는 김용우, "보호관찰제도에 관한 소론", 『입법조사연구』 제233호, 국회도서관 입법조사분석실, 1995. 6. 80면(우범성은 우범사유를 지지해주는 보충적인 개념이며, 우범사유의 불명확성을 보충한다는 의미에서도 이와 같은 해석이 타당하다).

Ⅲ. 우범소년 처리에 관한 기존의 방식 검토

1. 경찰에 의한 처리방식 검토

1) 우범소년과 불량행위소년(소년풍기사범) 구별의 모호성

우범소년이 있을 때에 경찰서장은 직접 관할 소년부에 송치하여야 한다(제4조 제2항).「소년법」에 의하면 경찰서장이 우범소년을 발견한 경우에는 재량의 여지없이 소년부에 송치해야 한다고 규정하고 있다. 이와 같이 실질적으로 우범소년을 처리하는 주체는 경찰이라고 할 수 있다. 하지만 경찰의 독자적 판단을 견제할 수 있는 장치가 없어 보호처분이 필요한 소년마저 경찰단계에서 종국처리될 수 있다는 비판이 제기될 수 있다.[17) 또한「소년업무처리규칙」(경찰청예규 제413호, 2009. 11. 19. 일부개정) 제2조 제6호에서는 우범소년과 유사한 불량행위소년(소년풍기사범)[18)이라는 규정을 두고 있는데, 이것은「소년법」상의 '비행소년은 아니지만' 음주·흡연·싸움 기타 자기 또는 타인의 덕성을 해하는 행위[19)를 하는 소년을 말한다. 경찰관은 불량(행위)소년을 발견하면 현장에서 주의, 조언,[20) 제지[21) 또는 필요에 따라 보호자에게 연락, 조언하여

---

17) 김혁, 앞의 논문, 120면.

18) 한편 요보호소년이라는 개념이 있는데, '요보호소년'이란 비행소년은 아니지만 학대·혹사·방임된 소년 또는 보호자로부터 유기 또는 이탈되었거나 그 보호자가 양육할 수 없는 경우 기타「경찰관직무집행법」제4조 또는「아동복지법」제10조에 의하여 보호를 요하는 자를 말한다.

19) 이에는 흥행장 출입, 남녀혼숙, 흉기소지, 환각물질 흡입 등과 같은 행위를 말한다고 할 수 있다. 하지만 "어질고 너그러운 품성"을 뜻하는 '덕성'이라는 개념은 도덕이나 윤리가 품성으로 인격화된 것을 의미한다. 도덕이나 윤리는 국민 개개인마다 역사인식이나 종교관, 가치규범에 따라 자율적인 구속력을 지닌 내면적인 당위(當爲)로서, 그 행위주체 일방에 대한 관계에서는 일의적으로 확정된 의미를 가질 수 있을지 모르나, 법의 집행자와 수범자 쌍방에 대한 관계에서는 일의적으로 확정된 의미를 가진다고 보기 어려우므로, 그 적용범위의 한계가 명확하다고 할 수 없다[헌법재판소 2002. 2. 28. 선고 99헌가8 결정(「미성년자보호법」제2조의2 제1호 등 위헌제청)]. 이러한 불명확성의 문제점은 제1차 개정「소년법」제4조 제1항 제3호 다목의 규정의 후단 부분, 즉 '자기 또는 타인의 덕성을 해롭게 하는 성벽이 있는 것'을 현행「소년법」이 삭제한 것에서도 엿볼 수 있다.

야 한다(「소년업무처리규칙」 제21조). 즉, 불량행위소년은 범죄를 범하였다고 볼 수 없기 때문에 비행소년과 같은 공적인 처우의 대상이 될 수 없고, 또한 수사의 대상에도 해당되지 않으나 장래의 비행화 방지와 보호가 필요한 소년으로서 경찰이 이러한 소년을 발견한 경우에는 필요한 주의·조언·제지·일시보호[22] 등의 선도활동을 하게 된다.[23] 이러한 소년들의 행위는 경미하지만 사회적 규범으로부터 일탈한 소년이라고 할 수 있는데, 불량행위소년은 풍기사범으로 분류되어 경찰 자체에서 종국처분하고 있다. 그 밖에도 실무에서는 이러한 조치 이외에도 즉결심판 회부, 훈방조치 등을 행하고 있는데, 이에 대한 법적인 근거가 없다는 문제가 있다.

우범소년과 불량행위소년을 구별하는 기준은 '그 성격이나 환경에 비추어 앞으로 형벌법령에 저촉되는 행위를 할 우려'가 있는 것으로 우범성의 존재 여부에 따른다. 하지만 우범성을 판단하는 과정에서는 경험칙에 근거하여 소년의 성격과 지능 등의 자질적인 요인 그리고 가정과 학교, 직장, 교우관계 등의 환경적인 요인 등을 종합적으로 분석한 다음에 판단하여야 하기 때문에 이러한 우범성의 판단의 어려움은 결과적으로 우범소년과 불량행위소년의 구별을 더욱더 어렵게 하고 있다.[24] 이와 같은 우범성 판단의 어려움으로 인하여 실무에서는 경찰이 「소년업무처리규칙」에 따른 조치와 함께 즉결심판 회부, 훈방조치 등을 동시에 병행하고 있는 실정이다. 즉 우범소년과 불량행위소년을 명확하게 판별하기는 용이하지 않기 때문에 실무상으로 다수의 우범소년

---

20) 경찰관은 수사 또는 조사한 결과 비행소년이 아니라고 인정되는 소년 또는 14세 미만의 우범소년에 대하여는 적절한 주의 조언에 그치되 보호자의 의뢰가 있거나 비행 예방을 위해 필요하다고 인정될 때에는 계속하여 적절한 선도대책을 강구하여야 한다(「소년업무처리규칙」 제33조).

21) 경찰은 담배를 압수해야 하고, 담배의 구입처를 알아내어 단속을 병행해야 한다.

22) 경찰관은 긴급한 보호조치를 하지 않으면 형벌법령에 저촉되는 행위를 할 염려가 있는 소년을 발견하거나 또는 보호자 기타 관계자로부터 연락을 받았을 때에는 지체 없이 일시보호 조치를 강구하여야 한다(「소년업무처리규칙」 제44조). 여기서 말하는 일시보호 조치는 「경찰관직무집행법」 제4조 및 「아동복지법」 제10조에 의한다.

23) 박상열, 앞의 논문, 81면.

24) 박상열, 앞의 논문, 81면.

과 불량행위소년을 구별하지 않고 이들을 포괄하여 소년풍기사범으로 취급하는 것이다. 오히려 불량행위소년에 해당하는지 여부는 모두 「소년법」상의 우범성 내지 우범사유의 판단에 있어서 구체적인 기준이 될 수 있는 것들이어서 실질적으로 양자를 엄격하게 구별하는 것은 불가능하다고 본다.

2) 소년풍기사범의 단속 및 처리현황

<표 5-1> 소년풍기사범의 단속현황(2001~2006)

구분	2001년	2002년	2003년	2004년	2005년	2006년[25]
계	115,607	142,837	125,108	105,607	105,520	142,827
음주 · 흡연	32,762	48,514	42,889	35,316	35,702	48,514
싸움 · 소란	33,647	40,773	41,311	35,467	37,548	40,773
남녀혼숙	287	791	606	789	667	791
흉기 소지	434	283	233	569	273	
음란서적 · 비디오 · 불량만화 소지	1,334	410	559	635	765	283
약물남용	258	156	172	149	68	156
기타	47,345 (41.1)	51,910 (36.4)	34,172 (32.3)	32,682 (30.9)	30,497 (28.9)	51,910

출처: 사이버경찰청, 『범죄백서』, 2007.

    소년풍기사범의 단속 및 처리현황과 관련해서는 다음과 같은 문제점을 제기할 수 있다. 첫째, 통계상의 문제점으로 '기타'의 비율이 너무 많다는 점을 지적할 수 있다. 기타의 비율은 지속적으로 소년풍기사범에서 비중 있게 차지하고 있는 유형인 음주, 흡연, 싸움, 소란 등과 대등한 비율을 차지하고 있음에도 불구하고, 그 세부적인 유형에 대해서는 알 수가 없는 것이다. 약물남용과 같은 극소수의 인원도 구체적인 수치가 나오는 상황에서 이러한 모호성은

---

25) 필자가 2006년도 이후의 소년풍기사범의 단속현황 및 처리현황을 알아보기 위하여 2011년 6월 3일 서울지방경찰청(접수번호:1368578)과 경찰청(접수번호:1368577)에 정보공개 신청을 하였으나 이후의 통계자료를 취합하지 않고 있다는 회신을 받은 바 있다.

더욱더 궁금증을 자아낸다. 그러므로 기타에 속하는 유형에 대하여 세부적으로 분류하고, 이를 명백히 밝히는 작업이 필요하겠다.

둘째, 음란서적이나 음란비디오의 소지는 날로 그 수가 줄어들고 있음에 반하여, 인터넷의 음란동영상이 널리 확산되어 있는 현실을 반영한 새로운 유형의 개발이 필요하다. 급속한 인터넷의 확산에 따라 음란물의 노출은 서적이나 비디오가 아닌 동영상이 주류를 이루고 있다고 해도 과언이 아니다. 이와 더불어 공연히 배포하거나 전시하는 것이 아닌 단순 소지를 어떻게 확인할 것인가에 대한 실효성의 문제도 지적할 수 있다. 또한 개인 PC에 저장되어 있는 음란동영상의 발견에 대하여 국가가 간섭하기보다는 가정 내에서 자체적으로 해결하는 것이 보다 바람직하다고 본다.

셋째, 싸움, 흉기 소지,[26] 약물남용[27] 등은 범죄행위라고도 할 수 있는데, 소년풍기사범으로 처리함에 있어서 다른 유형들과 불법의 중대성 측면에서 문제가 될 수 있다. 하지만 이 경우 상당수가 범죄행위에 해당하며, 경찰은 이러한 형사사건의 경우 전건을 검찰로 송치하여야 함에도 불구하고 법률적 근거가 모호한 훈방조치 형태를 취하고 있다.[28] 현재 소년풍기사범은 형사입건, 즉결심판, 보호자나 학교장에게 통보, 훈방 등으로 처리할 수 있으나 거의 대부분 훈방으로 처리하고 있다. 즉 해마다 10만 명 이상을 경찰이 훈방조치하고 있다.[29] 이는 형사절차를 통한 낙인효과를 방지하고 법원의 업무과중을 줄여주기 위한 방편의 하나일 것이다.[30] 하지만 보호자에게 인계하는 것은 불량행위를 행하게 된 환경에 그대로 방치한다는 의미로 이해될 수 있다.[31] 실제

---

26) 「폭력행위 등 처벌에 관한 법률」 제7조: 정당한 이유 없이 이 법에 규정된 범죄에 공용될 우려가 있는 흉기 기타 위험한 물건을 휴대하거나 제공 또는 알선한 자는 3년 이하의 징역 또는 300만 원 이하의 벌금에 처한다.

27) 「마약류 관리에 관한 법률」 제4조 및 제58조 내지 제61조 참조

28) 남선모, "한국 소년교정의 현상과 과제", 『소년보호연구』 제13호, 한국소년정책학회, 2009. 12, 175면.

29) 사이버경찰청, 『경찰백서』, 2007.

30) 최종식, "소년비행의 대책에 관한 연구", 『형사정책』 제19권 제2호, 한국형사정책학회, 2007, 89면.

31) 원혜욱, 앞의 논문, 381면.

로 소년풍기사범에 대하여 약 98~99%가 보호자 인계조치로 종결되고 있다. 이는 국가가 비행소년의 초기단계에 개입하지 않음으로써 범죄를 유발한다는 비판을 면할 수 없다. 물론 경찰이 모든 우범소년 내지 소년풍기사범을 소년보호사건으로서 소년법원에 송치하는 것은 가능하지도 않을 뿐만 아니라 바람직하지도 않을 것이다. 하지만 단순한 보호자 인계조치는 「소년법」 본래의 이념과 정반대의 현상을 초래하는 보다 심각한 문제를 야기할 수 있다. 이는 초발비행의 단계에서 체계적인 지도와 교육을 시켰다면 재비행의 악순환에서 벗어날 수도 있던 기회를 무산시키는 결과를 초래하고 있는데,[32] 훈방조치 후 이러한 소년들에 대한 적절한 재비행방지교육 프로그램의 개발 및 시행이 확립되어야 하겠다.

2. 보호자 또는 학교 · 사회복리시설 · 보호관찰소의 장에 의한 처리 방식 검토

우범소년을 발견한 보호자 또는 학교 · 사회복리시설 · 보호관찰소의 장은 이를 관할 소년부에 통고할 수 있다(제4조 제3항). 하지만 보호자 · 학교의 장 · 사회복리시설의 장 등과 같은 비전문가(layman)에게 우범소년을 판단하도록 하는 것은 무리가 있다고 본다. 법률의 규정상으로도 이러한 자들의 경우에는 우범소년 발견 시 반드시 소년부에 통고해야 하는 것이 아니라 임의적으로 되어 있는데, 이는 비전문가임을 은연중에 나타내는 것이다. 이러한 비전문가들에게는 소년부 통고처분 대신 우범소년에 대한 적절한 조치를 취할 수 있는 재량을 인정한 것이라고도 볼 수 있다.[33]

또한 학교생활 부적응 학생 등 비행으로 전이 가능성이 높은 잠재적 범죄소년에 대한 예방지도에 관한 문제도 학교당국에만 맡길 것이 아니라 비행전문

---

32) 최종식, 앞의 논문, 90면.

33) 이러한 측면에서 경찰서장의 경우에도 우범소년에 대한 일정한 재량권을 부여하는 것이 바람직하다.

기관과의 연계시스템을 구축하여 체계적으로 다루어야 할 필요가 있다. 그러나 소년보호제도에 대한 사회적 인식의 부족 및 보호처분 대상자에 대한 왜곡된 시각과 편견에 따른 낙인효과를 우려한 결과, 소년보호사건 처리절차에서 보호자·학교 또는 사회복리시설의 장에 의한 통고제도는 거의 활용되지 않고 있다. 우범소년이라고 하여 경찰에 통고하는 교사나 보호자가 있다면 이들은 우범소년, 보호자, 여론 등으로부터 지탄을 받을 것이다. 이러한 연유로 이들은 가급적 내부적으로 조용히 해결하려고 하는 경향이 있다.

3. 검사에 의한 처리방식 검토

검사는 소년에 대한 피의사건을 수사한 결과 보호처분에 해당하는 사유가 있다고 인정한 경우에는 사건을 관할 소년부에 송치하여야 하는데(제49조 제1항), 이는 보호처분의 사유를 발견한 경우에는 형사처분을 하지 말아야 한다는 점을 나타내고 있다. 하지만 검사가 수사한 소년피의사건 가운에 우범소년으로 송치할 수 있는 경우는 그리 많지 않을 것이다. 우범소년의 경우 검찰 전 단계인 경찰단계에서 경찰서장이 송치처분을 하거나 훈방조치로 사건이 검찰까지 오기 힘들 것이고, 설사 검사에게 송치된 소년은 사안이 중대한 경우가 대부분이어서 경찰이 형사처분을 하기 위해서 송치한 것이 대부분일 것이기 때문이다.

Ⅳ. 우범소년 처리절차의 합리화 방안

1. 우범소년 규정 존폐에 관한 기존의 논의

우범소년은 아무런 범죄행위를 저지르지 않았음에도 불구하고 소년보호절차의 대상이 되어 보호처분이 부과될 수 있다. 하지만 우범소년의 규정 자체가 죄형법정주의의 관점에서 매우 불명확하여 소년의 인권을 침해할 소지가 다분하다는 점에 주목해야 한다. 아직 범죄를 저지르지 않은 단계에 있는 소년에 대하여 일정한 강제처분(보호처분)을 부과할 수 있다는 점에 비추어 그 해석은 엄격해야 한다. 우범소년규정의 존치문제는 종래부터 많은 논의가 진행되어 왔던 문제로 이후에도 지속적인 논의가 이루어질 것이라 예상된다.[34)

먼저 우범소년 규정 존치론[35)에 의하면 비행성이 현저하게 나타나 있는 우범의 단계에 있는 소년에 대하여 적극적인 조치를 취함으로써 보호주의의 요청에 부합한다고 한다. 이에 대한 논거는 다음과 같다. 첫째, 우범소년도 반사회성이 있는 소년이기 때문에 소년을 건전하게 육성하기 위해 소년보호절차의 대상으로 삼아야 한다. 둘째, 우범성에 근거한 보호처분은 사회방위를 위하여 필요하다. 셋째, 우범소년의 보호를 행정기관이 아닌 사법기관이 관할하는 것이 우범소년의 인권보장에 기여한다. 「소년법」의 기본이념이 보호주의이기 때문이다. 넷째, 실제에 있어서 우범성의 판단에 신중을 기한다면 자의성이 문제되지 않는다. 다섯째, 우범소년에 대한 복지시설이 잘 갖추어져 있지 않은 현실을 감안해야 한다. 여섯째, 우범소년을 보호소년이라고 하더라도 소년보호시설만 확충된다면 별다른 문제가 될 것이 없다. 즉 우범소년을 보호대상으로 하더라도 보호처분이 다양화되고, 비행예방의 정책이 수립된다면 별다른 문제가 되지 않는다. 일곱째, 긴급보호의 필요가 있는 우범소년에 대하여 보호처분의 가능성을 열어 둘 필요가 있다.

다음으로 다수설에 해당하는 우범소년 규정 폐지론[36)에 의하면 우범성의 판단에 주관적·자의적 요소가 개입되어 인권침해의 소지가 있다는 점에서 죄형법정주의의 요청에 부합하지 않는다고 한다. 이에 대한 논거는 다음과 같

---

34) 강경래, "한·일 개정 「소년법」에 대한 비판적 고찰", 『소년보호연구』 11호, 한국소년정책학회, 2008. 12, 34면.

35) 최종식, 앞의 논문, 98면.

36) 안경옥, "청소년범죄의 형사법적 대책과 검사의 역할-한국의 소년사건처리절차와 검사의 역할-", 『경희법학』 제42권 제2호, 경희대학교 법학연구소, 2007. 9. 18-19면; 장중식, "소년범죄 처리와 「소년법」상의 문제점 및 개선방안", 『교정연구』 제41호, 한국교정학회, 2008. 12. 156면; 점승헌, 앞의 논문, 52면; 최병각, 앞의 논문, 99면.

다. 첫째, 「소년법」에 의하면 경찰서장에게 우범소년을 발견할 시 전건송치주의[37]를 규정하여 당해 소년은 전원 소년부에 송치되어 우범사실과 요보호성의 정도에 따라 보호처분, 심리불개시처분, 불처분 결정 등을 받게 된다. 우범행위보다 훨씬 중한 죄를 지은 범죄소년은 검사 단계에서 기소유예 등을 통하여 사법절차에서 조기에 배제될 수 있으나 우범소년은 예외 없이 판사 앞에 불러가야 하는데, 이는 비례성의 원칙에 맞지 않는 처사이다. 또한 실무적으로 우범소년이 통고되거나 송치된 예가 거의 없어서[38] 우범소년에 대한 처리인원이 극히 적다.[39]

<표 5-2> 우범소년의 소년부 송치 현황

연도	88	89	90	91	92	93	94	95	96	97	98	99	00	01	02	03	04	05	06	07
건수	3	5	1	4	3	5	2	2	33	47	0	0	0	2	1	0	11	8	2	5

출처: 법원행정처, 『사법연감』, 2008

둘째, 우범소년의 요건이 불명확하여 명확성의 원칙에 반한다. 우범성의 유무에 대한 판단과 예측이 곤란한 경우가 많아서 자의적인 처리가 될 가능성이 농후하다. 우범성은 소년의 성격과 환경에 비추어 위험성이 예측될 것을 조건으로 하는데, 이러한 위험성 예측의 판단은 소년의 인격에 대한 판단을 포함하기 때문에 판단자의 주관이 개입될 여지가 많기 때문이다. 우범사유에 대한 판단에 있어서도 규범적 요소가 내포되어 있어서 법적 개념으로서의 객관성을 떨어뜨리는 경향이 있다.[40]

---

37) 이에 따라 우범소년은 「소년법」의 취지에 따라 모두 소년부에 송치되도록 하여야 한다는 견해(정동기, "소년사법의 현실과 문제점(하)", 『법조』 제383호, 법조협회, 1988. 8. 37면)도 있다.

38) 원혜욱, "개정 「소년법」의 주요 쟁점에 관한 검토-보호대상을 중심으로-", 『소년보호연구』 11호, 한국소년정책학회, 2008. 12, 40면.

39) 이에 대해서 우범소년문제는 「소년법」에 있어서 양적인 문제가 아니라 질적인 문제이기 때문에 실제 운용에서 우범소년의 처리건수가 적다고 해서 「소년법」으로부터 아예 우범 규정 자체를 삭제해야 한다는 주장은 타당하지 않다는 견해(최종식, 앞의 논문, 98면)도 있다.

셋째, 범죄실행을 전제로 하지 않은 우범소년이 보호절차를 거치거나 보호 처분을 받게 되면 범죄소년과 동일한 낙인이 찍힌다. 일반적인 국민감정에 의 하면 어떠한 행위로 인하여 공식적인 사법처리를 받은 자에 대해서 모두 전과 자라는 인식을 은연중에 가지고 있기 때문에 피처분자의 재사회화에 역행할 우려가 상당히 크다. 보호절차이든 형사절차이든 법원 단계로 간다는 것 자체 를 일반 국민은 범죄자로서의 낙인을 찍게 된다. 또한 「소년법」에 의하면 소 년이 보호처분을 받은 사실로 인하여 장래에 불이익한 영향을 미치지 않는다 고 하지만, 대법원은 상습범 판단사유로서 종래의 보호처분도 포함하는 입장 을 취하고 있는데, 이러한 사례도 보호처분에 대한 잘못된 인식의 결과로 보 인다. 우범소년에 대하여 보호처분을 부과할 수 있도록 하고 있는 「소년법」의 궁극적인 취지는, 우범소년에 대하여 조기에 그의 성격과 환경을 조정해 줌으 로 인하여 장래 형벌법령에 저촉되는 행위를 하지 않도록 하기 위함일 것이 다. 하지만 이러한 조기의 개입이 오히려 실제 형벌법령에 저촉되는 행위를 하지 않은 자에게 형벌법령에 저촉된 행위를 한 것과 같은 착시효과를 유발하 여 그의 성격과 환경에 악영향을 미칠 수 있음을 주의해야 한다. 또한 우범소 년이 소년원에 수용될 경우에는 범죄수법을 배울 수 있다. 범죄소년과 구분 없이 소년원에 수용될 경우 실제 범죄행위를 행했던 소년으로부터 범죄수법 을 학습하게 되어 소년원이 범죄학교의 역할을 수행하게 될 위험성이 있다.

넷째, 성인에게서 문제되지 않는 지위비행에 불과한 우범소년에 대하여 우 범성이 있다는 이유만으로 형사제재와 유사한 소년보호처분을 과하는 것은 국친사상을 지나치게 강조한 결과이다. 소년이 형벌법령에 저촉되는 행위를 저지른 후에서야 비로소 국가가 간섭하여 조치를 취하는 것은 이미 때가 늦다 는 생각은 위험하다.[41] 또한 우범소년 규정은 범죄사실을 부인하거나 범죄사 실을 증명할 명백한 증거가 없는 소년사건을 손쉽게 처리할 수 있는 편법으로 악용할 우려를 완전히 배제하기 어렵다.[42]

---

40) 송광섭 · 점승헌, 앞의 논문, 486면.

41) 최종식, "「소년법」상 보호소년에 관한 연구-우리나라 소년보호처리제도와 그 개선방안을 중심으로-", 강원대학교 법학박사학위논문, 1996. 2. 113면.

다섯째, 우범소년을 건전하게 육성하기 위한 보호처분이나 보호절차가 갖추어져 있지 않다. 우범소년의 특성을 고려한 보호처분이나 이를 실현하기 위한 보호시설이 별도로 마련되어 있지 않다.

여섯째, 우범소년에 대하여는 형사제재의 성격을 가지고 있는 보호처분보다는 순수한 복지적 행정처분이 필요하다. 왜냐하면 우범소년의 처리에 대해서는 범죄소년 또는 촉법소년의 처리절차와 구분되어야 하기 때문이다. 후자의 경우와 동일하게 처리하는 태도는 지양되어야 한다.43) 또한 우범소년에 대한 보호처분의 문제와 소년보호이념은 상호 구별되어야 하는데, 소년의 건전한 육성과 교육이라는 소년보호의 이념은 복지행정을 통해서도 달성될 수 있기 때문이다.44)

---

42) 장영민, "「소년법」상의 제 연령 기준에 관한 일 고찰", 『법학논집』 제9권 제2호, 이화여자대학교 법학연구소, 2005. 2. 110면.

43) 김용세, "청소년비행의 최근 동향과 특징", 『법학연구』 제5권 제1호, 충남대학교 법학연구소, 1994. 12. 271면; 원혜욱, 앞의 논문, 53-54면(우범소년의 처리를 소년복지업무를 담당하는 행정기관에 맡겨야 할 것인데, 이를 위해서는 「소년법」에서 우범소년 규정을 삭제하고 다른 법률에 우범소년을 처리하는 규정을 신설해야 할 것이다. 그러나 현행 법체계에는 우범소년을 적절하게 처리할 수 있는 소년복지 관련법이 존재하지 않으며, 이러한 상황에서 우범소년의 규정을 「소년법」에서 삭제하게 되면 우범소년을 그대로 방치하는 결과에 이르게 된다. 따라서 현행 법체계에서 우범소년에 대한 처리를 다른 법률에 규정함이 없이 「소년법」에서 삭제하게 되면 우범소년에 속하는 가출소년 등에 대한 문제가 심각해 질 것이다. 이에 우범소년의 규정은 「소년법」에 존치하되, 범죄소년 또는 촉법소년과는 구별하여 처리할 수 있는 법적 근거가 마련되어야 할 것이다. 우범소년에 대한 규정이 궁극적으로는 소년복지관련법에 규정되어야 하겠지만 현재의 상황에서는 「소년법」에 우범소년에 대한 규정을 존치하고, 우범소년에 대한 다양한 정책을 개발하여 비행을 예방할 수 있도록 하는 것이 효율적이라 할 것이다).

44) 이진국, "소년보호대상의 범위에 관한 형사정책적 검토", 『형사정책연구』 제17권 제1호, 한국형사정책연구원, 2006. 3. 108면(결론적으로 우범소년에 대하여 「아동복지법」 제10조의 절차에 따른 보호조치를 부과하는 것이 더 적합하다고 생각한다). 하지만 「아동복지법」 제10조는 보호를 요하는 소년에 대한 보호조치를 규정하고 있을 뿐이다.

2. 우범소년 규정 존치의 당위성: 우범사유의 명확화 및 우범소년 처리의 세분화를 통하여

1) 우범사유의 명확화

현행 「소년법」상의 우범사유가 과거에 비하여 구체화되었다는 평가를 받고 있지만, 아직까지도 죄형법정주의의 명확성의 관점에서 문제점이 많다는 지적이 다수의 견해라고 평가된다. 이러한 우범사유의 불명확성에 대한 지적은 우범소년 규정 폐지론뿐만 아니라 존치론에서도 주장되고 있는바, 일반인이라면 누구나 쉽게 파악할 수 있도록 보다 명확한 우범사유를 규정하는 것이 시급하다. 이에 여러 가지 방안을 생각해 볼 수 있는데, 실무에서 활용하고 있는 불량행위소년과의 연계를 통한 해결책이 가장 타당한 것이라고 판단된다. 연간 약 10만여 명의 지위비행소년들이 불량행위소년으로 처리되고 있는 현실은 우범소년으로 처리되는 인원이 거의 없다고 해도 과언이 아닌 상황과 비교되는 것으로서, 양자의 적절한 조화가 요청되는 상황이라고 하겠다. 특히 우범사유 중 '술을 마시고 소란을 피우거나 유해환경에 접하는 성벽이 있는 것'의 구체적인 예시상황이 불량행위소년과 중첩되고 있다는 점은 양자의 조화가능성을 높여주는 것이다. 또한 유해환경에 접하는 성벽이라는 모호한 개념을 보다 구체화하여 청소년보호법상의 청소년유해업소 등을 준용하는 방식, 청소년보호법상의 청소년유해업소보다 넓은 개념이라고 할 수 있는 '유해환경'의 개념을 보다 구체화하여 이성혼숙, 흡연, 음주 등 사실적 개념을 사용하는 방식 등이 생각해 볼 수 있다. 또 다른 우범사유인 '집단적으로 몰려다니며 주위 사람들에게 불안감을 조성하는 성벽이 있는 것'은 도저히 구체화할 수 있는 방안이 없다고 판단되므로 과감히 삭제해야 한다.

한편 우범사유와는 별도로 우범성 판단이 불명확하기 때문에 우범소년 규정을 폐지하자는 견해가 있는데, 이는 타당하지 않다고 본다. 우범성이란 소년의 성격과 환경에 비추어 위험성이 예측될 것을 조건으로 하는 것인데, 이는 일반적으로 보안처분에서 말하는 재범위험성의 판단과 같은 과학적인 기준으로 얼마든지 측정이 가능하기 때문이다. 재범위험성을 기준으로 부과되는 보안처분이 광범위하게 인정되고 있는 현실에서 우범성 판단이 힘들기 때문에 보호처분 대상에서 제외하자는 논의는 설득력이 없는 것이다.

2) 우범소년 처리의 세분화

우범소년을 범죄소년으로 전이되지 않도록 예방하는 것은 그 어떤 경우보다도 비용이 적게 들면서도 그 효과가 크기 때문에 시의적절한 국가의 개입이 가장 필요한 분야이다.45) 이와 관련하여 현행 「소년법」상 우범소년은 범죄소년 또는 촉법소년과 동일한 보호절차를 받을 수 있도록 되어 있다. 하지만 범죄를 실제로 저지른 소년과 저지를 가능성만 존재하는 소년을 동일한 사법절차로 처리한다는 것은 비례성의 원칙에 맞지 아니한다. 그러므로 다른 비행소년과 달리 우범소년만을 위한 별도의 처리절차를 「소년법」에 신설하는 것이 바람직하다고 본다.46) 즉 우범소년에 대한 국가의 개입근거를 존치47)시키되 한 걸음 더 나아가 인권침해의 소지를 제거하고 우범소년과 관계인들이 수긍할 수 있는 제도적인 장치를 고안하는 것이 요구된다고 하겠다.

먼저 경찰서장의 경우에 우범소년을 발견한 때에는 반드시 송치하여야 하는 것으로 규정할 것이 아니라 보호자 등의 경우와 같이 다른 적절한 방법이 가능하다고 판단되는 경우에는 재량권을 인정하는 것이 타당하다. 실제로 불량행위소년을 우범소년과 달리 소년부에 송치하지 않고 비공식적인 처리방안

---

45) 송인택, "소년사법제도 개선방안 연구", 『형사법의 신동향』 제23호, 대검찰청, 2009. 12. 287면.

46) 이에 대하여 원혜욱 교수는 우범소년에 대해서는 관할 소년부에 송치하여 적절한 보호처분을 받게 하거나 경찰단계에서 조건부 훈방처분을 활용하여 처리하게 해야 할 것이라고 주장한다(원혜욱, 앞의 논문, 389-390면).

47) 특히 현행법 체계에서 우범소년을 적절하게 처리할 수 있는 소년복지 관련법이 존재하지 않기 때문에 우범소년 규정을 「소년법」에서 삭제하게 되면 우범소년을 그대로 방치하는 결과에 이르게 된다(최호진, "개정 「소년법」에 대한 주요 내용과 비판적 검토", 『법학논총』 제31권 제2호, 단국대학교 법학연구소, 2007. 12. 254면).

으로 처리하고 있는 이유는 현장에서 보호자 인계 등을 통하여 훈방 조치하는 것이 낙인효과를 방지하고 업무상 부담을 경감해 줄 수 있다는 점에 기인한다고 볼 수 있다. 이러한 관점에서 당해 우범소년 모두를 「소년법」상의 보호처분으로 해결하고자 하는 것은 무리라고 본다. 우범소년에 해당하는 자는 원칙적으로 그들이 속해 있는 사회 내에서의 적절한 해결방안을 모색해야 할 것이다. 다만 사회 내에서의 적절한 해결방안이 확립되어 있지 않은 현 상황에서 「소년법」의 역할은 적절한 해결방안의 제시와 이에 대한 법적 근거를 마련하는 데에 있는 것이다. 예를 들면 흡연자의 경우 정기적인 니코틴 검사를 통하여 흡연사실에 대한 지속적인 모니터링을 하는 것을 조건으로 훈방조치하는 방안, 음주자의 경우 특정 야간시간대의 외출금지를 부과하고 집전화 등을 이용한 감시를 조건으로 훈방조치하는 방안 등을 들 수 있을 것이다. 특히 현행 불량행위소년과 우범소년을 통합하는 입장을 취한다면 선도조건부 훈방의 법적 근거와 선도조건의 구체적인 내용을 「소년법」상에 규정하는 것이 가장 바람직한 방향이라고 판단된다.

다음으로 우범소년에 대하여 「소년법」이 정한 보호처분은 너무 과중한 측면이 있다. 사안에 따라 단순 훈계의 차원에서 해결될 수 있는 부분도 분명히 있는 것임에도 불구하고 범죄소년과 동일한 보호처분을 부과할 수 있는 여지를 두고 있는 것은 문제가 있다. 물론 실제에 있어서 우범소년에 대하여 제8호 처분 이상에 해당하는 보호처분이 부과되는 것은 일어날 수 없는 현상이라고 할지라도 일단 부과의 가능성이 있다는 점만으로도 일반인의 관점에서는 상당한 낙인효과를 유발하고 있는 것이다. 따라서 범죄소년 또는 촉법소년에게 부과할 수 있는 보호처분의 종류와 우범소년에게만 부과할 수 있는 보호처분의 종류를 분리하여 규정하는 작업이 필요하다. 예를 들면 제32조 제1항의 보호처분 가운데 제1호 내지 제4호에 한해서 부과할 수 있도록 한 다음, 감호위탁, 수강명령, 사회봉사명령, 단기보호관찰의 구체적인 방법과 내용에 대하여도 규정하는 것이 바람직하다고 본다.

Ⅴ. 글을 마치며

이상과 같이 「소년법」상 우범소년 규정을 중심으로 관련된 제반사항들에 대하여 살펴보았다. 범죄소년 또는 촉법소년과는 달리 우범소년에 대해서는 규정에 대한 존폐론을 시작으로 우범소년 처리과정 전반에 대한 논의에 이르기까지 첨예한 견해의 대립이 있을 뿐만 아니라 입법론으로서 주장되는 해결책도 상당수 존재하고 있는 것이 현실이다. 예를 들면 우범사유의 명확화 논의, 우범성 판단기준의 제시, 불량행위소년과의 상호관계, 우범소년 처리주체의 고유역할 등에 대한 심도 있는 논의는 예전부터 계속하여 진행되고 있다.

하지만 생각하건대 우범소년의 처리에 있어서 가장 중요한 점은 우범소년의 처리 주체인 경찰서장, 보호자, 학교의 장, 사회복리시설의 장, 보호관찰소의 장, 검사 등의 단계에 이르기 전 단계에 해당하는 지역사회의 관심을 통한 해결책을 강구하는 것이라고 할 수 있겠다. 흡연, 음주, 이성혼숙 등의 비행행위를 보호자나 학교의 장이 보는 앞에서 드러내 놓고 행하는 비행소년은 없을 것이다. 아마도 대부분의 비행소년은 자신을 잘 알고 있지 못하는 제3자의 시야에 노출된 경우에 비행행위를 범하게 될 것이고, 이러한 비행행위를 방관하고 지나치는 어른들로 인하여 자신의 잘못된 행동을 고착하시키고 있는지도 모르겠다. 그러므로 「소년법」이 규정하고 있는 우범소년의 처리주체의 역할보다 지역사회의 역할이 훨씬 크다고 할 수 있다. 급격한 도시화, 물질만능주의, 개인주의 사상 등이 팽배한 현대사회의 변화된 모습 그 자체가 대부분의 소년범죄 또는 소년비행의 핵심적인 원인이라는 점에 대해서 이견이 없다는 것을 굳이 지적하지 않아도 지역사회의 역할을 강조하는 것이야말로 우범소년의 합리적인 처리과정에 있어서 최우선의 과제로 삼아야 할 것이다.

제6장 중지미수의 '자의성'에 대한 비판적 검토

I. 문제의 제기

「형법」은 제26조에서 "범인이 자의로 실행에 착수한 행위를 중지하거나 그 행위로 인한 결과의 발생을 방지한 때에는 형을 감경 또는 면제한다"라고 하여 '중지범'[1]을 규정하고 있다. 중지미수(Rücktritt vom Versuch)는 범죄의 실행에 착수한 행위자가 그 범죄가 완성되기 전에 자신의 의사에 의하여 실행행위를 중지하거나 그 결과의 발생을 방지한 경우에 성립하는 미수범의 한 형태이다. 중지미수도 미수범의 한 태양으로서 실행의 착수 이후의 개념임을 명백히 하여 예비·음모와 구별됨을 보이고, 실행행위의 중지나 결과발생의 방지는 자의로 인한 것임을 요구하여 제25조의 장애미수와 제27조의 불능미수와의 구별됨을 보이고 있다.[2]

이와 같이 중지미수와 장애미수 내지 불능미수의 중요한 차이점은 자의성(Freiwilligkeit)의 유무에 있다. 따라서 중지미수에서 '자의로'라는 개념을 해석하는 것이 중지미수의 실제 적용에 있어서 가장 중요한 문제라고 할 수 있다. 그리하여 대부분의 학자들은 중지미수의 성립요건을 검토함에 있어서 객관적인 요건에 앞서 주관적인 요건인 자의성을 먼저 검토하는 방식을 취하고 있으며,[3] 자의성의 인정유무에 대해서는 여러 가지 학설이 대립이 있다. 그런데

---

* 『법학논문집』 제35집 제1호, 중앙대학교 법학연구원, 2011. 4. 145면 이하.

1) 중지미수와 중지범은 서로 구분되는 개념이고, 중지미수는 중지범과는 달리 처벌을 원칙으로 한다는 점을 명확히 하기 위해서 제26조의 표제어인 '중지범'보다는 '중지미수'라는 용어를 사용하는 것이 더 타당하다고 보는 견해(손동권, 『형법총론』(제2개정판), 율곡출판사, 2006, 410면)가 있다. 한편 현재 진행 중에 있는 법무부 형법개정안에 의하면 중지미수도 미수범의 일종으로 처벌받는 범죄라는 점을 명확히 하기 위하여 표제를 중지범에서 중지미수로 수정하였다. 이는 '불능범'(현행)에서 '불능미수'(개정안)로 변경한 점도 고려한 것이다.

2) 이에 대하여 우리 형법상의 미수형태로는 가능미수(제25조)와 불능미수(제27조)밖에 없고, 제26조는 가벌적인 미수죄를 전제로 하여 중지범으로서의 혜택을 주기 위한 전제조건을 규정한 것이지 독립적인 미수형태로서의 중지미수를 규정한 것이 아니라고 하는 견해(김용욱, "미수형태와 중지범", 『형사법연구』 제11호, 한국형사법학회, 1999, 84면)가 있다.

3) 이에 대하여 중지미수에서 객관적 요건인 중지행위를 자의성보다 먼저 검토해야 한다는 입장으로 이용식, "중지미수와 관련한 몇 가지 논점", 『형사법연구』 제26호, 한국형사법학회, 2006. 겨울, 74면.

이러한 학설의 대립은 중지미수의 주관적 성립요건이라는 좁은 차원에서의 문제가 아니라 중지미수의 처벌근거, 법적 효과 등 중지미수의 제반문제와 서로 밀접하게 관련되어 있다는 점을 반드시 유념해야 한다. 즉 각 나라마다의 입법목적, 규정체계, 법적 효과 등에 따라 중지미수에서 말하는 '자의성'의 해석기준이 판이하게 나타나고 있는 점을 간과하여서는 아니 된다. 예를 들어 독일·오스트리아·그리스 등에서는 중지미수의 법적 효과를 불가벌(필요적 면제)로 다루고 있기 때문에 자의성의 해석에 있어서 엄격을 요하지만, 우리나라에서는 그 효과를 필요적 감면으로 다루고 있기 때문에 외국의 해석론과 같은 방법으로 설명하는 것은 곤란하다.

이러한 전제를 가지고 본 논문에서는 중지미수의 주관적 성립요건인 '자의성'의 해석과 관련된 학설과 판례의 입장을 비판적인 입장에서 살펴보고자 한다. 먼저 학설의 입장을 크게 5가지로 분류해 보았으나, 세부적으로 구분해 보면 10여 가지가 넘는 심한 대립4)이 있음을 알 수 있고, 학자들마다 주장하는 동일한 명칭으로 불리는 학설의 내용도 세부적인 측면에서 차이점이 있음을 파악할 수 있다(Ⅱ). 다음으로 판례의 입장은 기본적으로 중지미수를 최대한 인정하지 않으려는 태도를 보이고 있는데, 이는 외국의 입법에 대한 해석론을 그대로 차용한 결과로 보인다(Ⅲ). 이와 같은 학설과 판례의 내용 및 그 이론적 근거에 대한 비판적인 접근을 통해서 과연 우리 「형법」 제26조에서 말하는 '자의로'라는 의미가 우리나라의 해석론적 관점에서 어떻게 논의되어야 하는지에 대한 구체적인 기준과 방법을 제시하기로 한다(Ⅳ).

---

4) 특히 성낙현 교수는 규범적 이론(객관설, 윤리성설, 절충설, Frank공식)을 바탕으로 하되 심리학적 이론(범죄자의 이성, 형벌목적론)으로 보완하는 것이 가장 합리적이라고까지 언급하고 있다(성낙현, 『형법총론』, 동방문화사, 2010, 519면).

Ⅱ. 자의성의 해석에 대한 학설의 태도 및 문제점

1. 윤리성설[5]

윤리성설(Subjektive Theorie)은 자의성의 개념을 가장 좁게 파악하는 견해로서, 내부적 동기 중에서 후회·동정·연민·죄책감·존경심 등 윤리적 동기(sittliches Motive)[6]에 의하여 범죄가 완성되지 아니한 경우에만 중지미수의 성립을 인정하고, 두려움·공포심·불안·경악·충격·혐오·실망·불쾌·수치심·발각될 염려 등 비윤리적 동기에 의하여 범죄가 완성되지 아니한 경우에는 중지미수의 성립을 부정하는 학설[7]이다. 이는 중지미수의 주관적 성립요건으로서의 자의성을 행위자의 임의적 의사결정의 측면에서 파악하지 아니하고, 자신의 행위를 윤리적으로 부정하는 의사결정의 수준에서 이해하고자 하는 견해이다. 즉 윤리성설은 자의성을 "행위자의 내부적 동기의 윤리성"으로 본다.[8]

하지만 윤리성설에 대해서는 다음과 같은 비판이 제기된다. 첫째, 현행 형법이 중지미수의 성립요건으로 후회감정과 같은 중지동기의 윤리성을 요구하지도 않는데 중지미수를 불가벌도 아닌 형의 필요적 감면사유로 규정하고 있는 현행 형법 아래에서 자의성에 윤리성을 요구하는 것은 지나치게 엄격한 해석이 되어 타당하지 않다.[9] 또한 자의성과 윤리성을 동일시함으로써 자의성

---

5) 주관설이라는 명칭보다는 자의성을 좁게 파악한다는 점에서 '협의설'이라고 하는 것이 더 적절한 표현이라고 주장하는 견해도 있다(오영근, 『형법총론』(제2판), 박영사, 2010, §30/17). 그러나 학설의 이름을 칭할 때에는 그 학설의 핵심적인 내용이 드러날 수 있도록 정하는 것이 바람직하다. 따라서 주관설 내지 협의설이라는 명칭보다는 '윤리성설'이라는 명칭이 더 타당하다.

6) 임웅 교수는 '설득당한 경우'도 이에 포함시키나, 부적절해 보인다(임웅, 『형법총론』(제3정판), 법문사, 2010, 366면).

7) 과거 우리나라에서 윤리성설을 취하는 입장으로 백남억, 『형법총론』, 법문사, 1965, 251면.

8) 백원기, 『미수론연구』, 삼지원, 1995, 132면.

9) 김종원, "중지미수", 『고시연구』, 1996. 5, 74면; 백원기, 앞의 책, 132면.

의 범위를 지나치게 좁게 파악한다는 비판이 제기된다.[10] 즉 행위자 자신의 자의에 의한 범죄의 미완성에 대한 법적 판단을 윤리적 동기에 기초한 윤리적 판단으로 대체하여 법과 윤리를 혼동하는 근본적 오류를 범하고 있는 것이다.[11]

둘째, 윤리적 동기에서의 "윤리성"의 개념이 불명확하여 윤리성의 구체적 기준을 제시하기 어려울 뿐만 아니라, 이것은 자의성과 윤리성을 혼동하는 것이어서 타당하지 않다. 또한 자의성의 범위를 지나치게 제한하여 범죄의 미연 방지라는 정책적 효과를 등한시하고 있다.[12]

셋째, 윤리성을 필요로 하는 법적 근거가 없다. 즉 여러 가지 내부적 동기 중에서 윤리적 동기만을 중요시하는 구체적인 근거를 제시하지 못하고 있는 것이다. 중지미수의 형을 필요적 감면사유로 규정하고 있는 현행 형법 아래에서는 그렇게 한정적으로 해석하지 않으면 아니 될 문리상의 이유가 없을 뿐만 아니라, 실제상으로도 중지미수의 인정범위가 좁아지는 것이어서 타당하지 않다. 즉 윤리적 동기는 자의성의 요건으로서 반드시 필요한 것은 아니다. 중지의 동기에 후회의 감정이 존재하지 않더라도 자발적·적극적인 중지인 한, 책임비난이 감소하는 경우도 생각할 수 있기 때문이다.

2. 객관설

객관설(Objektive Theorie)은 외부적 사정(äußere Umstände)과 내부적 동기(innere Beweggründe)를 구분하여 외부적 사정에 의하여 범죄가 완성되지 않은 경우는 장애미수이고, 내부적 동기에 의하여 범죄가 완성되지 않은 경우는 중지미수라고 주장하는 학설[13]이다. 따라서 윤리적 동기에 의한 중지뿐만 아니

---

10) 오영근, 앞의 책, §30/17; 배종대, 『형법총론』(제8전정판), 홍문사, 2005, 525면.

11) 백원기, 앞의 책, 132면.

12) 정성근/박광민, 『형법총론』, 삼지원, 2001, 398면.

13) Robert von Hippel, Lehrbuch des deutschen Strafrechts, 1932, S. 156. Hippel은 Reich 법원의 판례를 인용하여 자의성의 개념을 정함에 있어 "행위의 중지 또는 결과를 방지하

라 범행의 편의성, 성공가능성, 처벌에 대한 두려움 등을 고려하여 중지한 경우에도 자의성이 인정된다고 한다.

하지만 객관설에 대해서는 다음과 같은 비판이 제기된다. 첫째, 행위자의 의사와 전혀 관계가 없는 외부적 사정에 의하여 미수가 성립된 경우를 장애미수라고 하는 것은 이해할 수 있으나, 내부적 동기에 의한 경우를 전부 중지미수라고 하는 주장은 타당하지 않다. 왜냐하면 인간의 내부적 의사결정은 일반적으로 외부적 상황과 사정에 의하여 이루어지는 것이므로 행위자의 내부적 동기가 그 상황과 사정에 영향을 받아 형성되어 범죄가 완성되지 않았다면 이러한 경우에 중지미수가 인정되는 것은 옳지 못하기 때문이다.[14] 즉 범죄가 발생하지 않는 원인이 행위자 자신의 내부적 동기에 있는 경우에 언제나 중지미수가 성립한다고 단정하기는 어렵다. 요컨대 객관설은 외부적 요인에 의한 경우에는 중지미수가 아니라고 하여 너무 협소하게 보는 반면에, 외부적 상황에 대한 내심의 착각으로 인한 중지도 중지미수라고 하여 부당하게 확장할 위험성이 있다.[15] 내부적 동기에 의한 경우를 확대해석하게 되면 자의성의 의미가 넓어져서 중지미수의 성립범위가 지나치게 확장되는 난점이 있다.[16]

둘째, 행위자의 실행행위의 중지나 결과발생의 방지행위가 외부적 사정에 의한 것인가 또는 내부적 동기에 의한 것인가를 구별하여야 하는데, 그 구별기준을 제시하기가 쉽지 않다.[17] 그리하여 행위자의 내부적 동기가 외부적 사

는 행위를 하려는 결의가 내부적 동기에 의해서가 아니라 외부적 사정에 의해서 야기된 경우에는 자의성이 결여된다"라고 설명하고 있다(김종필, "중지미수에 관한 소고", 경희대학교 법학석사학위논문, 2000, 52면, 각주 172에서 재인용). 또한 일본의 초기 판례[大審院 昭和 12(1937). 3. 6. 判決, 刑集 16卷 272面]도 이 입장을 취하고 있다.

14) 백원기, 앞의 책, 131-132면.

15) 박상기, 『형법총론』(제8판), 박영사, 2009, 345면.

16) 백원기, 앞의 책, 132면. 한편 이러한 비판을 하면서 예를 들고 있는 것이 '경관이 실제로 오지 아니하는 것을 온다고 착각하여 실행행위를 중지한 경우에도 중지미수가 되어 범위가 부당하게 확대된다'는 것인데 이는 독일에서나 부당할지 모르나, 우리나라에서는 그리 부당해 보이지는 않는다.

17) 예를 들어 방화범이 자기가 생각한 것보다 더 빨리 불이 붙자 두려움에 방화를 중지한 경우 두려움을 기준으로 한다면 내부적 동기이지만, 빨리 불이 붙었다는 것은 외부적 장애라고 할 수 있다는 것이다(오영근, 앞의 책, §30/18).

정과 관련이 있는 경우, 즉 중지미수와 장애미수를 구별하여야 할 가장 중요한 경우에 객관설은 그 구별기준으로서 아무런 역할을 하지 못하는 결과가 발생한다.[18] 즉 동기가 완전히 자발적으로 형성되는 경우는 거의 없고, 대부분 외부의 영향을 받아 생기기 때문에 자발적인 동기에 기한 경우만을 중지미수라고 한다면 중지미수는 거의 없을 것이고,[19] 반대로 외부적 장애가 직접 영향을 미치는 경우는 거의 없고 대부분 동기를 통해서 영향을 미치기 때문에 외부적 장애가 있을지라도 다소의 내부적 동기가 개입된 모든 경우를 중지미수라고 한다면 자의의 범위를 부당하게 확대하여 장애미수와의 구별의 실익이 적어진다.[20]

3. 프랑크의 공식[21]

프랑크의 공식(Frankische Formel)은 '할 수 있었음에도 불구하고 하기를 원하지 않아서(Ich will nicht zum Ziel kommen, selbst wenn ich es könnte)' 중지한 때가 중지미수이고, '하려고 하였지만 할 수가 없어서(Ich kann nicht zum Ziel kommen, selbst wenn ich es wollte)' 중지한 때가 장애미수라고 한다.[22] 이에 의하면 외부적 장애가 있는 경우에도 이를 인식하지 못하고 중지한 것이면 중

---

18) 백원기, 앞의 책, 132면.

19) 객관설을 취할 경우 이러한 문제점도 발생할 수 있기 때문에, 객관설을 취하면 자의성의 범위가 지나치게 확대된다는 난점이 있다든가(이재상, 『형법총론』(제6신판), 박영사, 2010, §28/16) 또는 객관설이 자의성의 개념을 가장 넓게 파악한다고 단정적으로 말하기는 곤란하다. 같은 견지에서 임웅 교수는 '학설의 적용 여하에 따라서는… 중지미수를 인정하는 범위가 부당하게 확대될 우려도 있다'고 표현하고 있다(임웅, 앞의 책, 366면). 또한 정성근 · 박광민 교수는 '만일 외부적 사정이 개입된 모든 경우를 장애미수라 하면 중지범이 성립될 여지는 거의 없게 될 것이고…'라고 한다(정성근 · 박광민, 앞의 책, 397면). 물론 객관설이 윤리성설과 비교해서 '자의성'의 범위를 넓히는 것은 사실이다.

20) 정성근 · 박광민, 앞의 책, 397면.

21) 임웅 교수는 '프랑크의 공식은 실제문제에 적용해 보면 합당한 결론을 의외로 손쉽게 제공해 주는 유용한 견해로 평가된다. 결론적으로 중지미수의 자의성은 프랑크의 공식에 따라 판단함이 타당하다'고 주장하고 있다(임웅, 앞의 책, 370면).

22) Reinhard Frank, Das Strafgesetzbuch für das Deutsche Reich, Kommentar, 18. Aufl., 1931, S. 97.

지미수가 되지만, 외부적 장애가 없는 경우에도 행위자가 있는 것으로 오인하고 중지한 것이면 장애미수가 된다. 즉 장애에 의하여 미수에 그친 경우 그 방해는 현실로 존재하는가 아니면 단지 행위자가 상상한 방해인가는 묻지 않는데,23) 철저하게 행위자의 심리상태를 기준으로 하는 심리학적 이론이라고도 불린다.24) 결국 프랑크의 공식은 자의성을 "범죄실행의 가능성"으로 보아 가능성이 있는 경우에는 자의성을 인정하지만 가능성이 없는 때에는 자의성을 부정하게 된다. 따라서 범죄 실행의 가능성에 대한 판단은 순전히 행위자의 주관에 따르게 되어 있어 객관적인 판단은 완전히 배제되어 있는 것이다.25)

하지만 프랑크의 공식에 대해서는 다음과 같은 비판이 제기된다. 첫째, 보통 '할 수 있다(können)'라는 말의 뜻은 두 가지의 의미로 구별되는바, 그 하나는 행위의 '윤리적 가능성'을 의미하는 경우이고, 다른 하나는 '물리적 가능성'을 의미하는 경우이다.26) 그런데 프랑크의 공식에서 '할 수 있다'는 것이 물리적 가능성을 뜻하는지 아니면 윤리적 가능성을 뜻하는지가 명확하지 않다.27) 따라서 프랑크의 공식이 자의성의 유무를 판단하는 기준으로서의 제 기능을 다하려면 무엇보다도 '할 수 있다'는 말의 의미를 분명하게 밝힐 수 있어야 할 것이다.28)

둘째, 프랑크의 공식은 자의성과 행위실행의 가능성을 혼동하고 있으며,29) 해석하기에 따라서는 자의성의 범위가 부당하게 확대될 수 있다.30) 즉 범행가능성은 있으나 행위자가 실제로 그만두는 것 이외에 다른 선택방법이 없어서

---

23) Frank, a. a. O., S. 97.

24) 배종대, 앞의 책, 526면.

25) 백원기, 앞의 책, 135면.

26) 木村龜二, 『刑法の基本概念(第9版)』, 有斐閣, 1956, 254面.

27) 김종원, 앞의 논문, 74-75면; 이재상, 앞의 책, §28/18.

28) 그러나 임웅 교수는 이 공식의 취지에 비추어 물리적 가능성으로 이해함이 당연하다고 주장하고 있다(임웅, 앞의 책, 369면).

29) H. Welzel, Das Deutsche Strafrecht, 11. Aufl., 1969, S. 198.

30) 정영일, "중지미수", 『고시연구』, 1997. 12, 33면; 손해목, "중지범과 프랑크공식의 의의", 『고시계』, 1963. 4, 38면.

비자의적으로 포기하여 중지한 경우에도 자의성을 인정해야 한다는 점이 부당하다.

셋째, 프랑크의 공식은 재물이 너무 적어 절취를 중단한 경우에도 중지미수를 인정한다. 그러나 보상적 가치를 전혀 인정할 수 없는 자율적 포기에도 중지미수를 인정하여야 한다는 점에서 이는 타당하지 않다.[31]

4. 절충설[32]

절충설(Gesellschaften allgemein anerkannte Theorie)은 일반사회통념상 범죄수행에 장애가 될 만한 사유가 있어 중지한 경우가 장애미수이지만, 그러한 사유가 없음에도 불구하고 자기의 의사에 의하여 중지한 경우가 중지미수라고 주장하는 학설[33]이다. 절충설은 프랑크의 공식이 경우에 따라서는 중지미수의 성립범위를 부당하게 확대할 위험이 있기 때문에, 그 결함을 극복하기 위하여 '할 수 있다'는 판단기준을 행위자의 주관이 아닌 "합리적으로 생각하는 자의 입장에서(vom Standpunkt eines vernüngftig Denkenden aus)" 또는 "보통의 생활관에 따라(nach fergewöhnlichen Lebenserfahrungsgemäss)" 일반사회통념이라는 객관적 표준에 의해 제약을 가하고자 등장한 이론이라고 할 수 있다.

하지만 절충설에 대해서는 다음과 같은 비판이 제기된다. 첫째, 일반사회의 경험상의 장애인가 아닌가를 판단하는 기준이 일정하지 아니하므로 판단자의

---

31) 박상기, 앞의 책, 344-345면. 하지만 중지미수에 대하여 독일의 경우와 다른 법적 효과를 인정하고 있는 우리나라의 경우에는 이러한 사례에서도 중지미수의 인정 여지를 열어 두는 것이 반드시 바람직하지 못한 것도 아니다.

32) 사회일반의 경험을 내부적 동기와 윤리적 동기의 절충적이라고 할 수는 없다고 하여 절충설을 '사회통념설'로 바꾸는 것이 옳다고 주장하는 견해(백형구, "중지미수의 제 문제-몇 가지 시론", 『고시계』, 1987. 12, 175면)도 있는데, 타당하다고 본다.

33) 권오걸, 『형법총론』(제3판), 형설출판사, 2009, 462면; 김성돈, 『형법총론』(제2판), 성균관대학교출판부, 2009, 432면; 김종원, 앞의 논문, 75면; 배종대, 앞의 책, 527면; 백형구, 앞의 논문, 174면; 오경식, "범행중지의 자의성과 공동정범의 행위귀속", 『법정고시』, 1996. 10, 81면; 이재상, 앞의 책, §28/19; 정영일, 『형법총론』(제3판), 박영사, 2010, 346면; Johannes Wessels, Strafrecht, AT, 20. Aufl., 1990, S, 145f; Schönke/Schröder/Eser, Strafgesetzbuch, Kommentar, 24. Aufl., 1991, S. 300.

주관에 따라 결론이 달라질 수 있고 소위 '일반의 경험상'이라는 기준이 다소 애매하다.34)

둘째, 오로지 행위자의 심리적 태도만을 기준으로 중지미수의 형의 필요적 감면이유인 보상적 취지에 배치되는 경우에도 자의성을 인정해야 한다는 비판이 제기된다.35)

5. 비례적 자율성설

비례적 자율성설은 중지미수의 자의성을 심리적 기준이 아닌 '법률적 기준'에 따라 행위자의 '자율적 동기'와 '타율적 동기'를 전체상황을 고려해서 서로 비교형량할 때에 자율적 동기가 타율적 동기보다 현저하게 많은 경우에 한해서 중지미수를 인정하려고 한다.36) 이에 따르면 '범행실현이익'과 '범행중지이익' 사이에 현저한 불균형이 있기 때문에 행위자가 범행을 포기하게 되면 중지미수를 부정하게 된다. 여기에서 자율적 중지란 행위자가 외부적 사정에 의해 강요받지 않고 범행상황과 관계없이 내부적 동기에 따라 범행을 중지했거나 결과발생을 방지한 경우를 말한다. 이러한 자율성은 윤리적 동기를 필요로 하지는 않는다. 동설에 의하면 후회 · 동정심 · 공포심 · 범행의욕의 상신과 같은 동기는 자율적 동기로 보아 자의성이 긍정되고, 재물가치가 근소하여 절취를 그만둔 경우나 심리적 쇼크 또는 피해자가 생리 중이어서 강간을 그만둔 경우에는 자의성이 부정된다.37)

하지만 비례적 자율성설에 대해서는 다음과 같은 비판이 제기된다. 첫째,

---

34) 오영근, 앞의 책, §30/21; 임웅, 앞의 책, 367면.

35) 신양균, "판례에 나타난 중지미수", 『고시연구』, 1998. 5, 66면.

36) 이 견해는 원래 모든 정당화사유에 해당되는 일반원칙으로 주장되었던 비례적 죽가치형량의 원칙을 원용한 것이다. 그러나 형법에서 가치가 서로 충돌하는 모든 경우에도 이를 적용할 수 있다고 본다. 또한 이 견해는 중지미수의 형벌감면근거인 책임완수설과 결합해서 자의성을 판단하는 구체적인 기준을 제시하는 역할을 할 수 있다고 본다(최우찬, 앞의 논문, 49면).

37) 이재상, 앞의 책, §28/23.

자의성을 자율성과 동일시한다면 자의성 판단에 아무런 도움을 주지 못하게 된다.

둘째, 중지의 동기가 자율이냐 타율이냐 하는 판단은 자의냐 타의냐 하는 심리적 판단보다도 더 난해한 철학적·윤리학적 판단에로 이행하는 결과를 초래한다.[38]

Ⅲ. 자의성의 해석에 대한 판례의 태도 및 문제점

1. 기존 판례의 태도

대법원은 자의성의 인정 여부를 판단함에 있어서 대체적으로 "범죄의 실행 행위에 착수하고 그 범죄가 완수되기 전에 자기의 자유로운 의사에 따라 범죄의 실행행위를 중지한 경우에 그 자의에 의한 중지가 일반사회통념상 장애에 의한 미수라고 보이는 경우가 아니면 이는 중지미수에 해당한다고 할 것이다"라고 판시[39]하고 있다. 이러한 판례의 입장은 앞에서 살펴본 학설 중 사회통념설 또는 절충설의 입장을 취하고 있는 것이라고 보는 것이 다수설의 태도이다.[40] 판례는 사회통념이라는 객관적 판단기준을 내세우고 있기는 하지만 외부사정이 있더라도 그것이 사회통념상 범행의 완수에 장애가 되지 않는다고 평가될 수 있으면 자의성을 인정할 수 있다.[41]

---

38) 임웅, 앞의 책, 368면.

39) 대법원 1985. 11. 12. 선고 85도2002 판결; 대법원 1986. 1. 21. 선고 85도2339 판결; 대법원 1992. 7. 28. 선고 92도917 판결; 대법원 1993. 4. 13. 선고 93도347 판결; 대법원 1993. 10. 12. 선고 93도1851 판결; 대법원 1997. 6. 13 선고 97도957 판결; 대법원 1999. 4. 13. 선고 99도640 판결.

40) 이에 대해 일부의 사안에 따라서는 절충설뿐만 아니라 객관설에 따르더라도 판례와 같은 입장이라고 보는 견해(정유경, "중지미수에 관한 연구: 법적 성격과 성립요건을 중심으로", 이화여자대학교 법학석사학위논문, 2003, 47면)도 있다.

41) 김성돈, 앞의 책, 431면(따라서 외부사정에 의한 중지의 경우에는 무조건 자의성을 부정하는 객관설과 다르다).

보다 구체적으로 살펴보면 '피고인이 피해자를 강간하려고 하다가 피해자가 다음번에 만나 친해지면 응해 주겠다는 취지의 간곡한 부탁으로 인하여 그 목적을 이루지 못했고, 그 후 피고인은 피해자를 자신의 차에 태워 집에까지 데려다 준 경우',[42] '피고인이 상피고인과 함께 대전역 부근에 있는 공소외 정영석이 경영하는 천광상회 사무실의 금품을 절취하기로 공모하여 피고인은 그 부근 포장마차에 있고 원심 상피고인은 천광상회의 열려진 출입문을 통하여 안으로 들어가 물건을 물색하고 있는 동안 피고인은 자신의 범행전력 등을 생각하여 가책을 느낀 나머지 스스로 결의를 바꾸어 위 정영석에게 원심 상피고인의 침입사실을 알려 그와 함께 상피고인을 체포하여서 그 범행을 중지하여 결과발생을 방지한 경우'[43] 등에서는 자의성을 인정하고 있는 반면에, '피고인 등이 원료불량으로 인한 제조상의 애로, 제품의 판로문제, 범행탄로 시의 처벌공포, 원심 공동피고인의 포악성 등으로 인하여 히로뽕 제조를 단념한 경우',[44] '범행당일 미리 범행의 제보를 받은 세관직원들이 범행장소 주변에 잠복근무를 하고 있어 그들이 왔다 갔다 하는 것을 본 피고인은 범행의 발각을 두려워한 나머지 자신이 분담하기로 한 실행행위를 하지 못하고 주저하고 있을 때 그 점을 모르는 사람이 밀수품을 다른 곳으로 운반함으로써 그 목적을 이루지 못한 경우',[45] '피고인들이 강도행위를 하던 중 피고인 강기복과 김상호는 피해자 전영은을 강간하려고 작은 방으로 끌고 가 팬티를 강제로 벗기고 음부를 만지던 중 피해자가 수술한 지 얼마 안 되어 배가 아프다면서 애원하는 바람에 그 뜻을 이루지 못하였다는 것인바, … 피고인들이 간음행위를 중단한 것은 피해자를 불쌍히 여겨서가 아니라 피해자의 신체조건상 강간을 하기에 지장이 있다고 본 데에 기인한 것이므로…',[46] '피고인이 두려움으로 항거불능의 상태에 있는 피해자의 양손을 뒤로 하여 기저귀로 묶고 눈을 가린

---

42) 대법원 1993. 10. 12. 선고 93도1851 판결.
43) 대법원 1986. 3. 11. 선고 85도2831 판결.
44) 대법원 1985. 11. 12. 선고 85도2002 판결.
45) 대법원 1986. 1. 21. 선고 85도2339 판결.
46) 대법원 1992. 7. 28. 선고 92도917 판결.

후 하의를 벗기고 강간하려고 하였으나 잠자던 피해자의 어린 딸이 깨어 우는 바람에 도주하였고, 또 다른 피해자를 강간할 마음을 먹고 두려움으로 항거불능의 상태에 있는 피해자에게 옷을 벗으라고 협박하여 피해자를 강간하려고 하였으나 피해자가 시장에 간 남편이 곧 돌아온다고 하면서 임신 중이라고 말하자 도주하였던 경우',[47] '피고인이 피해자 장경순을 살해하려고 그의 목 부위와 왼쪽 가슴 부위를 칼로 수 회 찔렀으나 피해자의 가슴 부위에서 많은 피가 흘러나오는 것을 발견하고 겁을 먹고 그만두는 바람에 미수에 그친 것이라면, 위와 같은 경우 많은 피가 흘러나오는 것에 놀라거나 두려움을 느끼는 것은 일반 사회통념상 범죄를 완수함에 장애가 되는 사정에 해당한다'[48] 등에서는 자의성을 부정하여, 자의성의 인정에 상당히 인색한 태도를 보이고 있다.

2. 판례의 문제점

1) 윤리적인 동기의 요구

대법원은 사회통념설을 취하고 있는 듯 보이지만 경우에 따라서는 윤리성설의 입장을 관철하는 경우를 발견할 수 있다. 예를 들면 "피고인들이 간음행위를 중단한 것은 **피해자를 불쌍히 여겨서가 아니라** 피해자의 신체조건상 강간을 하기에 지장이 있다고 본 데에 기인한 것이므로"(강조는 인용자)라고 판시하고 있는데, 이는 피해자에 대한 연민·동정 등이 자의성 판단 시 개입될 것을 요구하고 있는 것이다. 또한 동 사안의 경우에는 피고인들이 강간하려고 음부를 만지던 중 피해자가 수술한지 얼마 안 되어 배가 아프다면서 애원하는 바람에 그 뜻을 이루지 못하였는데, 이러한 사정에 비추어 볼 때 피고인들이 강간행위를 중지한 것은 피해자의 언행에 의존한 것이지 피해자의 신체조건에 대한 확인에 의존한 것은 아니다. 만약 피고인들이 피해자의 언행 없이 피

---

47) 대법원 1993. 4. 13. 선고 93도347 판결.
48) 대법원 1999. 4. 13. 선고 99도640 판결.

해자의 신체조건에 대한 확인으로 인하여 강간하기 어려운 사정임을 판단한 경우라면 자의성이 부정되는 것에 아무런 장애가 없을 것이지만, 그렇지 아니하고 피해자의 언행에만 의존한 동 사안에서는 자의성을 인정하여도 무방할 것으로 보인다. 판례는 또 다른 사안에서 "피고인은 **자신의 범행전력 등을 생각하여 가책을 느낀 나머지** 스스로 결의를 바꾸어…"(강조는 인용자)라고 판시하고 있는데, 양심의 가책·후회 등이 자의성 판단 시 개입될 것을 요구하고 있다.[49]

이와 같이 판례는 일반사회통념상 장애에 의한 미수라고 보이는 경우가 아니면 이는 중지미수에 해당한다고 하지만, 일반사회통념의 판단 시 윤리적인 동기를 중요한 기준으로 요구하는 것으로 보인다. 하지만 형법은 '자의로'라는 요구만을 하고 있을 뿐이지, '윤리적인 동기에 의한 자의로'를 요구하고 있지는 않다. 그러므로 '윤리적인 동기에 의한 자의로'뿐만 아니라 '비윤리적인 동기에 의한 자의로'의 경우에도 자의성을 충족하는 것으로 판단하는 것이 현행법에 부합하는 해석이 될 것이다. 만약 '윤리적인 동기에 의한 자의로'라고 해석한다면 피고인에게 유리한 규정을 아무런 이유 없이 불리하게 축소해석하는 것으로서, 죄형법정주의의 원칙에도 위배된다.

2) 자의성 판단의 2단계 심사

대법원은 범죄가 완수되기 전에 자기의 자유로운 의사에 따라 범죄의 실행행위를 중지한 경우에 그 자의에 의한 중지가 일반사회통념상 장애에 의한 미수라고 보이는 경우가 아니면 이는 중지미수에 해당한다고 파악한다. 이러한 판단방법은 자의성의 판단과정을 두 단계로 분리하여 심사하는 것이다. 즉 '자기의 자유로운 의사에 따라 범죄의 실행행위를 중지한 경우'라는 상황을

---

49) 이에 대해 오영근 교수는 판례가 윤리성설에 가까운 절충설을 취한다고 하면서, 이러한 태도보다는 자의성을 보다 완화하여 심사하여야 한다는 견지에서 절충설을 객관설에 가까운 쪽으로 적용하는 것이 바람직하다고 한다(오영근, "1990년대의 형사판례", 『형사판례연구』 제9권, 형사판례연구회, 2001, 13면).

요구하는 제1단계 심사와 '그 자의에 의한 중지가 일반사회통념상 장애에 의한 미수라고 보이는 경우가 아닐 것'이라는 상황을 요구하는 제2단계 심사가 그것이다. 이러한 2단계 심사에 의할 경우 피고인의 행위가 자의에 의한 중지로 인정될 경우에도 상황에 따라서는 자의성이 부정되는 모순적인 결과가 발생할 수 있다. 판례는 자의에 의한 중지의 경우를 일반사회통념상 장애에 의한 미수의 상황과 일반사회통념상 장애에 의하지 아니한 미수의 상황이라는 두 가지의 상황으로 다시 나누고 있다. 이는 중지미수의 장애미수와 중지미수의 중지미수를 인정하는 듯하다. 후자의 경우에는 결국 중지미수의 효과를 인정하기 때문에 아무런 문제가 없지만, 전자의 경우에는 중지미수의 요소와 장애미수의 요소가 복합적으로 개입된 상황인데, 그 법적 효과를 어떻게 볼 것인가 의문이 생긴다. 이에 대하여 판례는 장애미수를 인정하고 있다. 그러나 이러한 결론은 부당하다. 불능미수의 중지미수를 인정하는 경우에는 피고인에게 유리하게 중지미수의 법적 효과를 인정하기 때문에 다수설이 이에 찬동하고 있지만, 중지미수의 장애미수의 경우에는 피고인에게 불리하게 장애미수의 효과를 인정하고 있는 판례의 태도에 비추어 볼 때 그 성립을 인정해서는 안 된다. 그러므로 판례의 자의성 판단 시 2단계의 심사를 하는 과정은 부당하다고 판단된다.

Ⅳ. 결론: 우리나라 형법에 부합하는 자의성의 해석

1. 자의성의 해석 시 전제사항

「형법」 규정이 지향하는 '목적'과 그 목적에 포섭될 수 있는 '대상'과 그 대상을 밝혀내는 '방법'은 엄연히 구별을 해야 한다. 먼저 우리 「형법」이 규정하고 있는 중지미수 규정의 입법목적을 살펴보자. 중지미수의 입법취지는 범죄자로 하여금 정상적인 합법의 세계로 되돌아오게 하는 점과 범행의 계속적 수행을 형사정책적 입장에서 막음으로써 피해자의 법익보호에 기여하도록 하게 한다는 점이다. 만일 이 퇴로를 완전히 차단해 버린다면 범죄인은 범행을 완수하게 될 것이며, 그로 인한 법익침해의 폐해는 개개의 범죄인에게 중지미수의 특례를 인정하는 대가보다 훨씬 커지게 될 것이다.[50] 이러한 목적에 비추어 중지미수에서 '자의로'라는 규정의 해석을 할 때에 다음과 같은 점을 유념해야만 한다.

첫째, 중지미수의 규정은 피고인에게 유리한 규정이라는 점이다. 중지미수의 법적 효과는 필요적 감면으로서 미수범의 형태 중에서 가장 관대한 처벌에 해당한다. 이와 관련하여 형법은 제10조 제3항에서도 '자의로'라는 용어를 사용하고 있는데, 상호비교해 볼 필요가 있다. 「형법」 규정의 입법목적을 살펴서 어느 정도의 탄력적인 해석까지도 가능하고, 그것이 피고인에게 유리하게 해석된다면 엄격한 기준으로 동일하게 해석할 것은 아니기 때문에 동일한 용어라고 해서 그 해석까지도 동일할 필요는 없다. 제26조의 '자의로'는 제10조 제3항의 '자의로'와는 달리 피고인에게 유리한 입법목적을 가지고 있다. 따라서 확장해석을 하더라도 그것이 문언의 가능한 의미를 벗어나지 않는 한 정당한 해석이 될 수 있다.

둘째, 우리 「형법」상 중지미수의 규정을 해석할 때에는 우리 법에 맞는 해석론을 시도해야 한다는 점이다. 현재 우리나라에서 주장되고 있는 상당수 학설들은 주로 독일에서 주장되었던 학설들로서 중지미수의 규정체계가 우리나라와 다른 독일에서나 논의의 실익이 있는 학설이지, 우리나라에서는 그 인정실익이 희박하거나 전혀 없는 것도 있다.[51] 즉 독일[52]에서는 중지미수에 해

---

50) 신동운, 『新판례백선 형법총론』, 경세원, 2009, 376면.

51) 중지미수에 관한 규정은 각국의 입법례에 따라 차이를 보이고 있다. 독일 「형법」(제24조 제1항), 오스트리아 「형법」(제16조), 그리스 「형법」(제44조) 등에서는 중지미수를 벌하지 않는다. 그리고 스위스 「형법」(제21조 제2항, 제22조 제2항)은 착수미수와 실행미수를 구별하여, 착수미수의 중지는 불가벌이지만, 실행미수의 중지는 형을 감경할 수 있도록 하고 있다. 우리 「형법」은 일본 「형법」과 마찬가지로 중지미수에 관하여 형을 감경 또는 면제하도록 규정하고 있는바, 이는 절충적인 입법이라고 할 수 있다(정영일, 앞의 논문, 27면).

52) 독일 「형법」 제24조 제1항 제1문은 "Wegen Versuchs wird nicht bestraft, wer freiwillig die Ausführung der Tat aufgibt oder deren Vollendung verhindert(자의로 범행의 계속

당하면 필요적 면제의 효과를 부여하기 때문에 자의성 해석은 보다 엄격할 필요가 있으나, 우리나라에서는 필요적 감경의 효과를 인정하기 때문에 상대적으로 엄격한 해석을 요하지 아니한다. 또한 이러한 법적 효과가 지나치게 관대하다고 생각되는 경우에 대비하여 독일 형법학에서는 중지미수 이전까지 실현된 범죄행위에 대하여 해석상으로 그 처벌을 인정하고 있다. 중지미수가 인정되어 일단 형의 면제로 처리하기로 하였으나 이미 실행된 범행부분이 그 자체로 기수범을 구성하는 경우가 있는데, 이러한 경우를 독일 형법학계에서는 가중적 미수라고 한다.53) 하지만 독일과 달리 우리나라에서는 중지미수에 대하여 형의 면제뿐만 아니라 형의 감경이라는 효과도 선택적으로 인정하고 있기 때문에 가중적 미수를 논할 실익이 적다고 볼 수 있다.

이와 같은 두 가지 점을 살펴본 결과 우리 「형법」 제26조의 중지미수의 '자의로'의 해석방향이 설정되었다고 볼 수 있다. 「형법」 규정이 지향하는 목적에 부합되게 동 규정에 대한 해석은 피고인에게 엄격해서는 안 되고, 될 수 있는 한 완화된 심사방법을 통해 규정의 취지를 살리는 것이 중요하다.

한편 중지미수의 효과가 필요적 감경 또는 필요적 면제이기 때문에 이렇게 해석하면 중지미수범에게 형벌을 과하지 않게 되는 불합리가 생기게 될 경우가 있지 않을까 하는 우려가 있을 수 있다. 그러나 아무리 중지미수에 대해서 형 면제의 효과까지 인정할 수 있다고 하고 있으나, 실제로 형 면제의 효과를 받는 피고인은 쉽게 찾을 수 없을 것이다.54) 왜냐하면 범죄의 실행에 착수하여 어느 정도의 단계까지 이른 자를 아예 범죄의 예비·음모도 하지 않은 선

적인 실행을 포기하거나 그 범행의 기수를 방지한 자는 미수로 벌하지 아니한다)"고 규정하고 있다.

53) 신동운, 『형법총론』(제5판), 법문사, 2010, 496면.

54) 이에 대하여 중지미수가 형면제되는 경우에는 이미 결과가 발생한 부분행위에 대해서는 행위자의 고의가 포섭되는 범위 내에서는 기수범으로 처벌하여야 한다고 하면서, 이미 칼로 찔러 상해를 입힌 살인의 중지미수로서 형이 면제된 경우에는 상해죄로 처벌할 수 있다고 하는데(손동권, 앞의 책, 422면), 이는 현실에 있어서 거의 발생할 수 없는 일이다. 왜냐하면 살인을 하기 위하여 상해의 기수까지 이른 범죄자를 아무리 중지미수를 인정한다고 하더라도 형을 감경하는 경우라면 모를까 형을 면제하는 경우는 상정할 수 없기 때문이다. 중지미수에 대하여 형을 면제한 대표적인 사례로는, 대법원 1986. 3. 11. 선고 85도2831 판결이 있다.

량한 일반시민의 자격으로 되돌린다는 것은 상상하기 어려운 극히 예외적인
사안에 한해서만 일어날 수 있는 일이기 때문이다. 대체적으로 중지미수가 인
정된다면 피고인에게 형 감경의 효과가 인정될 것이다.[55)]

2. 자의성의 구체적 기준 마련의 시급

중지미수의 자의성을 해석할 때 어느 학설을 취해야 한다는 문제는 그다지
중요하지 않다. 다수설에 해당하는 절충설도 자의성의 세부적인 기준제시에
있어서는 명확한 해답을 보여 주지 못하고 있는 실정이기 때문이다. 따라서
보다 중요한 문제는 자의성 인정 여부의 구체적인 기준을 마련하는 것이다.
'자의성'을 논의할 때 출발점은 문자 그대로의 의미를 밝혀 보는 것이다. '자
의로'라는 용어는 '스스로'를 의미하는 '自'와 '생각하다'를 의미하는 '意'가
결합된 말로서, '스스로 생각하다'라는 뜻이다. 즉 자기 스스로 생각해서 자기
의 의지로 실행행위를 중지한 것이 중지미수이며, 그 이외의 사유로 중지한
것은 중지미수가 아니다. 여기에 앞에서 살펴본 우리 형법의 입법목적을 가미
해서 뜻을 헤아려 보자. 제26조의 해석을 피고인에게 유리하게[56)] 해석한다는
견지에서 '자의로'라는 말의 앞부분에 다음과 같은 말이 생략되어 있다고 생
각해 볼 수 있다. '(외부적인 타의가 자의의 지배력을 마비시키지 않을 정도로
혼재된) 자의로'라고 말이다. 이것은 다음을 의미한다. 피고인의 범죄 중지동
기가 밝혀진 경우, 그 동기가 자율적 동기로만 인정된다면 중지미수가 인정될
수 있다. 그러나 타율적 동기로만 인정된다면 중지미수는 인정될 수 없다. 이
와 같이 중지동기가 명확히 구분되어 있다면 중지미수의 인정여부는 쉽게 판

---

55) 중지미수가 형감경되는 경우에는 다음과 같이 처리하여야 한다. 첫째, 경한 기수범죄가
    포함된 중한 범죄의 중지미수 형태로서의 법조경합의 경우, 예컨대 살인행위를 중지하였
    으나 상해의 결과가 발생한 때에는 중한 살인죄의 중지미수범으로 처벌하면 족하며 경한
    상해죄는 이에 흡수된다. 둘째, 상상적 경합의 경우에 행위자는 종국적으로 해당범죄의
    중지미수에 대한 감경된 법정형과 다른 범죄의 법정형을 서로 비교하여 중한 죄로만 처
    벌될 것이다(손동권, 앞의 책, 422면.).
56) 이것은 어떻게 보면 피해자에게도 유리하게 될 수 있을 것이다.

단될 수 있다. 문제는 이러한 중지동기가 명확히 밝혀지지 않은 경우이다. 즉 자율적 동기와 타율적 동기가 혼재되어 있는 경우에는 중지미수의 인정에 대한 결론을 내리기 어려워진다. 이러한 혼재의 상황에서 앞서 제시한 생략된 말을 상기해 보자는 것이다.

인간이 어떠한 행위를 하기까지에는 수많은 이유가 있을 수 있다. 인간의 행위가 오직 단 하나의 이유 내지 동기만으로 행해지는 경우는 거의 없다. 또한 이러한 동기는 외부적 요인과 내부적 요인이 서로 결합하여 이루어진다. 중지미수의 자의성을 판단하는 방법도 이러한 관점에서 생각해야 한다. 즉 행위자가 범죄의 실행에 착수하여 그 행위를 그만둔 경우에도 여러 가지 원인이 있을 수 있다. 또한 그 원인이 오직 내부적인 원인에 기인했다든가 혹은 오직 외부적인 원인에 기인했다고 단정한다는 것은 매우 어리석은 일이다. 여러 가지 내·외적 원인이 서로 결합하여 하나의 행위를 이룬다는 것을 생각해야 한다.

이러한 관점에서 여러 학설들은 치명적인 오류를 범하고 있는데, 대부분의 학설이 행위자가 중지한 원인을 단 한 가지밖에 상정하지 않는다는 것이다. 윤리성설은 중지의 동기로 윤리적인가 아닌가, 객관설은 중지의 동기로 내부적 사정인가 아닌가, 절충설은 중지의 동기로 사회통념상 장애가 존재하는가 아닌가 하는 식이다. 이러한 방식으로는 중지미수의 자의성을 판단할 수 없다. 결국 행위자가 그러한 중지의 행위로 나아가게 된 원인을 모두 밝혀내는 것이 선결과제이다. 그러한 원인으로 단 하나의 원인이 있을 수는 없고, 순수하게 내부적인 원인만이 있을 수도 없다. 내부적인 여러 원인과 외부적인 여러 원인이 상호작용을 통해서 하나의 행위로 표출되는 것이다. 외부적 사정이 내부적 동기를 통하여 중지에 영향을 미치기 때문에 외부적 사정과 내부적 동기를 대립시키는 것은 타당하지 않다는 점에서 앞에서 논의한 학설들은 타당하지 못하다.[57] 우리나라의 경우처럼 중지미수를 필요적 감면으로 규정하고 있는

---

57) 의사형성의 계기는 내심(양심의 가책, 수치심, 능동적 후회, 흥분, 더 나은 통찰, 용기 상실)으로부터 올 수도 있지만 외부사정(방해, 발각, 면식)으로부터도 올 수 있다. 그 외부사정이 행위자의 원래의 의사지배력을 마비시킬 정도로 작용했다면 자의성은 부인되지만, 그렇지 않은 상태에서 자발적으로 범행을 중단했다면 자의성은 인정된다. 따라서 계기가 외부로부터 왔다고 해서 자의성을 배제할 필연적인 이유가 되지 않는다(김일수·서보학,

경우에는 범행을 중지할 경우에 자율적 동기가 주로 작용한 동시에 타율적 동기도 약간 작용했을 때에는 서로 충돌하는 두 가지의 동기가 갖는 가치를 전체상황58)을 고려해서 형을 감경할 수 있다고 본다. 즉 자율적 의사결정은 객관적 장애요소가 있다고 해서 불가능한 것이 아니다. 또한 자의성의 판단은 객관적·외부적 사실을 기준으로 결정되는 것이 아니라 행위자가 주관적으로 인식한 사실을 기초로 판단하여야 한다. 이러한 의미에서 비례적 자율성설은 자의성 판단의 기준과 방법을 잘 제시해주고 있다. 이에 의하면 중지미수의 자의성은 범죄실행에 특별한 장애사유가 있다고 하더라도 성립될 수 있다. 이러한 장애사유와 스스로 중지하게 된 내적 동기를 서로 비교형량하여 자율적으로 중지한 것에 비중이 크다면 자의성을 인정해도 무방하기 때문이다. 그러므로 절도범이 대상물의 가치가 너무 적어서 그만둔 경우, 처벌에 대한 일반적인 두려움, 공포, 범행의욕의 상실, 양심의 가책, 피해자에 대한 연민과 동정, 피해자의 외부상황과 관련 없는 설득, 부끄러움, 용기 부족 등으로 인한 범행중지의 경우에는 자의성을 인정해도 무방하다. 한편 행위자의 중지동기가 자율적인지 타율적인지 분명하지 않은 경우에는 '의심스러울 때는 피고인의 이익으로(in dubio pro reo)'라는 원칙에 따라 중지미수로 보아야 할 것이다.

앞의 책, 437면).

58) 그러므로 법관은 자율적 의사결정을 추론하는 다양한 간접사실을 수집하여 그것들을 균형 있게 형량하여 판단하여야 한다(이상돈, 『형법강의』(제1판), 법문사, 2010, 509면).

제7장 사형폐지론의 입장에서 바라본 사형제도

Ⅰ. 문제의 제기

　사형(Todesstrafe, death penalty)은 피고인의 생명을 박탈하는 것을 내용으로 하는 형벌로서 생명형(Lebensstrafe) 또는 극형(capital punishment)이라고도 불린다.[1] 사형제도에 대해서 우리나라는 1953년 형법제정 시부터 형벌로 도입한 이래 현재까지 유지해 오고 있다. 하지만 사형제도의 인정과는 달리 1995. 11. 2. 19명, 1997. 12. 30. 23명에 대한 사형을 집행한 이래 최근의 약 13년 동안은 사형을 집행하지 않고 있다. 2010. 현재 사형 미집행자수는 57명[2]이며, 모두 남성이고, 살인죄 또는 살인을 포함한 중범죄로 유죄선고를 받은 자들로 구성되어 있다.

　최근 일명 '부산 여중생 강간살해사건(김길태 사건)'과 관련하여 강력범죄에 대한 처벌의 수위를 높여야 한다는 여론과 함께 사형집행의 여부와 관련된 논란이 한창 진행되고 있다. 사형제도와 관련된 논란은 항상 사회적인 이슈로 부각되어 왔는데, 특히 2009년 초에 발생한 일명 '경기도 서남부 지역 연쇄살인사건' 당시의 사형집행 재개논란, 형사법학자들에 의한 사상 초유의 사형제도 반대 공식선언, 2009년 말에 수감 중인 2명의 사형수가 자살한 사건,[3] 전라도 70대 어부 살인사건에 대한 광주고등법원의 위헌제청과 이에 대한 2010. 2. 25. 헌법재판소의 사형제도 합헌결정,[4] 2010. 3. 16. 이귀남 법무부장관의 청송교도소 내 사형장 설치 검토[5] 등이 그것이다. 이러한 논란은 아마도 인류가

---

1) 변종필, "사형폐지의 정당성과 필요성", 『인제논총』 제14권 제1호, 인제대학교 법학연구소, 1998. 10, p.353.

2) 최근의 사형 확정판결로서 2009. 2. 26. 일명 '혜진, 예슬 양 살해사건'의 피고인 정성현에 대한 사형 판결이 있었고, 2009. 7. 31. 일명 '경기도 서남부 지역 연쇄살인사건'의 피고인 강호순이 상고를 포기하여 사형이 확정되었다.

3) 2009. 11. 22. 정남규, 2009. 12. 24. 대전교도소의 김 모 씨 등이 수감 중 자살하였다.

4) 동 헌법재판소의 결정으로 인하여 2010. 3. 25. 광주고등법원은 원심대로 피고인에 대하여 사형을 선고하였다. 또한 광주고등법원은 내연녀 등 3명을 살해하여 목포지원에서 사형을 선고받은 피고인의 항소 역시 기각하였다.

5) 이 장관은 2010. 3. 16. 흉악범들이 수용된 청송교도소를 방문한 자리에서 "청송교도소에

존재하는 한 계속 이어질 것이다. 사형제도가 존재하고 있으면 사형제도 폐지에 관한 문제가 발생하며, 반대로 사형제도가 폐지된다면 사형제도 부활에 관한 문제가 순환론적으로 무한 반복될 것이기 때문이다.

여기서 문제가 되는 것은 사회적 혼란, 예를 들면 흉악범죄의 발생, 사형집행에 대한 국민여론의 증대, 정치인들의 포퓰리즘적 발언 등의 현상이 발생하면 상투적으로 사형을 집행하려고 하는 점에 있다. 실제로 현재 정부와 여당은 사형수에 대한 집행을 요구하고 있는 상황이며, 실무부처라고 할 수 있는 법무부와 검찰은 그동안 계속해서 사형제도 폐지 반대의견을 분명히 하고 있다.6) 특히 2009년 강호순 사건 직후 약 5명 정도의 사형수에 대한 집행을 심도 있게 논의한 적이 있었다는 사실과 2010년 김길태 사건 직후 법무부장관에 의한 사형장 설치 논의 등은 사형의 집행이 이성적인 판단에 의한 것이 아니라 감정에 지나치게 치우쳐져서 유동적으로 흐르고 있다는 감을 지울 수가 없게 한다.

한편으로는 현재 형사법 개정작업이 한창 진행되고 있는데, 형사법개정연구회의 논의과정에서는 사형제 존폐 문제에 대하여 폐지 및 축소의견이 있었으나 사형제 존폐 문제에 대해서는 폐지 시 각칙의 대폭 수정이 필요하며 단순히 연구회 차원이 아닌 학회 차원의 더 많은 논의가 필요하다는 이유로 이를 잠정 유보하기로 결정하였다.7)

이렇게 항상 우리 사회의 이슈가 되어 온 사형제도에 관하여 본 논문에서는 폐지론의 입장에 서서 그에 관한 논거를 제시하고자 한다. 폐지론의 논거를 크게 ① 헌법적인 측면에서 바라본 사형제도, ② 현실적인 측면에서 바라본

도 사형집행시설을 설치해 1심에서라도 사형선고를 받은 흉악범을 수용해 엄격하게 관리하는 방안을 검토하라"고 지시했다. 이 장관은 "이는 실제 사형집행을 염두에 두고 하는 것"이라며 1997년 이후 13년 만에 처음으로 사형 집행이 재개될 수 있을 가능성을 내비쳤다(http://news.chosun.com/site/data/html_dir/2010 /03/16/2010031601372.html).

6) 예외적으로 법무부는 2006년도에 법무부변화전략계획을 발표하면서 사형의 범죄억지력 및 사형폐지의 사회적 영향에 대한 연구검토를 하여 장차 사형을 절대적 종신형으로 대체할 것을 검토하기 시작하였다(법무부, 『희망을 여는 약속』, 2006, pp.119-120).

7) 한국형사정책연구원·법무부·한국형사법학회·한국형사정책학회, 『형법개정의 쟁점과 검토-죄수·형벌론 및 각칙분야』, 2009. 9. 11, p.19.

사형제도, ③ 관련기관의 입장에서 바라본 사형제도, ④ 국제적인 추세에서 바라본 사형제도 등의 4가지 범주로 구분하여 살펴보고, 사형제도의 조속한 폐지를 촉구하고자 한다.8)

Ⅱ. 헌법적인 측면에서 바라본 사형제도

1. 「헌법」 제10조 위반

1) 최대한 생명보호의 원칙

사형은 사형수에 대한 「헌법」 제10조 소정의 인간의 존엄과 가치를 침해한다. 인간의 존엄은 인간행위의 평가에 의한 판단이 아니라 죄인이든 정상인이든 묻지 않고 인간인 이상 예외 없이 모두에게 인정되는 인간으로서의 품위를 말한다. 인간으로서의 존엄과 가치의 본질적 내용이 생명권이기 때문에9) 생명이 박탈되면 인간으로서의 존엄과 가치도 박탈되기 때문에 인간의 생명은 최대한으로 보호되어야 한다. 대법원도 '생명은 한번 잃으면 영원히 회복할 수 없고, 이 세상 무엇과도 바꿀 수 없는 절대적 존재이며, 존엄한 인간 존재의 근원인 것'이라고 밝히고 있다.10)

생명권은 절대적 기본권이 아니기 때문에 절대불가침의 영역으로 남는 존재가 아니지만 생명권은 모든 기본권 중에서 가장 우선적으로 보호되어야 하는 '최대한' 보장의 원칙이 적용되는 기본권이다.11) 생명권은 절대적 생명보

---

8) 본 논문에서는 사형폐지의 구체적인 논거에 대해서 주안점을 두고자 한다. 사형존치의 구체적인 논거는 폐지논거를 설명하면서 참고적으로 거론하기로 하며, 사형폐지 이후의 대안에 대해서는 지면 관계상 다음 기회에 논하게 된 점을 양해하기 바란다.

9) 김명식, "사형제도의 위헌성", 『고시계』 통권 제638호, 2010. 4, p.16.

10) 대법원 1963. 2. 28. 선고 62도241 판결; 1967. 9. 19. 선고, 67도988 판결.

11) 同旨 장영수, "사형제 합헌판결의 함의 … 사형제 폐지는 입법자의 과제인가 헌법재판소

호의 원칙이 적용되기 때문에 제한이 불가능하다는 전제에서 생명권을 제한하는 사형제도가 위헌이라는 것이 아니라 생명권은 최대한 생명보호의 원칙이 적용되기 때문에 제한은 가능하나, 그러한 제한 분야는 긴급성이 있는 예외적인 경우로 한정되어야 하며, 긴급성이 없는 사형집행행위는 최대한 생명보호 원칙의 범주를 벗어난다는 점에서 사형제도가 「헌법」 제10조 위반이라는 것이다.

2) 긴급성의 정당화 요소

사형존치론자는 인간의 생명도 경우에 따라서 법적인 평가가 가능하며 제한을 가할 수 있는 성질의 것이라고 한다. 생명권은 절대적인 권리가 아니기 때문에 「헌법」 제37조 제2항의 기본권의 법률유보조항으로 제한이 가능하다는 것이다. 이러한 예로 들고 있는 것으로 정당방위상황에서의 살해행위, 기대가능성이 없는 상황에서의 살해행위, 임산부의 건강을 위하여 태아의 생명을 단절하는 행위 내지 자기결정권을 위하여 태아의 생명을 침해하는 낙태행위 등이다. 또한 만약 무조건 생명을 보호해야 한다면 외침으로 전쟁이 발발했을 경우, 국민과 국가의 안전을 위한다고 하여도 살상을 할 수 없다는 결론에 이른다고 한다. 일견 타당해 보이지만, 정당방위상황·기대불가능성상황·전쟁상황에서의 생명침해행위와 사형수에 대한 생명침해행위는 같은 선상에서 바라보아서는 안 되는 중요한 차이점이 있다. 즉 전자는 긴급성이라는 요소가 개입되어 정당화될 수 있지만, 후자는 그렇지 않기 때문에 정당화될 수 없는 것이다.

사형존치론이 말하는 '필요악'으로서 불가피한 선택이라 함은 '생명박탈이 다른 생명권의 보호'에 기능한다는 논리이다. 이는 형법상 정당방위나 정당행위의 논리와 맥을 같이하는바, 자기의 생명에 대한 현재의 급박한 침해를 방

의 과제인가?-헌재 2010. 2. 25. 2008헌가23 결정에 대한 평석-", 『고시계』 통권 제638호, 2010. 4, p.64.

위하기 위하여 부득이 그 침해자의 생명을 박탈할 수밖에 없는 불가피한 선택의 경우라면 모르되, 그와 같은 경우가 아닌, 생명박탈범에 대하여 후일에 국가가 형벌로써 그의 생명을 박탈하는 경우(즉 현재의 급박한 침해의 상태가 아닌 경우)에는 생명을 박탈할 수밖에 없는 불가피한 선택의 경우라고 강변할 수 없기 때문에 이 점에서 사형존치론은 납득하기 어렵다.

2. 「헌법」 제37조 제2항 위반

사형제도에 의하여 달성하려는 범인의 영구적 격리나 범죄의 일반예방이라는 공익은 가석방이 불가능한 종신형에 의하여도 충분히 달성될 수 있음에도 국민의 기본권 중 가장 기초적인 의미를 갖는 생명권을 최종적으로 박탈하는 사형제도는 피해의 최소성 원칙에 반하는 것으로서 「헌법」 제37조 제2항 후단에 위배된다.

사람의 생명은 어떠한 권위로서도 사람이 이를 박탈할 수는 없다. 인간의 생명은 한번 잃으면 영원히 회복할 수 없는 절대적 가치이며, 인간존엄의 근원이다. 그러므로 이와 같이 존엄한 인간의 생명을 국가가 참혹하고 야만적이며 잔혹하게 박탈하는 것은 인도주의의 입장에서 볼 때 허용될 수 없는 문화국가의 수치이다. 인간의 생명권은 인간의 존엄과 가치를 규정한 「헌법」 제10조 내지 일반적인 권리보호조항인 「헌법」 제37조 제1항에 의하여 보장되고, 생명권에 대한 침해는 성질상 생명의 박탈을 의미하므로 기본권의 일반유보조항인 「헌법」 제37조 제2항에 의하여도 제한할 수 없다.

생명권의 제한은 성질상 생명의 박탈을 의미하며 생명권의 본질은 생명 그 자체이므로, 생명의 박탈은 곧 생명권의 본질적 내용을 침해한다. 원칙적으로 사람의 생명에 대하여서는 부정적인 어떠한 사회과학적 평가나 법적인 평가도 허용되어서는 안 된다고 할 것이며, 이와 같은 평가로 세워진 사형제도는 허용될 수 없다고 할 것이다. 한발 양보하여 사람의 생명에 대하여도 부정적으로 사회과학적·법적인 평가가 가능하다고 하여, 헌법상 기본권인 인간의 생명권으로서 법률상의 의미를 조영한다고 하더라도, 인간의 생명권은 사람의 생존본능과 존재목적 그리고 고유한 존재가치에 바탕을 두고 있으므로 이는 선험적이고 자연법적인 권리일 수밖에 없다. 또한 이는 모든 기본권이 생명이 있음을 전제로 하여 비로소 의미를 가지는 것으로서 모든 기본권의 근원이 되는 최고의 기본권이기 때문에, 어떠한 법률이나 제도에 의하여서도 박탈될 수 없다고 할 것이다. 생명권은 「헌법」 제37조 제2항의 기본권 제한에 관한 일반적 법률유보의 대상이 될 수 없다. 이에 본질적 내용 침해 금지부분을 논의할 때에는 공공성을 심사하는 것 자체가 모순이 된다. 생명권은 본질적인 내용이므로 비례성의 심사까지 갈 필요도 없는 것이기 때문이다.

「형법」에서 과실범은 원칙적으로 불가벌이며, 심지어 국가유지를 보호법익으로 하는 유형의 과실범도 불가벌로 하지만, 생명침해와 직접 관련된 과실범은 원칙적으로 처벌하고 있다는 점에서, 생명보호가 국가안전보장 등의 국가유지보다도 법률상에서 더 우선적이라는 것을 보여주고 있다.[12] 이처럼 생명보호가 국가유지를 포함한 다른 어떤 법익보다도 더 높은 가치를 가진다는 것이 「형법」상의 근본원리라면 생명보호에 반하는 의식적 사형제도의 존치가 논리적으로 타당할 수 없고, 따라서 개인의 생명보호보다는 국가유지 목적을 위해 개인의 생명을 적극적으로 침해하는 사형제도가 「헌법」상의 원리라고 보는 것은 설득력이 없다.

3. 「헌법」 제110조 제4항 위반

우리나라 「헌법」에는 사형을 적극적으로 인정하는 조항은 없다. 다만 비상계엄의 군사재판을 전제로 하여 사형을 인정하는 표현을 하고 있다. 동 조항[13]을 이유로 「헌법」이 적극적으로 사형제도를 수용하고 있다거나[14] 개헌

---

12) 허일태, "사형의 대안으로서 절대적 종신형 도입방안", 『사형: 쟁점과 대안』(2006년 춘계 형사정책세미나 자료집), 한국형사정책연구원, 2006. 5. 19, p.42.

13) 제110조 제4항은 현행 「헌법」에서 신설된 것인데, 그 이전의 사형 집행은 헌법적 근거도 없이 자행된 것으로 볼 수도 있다.

14) 김상겸, "생명권과 사형제도", 『헌법학연구』 제10권 제2호, 2004. 6, pp.245-246.

없이 사형폐지를 할 수 없다는 주장도 제기된다. 그러나 「헌법」은 이 단서조항이 예정하는 특수한 경우 이외에는 사형제도를 허용하지 않고 있다고 해석하는 것이 인간의 존엄과 가치의 핵심을 이루는 생명권 중시의 관점에서 옳을 것이다.15) 동 조항의 단서규정은 비상계엄하에서의 군사재판에 관한 단심 사물관할을 규정하면서, '계엄법에 따라 적용되는 사형의 경우에는 단심으로 끝내서는 아니 된다'는 주의적 규정으로 존재하고 있다고 보아야 한다. 동 조항의 단서규정은 비상계엄이라는 특수한 상황을 전제로 법률상 사형규정을 두고 있다는 현실을 고려하여 규정한 것일 뿐이고, 동 조항은 사형선고가 갖는 기본권 침해의 심각성에 비추어 비상계엄하의 군사재판이 일정한 범죄에 대하여 단심제로 이루어질 수 있도록 한 본문규정에 대한 예외를 설정하고 있기 때문에 동 단서조항을 사형제도에 관한 헌법적 근거로 볼 수는 없을 것이다.16) 따라서 헌법 개정 없이도 특별법 제정 또는 법률 개정을 통하여 사형은 폐지될 수 있다.17) 「헌법」 제110조 제4항은 사형제도로 인한 생명침해의 심각성을 인식하고 사형을 선고할 경우에는 비상계엄하에서도 단심으로 재판해서는 안 된다는 소극적·회의적인 태도를 보여 주고 있는 것으로 이해해야지 이를 사형제도가 헌법적으로 허용되고 있다고 해석해서는 안 된다.18) 「헌법」 제110조 제4항이 군사법 분야가 아닌 일반적인 범죄에서 사형을 예정하고 있지 않기 때문이다. 또한 제110조 제4항은 사형의 가능성을 전제하고 있을 뿐이지 사형의 정당성 인정조항은 아니다.19) 「헌법」 제10조는 헌법의 근본규범이지만, 제110조 제4항은 기술적인 규정일 뿐이다.

---

15) 김선택, "사형제도의 헌법적 문제점-사형의 위헌성과 대체형벌-", 『고려법학』 제44호, 2005, pp.147-150.

16) 헌재 1996. 11. 28. 선고, 95헌바1 결정 중 재판관 김진우의 반대의견.

17) 그러므로 헌법이 사형에 대하여 언급하고 있는 이상, 법률로 사형을 폐지하는 것은 법률로 헌법의 내용을 바꾸는 것으로 헌법의 통일성 원칙에 반하고, 체제정합성에도 맞지 않다는 의견(김상겸, 앞의 논문, p.231. 각주 40)은 타당하지 않다.

18) 김명식, 앞의 논문, p.11.

19) 즉 사형의 가능성을 시사하고 있을 뿐이지, 사형이 반드시 존치되어야 함을 의미하는 것은 아니다. 그렇기 때문에 「헌법」에서 사형에 관한 문구를 삭제하지 않은 상태에서도 사형제도를 폐지하는 것은 가능할 것이다(장영수, 앞의 논문, p.67).

Ⅲ. 현실적인 측면에서 바라본 사형제도

1. 오판의 가능성 존재

재판도 하나의 제도로서 인간이 행하는 것이기 때문에 오판의 가능성을 절대적으로 배제할 수 없다.[20] 중범죄에 대하여 하급심과 상급심의 결론이 달라지는 것과 같이 인간이 하는 재판인 한 오판이 얼마든지 있을 수 있고,[21] 오판에 의한 사형 판결이 집행된 경우 어떠한 방법으로도 원상회복이 절대적으로 불가능하다.[22] 오판이 시정되기 이전에 사형이 집행되었을 경우에는 비록 후일에 오판임이 판명되더라도 인간의 생명을 원상으로 복원시킬 수는 없는 것이므로 사형제도는 어떠한 이유로도 그 정당성을 설명할 수는 없다고 할 것이다.

사형판결은 신중을 기하므로 절대로 오판은 있을 수 없다는 주장도 있지만, 만에 하나 죄 없는 한 사람이 사형당한다면 사형은 이미 존속하기 어려운 것이다. 한 사람의 생명은 전 지구와 바꿀 수 없는 소중한 것이기 때문이다.

한편 오판에 의한 자유형의 경우에도 사형의 경우와 마찬가지가 아닌가 하는 반론이 없는 것도 아니지만 오판에 의하여 가해진 자유의 침해가 생명에 대한 침해보다도 훨씬 덜하고 또한 자유의 침해에는 회복의 가능성이 있는데[23] 반해 빼앗긴 생명은 회복이 절대 불가능하다는 근본적인 차이를 바르게 인식하지 못한 논의라고 볼 수 있다. 인간에 의하여 행하여지는 재판에서는

---

20) 권오걸, 『형법총론』(제3판), 형설출판사, 2009, p.714; 유지영, "사형폐지에 관한 소고", 『교정연구』 제8호, 한국교정학회, 1998, p.237; 정영일, 『형법총론』(제3판), 박영사, 2010, p.520(오판의 가능성이나 형사정책적 효과의 의문성 등을 고려할 때 사형의 선고와 집행은 극히 신중하여야 할 것이고…).

21) 대표적인 사건으로 1995년 발생한 치과의사모녀살해사건, 6 · 25 당시 한강인도교 폭파사건의 최창식 대령 사건, 故 김대중 대통령 사건 등이 있다.

22) 同旨 한인섭, "사형제도의 문제와 개선방향", 『형사정책』 제5호, 한국형사정책학회, 1990, p.41.

23) 구금에 대한 보상금은 보상 청구의 원인이 발생한 연도의 일급 최저 임금액의 5배에 구금 일수를 곱한 금액이다. 사형에 대한 보상금은 이에 더하여 3천만 원 이내의 가산보상금과 재산상의 손실액(『형사보상법』 제4조 제3항)을 더한다.

어떠한 만반의 조치를 강구하더라도 무고한 자에 대한 오판에 의한 사법살인이 전혀 없다고는 누구도 단언할 수 없다.

2. 일반예방효과와의 無關性

사형은 일반인이 기대하는 바와 같이 위하적 효과가 없다. 사형 범죄의 대부분은 정신이상자, 격정상태에 있는 자, 확신범, 범행 후 자살하거나 인명을 무시하는 자 등에 의하여 행하여지는데 이러한 자에 대하여 사형은 전혀 위하력을 가지지 아니한다. 이처럼 사형폐지의 가장 중요한 근거는 사형을 정당화할 만한 어떠한 합리적 근거도 존재하지 않는다는 것이다. 즉 사형은 범죄억제에 기여하는 바가 전혀 없다.[24]

이처럼 사형의 범죄에 대한 일반예방적 효과는 학문적 가설일 뿐 과학적으로 입증된 바가 없고, 형벌의 본질이 응보에서 교육으로 옮겨가고 있는 추세임을 감안할 때 사형을 인정한다는 것은 결국 국가가 범죄인의 사회복귀를 위한 교화와 개선의 노력을 스스로 포기하는 것이다. 결국 사형은 그 자체가 법의 이름으로 자행되는 또 다른 살인행위일 뿐 아니라 국민의 응보적 법감정을 순화시키기보다는 도리어 그것을 황폐화시킬 뿐이며, 국가가 살인행위를 비난하면서도 스스로 사람의 생명을 박탈하는 것은 이를 정당화시키는 모순에 빠진다.

사형이 인간의 죽음에 대한 공포본능을 이용한 가장 냉엄한 형벌로서 그 위하력을 통한 일반적 범죄예방효과를 거둘 수 있느냐의 문제는 오랫동안 많은 학자들이 실증적인 연구조사를 하여 오고 있다. 그러나 그 결과에 따르면 예방효과를 인정하는 견해는 소수에 불과하고 다수견해는 그 효과를 인정하지 아니하고 있는 실정이다.[25] 이와 같이 사형이 형벌의 목적의 하나인 범죄의

---

24) Heinz Schöch, 박학모 역, "피해자학의 관점에서 본 사형", 『형사법의 신동향』 제3호, 대검찰청, 2006. 8, p.148.

25) 이에 대하여 사형제도가 갖는 범죄억지력은 검증될 수 없는 논쟁이라고 보는 견해가 있다. 왜냐하면 형벌제도가 범죄억지력을 갖는다는 것은 명백하지만 구체적으로 특정 형벌

일반적 예방의 실효를 거두고 있다고는 할 수 없으며, 그 효과 면에서 보더라도 무기징역형을 최고의 형벌로 정하는 경우와 비교하여 큰 차이가 있다고 할 수도 없다. 그렇다면 사형제도가 형벌의 한 수단으로서 적정하다거나 필요한 방법이라고는 할 수 없다.

UN은 1988년과 2002년 사형의 범죄예방효과에 대하여 조사하였는데, 그 결론은 '사형제도가 살인억제력을 갖는다는 가설을 수용하는 것은 신중하지 못하며, 조사 결과 통계수치는 사형제도를 폐지하더라도 사회에 급작스럽고 심각한 변화가 일어나지 않을 것'이었다.26) 즉 사형의 위하력은 실증되기 어렵다. 한 조사에 의하면 헨리 8세 때 절도범들의 교수형을 구경하려고 모인 군중 속에서 소매치기들이 날뛰었다는 사실은 위하력이 별로 없었다는 것을 반증하고 있다.27)

1997. 12. 30. 마지막 사형집행 후 1998년의 검찰의 살인 사건 처리인원은 오히려 그 전해보다 증가하였고 전체 범죄증가율과 비교해 볼 때 사형집행이 이루어지지 않은 지난 12년간 살인사건이 급증하는 현상은 나타나지 않고 있다. 이는 사형제도가 위하력이 없음을 나타낸다. 또한 외국의 경우 사형을 폐지한 국가에 있어서 사형에 해당하는 범죄가 증가하지 않고 있다는 점에서도 사형이 일반예방효과가 없다는 점이 입증된다.28)

제도가 어떠한 정도의 범죄억지력을 갖는가를 평가하는 것은 거의 불가능하기 때문이다 (박상기, 『형법총론』(제8판), 박영사, 2009, p.505. 참조).

26) Roger Hood, *The Death Penalty: A Worldwide Perspective*, 3d ed(Oxford University Press, 2002) pp.75-80.

27) 노용우, "사형폐지론", 『사회과학연구』 제10집, 전북대학교 사회과학연구소, 1983, p.161.

28) Thorsten Sellin, *The Penalty of Death*, Sage Publications, 1982, pp.75-80. 그러나 이는 관련 통계의 신뢰도에 따라 달라질 수 있는 논거이며, 조사대상이나 표본추출의 방법에 따라 제각각의 결과를 도출할 수 있으므로 이러한 식의 접근은 오히려 폐지론의 설득력을 반감시킬 것으로 보는 견해도 있다(강석구, "사형대상 범죄의 합리적 축소방안", 『사형: 쟁점과 대안』(2006년 춘계 형사정책세미나 자료집), 한국형사정책연구원, 2006. 5. 19, p.67).

3. 범죄인에게 모든 책임 전가

범죄의 원인에는 범죄인의 악성과 반사회성뿐만 아니라 국가와 사회환경적 요인도 적지 않은데 국가가 범죄의 모든 책임을 범죄인에게 돌리고 반성의 기회조차 박탈하는 것은 형벌에 있어서 책임의 원칙에 반한다.

사형으로 응징될 만한 범죄의 경우는 그 범인 개개인의 인격이나 성향보다 그와 같은 범죄로 몰고간 우리 국가사회 전체의 구조적 모순에서 오히려 더 강한 비난의 요소가 있다고 보이는 경우가 많을 것임에도 불구하고 범인 개개인의 생명을 박탈하는 극단적인 방법으로 이에 대처하려고 하는 형사정책은 문제의 본질을 왜곡한 임시방편에 불과하다.

국가는 살인과 같은 피해자 측의 인권을 처참하게 침해하는 범죄를 예방하고, 그러한 범죄의 범인에 대해 적절한 형벌을 부과하여야 할 책무를 지고 있는데, 이를 소홀히 한 결과 피해를 야기하여 피해자 측에 정신적·물질적으로 감내할 수 없는 피해를 발생케 하였다면, 이는 국가가 당연히 해결해야 할 책무가 되는 것이다. 이를 위해 피해자 측의 정신적 충격을 극복할 수 있는 대책을 포함하여 가족해체를 극복하고 재산적 손실에 대한 최소한의 대책이 있어야 할 것이다.

지금까지 등장한 제일 잔혹한 연쇄살인범의 불법성보다 1,000배 이상 더 가혹한 범죄를 저지른 자가 등장한다고 가정해 보자. 이는 범죄인 개인의 책임도 물론 있겠지만 국가 및 경찰의 예방정책의 실패에 그 원인이 더 클 것이다. 즉 국가의 수사방법의 문제로 귀결된다. 그러면 이 범인을 살려 주는 것이 정당한가? 범죄자를 처벌하려면 정상인이어야 하는데, 이들은 정상인으로 볼 수 없기에 사형문제 이외의 책임의 문제에 봉착하게 된다.

4. 형벌의 목적 위반

사형은 개선적·교육적 기능을 전혀 가지지 못하므로 「형법」의 목적에 위배되며, 형벌의 목적 중의 하나인 응보는 사형 이외의 수단에 의하여서도 달성될 수 있다.

사형은 야만적이고 잔혹한 비인도적 형벌이며, 복수심이라는 인간의 본능에 기인한 것이지 인간의 이성에 기인한 것이 아니므로 비문화적이다. 어떠한 이유에서든지 천부인권인 「헌법」 이전의 권리인 생명을 박탈할 수는 없다. 영구히 격리해도 사회를 보호할 수 있는데, 굳이 죽일 필요까지는 없다. 이는 순전히 복수일 뿐이다. 사형은 생명권을 제한해서 다른 생명권을 보호하는 것이 결코 아니다. 사형제도는 '과거의' 생명권 침해에 대한 '미래의' 다른 생명권 보호라고 하는 일반예방의 목적을 주장하는데 이도 근거가 박약하다. 생명을 보호해야 할 국가가 생명을 빼앗을 수 없기 때문이다.

절도를 예방하기 위한 가장 확실한 방법은 절도범의 손을 자르는 것이고, 강간을 예방하기 위한 가장 확실한 방법은 거세일 것이다. 하지만 이러한 형벌은 결코 우리 사회가 용납하지 아니한다. 이는 너무도 비인간적이기 때문이다. 사형은 손목 자르기와 거세보다 훨씬 더 신체를 극단적으로 파괴시키는 행위이다. 신체의 일부 마비도 인정되지 않는 사회에서 전부 마비는 인정되는 모순이 존재한다.

사형은 범죄자의 생명을 박탈하는 것이므로 범죄자에 대한 개선의 가능성을 포기하는 형벌일 수밖에 없고 그렇다면 형벌의 목적의 하나인 개선의 목적에 반하여 사형제도의 정당성을 인정할 수 없다. 범죄인에 대한 개선의 목적은 개선이 가능한 범죄인에 대하여서만 이룰 수 있을 뿐, 개선이 절대적으로 불가능한 범죄인에 대하여서는 그 목적을 이룰 가능성은 없다고 할 것이나, 과연 개선이 절대적으로 불가능한 범죄인이 있을 수 있을 것인가 하는 문제는 지극히 어려운 문제라 할 것이고, 가사 있을 수 있다고 가정하더라도 이를 절대적으로 명확하게 판단한다는 문제는 더욱 어려운 문제로 결국 인간의 판단력으로서는 불가능한 문제라 할 것이다. 그렇다면 국가는 모든 범죄인에 대한 개선가능성을 긍정적으로 받아들여야 할 것이며, 범죄의 책임이 범죄인 개인만이 아니라 그가 속하여 있는 사회에도 있다고 보아야 한다면, 범죄인에 대한 개선이라는 형벌의 한 목적을 결코 포기할 수는 없다고 할 것이다. 이와 같

은 형벌의 목적달성의 길이 있음에도 불구하고 사형제도를 존치함은 그 길을
포기하는 것으로서 사형제도의 정당성은 인정될 수 없다.

5. 합법적인 살인의 문제

사형은 국가에 의한 합법적인 살인을 의미한다. 이는 국가가 살인을 범죄로
서 금지하는 사상과 모순된다. 국가는 국민들에게 살인하지 말라고 하면서 스
스로 살인을 허용하는 사형제를 존치하는 것 자체가 모순적이다. 생명은 인간
에게 있어서 가장 중요하고도 본질적인 법익이므로 국가는 범죄인의 생명도
존중하지 않으면 안 되며, 인간에게 생명을 부여할 수 없는 국가가 이러한 생
명을 박탈하는 것은 어떠한 이유로든 허용될 수 없다.[29]

인간에게는 어떠한 경우에도 다른 인간의 생명을 박탈할 수 있는 권리가 없
으며, 이러한 인도주의적 견지에서 볼 때 사형은 마땅히 폐지되어야 한다.[30]
생명이란 모든 인간의 이익 중 최고의 것이므로 그 누구도 스스로 생명을 박
탈할 권리가 없을 뿐만 아니라 타인에게 그 생명을 내어 줄 수 없다.[31]

6. 정치적 수단의 악용

지난 반세기 동안 사형의 역사를 보면 사형이 정치적 압박과 수단으로 되었
다는 특색을 보이고 있다. 집권세력이 정치적 반대 세력을 분쇄 내지 봉쇄하
기 위한 수단으로 공포정치를 단행하거나 집권세력이 정치적 위기에 몰릴 때
그 위기를 독파하기 위해 속죄양을 찾아내어 이에 정치테러의 수단으로 사용

---

29) 정영일, "사형제도에 대한 형사정책적 음미", 『형사정책』 창간호, 한국형사정책학회,
   1986, p.319 이하.

30) 허일태, "사형제도의 폐지 필요성", 『동암 이형국 교수 화갑기념 논문집』, 법문사, 1998.
   2, pp.769-776.

31) 박기석, "사형제도에 관한 연구", 『형사정책연구』 제12권 제3호, 한국형사정책연구원,
   2001, p.79.

하는 것이 사형이다. 우리나라는 과거 권위주의 체제 아래에서 정치적인 체제 반대자에 대한 집행이 많았다. 우리나라의 경우 1962~1989년 사이에 공안사건 으로 연루되어 사형이 집행된 자의 수가 116명에 달한다. 독일의 경우도 1933~1945년까지 약 1만 6,500명이 사형으로 처형되었다. 사형존치론자들은 이제는 군부독재의 시절이 지나갔다고 하나, 언제 어디서 이러한 현상이 또다 시 나타날지 아무도 모를 일이다.

무엇보다도 중요한 것은 사형의 선고부분이 아니라 사형의 집행부분에서 정치적인 남용의 가능성이 충분하다는 점이다. 사형의 선고와 집행의 문제는 다른 차원의 문제이다. 중국도 1만 명이 사형선고당할 경우, 집행되는 자는 약 100여 명에 불과하다. 이것 때문에 정치적 남용의 위험성이 존재한다. 2010년 현재의 정권과 여당의 경우 사형집행에 다소 긍정적인 경향을 나타내고 있다. 이전의 정권(김대중, 노무현)과 지금의 정권의 경향이 다른 것이다. 정권의 색 채가 달라졌다고 하더라도 생명권에 대한 색채는 달라질 수 없는 것임에도 불 구하도 현실은 그렇지 못하고 있다.

Ⅳ. 관련기관의 입장에서 바라본 사형제도

1. 형사법학계의 입장

강호순 사건이 불거진 2009. 2. 당시 김경한 법무부 장관은 사형 집행을 신 중히 검토하고 있다고 밝혔다. 이와 관련해 형사법을 전공하는 법대 교수 132 명은 사형 집행에 반대하는 공동성명(우리는 사형집행의 재개를 강력하게 반 대합니다)을 2009. 3. 13. 법무부에 전달했다. 형사법 전공 교수들이 사형제에 대한 공동 의견을 발표한 것은 역사상 처음 있는 일이었다. 사형제도에 관한 최고의 전문가 집단이라고 할 수 있는 형사법 교수들의 이러한 입장표명은 다 른 어떠한 단체의 입장보다도 신중히 검토해 볼 필요가 있는 것이다.

2. 헌법재판소의 입장

1) 헌법재판소 1996. 11. 28. 95헌바1 결정(제1차 사형제도 결정)

헌법재판소는 제1차 사형제도 결정[32]에서 종국적으로 합헌결정을 하였지만, 위헌·합헌의 논의를 떠나 사형을 형벌로서 계속 존치시키는 것이 반드시 필요하고 바람직한 것인가에 대한 진지한 찬반의 논의도 계속되어야 할 것이라고 하였다. 형벌로서의 사형이 우리의 문화 수준이나 사회현실에 미루어 보아 지금 곧 이를 완전히 무효화시키는 것이 타당하지 아니하므로 아직은 현행의 법질서에 위반되지 않는다고 판시하면서, 나라의 문화가 고도로 발전하고 인지가 발달하여 평화롭고 안정된 사회가 실현되는 등 시대상황이 바뀌어 생명을 빼앗는 사형이 가진 두려움성에 의한 범죄예방의 필요성이 거의 없게 되거나 국민의 법감정이 사형의 필요성이 없다고 인식하는 시기에 이르게 되면 사형을 곧바로 폐지하여야 하며, 그럼에도 불구하고 형벌로서 사형이 그대로 남아 있다면 당연히 「헌법」에도 위반되는 것으로 보아야 한다고도 판시하였다. 즉, 헌법재판소도 1996년 당시에는 사형에 대하여 합헌결정을 하였지만 그 내용을 들여다보면 단계적 사형폐지론을 취하면서 당시로서는 사형제도가 위헌이 아니라는 견해를 취하고 있었던 것이다.

헌법재판소의 다수의견에 의하면 사형폐지가 아직은 시기상조라고 한다.[33] 하지만 실제 사형을 폐지한 여러 선진국이 폐지시기에 다수의견이 요구하는 요건을 갖추고 사형을 폐지한 것은 아니다. 그리고 현재의 한국의 수준이 사형폐지 당시의 선진국의 수준에 미치지 못한다고 말하기도 어렵다. 또한 선진국은 차치하더라도 한국의 문화와 인지발달 정도가 같은 아시아권에서 사형

---

32) 사형제도에 관한 헌법재판소의 최초 판결은 형식적으로 보면 1993년 11월 25일 내려진 89헌마36 결정이다. 그런데 이 사건에서 헌법재판소는 헌법소원청구기간 도과를 이유로 각하 결정을 내려 본안판단을 하지 않아 사형제도에 대한 명확한 입장을 표명할 수는 없었다.

33) 하지만 우리 사회의 정치·경제·교육적 수준을 볼 때, 사형폐지를 시기상조라고 볼 수도 없다(오영근, 『형법총론』(제2판), 박영사, 2010, §42/11).

을 폐지한 부탄, 캄보디아, 네팔, 필리핀의 수준에 이르지 못하였다고는 전혀 볼 수 없을 것이다.[34]

2) 헌법재판소 2010. 2. 25. 2008헌가23 결정(제2차 사형제도 결정)

헌법재판소는 제2차 사형제도 결정에서 4(위헌):5(합헌)의 의견으로 합헌결정을 하였는데, 이는 제1차 사형제도 결정 당시에 합헌의견이 7명이 있었던 것과 비교해 볼 때 위헌의견이 크게 증가한 것이다.

하지만 합헌의견 중에서 사형제도의 폐지 또는 유지의 문제는 위헌법률심사를 통하여 해결되는 것보다는 내외의 의견수렴과 토론을 거쳐 국민의 선택과 결단을 통해 입법적으로 개폐하는 것이 바람직하다는 견해[35]가 있는데, 이는 합헌도 위헌도 아닌 것으로 심판을 유보한 것으로 볼 수 있다. 무엇보다도 중요한 점은 사형제도의 개폐문제는 헌법재판소가 나서서 해결할 문제가 아니라 국회가 적극적으로 결론을 내려야 하는 문제라고 지적한 데 있다.

헌법재판소가 비록 4:5로 합헌결정을 하기는 하였지만, 다수의 의견을 실질적으로 분석해 보면 사형제를 폐지해야 한다는 것임을 알 수 있다. 합헌의견을 표명한 재판관들 중 2명 이상이 '현행 헌법의 해석상 사형제가 위헌이라고 선언할 수는 없지만, 헌법 개정 또는 국회 입법에 의해 사형제를 폐지해야 한다'는 의견을 명시적으로 밝혔기 때문이다. '헌법해석에 의해 사형제를 곧바로 폐지할 수 있느냐' 아니면 '헌법해석으로는 안 되고 입법에 의해 사형제를 폐지해야 하느냐'는 방법론의 차이가 있을 뿐 9명의 헌법재판관 중 6명 이상의 재판관들이 사형제를 폐지해야 한다는 점에서는 일치된 의견을 보인 것이다.[36]

---

34) 조국, "사형폐지를 위한 단계적 실천방안 제언", 『한국인권사회복지학회 2008년도 춘계학술대회 발표문』, 2008, p.167.

35) 재판관 송두환의 보충의견. 한편 재판관 민형기는 사형제도의 필요성을 지적함과 동시에 위헌론과 입법적 폐지론은 구분되어야 함을 전제로 입법적 개선의 필요성을 강조하였다.

36) 또한 헌법재판소 재판관들의 상당수가 사형의 문제점을 심각하게 느끼고 있다는 점을 확인할 수 있으며, 합헌성을 인정한 다수의 재판관들도 사형제도 자체의 존치필요성보다는

3. 국회의 입장

제15대 국회(1999. 12. 7. 사형제폐지특별법안), 제16대 국회(2001. 10. 30. 사형폐지에 관한 특별법안), 제17대 국회(2004. 12. 9. 사형폐지에 관한 특별법안),[37] 제18대 국회(2008. 9. 12. 사형폐지에 관한 특별법안, 가석방 없는 종신형 도입) 등에서 사형폐지에 관한 법률들이 상정되기는 하였으나 모두 국회의 임기 만료로 자동폐기되거나 심사 중에 있다. 이러한 국회의 태도는 사형제에 대한 입장이 다소 미온적이며, 지극히 정치적이고, 기회주의적이라 하지 않을 수 없다.[38] 특히 그동안 제출된 3건의 법안 모두, 해당 국회 임기만료로 인해 폐기되었다는 것은 이를 사회적 이슈로만 부각시켜 놓고 뒷짐만 지려 한다는 생각을 지워 버릴 수 없게 만든다. 국회가 국민의 대의기관임을 감안하면, 해당 법안이 의결되든 부결되든 간에 국회에서 심도 있게 다루어 국민 전체적인 의견의 수렴과 조율을 통해 적극적으로 그 해결책을 강구해야 할 것이다. 국회의원은 변덕스러운 여론의 향배에 따를 것이 아니라, 무엇이 인간존엄성을 담보할 수 있는 입법인가를 깊이 고민해야 하기 때문이다.

2009. 2. 18. 국회의사당에서 열린 "사형제도 이대로 좋은가" 정책세미나에서 자유선진당 박선영 의원은 "이제 와서 치안불안을 이유로 다시 사형을 집행해야 한다는 주장은 그동안 어렵게 쌓아온 생명존중과 인권보호의 가치를 허물어뜨리고 국제사회의 신뢰를 잃는 일"이라고 했다. 또한 2009. 2. 18. 국가인권위원회에서 서울대학교 공익인권법센터 등의 주최로 열린 '사형제 폐지를 위한 긴급토론회'에서 법률전문가들은 최근 연쇄 살인사건으로 사형제 폐지 논란이 재점화된 것과 관련하여 사형제의 범죄예방효과는 전혀 검증되지

「헌법」제110조 제4항의 존재로 인하여 사형의 합헌성을 인정하고 있다는 점은 시사하는 바가 크다(장영수, 앞의 논문, p.69).

37) 이는 국회의원 과반수 의원의 동의를 얻은 것으로 이 시기에 정치적 결단을 내리지 못한 것은 참으로 아쉽다. 동 법안에 대해서는 이전의 법안과 달리 2006. 4. 국회 법사위에서 공청회도 개최하였었다.

38) 이종갑, "사형제도에 관한 일고", 『인권복지연구』제3호, 2006, p.177.

않은 허구라며 오히려 논란의 배경에는 강성형사정책을 주도하려는 정권의
음모가 있다고 우려했다.

4. 국가인권위원회의 입장

국가인권위원회에서는 2005. 4. 6. '2005년도 제8차 전원위원회'를 개최하여
국내외적으로 그 존폐에 대하여 첨예하게 대립 중인 사형제도에 대하여 검토
한 결과 사형제도는 생명권의 본질적 내용을 침해하는 것이므로 폐지되어야
한다는 의견을 표명하였다. 다만 사형폐지 이후의 후속조치로 감형·가석방
없는 종신형제도, 일정기간 감형·가석방 없는 무기형제도, 전쟁 시 사형제도
의 예외적 유지 등의 방안이 검토될 수 있으며, 이들 조치의 채택여부는 국회
가 입법과정에서 고려해야 할 것이라고 하였다.[39] 또한 국가인권위원회는
2009. 7. 31. 사형폐지가 「헌법」과 「국제인권규약」에 부합한다는 의견서를 헌
법재판소에 제출하기도 하였다.

V. 국제적인 추세에서 바라본 사형제도

1. 전반적인 추세

모든 사형폐지론자가 인권국가와 사형제폐지국가를 동일시하지는 아니한
다. 사형을 폐지한 국가가 상대적으로 형벌적인 측면에서 사형을 폐지하지 않
은 국가보다 인권적이라는 것이지, 사형폐지국은 인권국가이고 사형존치국[40]

---

39) 국가인권위원회, 『사형제도에 대한 국가인권위원회의 의견』, 2005. 4. 6.

40) 일본의 경우 1993년 이후 유보해 온 사형 집행을 최근 재개하고 있다. 2008년 18명의 사
　　형수에 대한 형을 집행한 데 이어 2009. 1. 29. 사형수 4명의 형을 집행했다. 일본 최고재
　　판소에서도 우리나라의 헌법재판소와 마찬가지로 사형에 관하여 합헌 판결을 내린 바 있
　　다. 일본은 현재에도 엠네스티 인터내셔널에서 규정한 사형제도 존치국으로 분류되어 있

은 비인권국가라고 일도양단적으로 주장하지는 않는다. 사형제도의 존재 여부와 인권국가 내지 선진국가와는 아무런 연관이 없다. 일각에서는 사형제도를 폐지한 국가를 문명국가, 사형제도를 폐지하지 않은 국가를 비문명국가로 구분하는 경우도 있지만, 단지 다양한 사회적 제도 중에서 사형제도만을 평가적 잣대로 삼아 문명의 차이를 구분하고 해당 국가의 발달 정도를 가늠하는 것은 무리라고 본다.[41]

국제사면위원회에 따르면 2007년 10월 현재 UN이 인정하는 197개국 가운데 완전 사형폐지국은 102개국이며, 사실상 사형폐지국은 31개국이고, 사형존치국은 64개국이라고 한다.[42] 2010. 3. 현재는 6개국이 늘어나 139개국이 사형폐지국가(58개의 사형존치국가)로 분류되고 있다. 이는 매년 2~3개국이 늘어나고 있는 수치이다. 유럽에서는 벨라루스를 제외한 모든 국가가 사형제도를 폐지한 상태이다. 미국에서도 연간 사형선고 횟수가 60%가량 줄었다.[43] 이러한 점을 보면 사형제도의 폐지가 강력사건을 급격히 증가시킬 정도의 문제를 야기한다고 보이지 않는다.

이미 우리나라는 사회 · 문화적으로 사형집행에 대한 인식이 1996년의 합헌결정 당시의 상황과는 달라졌다고 할 것이고, 이미 전 세계적으로 완전 사형폐지국은 103개국이며 실질적 사형폐지국은 36개국에 이르렀고, 위 사형폐지국가들도 사형의 존치 여부 및 대체형벌에 대한 치열한 논의를 통하여 사형을 폐지하였을 것인데, 굳이 우리나라가 사형존치국으로 남아 있을 만큼 문화적 · 사회적으로 열악한 위치에 있는 것인지도 의문이다. 사형폐지국가에서도 국민들이 사형을 폐지하는 데에 찬성한 국가는 없었다.

는 실정이다.

41) 이종갑, 앞의 논문, p.171.

42) 구체적인 국가명에 대해서는 허일태, "사형의 대안으로서 절대적 종신형 도입방안", 『사형: 쟁점과 대안, 2006년 춘계 형사정책세미나 자료집』, 한국형사정책연구원, 2006. 5. 19, pp.33-34. 참조.

43) 이에 대한 보다 자세한 논의로는 이제영, "최근 미국의 사형제도 존폐논의 동향-뉴저지주의 사형제 폐지 논리에 대한 비판을 중심으로-", 『검찰』 제119호, 대검찰청, 2008, p.185 이하 참조.

2. 사실상 사형제 폐지국가

국제 민간 인권운동단체인 국제사면위원회(Amnesty International)[44] 등 인권단체에서는 10년 동안 사형을 집행하지 않는 국가는 사실상의 사형폐지국으로 분류하고 있는바, 이러한 분류에 의해 우리나라도 이미 2007. 12. 30.부터 사실상의 사형폐지국으로 분류되었다.

한편 한국은 2006년 세계 각국의 인권상황을 점검·감시하는 유엔 인권이사회의 초대 이사국이 되었다. 그럼에도 불구하고 한국이 사형제도를 유지하고 있고, UN의 제2선택의정서에 가입하지 않고 있다는 점은 국제인권 관련기구에서 비판받고 있다.

현재와 같이 사형선고를 해놓고도 사형의 집행을 하지 않는 상황에서는 사형수로 하여금 언제 사형이 이루어질지 모르는 데 대한 공포를 오랫동안 무한정 맛보게 함으로써 오히려 반인도적인 점이 인정되고 집행을 기다리는 동안에 형사정책적으로 아무런 교정처우도 이루어질 수 없다는 점에서 현행 사형제도의 개선이 요구된다 하겠다.

Ⅵ. 글을 마치며

사형제도의 폐지에 대해 큰 걸림돌의 하나는 사형을 폐지하게 되면, 야기되는 국민적 불안을 어떻게 불식시킬 수 있느냐에 달려 있다. 우리나라에서는 사형과 무기징역의 간극이 지나치게 크다는 점에 주목할 필요가 있다. 무기징역을 선고받은 자는 20년[45] 이상의 형집행과 재범의 여지가 없으면 가석방이 가능하며, 사면이 남용되고 있는 한국의 현실에서 무기수도 쉽게 가석방이나

---

44) 동 위원회는 1977년 사형제도를 무조건 반대한다는 스톡홀름선언을 발표하였다.

45) 2010. 3. 31. 국회 본회의에서 형법 중 일부 조항을 개정하였는데, 무기징역의 경우 가석방 조건대상이 기존 10년 이상 복역에서 20년 이상의 복역으로 개정되었다.

형의 면제 등의 방식으로 자유의 몸이 된다는 것을 보아 왔던 국민들이다. 이런 국민이 현행의 무기징역제도를 그대로 두고 사형제도를 조건 없이 폐지하자는 데 동의하기란 강력범죄에 대한 국민의 불안감을 비교할 때 결코 간단한 문제가 아니다. 따라서 반드시 사형의 대안으로서 절대적 종신형 내지 상대적 종신형의 도입이 필요하다. 종신형에 있어서 범죄인에게 생명이 존속할 때까지 참회할 기회를 줄 수 있는 것과 함께 사형과 동일하게 범죄인의 영구적인 사회격리라는 목적을 달성할 수 있고, 일반인들에게 가석방이 허용되지 않는 범죄인의 수형생활을 보면서 인간으로서 자유를 상실하는 것에 대하여 자유의 소중함을 생동감 있게 인식될 수 있도록 함으로써 형벌의 일반예방적 목적을 효과적으로 달성할 수 있을 것이다.

사형이라 하여 무기징역형보다 반드시 위하력이 강하고 범죄발생의 예방효과가 높다고 보아야 할 합리적 근거를 발견할 수 없음은 실증적 연구조사결과로 보아 분명하고, 영구히 사회로부터 범죄를 격리한다는 기능에 있어서는 사형과 무기징역 간에 별다른 차이를 인정할 수 없으므로 반드시 사형제도를 통하지 아니하더라도 이를 대체하여 무기징역형 제도를 통하여 형벌의 목적을 충분히 달성할 수 있다고 할 것이다. 따라서 인간의 생명박탈이라는 가장 큰 피해를 입혀 생명권을 제한함은 피해의 최소성의 원칙에 반한다고 할 것이다.

헌법재판소가 만약 사형제도를 위헌이라고 한다면 형사사건의 소급효에 따라 이전의 사형집행자에게 손해배상을 해주어야 하는 구제의 문제가 야기된다. 즉 지난 반세기 동안 집행된 사형에 대하여 모두 구제를 해주어야 한다는 것이다. 과거 인혁당사건과 관련해서도 금전적인 보상이 있었다. 또한 1997년 이전에 사형판결을 선고받은 자 중에서 이미 사형이 집행된 자와 사형이 집행되지 않아 현재까지도 복역 중인 자와 관련해서는 평등권의 문제도 등장할 것이다. 이와 같이 사형제도를 폐지한다고 하더라도 그 이후의 복잡한 문제들은 계속 제기될 것이다. 하지만 이러한 문제들이 두려워 사형제도를 폐지하지 못한다는 논거는 설득력이 그다지 높지 않다. 그러므로 우리 사회는 하루빨리 사형제도를 폐지하는 길을 선택해야 한다. 사형제도의 폐지는 헌법재판소의 몫으로 돌릴 것이 아니라 국회의 몫으로 돌려야 한다. 명백한 위헌성이 확인

될 경우에만 국가상의 제도를 폐지할 수 있는 헌법재판소가 기존의 사형제도를 위헌으로 결정하는 것보다는 폭넓은 입법형성의 자유가 인정되는 입법자가 법률의 개정을 통하여 사형제도의 폐지 및 대체보완입법의 개정과 같은 조치를 취하는 것이 보다 바람직하기 때문이다. 이것이 자유민주주의 국가에서 대의제도를 채택하고 있는 대한민국의 정도(正道)이다.

제8장 제18대 국회에 제출된 「소년법」 개정법률안에 대한 검토

Ⅰ. 문제의 제기

1958. 7. 24. 제정된 「소년법」(법률 제489호)은 1963. 7. 31. 제1차 개정(법률 제1376호), 1977. 12. 31. 제2차 개정(법률 제3047호), 1988. 12. 31. 제3차 개정(법률 제4057호), 1995. 1. 5. 제4차 개정(법률 제4929호), 2007. 5. 17. 제5차 개정(법률 제8439호), 2007. 12. 21. 제6차 개정(법률 제8722호), 2011. 8. 4. 제7차 개정(법률 제11005호) 등 그동안 7차례의 개정을 거치면서 현재에 이르고 있다. 이 중 제18대 국회에서는 2011. 8. 4. 단 한 차례의 개정만이 이루어졌는데, 이마저도 정신질환에 대한 부정적인 인식을 개선하기 위하여 정신과의 명칭을 정신건강의학과로 변경한 의료법의 개정으로 인하여 「소년법」[1] 제12조(전문가의 진단) 중 '정신과의사'를 '정신건강의학과의사'로 변경한 '타법개정'이었다.

그렇다고 하여 「소년법」에 대한 국회차원에서의 논의가 전혀 없는 것은 아닌데, 이는 현재 제18대 국회에 계류 중인 총 7가지의 「소년법 개정법률안」을 통해서 충분히 알 수가 있다. 이를 구체적으로 살펴보면, 첫째, 제32조 제1항 제1호·제6호·제7호 등의 보호처분기간 연장, 비용의 국가 부담 원칙 등을 제시하고 있는 2009. 7. 10. 김세연 의원 등 20인이 제출한 「소년법 일부개정법률안」(의안번호: 1805425), 둘째, 학교장 등의 통고제도 폐지, 수강명령 및 사회봉사명령의 근거법률 명확화, 단기보호관찰과 1개월 이내 소년원 송치의 병합처분, 원심 소년부 또는 항고법원에 보호처분 집행정지권한 부여 등을 제시하고 있는 2009. 10. 28. 우윤근 의원 등 10인이 제출한 「소년법 일부개정법률안」(의안번호: 1806369), 셋째, 국선보조인의 선정요건 완화를 제시하고 있는 2010. 9. 13. 노철래 의원 등 11인이 제출한 「소년법 일부개정법률안」(의안번호: 1809327), 넷째, 법무부장관이 지정한 소년보호시설에 감호 위탁을 제시하고 있는 2010. 11. 19. 이은재 의원 등 13인이 제출한 「소년법 일부개정법률

안」(의안번호: 1809963), 다섯째, 소년비행예방기관과 그 소관 사무에 대한 법률적 근거 마련을 제시하고 있는 2011. 2. 1. 이은재 의원 등 10인이 제출한 「소년법 일부개정법률안」(의안번호: 1810731), 여섯째, 「초·중등교육법」에 따른 대안학교 및 그 위탁교육시설에도 감호위탁의 보호처분을 할 수 있도록 대상시설 추가를 제시하고 있는 2011. 8. 24. 임동규 의원 등 10인이 제출한 「소년법 일부개정법률안」(의안번호: 1812995), 일곱째, 촉법소년의 연령을 종래 '10세 이상 14세 미만'에서 '10세 이상 12세 미만'으로 조정할 것을 제시하고 있는 2011. 11. 11. 이재오 의원 등 14인이 제출한 「소년법 일부개정법률안」(의안번호: 1813848) 등이 그것이다.

제18대 국회의 종료가 얼마 남지 않은 상황이기 때문에 위에서 소개한 「소년법」 개정법률안들이 과연 회기 종료 내에 국회 본회의에서 의결될 것인가에 대한 회의적인 시각도 있는 것이 사실이지만, 제18대 국회가 종료되기 전에 「소년법」 개정법률안들을 구체적으로 검토해 보는 것도 유의미한 일이라고 하겠다. 이러한 측면을 고려하여 이하에서는 우선 제18대 국회에서 제출된 「소년법」 개정법률안의 제안이유 및 그 내용을 국회 상정일의 순서대로 살펴본 다음(Ⅱ), 각각의 「소년법」 개정법률안들의 쟁점사항에 대하여 그 타당성 및 도입의 가능성 등에 대한 분석을 하며(Ⅲ), 논의를 마무리하기로 한다(Ⅳ).

Ⅱ. 제18대 국회에 제출된 「소년법」 개정법률안의 내용

1. 김세연 의원 법안의 제안이유 및 내용

2009. 7. 10. 김세연 의원 등 20인이 제출한 「소년법 일부개정법률안」(의안번호: 1805425)은 2009. 9. 18. 법제사법위원회에 상정된 이후, 현재까지 국회에 계류 중에 있는데, 동 법안의 제안이유 및 내용은 다음과 같다.

1) 제32조 제1항 제1호 · 제6호 · 제7호 등의 보호처분기간 연장

소년부 판사는 심리 결과 보호처분을 할 필요가 인정되면, '보호자 또는 보호자를 대신하여 소년을 보호할 수 있는 자에게 감호 위탁(제32조 제1항 제1호), 「아동복지법」에 따른 아동복리시설이나 그 밖의 소년보호시설에 감호 위탁(제32조 제1항 제6호), 병원 · 요양소 또는 보호소년 등의 처우에 관한 법률에 따른 소년의료보호시설에 위탁(제32조 제1항 제7호)' 등의 처분을 하고 있다. 또한 제32조 제1항 제1호 · 제6호 · 제7호의 위탁기간은 6개월로 하되, 소년부 판사의 결정으로서 6개월의 범위에서 한 번에 한하여 그 기간을 연장할 수 있다. 다만 소년부 판사는 필요한 경우에는 언제든지 결정으로서 그 위탁을 종료시킬 수 있다(제33조 제1항).

그러나 보호처분으로 위탁되는 소년은 대부분 불우한 가정환경에서 자란 소년으로 가정의 따뜻함을 느낄 수 있게 하거나 정신적 치료 등이 필요하나, 보호처분기간이 6개월에서 최장 1년으로, 그 소년들이 정상적인 소년이 되도록 교육하기에는 보호처분기간이 짧은 실정이다.

그리하여 제33조 제1항 본문 중 '6개월로 하되, 소년부 판사는 결정으로써 6개월의 범위에서 한 번에 한하여 그 기간을 연장할 수 있다'를 '6개월부터 1년까지의 범위 내에서 하되, 소년부 판사는 결정으로써 1년의 범위에서 한 번에 한하여 그 기간을 연장할 수 있다'로 하고, 제33조 제1항 단서 중 '다만, 소년부 판사는 필요한 경우에는 언제든지 결정으로써 그 위탁을 종료시킬 수 있다'를 '다만, 소년부 판사는 필요한 경우에는 언제든지 결정으로써 그 위탁을 종료시킬 수 있으며, 보호처분을 받은 소년을 위탁받은 자는 위탁 연장을 소년부에 요청할 수 있다'로 개정하였다.[2]

---

2) 부칙 제2조(보호처분의 기간에 관한 경과조치): 제33조 제1항의 개정규정은 이 법 시행 당시 조사 또는 심리 중에 있는 보호 사건에 대하여도 적용한다. 다만, 이 법 시행 전에 종전의 규정에 따라 행한 보호절차의 효력에는 영향을 미치지 아니한다.

2) 비용의 국가 부담 원칙

제18조 제1항 제1호 · 제2호의 조치에 관한 결정이나 제32조 제1항 제1호 · 제6호 · 제7호(「보호소년 등의 처우에 관한 법률」에 따른 소년의료보호시설 위탁처분은 제외한다)의 처분을 받은 소년의 보호자는 위탁받은 자에게 그 감호에 관한 비용의 전부 또는 일부를 지급하여야 한다. 다만, 보호자가 지급할 능력이 없을 때에는 소년부가 지급할 수 있다(제41조).

그러나 보호처분을 받은 소년의 보호자는 대부분 생계가 어려운 자들로 감호에 관한 비용의 전부 또는 일부를 지급할 수 있는 여건이 되지 아니한다. 현재 「소년법」에 규정된 비용의 보조 규정은 사문화되어 보호처분을 받은 보호자가 감호에 관한 비용을 지불한 사례는 거의 없는 실정이다. 이에 감호에 관한 비용을 국가가 부담하고, 다만, 보호자가 지급할 능력이 있을 경우에 보호자가 지급하도록 하여, 불우한 환경과 잠깐의 실수로 방황하는 청소년들에게 안전한 사회 정착은 물론 그들로 인한 사회 불안과 범죄의 예방에 따른 사회 안전망 구축에 기여할 필요가 있다.

그리하여 제41조 본문 중 '제18조 제1항 제1호'를 '소년부는 제18조 제1항 제1호'로, '소년의 보호자는 위탁받은 자에게 그 감호에 관한 비용의 전부 또는 일부를 지급하여야 한다'를 '소년의 그 감호에 관한 비용의 전부 또는 일부를 지급하여야 한다'로 하고, 제41조 단서 중 '다만, 보호자가 지급할 능력이 없을 때에는 소년부가 지급할 수 있다'를 '다만, 보호자가 지급할 능력이 있을 경우에는 보호자가 이를 지급한다'로 개정하였다.[3]

---

3) 부칙 제3조(비용의 보조에 관한 경과조치): 제41조의 개정규정은 이 법 시행 당시 제18조 제1항 제1호 · 제2호의 조치를 받고 있는 소년이나 제32조 제1항 제1호 · 제6호 · 제7호의 처분을 받고 있는 소년에 대한 이 법 시행 후의 감호에 관한 비용의 지급에 대하여도 적용한다.

2. 우윤근 의원 법안의 제안이유 및 내용

2009. 10. 28. 우윤근 의원 등 10인이 제출한 「소년법 일부개정법률안」(의안
번호: 1806369)은 2009. 11. 30. 법제사법위원회에 상정된 이후, 현재까지 국회
에 계류 중에 있는데, 동 법안의 제안이유 및 내용은 다음과 같다.

1) 학교장 등의 통고제도 폐지

그동안 사문화되어 실효성이 없을 뿐만 아니라 우리나라의 소년사법체계에
배치되고, 낙인효과 방지를 위한 실질적 소년보호에 역행할 우려가 있는 학교
장 등의 통고제도를 폐지할 필요성이 있다.

그리하여 제4조의 제목 '보호의 대상과 송치 및 통고'를 '보호의 대상과 송
치'로 하고, 제4조 제3항[제1항 각 호의 어느 하나에 해당하는 소년을 발견한
보호자 또는 학교·사회복리시설·보호관찰소(보호관찰지소를 포함한다)의
장은 이를 관할 소년부에 통고할 수 있다]을 삭제하였다.

2) 수강명령 및 사회봉사명령의 근거법률 명확화

수강명령이나 사회봉사명령은 보호관찰관의 고유한 업무이므로 보호관찰
관이 책임을 지고 소년에 대한 수강명령이나 사회봉사명령을 집행하도록 처
분명을 개정할 필요성이 있다.

그리하여 제32조 제1항 제2호 중 '2. 수강명령'을 '2. 「보호관찰 등에 관한
법률」에 따른 수강명령'으로, 제32조 제1항 제3호 중 '3. 사회봉사명령'을 '3.
「보호관찰 등에 관한 법률」에 따른 사회봉사명령' 등으로 개정하였다.

3) 단기보호관찰과 1개월 이내 소년원 송치의 병합처분

현행법은 제32조 제1항 제5호 처분(보호관찰관의 장기 보호관찰)과 제32조 제1항 제8호 처분(1개월 이내의 소년원 송치)은 병합할 수 있도록 규정하고 있음에도(제32조 제2항 제5호), 제32조 제1항 제4호 처분(보호관찰관의 단기 보호관찰)과 제32조 제1항 제8호 처분의 병합에 대한 규정은 없어 보호처분의 실효성 강화를 위해 병합 규정을 신설할 필요성이 있다.

그리하여 제32조 제2항 제4호 및 제5호를 각각 제5호 및 제6호로 하고, 같은 항에 제4호를 '4. 제1항 제4호 · 제8호 처분'으로 신설하였다.

4) 원심 소년부 또는 항고법원에 보호처분 집행정지권한 부여

「소년법」에 의하면 항고는 결정의 집행을 정지시키는 효력이 없기 때문에 (제46조), 소년 등이 법원의 처분에 대해 항고하였음에도 불구하고 보호처분 의 집행이 정지되지 않아 소년에게 돌이킬 수 없는 불이익이 발생될 우려가 있으므로, 소년의 항고에 합리적인 이유가 있을 경우에는 원심 소년부 또는 항고법원이 결정으로 보호처분의 집행을 정지할 수 있도록 할 필요성이 있다.

그리하여 제46조에 단서를 '다만, 원심 소년부 또는 항고법원은 결정으로 집행을 정지할 수 있다'고 신설하였다.

3. 노철래 의원 법안의 제안이유 및 내용

2010. 9. 13. 노철래 의원 등 11인이 제출한 「소년법 일부개정법률안」(의안 번호: 1809327)은 2010. 12. 7. 법제사법위원회에 상정된 이후, 현재까지 국회 에 계류 중에 있는데, 동 법안의 제안이유 및 내용은 다음과 같다.

제17조의2에서 규정하는 국선보조인의 선정요건은 소년분류심사원에 위탁 된 경우에만 보조인을 필요적으로 선정하도록 규정하고 있다. 이에 소년의 권

리를 보호하기 위하여 소년분류심사원에 위탁되기 전이라도 국선보조인과 자유롭게 접견할 수 있게 하고, 소년의 교화와 선도의 가능성을 높이기 위하여 보호자가 없거나 14세 미만 또는 신체적·정신적 장애의 우려가 있는 소년 등에 대하여 필요한 경우 국선보조인을 선정하도록 하여 국선보조인의 선정요건을 완화할 필요성이 있다. 그리하여 제17조의2를 다음과 같이 한다.

<표 8-1> 현행법과 노철래 의원 개정안의 비교

현행법	개정안
제17조의2(국선보조인) ① 소년이 소년분류심사원에 위탁된 경우 보조인이 없을 때에는 법원은 변호사 등 적정한 자를 보조인으로 선정하여야 한다.	제17조의2(국선보조인) ① 다음 각 호의 어느 하나에 해당하는 경우 보조인이 없을 때에는 법원은 변호사 등 적정한 자를 보조인으로 선정하여야 한다. 1. 소년에게 보호자가 없는 경우 2. 소년이 제4조 제1항 제1호 및 제2호에 해당되는 경우 3. 소년에게 신체적·정신적 장애의 의심이 있는 경우 4. 소년이 소년분류심사원에 위탁된 경우
② 소년이 소년분류심사원에 위탁되지 아니하였을 때에도 다음의 경우 법원은 직권에 의하거나 소년 또는 보호자의 신청에 따라 보조인을 선정할 수 있다. 1. 소년에게 신체적·정신적 장애가 의심되는 경우 2. 빈곤이나 그 밖의 사유로 보조인을 선임할 수 없는 경우 3. 그 밖에 소년부 판사가 보조인이 필요하다고 인정하는 경우	② 법원은 소년이 빈곤 그 밖의 사유로 보조인을 선임할 수 없는 경우에 소년 또는 보호자의 신청에 따라 보조인을 선정하여야 한다.
③ 제1항과 제2항에 따라 선정된 보조인에게 지급하는 비용에 대하여는 「형사소송비용 등에 관한 법률」을 준용한다.	③ 법원은 소년의 권리보호를 위하여 필요하다고 인정하는 때에는 소년의 명시적 의사에 반하지 아니하는 범위 안에서 보조인을 선정할 수 있다.
—	④ 제1항, 제2항 및 제3항에 따라 선정된 보조인에게 지급하는 비용에 대하여는 「형사소송비용 등에 관한 법률」을 준용한다.

4. 이은재 의원(2010) 법안의 제안이유 및 내용

2010. 11. 19. 이은재 의원 등 13인이 제출한 「소년법 일부개정법률안」(의안번호: 1809963)은 2011. 4. 15. 법제사법위원회에 상정된 이후, 현재까지 국회에 계류 중에 있는데[4], 동 법안의 제안이유 및 내용은 다음과 같다.

제32조 제1항 제6호에 따르면, 감호위탁처분 시 「아동복지법」에 따른 아동복지시설이나 그 밖의 소년보호시설에 감호 위탁하도록 되어 있으나, 「아동복지법」에 따른 아동복지시설은 아동의 복지를 보장한다는 입법 취지에 따라 설치되어 보건복지부가 관할하는 시설로서, 반사회성이 있는 소년의 환경 조정과 교정을 목적으로 하는 조치로서 감호 위탁의 보호처분을 받은 소년을 감호하고 교정하는 전문적인 기능을 수행하기에는 한계가 있고, 보호처분을 받은 소년과 「아동복지법」의 취지와 필요에 따라 입소된 아동이 같은 시설에 함께 수용될 수 있도록 되어 있어, 보호처분을 받은 소년에 대한 차별화되고 실효성 있는 감호 및 교정 프로그램의 실시 등을 통한 입법 취지 달성을 더욱 곤란하게 하는 요인이 되고 있다.

그리하여 제32조 제1항 제6호 중 '6. 「아동복지법」에 따른 아동복지시설이나 그 밖의 소년보호시설에 감호 위탁'을 '6. 법무부장관이 지정한 소년보호시설에 감호 위탁'으로 개정하여, 감호 위탁의 보호처분을 받은 소년에 대하여 그 특성에 맞는 보다 체계적이고 전문화된 감호와 교정이 이루어질 수 있도록 하였다.[5]

---

4) 한편 동 「소년법 일부개정법률안」의 의결을 전제로 소년보호시설의 지정 및 관리·감독과 그 밖의 운영에 있어 필요한 규정을 마련한 「보호소년 등의 처우에 관한 법률 일부개정법률안」(의안번호 제9964호, 이은재 의원 대표발의)이 현재 법제사법위원회에 회부되어 있다.

5) 부칙 ① (시행일) 이 법은 공포 후 6개월이 경과한 날부터 시행한다. ② (적용례) 이 법은 이 법 시행 당시 조사 또는 심리 중에 있는 보호사건에 대하여도 적용한다. ③ (경과조치) 이 법 시행 당시 확정된 결정으로 종전 법 제32조 제1항 제6호에 따른 시설에서 감호 위탁의 보호처분이 계속 중인 소년은 이 법 제32조 제1항 제6호에 따른 소년보호시설에 감호 위탁의 보호처분이 계속 중인 것으로 본다.

5. 이은재 의원(2011) 법안의 제안이유 및 내용

2011. 2. 1. 이은재 의원 등 10인이 제출한 「소년법 일부개정법률안」(의안번호: 1810731)은 2011. 2. 7. 법제사법위원회에 회부된 이후, 현재까지 국회에 계류 중에 있는데, 동 법안의 제안이유 및 내용은 다음과 같다.

현행법에 따르면 법무부장관은 반사회성 있는 소년의 건전한 성장을 돕기 위하여 필요한 조사 및 교육을 실시하도록 되어 있으나, 이를 일선에서 집행하기 위한 전문기관과 그 소관 사무에 대한 법률적 근거가 없어 체계적이고 전문적인 집행에 한계가 있으며 지속적으로 증대되고 있는 수요에 적정하게 대처하지 못하고 있는 실정이므로 전문적으로 이를 전담하여 집행할 기관으로서 소년비행예방기관과 그 소관 사무에 대한 법률적 근거를 마련하여 적정한 시행을 도모함으로써 소년의 건전한 성장을 목적으로 하는 법의 취지를 보다 효과적으로 달성할 필요성이 있다. 그리하여 제67조의2를 다음과 같이 한다.

<표 8-2> 현행법과 이은재 의원(2011) 개정안의 비교

현행법	개정안
제67조의2(비행 예방조치) 법무부상관은 제4조 제1항에 해당하는 자 (이하 '비행소년'이라 한다)가 건전하게 성장하도록 돕기 위하여 다음 각 호의 사항에 대한 필요한 조치를 취하여야 한다. 1. 비행소년이 건전하게 성장하도록 돕기 위한 조사·연구·교육·홍보 및 관련 정책의 수립·시행 2. 비행소년의 선도·교육과 관련된 중앙행정기관·공공기관 및 사회단체와의 협조체계의 구축 및 운영	제67조의2(비행 예방조치) 법무부장관은 제4조 제1항에 해당하는 자 (이하 '비행소년'이라 한다)의 건전한 성장을 돕기 위하여 다음 각 호의 조치를 취하여야 한다. 1. 비행소년의 품행, 환경 및 비행원인 등에 대한 소년비행예방기관에서의 조사 2. 비행소년에 대한 소년비행예방기관에서의 교육 3. 비행소년의 건전한 성장을 돕기 위한 연구 및 홍보와 관련 정책의 수립·시행 4. 비행소년의 건전한 성장을 돕기 위한 관련 중앙행정기관·공공기관 및 사회단체와의 협조체계의 구축 및 운영

6. 임동규 의원 법안의 제안이유 및 내용

2011. 8. 24. 임동규 의원 등 10인이 제출한 「소년법 일부개정법률안」(의안번호: 1812995)은 2011. 8. 25. 법제사법위원회에 회부된 이후, 현재까지 국회에 계류 중에 있는데[6], 동 법안의 제안이유 및 내용은 다음과 같다.

제32조 제1항 제6호에 따라 「아동복지법」에 따른 아동복지시설이나 그 밖의 소년보호시설에 감호위탁의 보호처분을 받은 소년은 보호처분 기간 동안 학교에 통학할 수 없고 해당 시설에서 자체적으로 개발하여 실시하는 프로그램에 참여하게 되나, 해당 프로그램의 수준이 기본적인 취미활동을 지도하는 정도에 그치는 경우가 대부분이어서 학업의 기회를 제공하고 교육의 연속성을 보장하는 데 미흡한 실정이며, 소년원에 설치된 학교시설에서 학업에 참여할 기회가 제공되는 소년원생들의 경우와 비교해 볼 때 형평성의 문제가 지속적으로 제기되고 있으므로, 「초·중등교육법」에 따른 대안학교 및 그 위탁교육시설에도 감호위탁의 보호처분을 할 수 있도록 대상시설을 추가할 필요성이 있다.

그리하여 제32조 제1항에 제6호의2(6의2. 「초·중등교육법」에 따른 대안학교나 그 운영을 위탁받은 대안교육시설에 감호 위탁)를 신설하였다.[7]

7. 이재오 의원 법안의 제안이유 및 내용

2011. 11. 11. 이재오 의원 등 14인이 제출한 「소년법 일부개정법률안」(의안번호: 1813848)은 2011. 11. 14. 법제사법위원회에 회부된 이후, 현재까지 국회에 계류 중에 있는데[8], 동 법안의 제안이유 및 내용은 다음과 같다.

---

6) 동 법률안은 임동규 의원이 대표발의한 「초·중등교육법 일부개정법률안」(의안번호 제12994호)의 의결을 전제로 하는 것이므로 같은 법률안이 의결되지 아니하거나 수정의결되는 경우에는 이에 맞추어 조정되어야 할 것이다.

7) 부칙 ① (시행일) 이 법은 공포 후 1년이 경과한 날부터 시행한다. ② (적용례) 이 법은 이 법 시행 당시 조사 또는 심리 중에 있는 보호사건에 대하여도 적용한다.

「형법」에서 형사미성년자의 연령을 종래 14세에서 12세로 조정함에 따라 '촉법소년'의 연령을 종래 '10세 이상 14세 미만'에서 '10세 이상 12세 미만'으로 조정하고 관련 규정을 정비할 필요성이 있다.

그리하여 제4조 제1항 제2호 중 '14세'를 '12세'로 하고, 제32조 제3항(제1항 제3호의 처분은 14세 이상의 소년에게만 할 수 있다)을 삭제하고, 제32조 제4항 중 '제1항 제2호 및 제10호'를 '제1항 제2호·제3호 및 제10호'로 개정하였다.

Ⅲ. 18대 국회에 제출된 「소년법」 개정법률안의 검토

1. 김세연 의원 법안의 검토

1) 제32조 제1항 제1호·제6호·제7호 등의 보호처분기간 연장

소년범에 대한 보호처분은 처벌·제재가 아닌 보호·교정을 목적으로 하는 제도인데, 이러한 보호처분의 목적에 비추어 볼 때 기간 연장 등 탄력적인 운용을 가능하도록 하는 개정안은 원칙적으로 타당하다고 본다. 하지만 개정안은 위탁기간을 '6개월부터 1년까지의 범위 내에서 하되'라고 규정하고 있어, 최소한의 기간이 6개월임을 명시하고 있다. 보호소년의 상황이나 특성에 따라서는 6개월 미만의 경우도 충분히 인정될 수 있는 위탁기간을 원천적으로 봉쇄하는 것보다는, 위탁기간을 '1년까지의 범위 내에서 하되'로 변경하는 것이 타당하다.

---

8) 동 법률안은 이재오 의원이 대표발의한 「형법 일부개정법률안」(의안번호 제13846호)의 의결을 전제로 하는 것이므로 같은 법률안이 의결되지 아니하거나 수정의결되는 경우에는 이에 맞추어 조정되어야 할 것이다.

2) 비용의 국가 부담 원칙

제도의 운영 현황 및 「소년법」의 기본원리인 국친사상에 비추어 볼 때, 소년의 감호에 관한 비용은 소년부가 원칙적으로 부담하고, 보호자는 지급능력이 있을 경우에만 부담하도록 하는 개정안은 타당하다. 다만 우리나라의 경우 '소년부'라는 정부기관이 없는데도 불구하고, 개정안에 의하면 '소년부는 제18조 제1항 제1호 …의 처분을 받은 소년의 그 감호에 관한 비용의 전부 또는 일부를 지급하여야 한다'고 되어 있기 때문에, 비용부담의 부처에 대한 정확한 표기가 요망된다.

2. 우윤근 의원 법안의 검토

1) 학교장 등의 통고제도 폐지

개정안은 소년부 보호사건의 심리대상이 되는 비행소년을 발견한 보호자 또는 학교 · 사회복리시설9) · 보호관찰소의 장이 관할 소년부에 이를 통고할 수 있도록 한 통고제도를 폐지하고 있다. 개정안이 학교장 등에 의한 소년부에의 통고제도를 폐지한 이유를 보면, 첫째, 그동안 통고제도의 활용실적이 거의 없어 사실상 사문화된 제도라는 점, 둘째, 범죄행위를 한 경우에는 기본적으로 경찰과 검찰의 수사를 거치도록 하고 있는 현 사법체계와 어긋난다는 점, 셋째, 「학교폭력 및 대책에 관한 법률」 제17조(가해학생에 대한 조치) 제1항 제7호(학내외 전문가에 의한 특별교육이수 또는 심리치료) 및 「초 · 중등교육법 시행령」 제31조(학생의 징계 등) 제1항 제3호(특별교육이수) 등에 따른 '특별교육이수'를 통해서도 소년들에게 낙인효과를 주지 않고 그 효과를 달성할 수 있다는 점 등을 그 논거로 제시하고 있다.

---

9) 현행법에는 '사회복리시설'이라는 개념을 사용하고 있는데, 이보다는 '사회복지시설'의 개념을 사용하는 것이 타당하다고 본다.

하지만 제4조 제3항의 통고제도는 존치되어야 할 필요성이 있다고 보는데, 그 이유는 다음과 같다. 첫째, 「소년법」상의 통고제도[10]는 1963. 7. 31. 「소년법」 제1차 개정에서 도입되어 현재까지 유지되어 온 제도로서,[11] 법원에서는 2007년부터 통고제도 활성화 방안을 마련하여 각급 법원별로 통고제도의 활성화를 위해 노력함에 따라 최근 통고제도를 통한 보호처분 사례가 증가하고 있다.

<표 8-3> 최근 10년간 보호자등 통고건수

(단위: 명)

연도	1999	2000	2001	2002	2003	2004	2005	2006	2007	2008	2009
통고 건수	1	0	1	1	22	18	7	3	5	20	14

출처: 『사법연감』, 법원행정처, 2000~2010.

둘째, 통고제도는 소년의 일탈에 대한 국가와 사회의 협력관계에 기반하고 있는 것으로서 소년에 대하여 교육적 관점에서 접근하고 있는 「소년법」의 특수성을 고려할 필요가 있다. 일반적으로 일탈소년에 대해서는 가정과 사회의 비공식적 통제가 우선적으로 행해지지만, 일탈소년을 조기에 발견하여 효과적으로 보호하기 위해서는 사회의 비공식적 통제에만 의존할 수 없는 경우도 적지 않다. 이러한 경우에는 공식적 통제로서 소년사법이 개입할 여지도 마련되어 있어야 하는 것이다.[12]

셋째, 통고제도가 오히려 소년에 대한 낙인효과를 방지할 수도 있다는 점을

---

10) 일본 「소년법」은 '가정재판소의 심판에 회부하여야 할 소년을 발견한 자는 이를 가정재판소에 통고하여야 한다'고 규정하여 일반인에 의한 통고도 인정하는 등 우리나라보다 통고의 주체가 확대되어 있다.

11) 당시 동 제도의 입법이유를 보면, '소년심리에 관한 모든 절차를 보다 국가후견적인 이론의 토대에 서게 하고 소년보호를 교육적이고 과학적으로 발전시켜 처우의 결정과 집행에 있어서 사회와 가정 및 국가기관 상호간에 유기적인 협조가 이루어질 수 있도록 하려는 것'이었다.

12) 이진국, "소년보호대상의 범위에 관한 형사정책적 검토", 『형사정책연구』 제17권 제1호, 한국형사정책연구원, 2006. 3, 109면.

제8장 제18대 국회에 제출된 「소년법」 개정법률안에 대한 검토 231

감안하여 그 폐지에 대해서는 신중을 기해야 할 것이다.13) 즉 통고제도가 있음으로 인해 소년을 수사기관이 입건하여 수사자료경력조회에 기재하거나 소년에 대하여 경찰 및 검찰이 수사하여 기소 또는 소년보호사건으로 송치함으로써 낙인을 찍게 되는 현재와 같은 체계를 막을 수 있는 것이다.

2) 수강명령 및 사회봉사명령의 근거법률 명확화

개정안은 보호처분 중 '수강명령'과 '사회봉사명령'을 각각 '「보호관찰 등에 관한 법률」에 따른 수강명령'과 '「보호관찰 등에 관한 법률」에 따른 사회봉사명령'으로 개정하고 있다. 현행 「보호관찰 등에 관한 법률」 제3조 제2항 제2호는 사회봉사 또는 수강명령 대상자 중 하나로 '「소년법」에 따라 사회봉사명령 또는 수강명령을 받은 사람'을 규정하고 있고, 동법 제15조 제1호는 보호관찰소의 관장사무로 '사회봉사명령·수강명령의 집행'을 규정하고 있으므로, 개정내용은 사회봉사명령과 수강명령의 근거법률을 「보호관찰 등에 관한 법률」로 명확히 하려는 것이다. 또한 「가정폭력범죄의 처벌 등에 관한 특례법」 제40조 제1항 제4호 및 「성매매알선 등 행위의 처벌에 관한 법률」 제14조 제1항 제3호에서 각각 '「보호관찰 등에 관한 법률」에 따른 사회봉사·수강명령'으로 규정하고 있는 것과 법체계상의 균형을 맞추기 위한 것으로도 보인다.

생각건대 현행법상 수강명령이나 사회봉사명령을 보호관찰관만의 '고유한' 업무로 파악하는 것은 다소 무리라고 본다. 왜냐하면 제32조 제1항 제4호와 제32조 제1항 제5호에서는 '보호관찰관의' 단기보호관찰·'보호관찰관의' 장기보호관찰이라고 각각 규정하고 있기 때문에 적어도 보호관찰사무는 보호관찰관만의 '고유한' 업무라고 평가할 수 있겠지만, 제32조 제1항 제2호와 제32조 제1항 제3호에서는 단순히 수강명령·사회봉사명령이라고 각각 규정하면서 동 보호처분을 수행할 수 있는 기관을 한정하고 있지 않기 때문에 수강명

---

13) 통고제도의 폐지에 대한 반대하는 견해로는 류여해, "「소년법」상 소년사건의 처리방안에 관한 연구", 『소년보호연구』 제13호, 한국소년정책학회, 2009. 12, 299면.

령과 사회봉사명령은 보호관찰관 이외의 기관에서도 충분히 수행할 수 있기 때문이다. 또한 법원은 현행「소년법」에 규정된 사회봉사명령 및 수강명령에 대하여 법원이 집행권한을 가진 보호처분으로 해석하여 그 집행을 위하여「보호관찰 등에 관한 법률」에 따른 보호관찰소 외에도 독자적으로 집행기관(민간시설)을 지정하여 활용하고 있으므로, 개정안과 같이 근거법률을 명시할 경우에는 사실상 그 집행주체가 '법원 소년부'가 아닌 '보호관찰소'로 변경되는 결과를 초래할 수 있다. 그러므로 단순히 다른 법률과의 체계정합성을 위하여 '수강명령'과 '사회봉사명령'의 처분주체를 제한하는 점에 대하여는 보다 신중한 검토가 필요하다.

3) 단기보호관찰과 1개월 이내 소년원 송치의 병합처분

개정안은 소년부 판사가 보호처분 중 보호관찰관의 단기보호관찰과 1개월 이내의 소년원 송치를 병합 처분할 수 있도록 하고 있다. 생각건대 현행법에서 1개월 이내 소년원 송치를 할 경우에 보호관찰관의 장기보호관찰은 병합할 수 있도록 하고 있음에도 불구하고(제32조 제2항 제5호), 보호관찰관의 단기보호관찰은 병합할 수 없도록 하고 있는 것은 입법의 불비라고 판단된다.

<표 8-4> 일부 병합처분의 현황

(단위: 명)

병합처분의 종류	2008년도	2009년도
4·6호	137	192
5·6호	142	739
5·8호	408	1708

출처: 『범죄예방정책 통계연보』(창간호). 법무부 범죄예방정책국. 2010. 623면.

<표 8-4>에서 보는 바와 같이 5·8호의 병합처분 인원이 2008년 408명에서, 2009년 1,708명으로 약 4배 이상 급증한 이유는, 8호 처분의 경우 병합처분을 할 수 있는 유일한 보호처분이 5호 처분으로 한정되어 있기 때문인 것으로 볼

수 있다. 특히 8호 처분의 기간이 1개월인 것과 비교해 볼 때 5호 처분의 기간은 2년으로 되어 있고, 소년부 판사는 보호관찰관의 신청에 따라 결정으로써 1년의 범위에서 한 번에 한하여 그 기간을 연장할 수도 있기 때문에(제33조 제3항 단서) 경우에 따라서 5·8호의 병합처분을 하는 것이 소년의 비행에 비해서 가혹할 수 있다. 그렇다고 하여 소년부 판사가 병합처분을 하지 않고 8호 처분만을 하는 것도 소년의 적절한 사후관리의 차원에서 불합리할 것이다. 그러므로 4·8호의 병합처분을 인정하여 보호처분의 실효성을 높이고, 다양한 보호처분을 가능하게 한다는 점에서 개정안의 태도는 타당하다. 이와 같은 타당성은 <표 8-4>에서 보는 바와 같이 6호 처분의 경우에는 4·6호의 병합처분과 5·6호의 병합처분이 모두 가능하다는 점에서도 알 수 있다.

4) 원심 소년부 또는 항고법원에 보호처분 집행정지권한 부여

현행법에 의하면 항고는 집행을 정지시키는 효력이 없다고 규정하고 있지만, 개정안은 단서를 신설하여 (항고에 합리적인 이유가 있을 경우에는) 원심 소년부 또는 항고법원은 결정으로써 보호처분의 집행을 정지할 수 있도록 하고 있다. 현행 「형사소송법」 제459조에 의하면 재판은 법률에 특별한 규정이 없으면 확정한 후에 집행하는 것이 원칙이지만, 「소년법」 제46조는 항고에 있어서 집행정지의 효과를 인정하고 있지 않기 때문에 재판확정 전의 집행을 원칙으로 하고 있다. 제46조의 입법취지는 적법절차 보장을 위하여 보호처분의 결정에 대하여 항고제도를 두고 있으나, 보호처분의 보호적·교육적 측면에서 항고를 하더라도 보호필요성이 있는 소년에 대해서는 보호처분의 집행을 정지하지 않도록 하기 위함이다.

<표 8-5> 연도별 항고 인원

연도	2005	2006	2007	2008	2009
항고 인원	183	149	137	144	125

출처: 『범죄예방정책 통계연보』(창간호), 법무부 범죄예방정책국, 2010, 622-623면.

<표 8-5>에서 보는 바와 같이 연간 150명 내외의 인원이 항고를 하고 있는데, 이 중에는 보호처분의 보호적 · 교육적 측면에서 항고를 하더라도 보호필요성이 있는 소년도 있겠지만, 반대로 보호처분의 집행을 정지하는 것이 오히려 당해 소년의 보호적 · 교육적 측면에서 타당한 경우도 있을 것이다. 또한「보호관찰 등에 관한 법률」제29조(보호관찰은 법원의 판결이나 결정이 확정된 때 또는 가석방 · 임시퇴원된 때부터 시작된다)에 의하면 보호관찰은 법원의 결정이 확정된 때부터 시작된다. 그런데「소년법」제32조 제2항에 의하면 제1호 · 제2호 · 제3호 · 제4호의 처분, 제1호 · 제2호 · 제3호 · 제5호의 처분, 제4호 · 제6호의 처분, 제5호 · 제6호의 처분, 제5호 · 제8호의 처분 등은 그 전부 또는 일부를 병합처분할 수 있기 때문에, 보호관찰은 다른 보호처분과도 충분히 병합처분될 수 있다. 이와 같이 보호관찰이 병과된 보호처분에 있어 소년이 항고한 경우에는 집행의 개시시기가 서로 달라지는 모순적인 상황도 실무에서는 발생하고 있다. 그러므로 보호처분결정에 영향을 미칠 법령 위반이 있거나 중대한 사실 오인이 있는 경우 또는 보호처분이 현저히 부당한 경우와 같이 항고에 정당하고 합리적인 이유가 있는 것이 항고법원의 재판 전에 명백히 인정된다고 한다면, 원심 소년부나 항고법원이 보호처분을 지속할 이유가 없다고 판단하여 그 결정으로 보호처분의 집행을 정지할 수 있도록 하는 방안은 타당하다.

3. 노철래 의원 법안의 검토

1) 보조인의 역할

사건 본인이나 보호자는 소년부 판사의 허가를 받아 보조인을 선임할 수 있는데, 보호자나 변호사를 보조인으로 선임하는 경우에는 판사의 허가를 받지 아니하여도 된다. 보조인을 선임함에 있어서는 보조인과 연명날인한 서면을 제출하여야 하는데, 이 경우 변호사가 아닌 사람을 보조인으로 선임할 경우에는 이 서면에 소년과 보조인과의 관계를 기재하여야 한다. 또한 「형사소송법」 중 변호인의 권리의무에 관한 규정은 소년 보호사건의 성질에 위배되지 아니하는 한 보조인에 대하여 준용한다(제17조 제6항).

소년보호사건에서 '보조인'은 형사소송에 있어서의 변호인에 해당하는 자라고 할 수 있다. 또한 보조인은 「소년법」의 보호처분이 갖는 보호적·교육적 특수성으로 인하여 형사사건에서 변호인과는 달리 보호처분이 적절하게 이루어지도록 하기 위해 소년법원에의 협력자의 지위도 가진다. 즉, 보조인은 소년법원에의 협력자로서 소년과 보호자에게 보호절차에 대한 설명을 충분히 하여 조사나 심리에 적절히 대응하도록 하는 역할도 담당한다.[14]

2) 국선보조인의 역할 및 개정안의 검토

2007. 12. 21. 「소년법」 개정으로 국선보조인 제도가 도입되었으나, 소년분류심사원에 위탁된 경우에만 보조인이 없을 때에 법원이 보조인을 반드시 직권으로 선정하도록 하고, 그 밖의 경우에는 ① 소년에게 신체적·정신적 장애가 의심되는 경우, ② 빈곤이나 그 밖의 사유로 보조인을 선임할 수 없는 경우, ③ 그 밖에 소년부 판사가 보조인이 필요하다고 인정하는 경우에 한하여 법원은 직권에 의하거나 소년 또는 보호자의 신청에 따라 보조인을 선정할 수 있도록 하여 국선보조인제도의 폭넓은 활용에는 한계가 있었다. 그러므로 소년이 소년분류심사원에 위탁된 경우에 한하고 있었던 국선보조인의 필수적 선정범위를 다른 일정한 사유가 있는 경우까지 확대하여 대상 소년이 적절한 조력을 받을 수 있도록 하려는 개정안의 취지 자체는 타당하다. 하지만 개정안이 제시하고 있는 필수적 선정범위에 대하여는 다음과 같은 개별적인 검토가 필요하다.

---

14) 윤용규·최종식, "우리나라 소년사법의 운용실태와 개선방안에 관한 일고찰", 『형사정책연구』 제11권 제4호, 한국형사정책연구원, 2000. 12, 73면.

(1) 소년에게 보호자가 없는 경우

소년에게 보호자가 없는 경우, 법원이 직권으로 국선보조인을 반드시 선정하도록 한 개정안은 타당하다. 미국의 경우에도 「표준소년법원법」 제26조에서 부모가 없는 소년이나 부모가 있더라도 경제적 곤란으로 변호인 비용을 부담할 수 없는 소년에 대하여 반드시 국선변호인을 선정하도록 규정하고 있는 것을 참고할 수 있을 것이다.

(2) 소년이 제4조 제1항 제1호 및 제2호에 해당되는 경우

소년이 범죄소년 및 촉법소년에 해당되는 경우, 법원이 직권으로 국선보조인을 반드시 선정하도록 한 개정안은 타당하지 않다고 보는데, 그 이유는 다음과 같다. 첫째, 우범소년을 제외한 소년보호사건의 대부분이 필수적 국선보조인 사건으로 되기 때문에 예산의 부담이 상당할 것으로 판단된다.

<표 8-6> 보호소년의 유형별 현황

(단위: 명)

연도	계	범죄소년	촉법소년	우범소년
2005	24,353	20,928	3,417	8
2006	25,946	22,769	3,175	2
2007	37,910	33,800	4,104	6
2008	41,754	37,262	4,486	6
2009	48,007	42,593	5,299	115

출처: 『범죄예방정책 통계연보』(창간호), 법무부 범죄예방정책국, 2010, 624면.

<표 8-6>에서 보는 바와 같이 보호소년 유형의 절대다수가 범죄소년 또는 촉법소년으로 구성되어 있고, 우범소년은 거의 없다는 점은 거의 모든 소년보호사건이 필수적 국선보조인 사건으로 전락할 우려가 있는 것이다.

둘째, 촉법소년의 경우에는 사안이 비교적 경미하여 심리불개 시, 불처분결정, 가벼운 보호처분 등이 내려지는 경우가 많은 점이 고려되어야 할 것이기 때문에 모든 촉법소년에 대하여 반드시 국선보조인이 선정되어야 할 필요성

은 없다.

셋째, 개정안은 '14세 미만'의 소년에 대하여 국선보조인을 선정할 수 있도록 하기 위한 조치를 취하고 있으나, 반대로 '19세 미만'까지 필수적 국선보조인 선정대상이 확대되는 모순점이 나타나고 있다.

(3) 소년에게 신체적 · 정신적 장애의 의심이 있는 경우

개정안에 의한 국선보조인 선정사유는 그 기준이 상당히 모호한 경향이 있다. 왜냐하면 신체적 · 정신적 장애에 대한 판단의 경우 시행령이나 시행규칙에서 상세하게 규정되어 있더라도 그 구별이 모호한 경우가 많은데, 현실적인 장애가 없는 경우인 신체적 · 정신적 장애의 '의심이 있는 경우'에 대한 판단은 현저히 곤란할 것이기 때문이다. 그러므로 소년에게 신체적 · 정신적 장애의 의심이 있는 경우 법원이 직권으로 국선보조인을 반드시 선정하도록 한 개정안은 타당하지 않다.

(4) 소년이 빈곤 그 밖의 사유로 보조인을 선임할 수 없는 경우

현행법에 의하면 동 사유의 경우 직권 또는 신청에 의한 임의적 선정사유인데, 개정안은 제17조의2 제2항에서 소년이 빈곤 그 밖의 사유로 보조인을 선임할 수 없는 경우에 소년 또는 보호자의 신청에 따라 법원이 보조인을 반드시 선정하도록 하고 있다. 즉 이러한 경우에는 직권선정이 아니라 신청에 의한 선정만을 인정하고 있는 것이 특징이다. 생각건대 소년이 빈곤 그 밖의 사유로 보조인을 선임할 수 없는 경우 법원이 국선보조인을 반드시 선정하도록 한 개정안은 타당하다고 본다. 왜냐하면 「형사소송법」 제33조 제2항에서도 '법원은 피고인이 빈곤 그 밖의 사유로 변호인을 선임할 수 없는 경우에 피고인의 청구가 있는 때에는 변호인을 선정하여야 한다'고 규정하고 있기 때문이다. 다만 동 조항을 적용하기 위한 전제로서 소년이 빈곤 그 밖의 사유로 보조인을 선임할 수 없다는 사정에 대한 충분한 입증이 있어야 할 것이다.

4. 이은재 의원(2010) 법안의 검토

1) 6호 처분의 의의 및 현황

제6호 처분은 요보호성과 죄질이 소년원 송치 처분을 요할 정도에 이르지 않으면서 보호자가 없거나 보호자의 보호능력이 미약한 경우, 비행성이 상당 정도 심화되어 있어 재비행의 위험성이 큰 경우, 보호관찰 등의 처분을 받았으나 그 보호관찰기간 중에 다시 재비행을 하여 보호관찰이 의미가 없다고 판단되는 경우[15] 등에 있어서 보호소년이 가정기능을 대체할 시설에서 재비행의 유혹을 물리칠 수 있는 능력을 갖도록 하기 위한 처분으로서, 비행소년들이 기존 교정시설에 구금되는 것을 대체하는 대안적 처분으로 '사회 내 처우'이자 '시설 내 처우'의 한 유형이다. 또한 6호 처분은 소년보호분야에서 민영화가 이루어지는 한 영역이며, 다른 보호처분과는 달리 복지적 성격이 강한 처우방법이다.[16] 현재 소년부 판사는 보건복지부가 관리 · 감독하고 있는 아동복지시설과 법원이 지정하는 소년보호시설 등 17개의 민간보호시설 중 한 시설을 지정하여 제6호 처분을 받은 소년을 감호 위탁하고 있다.

---

15) 한숙희, "촉법소년 연령인하에 따른 가정법원의 역할과 과제", 『형사정책연구』 제19권 제2호, 한국형사정책연구원, 2008. 6, 70-71면.

16) 한영선 · 이영호, "개정 「소년법」의 실효성 확보방안: 1개월 이내 소년원송치(8호)처분을 중심으로", 『한국범죄학』 제2권 제2호, 대한범죄학회, 2008, 71면.

<表 8-7> 제6호 처분의 수탁기관별 현황(2010. 10. 18. 기준)

연번	시 설 명	운영주체	수탁법원	정원	현원	6호	일반
1	보호치료시설 효광원	사회복지법인 효광원	서울, 인천, 수원	150	150	150	0
2	살레시오 근로청소년회관	재단법인한국천주교 살레시오회	서울, 인천, 수원	80	76	47	29
3	나사로청소년의 집	한국장로교 복지재단	서울, 인천, 수원, 의정부, 춘천	30	29	28	1
4	로뎀 청소년학교	사회복지법인 그루터기	서울, 수원, 청주, 춘천	30	29	26	3
5	동해청소년학교	사회복지법인 순영	부산, 창원	30	27	27	0
6	청소년복지원 아들의집	갈릴리봉사회 (교회)	서울, 인천, 수원	25	27	27	0
7	해뜨는 마을	교회(개인후원금)	서울, 인천, 의정부	25	21	21	0
8	마자렐로센터	사회복지법인 푸른숲복지회	서울, 수원	40	33	16	17
9	웨슬리마을 신나는 디딤터	기독교 대한감리회	부산, 창원	30	30	5	25
10	가톨릭 푸름터 (구 여자기술원)	사회복지법인 서정길대주교재단	대구, 포항	25	18	4	14
11	셀리홈	구세군 복지재단	부산	22	16	4	12
12	성바오로 청소년의 집	사회복지법인 성바오로 애덕원	대구	40	33	2	31
13	구세군 정다운집	구세군 복지재단	대전	20	16	1	15
14	대전광역시 청소년여자쉼터	대전광역시 (보건복지부)	대전	10	7	0	7
15	대구청소년자립 생활관	소년보호협회	대구	20	0	—	—
16	의료법인 한라병원	의료법인 한라병원	제주	—	—	—	—
17	서동용신경정신 과의원	개인(서동용)	제주	—	—	—	—
합 계				577	512	358	154

한편 최근 3년간 전체 보호처분 현황을 살펴보면, 보호관찰 처분(제4 · 5호)
이 전체 보호처분의 평균 57%에 이를 정도로 많고, 단독 수강명령 처분(제2
호)은 평균 8.8%로 증가하는 추세이며, 감호 위탁(제6호) 처분은 평균 2.7%로
소년원 송치처분(제9호 · 제10호)과 비슷한 수준이다. 이러한 제6호 처분의 경
우, 2008년에는 6호 단독처분이 약 60%에 달했으나, 2010년에는 6호 단독처분
이 7.9%로 감소하고, 반면에 4 · 6호의 병합처분과 5 · 6호의 병합처분 등 보호
관찰 병과처분이 92.1%에 이르고 있다.

<표 8-8> 6호 처분과 4호 및 5호 처분 병과 현황

연도	6호 단독	4 · 6호	5 · 6호	합계
2008	410 (59.5%)	137 (19.9%)	142 (20.6%)	689 (100.0%)
2009	128 (12.1%)	192 (18.1%)	739 (69.8%)	1,059 (100.0%)
2010	73 (7.9%)	104 (11.3%)	747 (80.8%)	924 (100.0%)

출처: 『사법연감』. 법원행정처. 2000~2011.

2) 6호 처분의 문제점

(1) 수탁시설 운영 주체가 이원화됨에 따라 체계적인 관리의 미흡

현재 수탁시설의 운영주체는 보건복지부에서 관리 · 감독하는 수탁시설과
권역별 법원 소년부에서 관장하고 있는 소년보호시설 등으로 이원화되어 있
다. 즉 「아동복지법」상의 아동복지시설은 보건복지부에 신고하도록 하고, 소
년보호처분을 받아 위탁하는 소년보호시설은 권역별 법원 소년부에서 관장함
으로써 수탁시설에 대한 지도가 이원화되어 있어 체계적인 관리가 어려운 것
이 현실이다.[17]

---

17) 이승현, "아동복지시설 위탁처분(6호 처분)의 문제점과 개선방안", 『소년보호연구』 제15
　　호, 한국소년정책학회, 2010. 12, 265면; 박상열, "6호 처분을 중심으로 본 소년보호처분

(2) 혼거수용의 문제점

<표 8-7>에서 보는 바와 같이, 2010. 10. 18. 기준 제6호 처분의 수탁기관별 현황에서는 수탁기관에 있는 총 512명 중 6호 처분자는 358명, 일반인이 154명으로 구성되어 있어, 요보호아동과 보호처분 소년의 혼거수용에 따른 악풍감염의 문제소지를 안고 있다. 수탁기관에서는 성별과 연령 등을 고려하여 운영하고자 하나, 소년의 특성을 고려한 시설분류에 대한 법적 기준이 마련되어 있지 않기 때문에 현실적으로는 성별을 구분하는 정도 이외에는 모두 혼합되어 위탁되고 있는 것이 현재의 실정이고, 이러한 소년들에 대한 교육프로그램도 하나의 프로그램으로 운영되고 있다.[18] 또한 6호 처분 대상자는 비교적 죄질이 경미하고 성행이 양호한 학생을 수용하는 시설이지만 이 역시 사회와 단절되어 낙인효과의 문제가 있다.[19]

(3) 6호 처분 고유의 전문성 결여

보호처분 수탁기관의 대형화 현상은 수탁기관과 위탁소년 사이의 인간적인 유대 형성을 저해하고, 수탁 소년들의 특성에 맞추어 다양한 교정 프로그램 및 그 프로그램을 실시할 전문 인력의 부족 현상을 초래하기도 한다. 「소년법」이 갖는 복지적 측면을 고려한다면 6호 처분의 이념 또한 보호처분의 이념과 일치하지만 극히 일부를 제외하고는 수탁기관 대부분이 인적·물적 환경이 열악하여 민간 주도의 시설 내 처우로서의 기능을 제대로 수행하지 못하고 있다.[20] 즉 수용인원이 지나치게 많은데 이는 그 자체가 수용소년의 인권을 침해하는 것이라고 할 수 있다.[21] 이와 같이 6호 처분의 경우 본래의 취지와 달

의 현황과 문제점", 『소년보호연구』 제15호, 한국소년정책학회, 2010. 12, 211면(한편 우리나라의 보건복지부에서는 비행청소년의 처우를 전담하는 부서가 없는 것이 현재의 실정이다. 대신에 영유아를 포함한 아동 전반을 관장하는 아동복지과가 6호 처분 시설을 주관하고 있기 때문에 전문성이 결여됨을 물론 관심영역에서도 배제되고 있다).

18) 박상열, 앞의 논문, 212면.

19) 박영규, "신 「소년법」상 보호처분의 문제점과 개선방안", 『소년보호연구』 제16호, 한국소년정책학회, 2011. 6, 58면.

20) 정해룡, "소년보호정책의 현안과제 및 발전방향", 『형사정책연구』 제11권 제4호, 한국형사정책연구원, 2000. 12.

리 구금 위주로 운영되고 있어, 교육과 보호가 중심이 되어야 할 보호처분이 사실은 민간에 의한 구금시설과 다르지 않게 감시와 구금 위주로 운영되고 있는 셈이다. 이와 같은 사법과 복지가 분리되어 작동하는 현행 소년사법체계는 변화되어야 할 것이다.[22]

(4) 예산지원의 어려움

수탁기관이 보호소년의 주거지에서 원거리 지역시설에 수탁되는 경우가 많고, 예산을 지원하는 지방자치단체는 해당 지역 거주자가 아닌 수탁 소년에 대해서는 재정 지원을 하지 않으려는 경향이 있다.[23] 또한 소년보호시설의 경우 법원의 수탁기관으로 지정되어 법원의 결정에 따라 6호 처분 소년을 위탁 관리하게 되어 있으나, 예산 및 운영상의 어려움으로 인하여 수탁기관의 계약을 해지하거나 다른 보호시설 등으로 위탁관리를 전가하고 있는 실정이다.[24] 하지만 이는 제도 자체에 문제가 있는 것이 아니라 6호 처분을 활성화하기 위한 구체적 지원과 관련된 문제라고 할 수 있다.[25]

3) '법무부장관이 지정한 소년보호시설에 감호 위탁'에 대한 검토

법무부장관이 지정한 소년보호시설에 감호 위탁하는 방안에 대해서는 원칙적으로 찬성하는 입장에 있는데, 그 이유로는 첫째, 소년보호처분의 효과적인 집행을 위하여 6호 처분의 법적 성격과 취지에 맞는 시설을 법무부가 지정하

---

21) 오영근, "소년사건 심판 및 집행상의 문제점과 개선방안", 『법학논총』 제23집 제2호, 한양대학교 법학연구소, 2006. 10, 119면.
22) 김성언, "소년보호처분의 실효적 실천방안", 『형사정책연구』 제19권 제2호, 한국형사정책연구원, 2008. 6, 57면.
23) 조규범, "소년보호제도의 문제점과 개선방안-수탁기관을 중심으로-", 국회입법조사처, 2008, 14면.
24) 박상열, 앞의 논문, 213면.
25) 심재무, "한국 소년보호처분제도의 문제점과 그 개선방안", 『비교형사법연구』 제10권 제2호, 한국비교형사법학회, 2008. 12, 606면.

여 책임성을 가지고 관리·감독하고 예산도 지원하도록 하는 것이 소년보호
시설의 관리차원에서 효율적이므로 운영·관리의 일원화가 필요하다는 점,
둘째, 6호 처분은 보호관찰 처분과 병과하는 것이 추세이고, 그러한 경우 대상
자 주거지 인접 시설에 위탁하는 것이 바람직하므로 각 지역의 56개 보호관찰
소를 활용하여 적합한 시설을 일정 기준에 따라 평가·지정하는 것이 6호 처
분의 실효성을 높일 수 있다는 점, 셋째, 사회 내에 존재하는 많은 소년보호시
설 중 소년의 특성에 맞는 다양하고 적절한 수탁기관을 선정하여 6호 처분의
성격과 부합하는 제도로 재정비해야 한다는 차원에서 현행 제도의 문제점을
개선하는 데 유용하다는 점 등을 들 수 있다.[26]

다만, 법무부는 소년보호시설을 지정하게 된다면 신병통제와 이탈방지 관
점에서 접근하기보다는 후견적·교육적 차원에서 보호시설을 지정할 필요가
있고, 소년에 대해서는 국가기관 위주의 교정행정을 최소화하고 지역사회 내
에서 치료가 이루어지고, 감호소년에게 가정적인 분위기를 제공하기 위하여
보호시설의 소규모화를 지향하며, 비행아동의 행동교정을 위해서는 격리가
아닌 지역사회 및 관련부처가 함께 비행아동의 행동교정 특성에 맞는 다양한
시설에서 통합적으로 보호할 필요성을 고려해야 할 것이다.

5. 이은재 의원(2011) 법안의 검토

1) 청소년비행예방센터의 현황

개정안 제67조의2(비행예방조치)에 의하면, 법무부장관은 비행소년의 건전
한 성장을 돕기 위하여 1. 비행소년의 품행, 환경 및 비행원인 등에 대한 소년
비행예방기관에서의 조사, 2. 비행소년에 대한 소년비행예방기관에서의 교육
등의 조치를 취하여야 하는데, 개정안에서 규정하고 있는 소년비행예방기관

---

26) 허영호, "보호소년 등의 처우에 관한 법률 일부개정법률안(이은재 의원 대표발의)", 법제
　　사법위원회, 2011. 4, 5면.

은 청소년비행예방센터를 염두에 두고 있는 것이 아닌가 생각된다. 최근 「소년법」의 개정으로 소년비행예방을 위한 정책수립이 중요성을 띠게 됨에 따라 법무부는 2007. 4. 청소년비행예방센터 개청을 위해 전문직원을 배치하고 교육환경을 조성하는 등 준비작업을 거쳐 2007. 7. 23. 「법무부와 그 소속기관 직제」(대통령령 제20180호) 제39조의2 제1항(청소년 비행예방 지원 업무를 분장하기 위하여 부산소년원·광주소년원·대덕소년원·청주소년원 및 서울소년분류심사원의 원장 소속하에 각각 청소년비행예방센터를 둔다) 및 「법무부와 그 소속기관 직제 시행규칙」 제21조의2의 개정과 동시에 전국 6개의 청소년비행예방센터를 개관하였다.27) 「법무부와 그 소속기관 직제」 제39조의2 제1항은 2007. 7. 23. 개정 시에 신설된 조문인데, 개정 당시에는 '부산소년원·광주소년원·대덕소년원 및 서울소년분류심사원'의 원장 소속하에 각각 청소년비행예방센터를 두었던 것을, 2009. 5. 25. 개정 시에는 청주소년원을 추가하였고, 2011. 5. 4. 개정 시에는 '대덕소년원'을 '대전소년원'으로 변경하였다.

<표 8-9> 청소년비행예방센터 현황(2010. 11. 기준)

센터명	소속기관	조직구성	2011년도 예산 (백만 원)	교육과정
안산청소년 비행예방센터	서울소년 분류심사원	3팀 28명	1,846	법교육, 보호자교육, 가족솔루션캠프 청소년심리상담, 대안교육 청소년비행예방 프로그램 개발 및 보급
대전청소년 비행예방센터	대전소년원	2팀 15명	934	어린이 법교육, 프로그램 개발, 법체험관 운영 자원봉사자 전문교육, 교사직무연수
부산청소년 비행예방센터	부산소년원	1팀 11명	734	① 대안교육
창원청소년 비행예방센터	부산소년원	1팀 7명	614	② 비행진단(상담조사, 분류심사, 검사의 결정전조사)
광주청소년 비행예방센터	광주소년원	1팀 8명	590	③ 보호자교육 ④ 청소년심리상담 ⑤ 비행예방을 위한 법교육
청주청소년 비행예방센터	청주소년원	1팀 8명	597	⑥ 일일체험 ⑦ 가족솔루션캠프(부산, 청주)

---

27) 한편 청소년비행예방센터가 설치되어 있지 않은 지역의 경우에는 5개의 대행소년원(대구소년원, 전주소년원, 대전소년원, 춘천소년원, 제주소년원 등)이 그 업무를 담당하고 있다.

이러한 청소년비행예방센터는 2007. 7. 23. 관할 교육청으로부터 대안교육센터로 지정받기도 하였다. 소년비행을 억지하고 건전한 육성을 도모하기 위해서는 무엇보다 비행에 이르지 않는 불량행위의 단계에서의 적절한 선도와 보호가 필요한데, 청소년비행예방센터는 지역사회 위기 청소년들에게 문제유형별 전문교육, 인성교육, 체험활동 등을 통하여 건전한 성장을 돕는 법무부 소속기관으로서 종전의 사후집행적 재범방지 정책중심에서 사전예방적 정책으로 확대할 수 있도록 조직시스템을 정비한 것이라고 할 수 있다.

<표 8-9>에서 보는 바와 같이 청소년비행예방센터의 역할이 날로 강조되고, 담당하는 업무도 증가하는 현 상황에서 대통령령(법무부와 그 소속기관 직제)과 법무부령(법무부와 그 소속기관 직제)에서 규정하고 있는 동 센터의 법적 근거를 한 단계 높여 법률로 규정하는 것이 개정안의 주된 목적이라고 할 수 있다.

한편 청소년비행예방센터는 대외적인 명칭으로 '대안교육센터' 또는 '솔로몬로파크' 등을 사용하고 있는데, 이는 이미지 제고차원에 기인한다.[28) 법률상 소년원과 소년분류심사원 소속 청소년비행예방센터의 기관명칭을 교육기관으로서의 학교명칭과 대안교육센터 등의 명칭으로 각각 복수사용할 수 있도록 공식명칭을 지정고시하여 소년원과 청소년비행예방센터의 교육활동 및 비행예방기능의 수행에 적합한 대외적 공식명칭 사용으로 건전한 청소년 육성을 위한 유리한 환경 조성하는 것을 목적으로 「소년원 등의 명칭 복수사용에 관한 지침」(법무부훈령 제772호; 2010. 4. 7. 일부개정, 시행 2010. 4. 15.)이 활용되고 있는데, 이에 따라 대전을 제외한 지역의 청소년비행예방센터는 '대안교육센터'를, 대전청소년비행예방센터는 '솔로몬로파크'를 각각 그 명칭으로 사용하고 있다.

---

28) 오영희, "소년보호제도의 최근 동향 및 발전방안-법무부 소년호보기관을 중심으로-", 『한국범죄학』 제4권 제1호, 대한범죄학회, 2010. 6, 86면.

2) 청소년비행예방센터의 법적 근거 격상 방안

현행 대통령령 등에 법적 근거를 두고 있는 청소년비행예방센터를 법률상의 기관으로 격상시키기 위한 필요성은 다음과 같은 이유에서 인정된다. 첫째, 청소년비행예방센터의 역할과 기능[29] 등은 날로 증대하고 있음에 반하여, 이를 뒷받침할 수 있는 예산지원[30]이나 담당인력은 턱없이 모자란 실정이다. 이와 같이 청소년비행예방센터의 효율적인 운영을 위해서는 적절한 예산과 담당인력이 필수적으로 확보되어야 하는데, 이를 위하여 가장 시급한 과제가 바로 법률상의 명문의 근거규정을 두는 것이라고 할 수 있다.

둘째, 청소년비행예방센터의 조직설계와 관련하여 청소년 비행예방정책의 조기 정착을 위해서는 현재 소년원 및 소년분류심사원 부설로 되어 있는 청소년비행예방센터를 독립기관화하고 점차 지소화를 추진해 나가는 것이 바람직하다는 의견도 다수를 차지하고 있다.[31]

셋째, 폐쇄된 소년분류심사원의 인원이 청소년비행예방센터로 이동하고 있는 현상[32]과 청소년비행예방센터가 설치된 지역의 경우 소년원의 역할을 청

---

29) 청소년비행예방센터는 1. 법원이 의뢰한 상담조사, 2. 검사가 기소처분을 하기 전 의뢰한 처분전조사, 3. 「소년법」에 따른 보호처분을 받은 자 중 학교부적응 학생 등에 대한 교육, 4. 검사가 기소유예처분을 한 자 및 학교장 등이 의뢰한 소년에 대한 특별교육, 5. 「소년법」에 따른 보호처분을 받은 자의 보호자에 대한 교육, 6. 청소년에 대한 법 교육, 7. 청소년비행 관련 자원봉사자 전문교육 및 연구ㆍ개발 등의 업무를 행한다(법무부와 그 소속기관 직제 제39조의2 제2항).

30) 다른 한편으로 법무부, 여성가족부, 교육과학기술부, 경찰청 등이 소년비행예방교육 등을 위하여 확보해야 하는 예산은 정확한 집계는 어렵지만 유사한 정책을 부처별로 집행함으로써 예산의 효율성을 떨어뜨리고 있다(허경미, "사회적 발달이론 관점에서의 청소년비행예방센터의 개선방향", 『소년보호연구』 제15호, 한국소년정책학회, 2010. 12, 150면).

31) 송화숙, "청소년비행예방센터의 실질적 성과분석 및 향후과제", 『소년보호연구』 제11호, 한국소년정책학회, 2008. 12, 9면. 당시 송화숙 원장은 2008. 9. 25~2008. 10. 10. 사이에 전국 6개 청소년비행예방센터 (당시) 전체직원 57명을 상대로 설문조사를 하였는데, 이 중 56명이 기관의 독립화에 찬성하였다고 한다.

32) 청소년비행예방센터의 운용이 종전의 소년분류심사원의 역할을 벗어나지 못하고 있다는 견해로는 강경래, "일본의 소년비행화에 대한 사전예방정책: 소년보도센터의 소년비행화 방지활동을 중심으로", 『소년보호연구』 제12호, 한국소년정책학회, 2009. 6, 162-163면; 원혜욱, "소년비행예방센터의 현황과 과제", 『소년보호연구』 제12호, 한국소년정책학회,

소년비행예방센터가 담당하고 있는 현상 등에서도 청소년비행예방센터는 종전 소년분류심사원 또는 소년원의 기능 중 위탁의 기능만을 제외한 대부분의 기능을 그대로 실시하고 있다.

이상의 논거를 이유로 개정안은 청소년비행예방센터를 법률상의 기관으로 승격시키기 위한 의도로서 제67조의2를 제안하고 있으나, 이는 비행예방정책에 관한 기본규정을 신설한 것이기는 하지만 동 규정을 가지고서 청소년비행예방센터의 직접적인 법적 근거라고 평가하기에는 다소 무리가 있다. 즉 「소년법」상에 단순히 '소년비행예방기관'이라고 규정한 것을 가지고서, 청소년비행예방센터의 직접적인 법적 근거로 파악하기에는 무리가 있어 보인다. 그러므로 주요한 소년보호기관으로서 소년원, 소년분류심사원 등의 임무에 대하여 직접적으로 규정하고 있는 보호소년 등의 처우에 관한 법률상에 유일하게 규정하고 있지 않은 청소년비행예방센터 관련 규정을 신설하는 것이 보다 바람직해 보인다.

6. 임동규 의원 법안의 검토

개정안은 「초·중등교육법」에 따른 대안학교 및 그 위탁교육시설에도 감호위탁의 보호처분을 할 수 있도록 대상시설을 추가할 필요성이 있다고 한다. 「초·중등교육법」 제60조의3(대안학교) 제1항에 의하면 '학업을 중단하거나 개인적 특성에 맞는 교육을 받고자 하는 학생을 대상으로 현장 실습 등 체험 위주의 교육, 인성 위주의 교육 또는 개인의 소질·적성 개발 위주의 교육 등 다양한 교육을 실시하는 학교로서 대안학교'를 두고 있다. 또한 대안학교의 설립기준·교육과정·수업연한·학력인정 그 밖에 설립·운영에 관하여 필요한 사항을 위하여 「대안학교의 설립·운영에 관한 규정」(대통령령 제22467호, 2010. 11. 2. 타법개정)이 제정되어 있다.

생각건대 개정안은 6호 처분의 문제점으로 두 가지를 상정하고 있는데, 첫

2009. 6, 86면.

째, 보호처분 기간 동안 학교에 통학할 수 없고[33] 해당 시설에서 자체적으로 개발하여 실시하는 프로그램에 참여하게 되나, 해당 프로그램의 수준이 기본적인 취미활동을 지도하는 정도에 그치는 경우가 대부분이어서 학업의 기회를 제공하고 교육의 연속성을 보장하는 데 미흡한 실정이라는 것이다. 하지만 6호 처분은 나름대로의 의미가 있는 것으로서, 비행의 정도가 8호 처분 내지 10호 처분의 대상까지는 되지 않으나 감호위탁의 필요성이 있는 자를 대상으로 하고 있는 것이다. 그러므로 6호 처분기관에서 실시하고 있는 해당 프로그램의 운영을 내실화함으로써 교육의 연속성을 보장하는 방안으로 나아가는 것이 보다 타당하다.

둘째, 소년원에 설치된 학교시설에서 학업에 참여할 기회가 제공되는 소년원생들의 경우와 비교해 볼 때 형평성의 문제가 지속적으로 제기될 수 있다는 것이다. 이와 관련하여 판사 또는 검사가 의뢰한 대안교육 대상 소년이 소년원 또는 소년분류심사원에서 정해진 교육과정을 이수하였을 때에는 그 기간을 재적학교의 출석일수로 인정하여야 하는데(「보호소년 등의 처우에 관한 법률 시행령」 제85조 제1항), 이에 따라 청소년비행예방센터에서의 대안교육도 교육과정을 이수하였을 때에는 그 기간을 재적학교의 출석일수로 인정하고 있다. 그러므로 6호 처분의 대상자 중 상당수를 청소년비행예방센터에서의 교육 대상자로 분류하는 것이 보다 현실적인 방안이 될 것이다.

7. 이재오 의원 법안의 검토

2011. 11. 11. 이재오 의원이 대표발의한 「형법 일부개정법률안」(의안번호 제13846호)에 의하면 형사미성년자의 연령을 종래 14세에서 12세로 조정하고

---

33) 이와 관련하여 이은재 의원 등 13인이 2010. 11. 19. 발의한 「보호소년 등의 처우에 관한 법률 일부개정법률안」은 제33조 제2항을 신설하여 '소년보호시설의 장은 전적학교 등 학교의 장과의 협의를 거쳐 감호소년이 전적학교 등 학교로 통학할 수 있도록 허가하여 줄 것을 법무부장관에게 요청할 수 있다. 이 경우 법무부장관은 감호소년이 원하지 않는 경우 그 밖에 불가피한 사유가 없는 한 이를 허가하여야 한다'고 규정하고 있다.

있다. 현행 형사미성년자 규정은 1953년 「형법」 제정 당시부터 규정된 것인데, 현재에는 경제성장, 조기교육의 활성화, 방송·인터넷 등 매체의 발달 등으로 인하여 1953년 당시와는 비교할 수 없을 정도로 인간의 정신적·육체적 성장 속도가 빨라졌고 이에 따라 14세 미만자의 범죄도 1953년 당시에는 상상할 수도 없었던 집단성폭행·방화·살인 등으로 날로 흉포화됨에 따라 형사미성년자 규정에 대한 재검토가 요구될 필요성이 있다는 것이다. 이와 같이 「형법」에서 형사미성년자의 연령을 종래 14세에서 12세로 조정함에 따라 개정안은 '촉법소년'의 연령을 종래 '10세 이상 14세 미만'에서 '10세 이상 12세 미만'으로 조정하겠다는 것이다.

생각건대 2007. 12. 21. 「소년법」을 개정하여 소년보호사건의 대상연령을 종래 12세에서 10세로 하향 조정하는 등의 입법조치를 한 바 있는데, 이는 소년비행이나 범죄에 대하여 국가의 개입을 저연령층으로 확대하겠다는 시도라고 평가할 수 있다. 하지만 이는 촉법소년이나 우범소년에 대한 보호처분의 대상연령 확대를 의미하는 것이지 범죄소년에 대한 형사처벌의 대상연령 확대를 의미하지는 않는다. 그 이유는 만 10세 또는 만 11세에 해당하는 자의 경우 형사처벌보다는 국친주의 사상에 입각하여 보호처분을 하는 것이 타당하기 때문이다. 또한 비행의 초기 단계에서 형사제재를 과하려 하기보다는 비행의 초기 단계에서 교육적·복지적 처분을 함으로써 비행성의 고착화와 이로 인한 범죄소년 또는 성인범죄로의 전락을 미리 예방하고자 하는 것이다.[34] 이와 같은 취지에서 만 12세 또는 만 13세에 해당하는 자에 대한 형사처벌을 확대하고자 하는 이재오 의원 등이 제안한 「형법 일부개정법률안」은 타당하지 않다고 본다. 만 12세 또는 만 13세에 해당하는 자가 범죄행위를 저지른 경우에는 10호 처분을 통하여서도 그 제재의 효과는 달성될 수 있기 때문이다(제32조 제4항).

---

[34] 오영근, "개정 「소년법」의 과제와 전망", 『형사정책연구』 제19권 제2호, 한국형사정책연구원, 2008. 6, 20-21면.

Ⅳ. 글을 마치며

점점 감소하던 소년범은 2006년부터 다시 증가 추세를 보이고 있으며, 범행 내용도 흉포화·집단화되고 재범률도 높아 다양한 관점에서 대책이 필요한 실정이다. 아울러, 소년보호처분 집행 시 발생하는 법률상 혹은 실무상 불합리한 사항을 바로잡아 효율적이고 합리적인 소년보호를 도모해야 하겠다. 이러한 점에서 18대 국회에 제출된 「소년법 개정법률안」들이 과연 소년에게 불이익한 처분을 하지 않고, 소년의 권리를 보장한다는 소년보호의 이념에 적합한지 그리고 소년비행에 대한 효과적인 조치를 취할 수 있는지 등에 대하여 구체적으로 살펴보았다. 본 논문에서 분석한 내용을 정리해 보면 다음과 같다.

첫째, 개정안은 위탁기간을 '6개월부터 1년까지의 범위 내에서 하되'라고 규정하고 있어, 최소한의 기간이 6개월임을 명시하고 있는데, 이는 현행법에 의하면 6개월 미만의 경우도 충분히 인정될 수 있는 위탁기간을 원천적으로 봉쇄하는 것이므로, 위탁기간을 '1년까지의 범위 내에서 하되'로 변경하는 것이 보다 타당하다고 본다. 또한 제도의 운영 현황 및 「소년법」의 기본원리인 국친사상에 비추어 볼 때, 소년의 감호에 관한 비용은 소년부가 원칙적으로 부담하고, 보호자는 지급능력이 있을 경우에만 부담하도록 하는 개정안은 타당하다.

둘째, 제4조 제3항의 통고제도는 존치되어야 할 필요성이 있다고 보며, 현행법상 수강명령이나 사회봉사명령을 보호관찰관만의 '고유한' 업무로 파악하는 것은 다소 무리라고 보며, 현행법에서는 1개월 이내 소년원 송치를 할 경우에 보호관찰관의 장기보호관찰은 병합할 수 있도록 하고 있음에도 불구하고, 보호관찰관의 단기보호관찰은 병합할 수 없도록 되어 있는 것은 입법의 불비라고 판단된다. 또한 보호처분결정에 영향을 미칠 법령 위반이 있거나 중대한 사실 오인이 있는 경우 또는 보호처분이 현저히 부당한 경우와 같이 항고에 정당하고 합리적인 이유가 있는 것이 항고법원의 재판 전에 명백히 인정된다고 한다면, 원심 소년부나 항고법원이 보호처분을 지속할 이유가 없다고 판단하여 그 결정으로 보호처분의 집행을 정지할 수 있도록 하는 방안은 타당하다.

셋째, 소년이 소년분류심사원에 위탁된 경우에 한하고 있었던 국선보조인의 필수적 선정범위를 다른 일정한 사유가 있는 경우까지 확대하여 대상 소년이 적절한 조력을 받을 수 있도록 하려는 개정안의 취지는 자체는 타당하지만 개정안이 제시하고 있는 필수적 선정범위에 대하여는 개별적인 검토가 필요하다.

넷째, 법무부장관이 지정한 소년보호시설에 감호 위탁하는 방안에 대해서는 원칙적으로 찬성하는 입장이다.

다섯째, 개정안은 청소년비행예방센터를 법률상의 기관으로 승격시키기 위한 의도로서 제67조의2를 제안하고 있으나, 이는 비행예방정책에 관한 기본규정을 신설한 것이기는 하지만 동 규정을 가지고서 청소년비행예방센터의 직접적인 법적 근거라고 평가하기에는 다소 무리가 있다. 즉「소년법」상에 단순히 '소년비행예방기관'이라고 규정한 것을 가지고서, 청소년비행예방센터의 직접적인 법적 근거로 파악하기에는 무리가 있어 보인다. 그러므로 주요한 소년보호기관으로서 소년원, 소년분류심사원 등의 임무에 대하여 직접적으로 규정하고 있는 보호소년 등의 처우에 관한 법률상에 유일하게 규정하고 있지 않은 청소년비행예방센터 관련 규정을 신설하는 것이 타당하다.

여섯째, 6호 처분의 문제점을 해결하기 위해서는 6호 처분의 대상자 중 상당수를 청소년비행예방센터에서의 교육 대상자로 분류하는 것이 보다 현실적인 방안이 될 것이다.

일곱째, 만 12세 또는 만 13세에 해당하는 자에 대한 형사처벌을 확대하고자 하는 이재오 의원 등이 제안한「형법 일부개정법률안」은 타당하지 않다고 본다.

제9장 성충동 약물치료제도 도입의 문제점과 개선방안

Ⅰ. 문제의 제기

최근 몇 년 동안 아동을 대상으로 하는 흉악한 성범죄가 언론 등을 통하여 보도되면서 여론이 악화되자 국회에서는 이에 대한 특단의 대책들을 계속하여 제시하고 있다. 대표적으로 위치추적 전자감시제도의 도입, 신상정보공개제도 및 신상정보등록제도의 확대시행, 신상정보고지제도의 도입, 소아성기호증 등 정신성적 장애자를 대상으로 하는 치료감호제도의 도입, 「형법」 및 「아동·청소년의 성보호에 관한 법률」상의 징역형기 상한조정, 「성폭력범죄의 처벌 등에 관한 특례법」상의 공소시효 특례규정 신설 등을 들 수 있다. 이에 한 걸음 더 나아가 특정 성범죄자에 대한 성충동 약물치료제도를 주요 내용으로 하는 「성폭력범죄자의 성충동 약물치료에 관한 법률」(법률 제10371호, 2010. 7. 23. 제정; 이하에서는 「성충동약물치료법」[1]이라고 한다)[2]이 오는 7월 24부터 시행될 예정[3]이다. 동법은 16세 미만의 사람에 대하여 성폭력범죄를 저지른 성도착증 환자로서 성폭력범죄를 다시 범할 위험성이 있다고 인정되는 19세 이상의 사람에 대하여 성충동 약물치료를 실시하여 성폭력범죄의 재범을 방지하고 사회복귀를 촉진하는 것을 목적으로 하고 있다(제1조).[4] 또한 2011년

---

* 『형사정책』 제23권 제1호, 한국형사정책학회, 2011. 6. 227면 이하.

1) 이하에서 법률의 명칭 없이 단순히 조문만이 명기된 것은 「성충동약물치료법」을 의미한다.

2) 동법은 2008년 9월 8일 박민식 의원 등 31인이 제안하였으며, 2008년 9월 9일 소관상임위원회에 회부된 후, 2010년 6월 29일 본회의에서 의결(재석의원 180명 중 찬성 137명, 반대 13명, 기권 30명)되었다. 법률안의 제안 후 제정 시까지 2년여의 기간이 소요된 이유는 첫째, 화학적 '거세'라는 방법에 대한 거부감·수치감 등이 작용한 점, 둘째, 특정 약물을 투여함으로써 사람의 신체에 직접적인 침해를 수반한다는 점, 셋째, 특정 약물에 대한 효과와 부작용이 의학적으로 명확히 입증되지 않았다는 점, 넷째, 법안 제안에 즈음하여 위치추적 전자감시제도 및 치료감호제도 등 성범죄자에 대한 다른 종류의 형사제재가 도입되었다는 점 등으로 설명될 수 있다.

3) 부칙 제1조 제1항: 이 법은 공포 후 1년이 경과한 날부터 시행한다.

4) 동법은 입법과정에서 원안과 달리 ① 화학적 거세라는 용어가 수치심과 거부감 등을 줄 우려가 있어 성충동 약물치료로 수정한 점, ② 약물치료 대상자를 상습적 성폭력범죄자에서 상습성 요건을 삭제하여 초범자도 가능하도록 한 점, ③ 아동을 대상으로 하는 성폭력범죄를 13세 미만에서 16세 미만으로 그 대상을 확대한 점, ④ 약물치료 대상자의 연령을 25세 이상에서 만 19세 이상으로 확대한 점, ⑤ 치료명령을 결정에서 판결로 그 절차를 강화

5월 4일 법무부(법무부 공고 제2011-66호)는 성폭력범죄자의 성충동 약물치료에 관한 법률 시행령안과 성폭력범죄자의 성충동 약물치료에 관한 법률 시행규칙안을 각각 입법예고하였다.

성충동 약물치료제도의 시행을 앞두고 동 제도의 장단점 및 도입찬반론 등에 대한 논의가 한창 진행되고 있는 가운데, 제도의 철회는 현 시점에서 불가능한 것으로 보인다. 따라서 도입반대론을 관철하기보다는 시행에 따른 문제점과 보다 나은 개선방안을 모색해 보는 것이 합리적인 방법론이라고 하겠다. 이하에서는 성충동 약물치료제도를 개괄적으로 살펴보고, 외국의 입법례 중 미국의 성충동 약물치료제도의 특징과 내용을 비교법적으로 검토해 본 후(Ⅱ), 우리나라에서 곧 시행될 예정인 3가지 유형으로 분류되고 있는 성충동 약물치료제도의 주요 내용과 문제점을 구체적으로 살펴보고(Ⅲ), 이러한 문제점을 중심으로 성충동 약물치료제도의 개선방안을 모색해 보기로 한다(Ⅳ).

Ⅱ. 성충동 약물치료제도에 대한 개관

1. 성충동 약물치료의 대상자

성충동 약물치료는 16세 미만의 사람에 대하여 일정한 성폭력범죄를 저지른 성도착증 환자 중에서 성폭력범죄를 다시 범할 위험성이 있다고 인정되는 19세 이상의 사람에게 부과할 수 있는 제도이다. 여기서 성도착증 환자란「치료감호법」제2조 제1항 제3호에 해당하는 사람 및 정신과 전문의의 감정에 의하여 성적 이상 습벽으로 인하여 자신의 행위를 스스로 통제할 수 없다고 판

함에 따라 본인 동의를 받지 않도록 한 점, ⑥ 치료명령이 청구되지 아니한 성폭력 수형자에 대해서 본인의 동의하에 치료명령을 법원의 결정으로 하는 제도를 신설한 점, ⑦ 약물치료의 시기를 수용 시에서 출소 2개월 전으로 변경한 점, ⑧ 법 시행 시기를 공포 후 6개월에서 공포 후 1년으로 변경한 점 등에서 변경사항이 발생하였다(제291회 국회법제사법위원회 회의록 제6호, 2010. 6. 29, 4면).

명된 사람을 말한다(제2조 제1호).

다음으로 성폭력범죄는 ① 「아동·청소년의 성보호에 관한 법률」 제7조(아동·청소년에 대한 강간·강제추행 등)의 죄, ② 「성폭력범죄의 처벌 등에 관한 특례법」(이하에서는 「성폭력특례법」이라고 한다) 제3조(특수강도강간 등)부터 제12조(통신매체를 이용한 음란행위)까지의 죄 및 제14조(미수범)의 죄(제3조부터 제9조까지의 미수범만을 말한다), ③ 「형법」 제297조(강간)·제298조(강제추행)·제299조(준강간, 준강제추행)·제300조(미수범)·제301조(강간 등 상해·치상)·제301조의2(강간 등 살인·치사)·제302조(미성년자 등에 대한 간음)·제303조(업무상 위력 등에 의한 간음)·제305조(미성년자에 대한 간음, 추행)·제339조(강도강간) 및 제340조(해상강도) 제3항(부녀를 강간한 죄만을 말한다)의 죄, ④ ①부터 ③까지의 죄로서 다른 법률에 따라 가중 처벌되는 죄 등을 말한다(제2조 제2호).

하지만 「성폭력특례법」 제11조(공중 밀집 장소에서의 추행)5) 및 제12조(통신매체를 이용한 음란행위)6)의 경우에도 성충동 약물치료의 대상에 포함시킨 것은 비례성의 원칙에 반한다고 본다. 「성충동약물치료법」에 의하면 「성폭력특례법」 제13조(카메라 등을 이용한 촬영)7)의 경우는 제외되어 있는데, 양자를 비교해 보면 전자의 범죄가 후자의 범죄보다 형벌의 측면에서 경한 것임을 알 수 있다. 그러므로 상대적으로 경미한 성범죄에 해당하는 공중밀집장소추행죄

---

5) 「성폭력특례법」 제11조(공중 밀집 장소에서의 추행) 대중교통수단, 공연·집회 장소, 그 밖에 공중이 밀집하는 장소에서 사람을 추행한 사람은 1년 이하의 징역 또는 300만 원 이하의 벌금에 처한다.

6) 「성폭력특례법」 제12조(통신매체를 이용한 음란행위) 자기 또는 다른 사람의 성적 욕망을 유발하거나 만족시킬 목적으로 전화, 우편, 컴퓨터, 그 밖의 통신매체를 통하여 성적 수치심이나 혐오감을 일으키는 말, 음향, 글, 그림, 영상 또는 물건을 상대방에게 도달하게 한 사람은 2년 이하의 징역 또는 500만 원 이하의 벌금에 처한다.

7) 「성폭력특례법」 제13조(카메라 등을 이용한 촬영) ① 카메라나 그 밖에 이와 유사한 기능을 갖춘 기계장치를 이용하여 성적 욕망 또는 수치심을 유발할 수 있는 다른 사람의 신체를 그 의사에 반하여 촬영하거나 그 촬영물을 반포·판매·임대 또는 공공연하게 전시·상영한 자는 5년 이하의 징역 또는 1천만 원 이하의 벌금에 처한다. ② 영리를 목적으로 제1항의 촬영물을 「정보통신망 이용촉진 및 정보보호 등에 관한 법률」 제2조 제1항 제1호의 정보통신망을 이용하여 유포한 자는 7년 이하의 징역 또는 3천만 원 이하의 벌금에 처한다.

와 통신매체이용음란죄는 대상범죄에서 삭제되는 것이 타당하다. 또한「형법」
제305조의2[8])가 제외되어 있는 것도 문제라고 할 수 있다.「형법」제305조의2
에 해당하는 상습범가중처벌규정은 2010년 4월 15일 신설된 조문인바, 재범위
험성이 농후한 성범죄의 상습범에 대한 적용 제외는 다른 범죄의 적용과 비교
할 때 모순이라고 할 수 있다. 이는 아마도 입법상의 중대한 과오라고 보여 진
다.[9])

2. 성충동 약물치료의 내용 개관

1) 성충동 약물치료의 법적 성격

성충동 약물치료란 비정상적인 성적 충동이나 욕구를 억제하기 위한 조치
로서 성도착증 환자에게 약물 투여 및 심리치료 등의 방법으로 도착적인 성기
능을 일정기간 동안 약화 또는 정상화하는 치료를 말한다(제2조 제3호). 이러
한 성충동 약물치료는 ① 비정상적 성적 충동이나 욕구를 억제하거나 완화하
기 위한 것으로서 의학적으로 알려진 것일 것, ② 과도한[10]) 신체적 부작용을
초래하지 아니할 것, ③ 의학적으로 알려진 방법대로 시행될 것 등의 요건이
모두 충족되어야 시행될 수 있다(제3조).

생각건대 약물치료는 행위자의 특수한 위험성으로 인하여 형벌만으로 그
목적을 달성할 수 없기 때문에 징역형의 선고와는 별도로 부가되는 형사제재

---

8) 「형법」 제305조의2(상습범) 상습으로 제297조부터 제300조까지, 제302조, 제303조 또는
   제305조의 죄를 범한 자는 그 죄에 정한 형의 2분의 1까지 가중한다.

9) 한편 제2조 제2호 라목에 의하면 가목부터 다목까지의 죄로서 '다른' 법률에 따라 가중 처
   벌되는 죄도 그 대상범죄로 하고 있는데, 여기서「형법」 제305조의2는 다른 법률이 아니
   라 다목에 규정되어 있는 법률이므로 라목에 의해서도 대상범죄라고 할 수는 없다.

10) '과도한' 신체적 부작용을 초래하지 않을 것이라는 점을 그 명문의 요건으로 한 것은 어
    느 정도의 신체적 부작용은 감수하겠다는 의미인데, 어느 정도가 감수의 대상이고 어느
    정도가 과도한 것인지에 대한 구체적인 기준이 없다는 점에서 문제라고 할 수 있다.

라는 점, 재범의 위험성을 방지하기 위한 것이라는 점, 행위자의 사회복귀를 위한 것이라는 점 등 때문에 일종의 보안처분으로 평가된다.[11] 또한 성충동 약물치료의 내용에는 약물 투여뿐만 아니라 심리치료 프로그램의 운영 등도 필수적으로 요구된다는 점에서 보안처분적 성격을 띠는 것으로 파악된다.

2) 성폭력 범죄의 특수성 인정 여부

「성충동약물치료법」은 우리 사회의 성범죄가 특이한 사람에 의해서만 발생하는 것이 아니라 평범하고 정상적인 일반인 또는 친족이나 가까운 지인에 의해서 이루어지고 있으며 그 원인은 성도착증과 같은 정신과적 질병이 아니라는 점을 간과할 수 있다.[12] 이는 오히려 성폭력 범죄에 대한 왜곡된 인식을 초래할 가능성이 높은데, 성폭력 범죄의 실상은 비이성적 성욕을 가진 극소수의 사람에 의해서 야기되는 것이 결코 아니다. 오히려 남녀관계에서 성에 대한 왜곡된 의식, 성적 폭력성에 대하여 관대한 사회적 분위기와 같은 사회환경적 요인을 도외시하고 있다는 점이다.[13] 또한 다양한 형태로 나타나고 있는 성범죄는 가해자의 성기 발기 억제나 성욕 저하만으로 예방이 가능한 것이 아니다. 이는 모든 성폭력범죄자가 성충동 약물치료로 인하여 효과를 볼 수는 없다는 평가로 귀결되므로, 효과를 볼 수 있는 범죄자를 선별하는 작업의 중요성을 인식하여야만 한다.

---

11) 같은 견해로는 김희균, "상습적 아동 성폭력범에 대한 화학적 거세도입 가능성에 대한 연구", 『형사법연구』 제21권 제4호(통권 41호), 한국형사법학회, 2009. 12, 279면; 박상기, "소위 화학적 거세와 성폭력범죄자의 성충동 약물치료에 관한 법률의 문제점", 『형사정책연구』 제21권 제3호(통권 제83호), 한국형사정책연구원, 2010. 9, 218면; 황만성, "성폭력 범죄자에 대한 형사제재의 최근 경향과 쟁점", 『한양법학회 2011년도 춘계학술대회 발표문』, 2011. 4. 9, 14면.

12) Patricia Tjaden & Nancy Thoennes, U.S. Dep't of Justice, Extent, Nature And Consequences of Rape Victimization: Findings from The National Violence Against Women Survey 36 fig.14, 23 fig.25, 2006.

13) 박상기, 앞의 논문, 215면.

3) 성충동 약물치료의 비용 및 부작용 문제

일반적으로 성충동 약물치료에 사용되는 약물로 Lucrin depot PDS inj. 3.75mg 또는 Zoladex depot 3.6mg 등이 있다.[14] 이러한 약물들을 4주에 1회씩 주사기를 통하여 투여하게 되는데, 일반수가로 1회 투약에 약 28만 원에 이르고 있다. 상당한 비용의 문제와는 별도로 이러한 성충동 약물치료에 사용되는 약물이 초래할 수 있는 부작용에 대해서도 많은 논란이 있다. 예를 들어 항남성호르몬제는 체중의 증가, 피로, 두통, 체모의 감소, 답답함, 위장의 장애 등을 포함하는 부작용을, MPA(medroxyprogesterone acetate)는 당뇨병, 담석, 혈전증, 암, 심각한 우울상태, 고혈압, 극단적인 체중의 증가, 피로감의 증대 등의 부작용을 일으킬 수도 있는 것으로 보고되고 있다. 따라서 이러한 부작용을 최소화할 수 있는 약물의 개발 및 지속적인 사후관리가 요구된다.[15]

4) 성충동 약물치료의 종료 및 상쇄 문제

성충동 약물치료가 중단될 경우에는 다시 성기능이 회복될 수 있다. 즉 약물치료는 성충동의 감소효과를 가져오지만 약물의 섭취를 중단하는 것에 의해 그 기능을 다시 회복할 수 있으므로 재범의 가능성은 항상 존재하는 것이다. 그러므로 효과적인 심리치료가 병행되지 않을 경우에는 기존의 약물치료가 무의미해 질 수도 있다. 또한 치료감호시설 또는 지정 치료기관에서 성충동 약물치료시술을 받은 후 가정으로 돌아와서 반대작용을 하는 남성호르몬

---

14) 시행령안 제8조 제1항에 의하면 의사가 처방할 약물은 성호르몬의 생성을 억제·감소시키는 약물 또는 성호르몬이 수용체에 결합하는 것을 방해하는 약물 중 법무부장관이 정하여 고시한다고 되어 있다. 하지만 아직까지 상용화할 수 있는 약물의 선정이 이루어져 있지 않다.

15) 성충동 약물치료가 요건에 맞추어 이루어질 수 있도록 전문적·학술적 자문을 위해 법무부에 약물치료 정책자문단을 두고 있으며(시행령안 제2조 제1항), 약물 투여를 할 때에 치료감호시설 또는 지정 치료기관의 의사는 부작용에 대한 검사 및 치료도 함께 실시하여야 한다(시행령안 제12조 제1항).

제 등을 투약할 경우에는 치료의 실효성이 반감될 수 있다는 점에 대한 대책도 필요하다. 이에 따라 치료명령을 받은 사람은 치료기간 중 상쇄약물의 투약 등의 방법으로 치료의 효과를 해하여서는 아니 되며(제15조 제1항), 「성충동약물치료법 시행령안」 제14조(상쇄약물 투약여부 검사 등)에서 보호관찰관은 치료명령을 받은 사람에 대한 치료명령 집행 개시 후 월 1회 이상 호르몬 수치 검사와 상쇄약물 투약여부 검사를 실시하여야 하고, 치료명령을 받은 사람은 검사를 위한 보호관찰관의 소변 등 시료 제출지시에 따라야 한다고 규정하고 있다.

3. 미국의 성충동 약물치료제도의 주요 내용

1) 일반적 논의

미국에서의 chemical castration(화학적 거세 또는 성충동 약물치료)와 physical castration(물리적 거세 또는 수술에 의한 거세)는 1996년 9월 18일 캘리포니아주에서 최초로 시행되었다.[16] 캘리포니아주법에 따르면, 13세 이하의 아동 성폭행범에게 depo provera(싱욕익제제)를 두여할 수 있으며, 만약 재범의 경우에는 처벌을 거부할 수 없다고 규정하였다. 그 이후 각 주별로 재량에 따라 또는 의무적으로 또는 자의적으로 성충동 약물치료나 물리적 거세를 채택하고 있다. 또한 주에 따라 각각의 범죄유형별로 적용범위가 다양할 뿐만 아니라, 피해자의 연령과 재범 여부에 따라서도 채택하고 있는 방법이 다르다. 현재는 캘리포니아와 플로리다에 이어 조지아, 아이오와, 루이지애나, 몬태나, 오리건,

---

16) 당시 캘리포니아 주 의회 의원이었던 Bill Hodge가 기존의 주 「형법」 제645조를 대체하는 법률안 제3369호를 제안하였다. 당시 주 「형법」 제645조는 13세 미만의 여성을 강간한 사람에게 구금형 등에 추가하여 물리적 거세를 법원이 명령할 수 있었으나, 사문화된 상태였었다. 이에 따라 물리적 거세를 대체할 수 있는 유사한 법률을 입법할 것인가가 논의되었고, MPA요법이 물리적 거세와 유사한 효과가 발생한다고 보았다(Avital Stadler, California Injects New Life into an Old Idea: Taking a Shot at Recidivism, Chemical Castration and the Constitution, 46 Emory L.J. 1997, pp.1285-1297).

텍사스, 위스콘신 등 총 9개의 주에서 성충동 약물치료를 허용하고 있다.17) 미국의 성충동 약물치료는 첫째, 일반적으로 성충동 약물치료의 기간이 무제한적이고, 일부 주에서는 물리적 거세를 선택적으로 규정하여 성충동 약물치료에서 벗어나고자 할 경우 이를 이용할 수밖에 없다는 점, 둘째, 캘리포니아 · 플로리다 · 아이오와 · 루이지애나 · 텍사스 등은 성충동 약물치료 이외에 물리적 거세가 규정되어 있다는 점, 셋째, 심리적 치료 프로그램과 관련하여서는 일부 주에서만 시행하고 있고, 루이지애나 주에서만 심리치료 프로그램이 의무사항이고 나머지 주에서는 선택사항이라는 점, 넷째, 미국의 경우 피고인이 성인인 경우에게만 성충동 약물치료를 부과하는데, 연령은 각 주별로 성인의 나이를 18세에서 22세까지 규정하고 있어 주별로 차이가 난다는 점, 다섯째, 성충동 약물치료의 시기는 정상적인 형기 만료 후에는 불가능하고, 오직 가석방의 경우에만 시행한다는 점 등이 특징이다. 이하에서는 각 주별로 규정되어 있는 해당범죄 유형, 피해자의 대상연령, 처벌의 방법, 의무사항 내지 재량사항의 여부, 재정적인 문제 등을 중심으로 논의하고자 한다.

2) 각 주별 규정에 관한 내용

미국의 각 주별 성충동 약물치료제도와 관련된 내용을 살펴보면 다음과 같다. 첫째, 캘리포니아 주에서는 Penal Code § 645에서 castration을 규정하고 있다. 'sodomy(동성 간의 성행위), aiding, abetting sodomy(동성 간의 성행위의 교사), lewd and lascivious act with force(강압적 위협에 의한 성행위), oral copulation(구강성교), aiding, abetting oral copulation(구강성교 행위의 교사), sexual penetration(with a foreign object)[(기타 물건을 이용한) 삽입행위]' 등을 한 자를 대상으로 한다. 이들에 대하여 성충동 약물치료와 (자의에 의한) 물리적 거세 두 가지를 모두 채택하고 있다. 단, 범죄로 인한 피해자가 13세 이하

---

17) Scott, C. and Holmberg, T, "Castration of Sex Offenders: Prisoners' Rights Versus Public Safety", The Journal of the American Academy of Psychiatry and the Law, 31, 2003, pp.503-505.

인 경우에 한한다. 또한 초범의 경우에는 이를 재량사항으로 규정하고 있으나, 재범의 경우에는 의무로 규정한다. 이때의 재정비용은 캘리포니아 주에서 부담하게 된다.[18]

둘째, 플로리다 주는 모든 연령에 대한 'Sexual battery(성폭행)'를 대상[19]으로 규정하고 있고, 성충동 약물치료와 (자의에 의한) 물리적 거세 두 가지를 모두 채택하고 있다. 플로리다 주도 초범의 경우에는 재량사항이지만, 재범의 경우에는 의무로 규정한다. 재정비용은 주 정부에서 부담하며, 불이행의 경우에는 2급 중죄로 처벌된다.[20]

셋째, 조지아 주는 'Child molestation(아동추행), aggravated child molestation (involving physical injury to the child or sodomy)[가중강제추행(아동에게 신체적 상해를 포함하는 성추행행위, 동성 간의 성행위)]'[21] 등에 있어 성충동 약물치료만을 규정하고 있다. 단, 피해자의 연령은 17세 이하일 경우에 한한다. 조지아 주에서는 초범과 재범 모두 재량사항으로 규정하고 있으며, 재정비용 가운데 카운슬링은 범죄인부담, MPA(medroxyprogesterone acetate)[22]의 비용에 관하여는 구체화되어 있지 않다.

넷째, 아이오와 주는 Sexual abuse(성적인 학대), lascivious acts(음탕한 행위), assault with intent(고의적인 폭력), indecent contact(외설적인 접촉), sexual exploitation of minors(청소년성매매) 등의 행위[23]를 대상으로 한다. 단, 피해자의 연령이 13세 이하인 경우에 한한다. 아이오와 주는 성충동 약물치료와 자의에 의한 물리적 거세 두 가지를 모두 채택하고 있다. 초범의 경우 재량사항으로 규정하고 있으며, 재범의 경우에는 의무로 규정하고 있다. 또한 비용부

---

18) Druhm, K. "A welcome return to Draconia: California Penal Law 645, the castration of sex offenders and the constitution", Albany Law Review, 61, 1998, pp.175-199.

19) Fla. Stat. Ann.§794.11, §792.0235

20) Spalding, L. "Florida's 1997 Chemical Castration Law: a Return to the dark age", Florida State University Law Review, 1998, p.120.

21) Ga. Code Ann. § 16-6-4, §42-9-44.2

22) Depo-Provera를 이용하는 성충동 약물치료요법.

23) Iowa Code §903B.10(1)

담에 관하여 'Offender pays reasonable fees(범죄인이 적당한 비용을 부담한다)'
라고 규정하고 있다.[24]

다섯째, 루이지애나 주에서는 aggravated rape(가중강간), simple rape(단순강
간), forcible rape(강제적인 강간), sexual battery(성폭행), oral sexual battery(구강
성폭행), incest(근친상간), aggravated incest(중근친상간)[25] 등에 대한 행위자를
대상으로 한다. 단, 피해자가 13세 이하의 자이거나 피고인이 재범인 경우를
대상으로 한다. 성충동 약물치료와 자의에 의한 물리적 거세를 모두 택하고
있다. 만약 정신과 치료를 동반해야 하는 경우에는 의무로 규정하고 있다. 루
이지애나 주는 범죄인이 치료에 관한 비용을 부담하도록 규정하고 있다.[26] 불
이행의 경우에는 보호관찰 명령 또는 형량을 늘리거나 재산에 관한 몰수가 가
능하다.

여섯째, 몬태나 주는 Sexual assault(성폭행), Sexual intercourse without
consent(동의 없는 성관계), incest(근친상간)[27] 등의 행위에 대해 성충동 약물
치료를 허용하고 있다. 초범의 경우 16세 이하의 피해자를 대상으로 하고 재
범의 경우 모든 연령의 피해자를 대상으로 한다. 초범과 재범 모두 재량사항
으로 규정하고 있으며, 비용은 몬태나 주정부의 부담으로 하고 있다.

일곱째, 오리건 주는 성범죄자에 대하여 매년 40~50명을 시험프로그램으로
서 실시해 오고 있다. 성충동 약물치료만을 허용하고 있으며, 특정약물의 금
지사유가 없는 범죄자에 대하여 의무사항으로 규정하고 있다. 모든 비용은 범
죄인의 부담으로 한다.[28]

여덟째, 텍사스 주에서는 17세 이하의 indecency with a child(아동성추행)와
sexual assault(성폭행)[29] 등에 관하여 물리적 거세만을 규정하고 있다. 초범과

---

24) Iowa Code §903B.10(1), (2), (3), (5)

25) La. Admin. Code tit. 22 §I.336, La. Rev. Stat. Ann. § 15: 538

26) 이는 한 사람당 연간 2,000달러가 넘는 비용이 시간이 지날수록 누적되어 예산에 부담을
　　가져온다는 우려로 인하여 취한 입법형식이다.

27) Mon. Code Ann. § 45-5-512

28) Ore. Rev. Stat. § 144. 625, § 144. 627, §144. 629, § 144. 631

29) Tex. Gov't Code Ann § 501. 061, §508. 226

재범의 경우 모두 자의에 의해 채택되며, 비용은 주정부에서 부담한다.

아홉째, 위스콘신 주에서는 14세 이하를 대상으로 한 aggravated sexual assault(가중성폭행), 13세 이하를 대상으로 한 Sexual assault of a child(아동성폭행)30) 등의 경우를 규정하고 있다. 성충동 약물치료만을 허용하며, 모든 범죄인의 경우 재량사항으로 규정하고 있다.

Ⅲ. 성충동 약물치료제도의 주요 내용 및 문제점

1. 제8조에 의한 약물치료

1) 내용

법원은 검사의 치료명령 청구31)가 이유 있다고 인정하는 때에는 15년의 범위에서 치료기간을 정하여 '판결'로 치료명령을 선고하여야 한다(제8조 제1항). 이 경우에 검사는 치료명령 청구대상자에 대하여 정신과 전문의의 진단이나 감정32)을 받은 후 치료명령을 청구하여야 한다(제4조 제2항). 만약 법원은 피고사건의 심리결과 치료명령을 할 필요가 있다고 인정하는 때에는 검사에게 치료명령의 청구를 요구할 수 있다(제4조 제4항). 한편 치료명령을 선고받은 사람은 치료기간 동안 「보호관찰 등에 관한 법률」에 따른 보호관찰을 받는다(제8조 제2항). 이에 따라 치료명령을 받은 사람은 치료기간 동안 보호관찰 등에 관한 법률 제32조 제2항 각 호(제4호는 제외한다)의 준수사항과 보호

---

30) Wis. Stat. § 304. 06, §908.08

31) 검사는 16세 미만의 사람에 대하여 성폭력범죄를 저지른 성도착증 환자로서 성폭력범죄를 다시 범할 위험성이 있다고 인정되는 19세 이상의 사람에 대하여 약물치료명령을 법원에 청구할 수 있다(제4조 제1항). 또한 치료명령의 청구는 공소가 제기되거나 치료감호가 독립청구된 성폭력범죄사건의 항소심 변론종결 시까지 하여야 한다(제4조 제3항).

32) 정신과 전문의의 진단이나 감정에 필요한 사항은 대통령령으로 정한다(제4조 제6항).

관찰관의 지시에 따라 성실히 약물치료에 응할 것, 보호관찰관의 지시에 따라 정기적으로 호르몬 수치 검사를 받을 것, 보호관찰관의 지시에 따라 인지행동 치료 등 심리치료 프로그램을 성실히 이수할 것 등의 준수사항을 이행하여야 한다(제10조 제1항). 인지행동 치료 등 심리치료 프로그램에 관하여 필요한 사항은 대통령령으로 정한다(제10조 제4항). 또한 법원은 치료명령을 선고하는 경우 「보호관찰 등에 관한 법률」 제32조 제3항 각 호의 준수사항을 부과할 수 있다(제10조 제2항).

2) 문제점

(1) 강제성의 문제

제8조에 의한 약물치료는 대상자 본인의 동의 여부와는 상관없이 강제적인[33] 약물치료를 할 수 있다는 점이 기타의 약물치료와 다른 특징을 가지고 있다.[34] 이는 종래 약물치료제도 도입에 관한 논의의 기본전제에 해당하는 당사자의 사전 동의를 배제한 것으로서 새로운 논란[35]을 불러일으킬 것으로 예상되는데, 다음과 같은 사항이 쟁점으로 파악된다.

첫째, 신체의 처분과 관련된 자기결정권이 침해된다. 치료행위가 정당성을 가지기 위해서는 충분한 설명에 근거한 당사자의 동의가 필수적인 것인데[36],

---

33) 제35조(벌칙) ① 이 법에 따른 약물치료를 받아야 하는 사람이 도주하거나 정당한 사유 없이 제15조 제1항의 의무를 위반한 때에는 7년 이하의 징역 또는 2천만 원 이하의 벌금에 처한다. ② 이 법에 따른 약물치료를 받아야 하는 사람이 정당한 사유 없이 제10조 제1항 각 호의 준수사항을 위반한 때에는 3년 이하의 징역 또는 1천만 원 이하의 벌금에 처한다. ③ 이 법에 따른 약물치료를 받아야 하는 사람이 정당한 사유 없이 제10조 제2항에 따른 준수사항을 위반한 때에는 1천만 원 이하의 벌금에 처한다.

34) 본인 동의의 생략에 대하여 회의적인 시각으로는 김희균, 앞의 논문, 284면; 박상기, 앞의 논문, 216면; 황만성, 앞의 논문, 13면. 한편 강제적 약물치료를 인정하고 있는 대표적인 외국의 입법례로는 폴란드의 2009년도 법을 들 수 있다("Poland Okays Forcible Castration Debate", Reuters, 2009. 10. 26).

35) 입법과정에서는 치료명령이 헌법의 한계 내에 있다고 하더라도 그 실행 과정에서 인권침해나 실효성 등에 대해서는 논란이 있을 수 있다는 지적이 있었다(제278회 국회법제사법위원회 회의록 제19호 6면, 2008. 11. 20). 하지만 치료명령이 헌법의 한계 내에 있다고 한 표현은 당시 논의에서 당사자의 동의를 전제로 한 것이었다.

제8조에 의한 약물치료는 이를 위반하는 것이다. 즉 신체의 직접적인 침해를 수반하는 행위에 대하여 당사자의 의사를 무시한 치료행위는 아무리 범죄예방의 목적을 관철시킨다고 하더라도 결코 용납될 수 없는 행위이다. 더 나아가 치료라는 미명하에 이루어지는 강제적 치료명령은 단순히 신체의 자유에 대한 제한의 문제가 아니라 특정한 치료를 거부할 수 있는 권리에 관한 문제로도 이해된다. 신체의 자유에 대한 제한과는 달리 치료거부의 권리는 인간의 존엄성에서 유래하는 자기결정권에 속하며 이러한 권리는 본질적인 권리로서 법률에 의하여도 침해될 수 없는 인간존엄의 핵심적 사항이기 때문에 그 어떠한 경우에도 정당화될 수 없다.37) 또한 현행법상 인정될 수 없는 신체형에 해당한다.38)

둘째, 성행위의 자유와 관련된 자기결정권이 침해된다. 이는 「헌법」 제10조의 인격권 또는 「헌법」 제17조의 사생활의 자유에서 도출되는 기본권을 제한하는 것인데,39) 제한의 정당성 여부를 판단해야 할 것이다. 자발적인 동의를 전제로 한 일시적인 제한은 헌법적으로 용인될 수 있을지 몰라도, 자발적인 동의를 전제로 하지 않는 제한은 기본권 제한의 한계를 일탈한 것으로 파악된다. 또한 성충동 약물치료대상자가 유부남일 경우 상대 배우자가 가지고 있는 성행위의 자유에 대한 제한도 문제될 수 있을 것이다.

(2) 심리치료 프로그램과의 연계문제

약물치료만으로는 특정성범죄자의 재범위험성을 억제하는 데 한계가 있기

---

36) 황성기, "상습적 성범죄 예방수단으로서의 거세에 관한 헌법적 고찰", 『공법학연구』 제9권 제3호, 한국비교공법학회, 2008. 8, 134면.

37) 황만성, 앞의 논문, 15면.

38) 신체형 금지 원칙의 측면에서 볼 때 외과적 거세(orchidectomy; 고환적출수술)는 절대 불가능하다고 보아야 한다. 외과적 거세의 경우에는 분명히 성적 충동을 감소시켜 성범죄의 재범률을 감소시킬 수는 있지만 유효한 동의를 얻을 수 있을지가 의문이라는 점, 유효한 동의를 하더라도 장래의 범죄를 방지하기 위하여 물리적으로 철회할 수 없는 피해를 입히는 것이 인정될 수 없다는 점 등에서 인정될 수 없는 제도라고 할 수 있다.

39) 황만성 교수는 한 걸음 더 나아가 '건전한 가족제도'의 침해가능성도 내포하고 있다고 한다(황만성, 앞의 논문, 15면).

때문에 심리치료 프로그램[40]과의 연계는 필수적으로 요구된다. 성범죄자에 대한 치료적인 관점에서의 접근 중 약물치료가 외적인 접근이라면, 심리치료 프로그램은 내적인 접근에 해당하기 때문이다. 즉 성충동 약물치료는 오직 육체적 문제만 통제할 뿐, 정신적 문제는 치료할 수 없다는 점을 인식하여야 하는데,[41] 이러한 점에서 심리치료 프로그램의 원활한 운영이 중요하다고 하겠다. 비교법적으로 살펴보았을 때에도 약물치료만을 단독으로 실시하는 국가는 거의 없으며, 인지행동요법 등에 근거한 그룹치료 또는 개인치료 등의 심리학적 처우를 병행하고 있다. 하지만 우리나라의 경우에는 현재 인지행동요법에 근거한 심리적 처우 프로그램이 확립되어 있다고 볼 수 없는 실정이다. 성충동 약물치료제도의 성공적인 운영을 위해서 심리치료프로그램의 내실화가 시급한 문제로 부각되고 있는 것이다.

(3) 재범위험성 판단시점의 문제

성충동 약물치료명령 청구사건의 판결은 피고사건의 판결과 동시에 선고하여야 한다(제8조 제4항). 즉 제8조에 의한 약물치료의 경우 판사는 징역형의 판결 선고와 동시에 약물치료명령을 하게 되는데, 과연 판결확정시에 대상자의 재범위험성이 제대로 판단될 수 있을 것인가에 대하여 의문이 제기된다. 징역 1~2년이 아니라 10~15년의 형을 복역한 후 그 사람이 다시 재범할 수 있을 것인가 하는 것을 판단하는 것은 상당히 어렵다. 전문가의 감정의견을 참작할 수밖에 없는데, 과연 전문가의 감정이 정확한 것인지에 대한 회의적인 시각 또한 상당하다. 이러한 이유 때문에 국회의 논의과정에서도 상당수의 질의가 재범위험성 판단시점의 실효성에 대한 것이었다.[42] 출소 직전 6개월 정도에 가서 다시 법원이 결정하는 방식의 도입이 요구된다고 하겠는데, 이에

---

40) 심리치료 프로그램의 개괄적인 고찰에 대해서는 박상열, "성범죄자처우의 새로운 동향과 그 과제", 『형사법의 신동향』 제24호, 대검찰청, 2010. 2, 363-371면 참조.

41) 표창원, "아동성범죄 방지를 위한 형사정책적 대안 모색", 『형사정책』 제21권 제2호, 한국형사정책학회, 2009. 12, 25면.

42) "제291회 국회법제사법위원회 회의록" 제6호, 2010. 6. 29, 5-9면.

따라 당시 법률안 제22조의 '치료명령이 청구되지 아니하여' 부분을 '검사는 16세 미만의 사람에 대하여 성폭력범죄를 저질러 징역형 이상의 형이 확정되었으나 제8조 제1항에 따른 치료명령이 선고되지 아니한 수형자'로 수정한 것이다. 즉 상당기간 후에 출소가 예정된 자에 대하여 치료명령이 청구되어 재범위험성 판단이 곤란할 경우에는 일단 기각을 하고, 이후에 다시 판단하겠다는 취지이다.

한편 제8조에 의한 약물치료명령은 교도소 내에서의 여러 가지 치유프로그램에 대한 신뢰를 무시하는 것이 전제된 것이기도 하다. 교도소에서 수년 또는 수십 년간 교화시키고 행형을 했음에도 불구하고 그 사람에 대해서 교정을 잘못해서 치료명령에 의존할 수밖에 없다고 한다면 현재의 교도소 운영에 심각한 문제점이 있다는 것을 자인하는 것이다.

(4) 초범자에 대한 치료명령 부과의 문제

재범자에 대한 치료명령에 대해서도 문제점이 지적되고 있는 상황에서 초범자까지 재범위험성을 전제로 한 치료명령은 과도한 규제라는 지적이 있을 수 있다. 미국의 경우에는 초범자의 경우 약물치료가 재량사항으로 되어 있는 바, 우리나라도 이러한 점에 대한 재고의 필요가 있다고 본다.

(5) 심신상실자에 대한 치료명령 부과의 문제

법원은 치료명령 청구가 이유 없다고 인정하는 때, 피고사건에 대하여 무죄(심신상실을 이유로 치료감호가 선고된 경우는 제외한다) · 면소 · 공소기각의 판결 또는 결정을 선고하는 때, 피고사건에 대하여 벌금형을 선고하는 때, 피고사건에 대하여 선고를 유예하거나 집행유예를 선고하는 때 중 어느 하나에 해당하는 때에는 판결로 치료명령 청구를 기각하여야 한다(제8조 제3항). 이 중 문제가 되는 부분은 심신상실자에 대한 치료명령의 부과인데, 이러한 자들에게 의무적인 심리치료 프로그램의 시행 등의 부가조치들이 실효성을 담보할 수 있을지가 미지수이다.

2. 제22조에 의한 약물치료

1) 내용

검사는 16세 미만의 사람에 대하여 성폭력범죄를 저질러 징역형 이상의 형이 확정되었으나 제8조 제1항에 따른 치료명령이 선고되지 아니한 수형자 중 성도착증 환자로서 성폭력범죄를 다시 범할 위험성이 있다고 인정되고 약물치료를 받는 것을 동의하는 사람에 대하여 그의 주거지 또는 현재지를 관할하는 지방법원에 치료명령을 청구할 수 있다(제22조 제1항). 이 경우 교도소·구치소의 장은 「형법」 제72조 제1항의 가석방 요건을 갖춘 성폭력 수형자에 대하여 약물치료의 내용, 방법, 절차, 효과, 부작용, 비용부담 등에 관하여 충분히 설명하고 동의 여부를 확인하여야 하며(제22조 제2항 제1호), 성폭력 수형자가 약물치료에 동의한 경우 수용시설의 장은 지체 없이 수용시설의 소재지를 관할하는 지방검찰청의 검사에게 인적사항과 교정성적 등 필요한 사항을 통보하여야 한다(제22조 제2항 제2호). 검사는 소속 검찰청 소재지 또는 성폭력 수형자의 주소를 관할하는 보호관찰소의 장에게 성폭력 수형자에 대하여 제5조 제1항에 따른 조사를 요청할 수 있다(제22조 제2항 제3호). 이 경우 보호관찰소의 장은 요청을 접수한 날부터 2개월 이내에 제5조 제3항의 조사보고서를 제출하여야 한다(제22조 제2항 제4호). 법원은 치료명령 청구가 이유 있다고 인정하는 때에는 '결정'43)으로 치료명령을 고지하고 치료명령을 받은 사람에게 준수사항 기재서면을 송부하여야 한다(제22조 제2항 제6호). 동 결정에 따른 치료기간은 15년을 초과할 수 없다(제22조 제3항).

수용시설의 장은 결정이 확정된 성폭력 수형자에 대하여 법무부령으로 정하는 바에 따라 「형의 집행 및 수용자의 처우에 관한 법률」 제119조의 가석방심사위원회에 가석방 적격심사를 신청하여야 하고, 이 경우 가석방심사위원

---

43) 동 결정에 영향을 미칠 법령위반이 있거나 중대한 사실오인이 있는 경우 또는 처분이 현저히 부당한 경우의 어느 하나에 해당하면 결정을 고지받은 날부터 7일 이내에 검사, 성폭력 수형자 본인 또는 그 법정대리인은 고등법원에 항고할 수 있다(제22조 제5항).

회는 성폭력 수형자의 가석방 적격심사를 할 때에는 치료명령이 결정된 사실을 고려하여야 한다(제23조).

한편 제22조에 해당하는 치료명령의 결정을 받은 사람은 치료기간 동안 치료비용을 부담하여야 한다. 다만, 치료비용을 부담할 경제력이 없는 사람의 경우에는 국가가 비용을 부담할 수 있는데, 비용부담에 관하여 필요한 사항은 대통령령으로 정한다(제24조).

2) 문제점

(1) 자발적 동의의 문제점

제22조에 의한 약물치료는 가석방의 가능성이 있는 수형자가 본인의 동의 하에 법원의 결정으로 치료명령을 받은 경우 가석방 시 긍정적인 요소로 고려되도록 하고 있다. 물론 약물치료의 동의가 없더라도 가석방에서 당연히 배제되는 것은 아니기 때문에 형식적으로는 동의가 가석방의 요건으로 작용하고 있지는 않지만 실질적으로 보면 동의 내지 동의의 거부가 자유롭게 이루어질지는 미지수이다. 왜냐하면 가석방심사위원회는 성폭력 수형자의 가석방 적격심사를 할 때 치료명령이 결정된 사실을 고려하여야 한다고 규정하여 동의에 기한 치료명령의 결정에 대하여 가석방의 임의적인 고려사항이 아닌 필수적인 고려사항으로 하고 있기 때문이다. 이러한 운영방식은 다음과 같은 점에서 문제될 수 있다.

첫째, 가석방의 가능성이 있는 자는 조기의 사회복귀를 위하여 형식적인 동의를 할 가능성이 높다. 진정으로 치료를 받을 의사가 없이 단지 수형생활에서 벗어나고자 하는 목적으로 동의를 하게 된다면 필수적으로 병행되는 심리치료 프로그램의 효과가 현저히 떨어질 것이다.

둘째, 동의가 가석방 결정의 필요적인 조건은 아니라고 하지만, 동일한 유형의 성범죄자 가운데 동의를 한 자와 동의를 하지 않은 자가 있다고 가정한다면, 전자의 경우에 가석방의 가능성이 훨씬 높게 나올 수 있다. 실무에서 가석방을 폭넓게 인정하지 않는 경향에 비추어 볼 때 이러한 가능성은 배가된다. 교정시설에서는 약물치료의 동의 여부가 수형자의 가석방시기판단과 직접적으로 관계되므로 실질적으로 동의가 강제될 수밖에 없다.

(2) 가석방요건 연계의 문제점

가석방은 기본적으로 행형성적이 양호하고 사회복귀가 조기에 가능한 자를 대상으로 심사가 되어 적격여부를 판단하는데, 재범위험성이 인정되는 자로 판단되는 자에게 약물치료를 명하면서 가석방하는 것은 논리적으로 모순이다. 성범죄자를 석방시키면서 치료명령을 부과하는 것보다는 오히려 이들을 계속 수용하거나 치료감호를 계속하는 것이 보다 효율적인 법집행이다.44) 아동 성범죄자에 대하여 가석방 시 약물치료가 고려되는 경우는 가석방이 가능하다는 결론을 내린 상태에서 전자감시를 집행하고, 보호관찰을 실시하는데도 불구하고 도저히 마음이 놓이지 않는 경우이다.

(3) 이중처벌의 문제점

결정의 형식으로 형사처벌과 함께 치료명령을 부과하는 것은 헌법상의 이중처벌금지원칙에 위배될 수 있다. 이중처벌금지원칙이란 실체판결이 확정되어 판결의 기판력이 발생하면, 그 후 동일 사건에 대해서는 거듭 심판하는 것이 허용되지 않는 원칙을 말한다. 이중처벌에서 말하는 처벌은 형벌뿐만 아니라 형벌과 유사한 성격을 지니고 있는 성충동 약물치료도 이에 포함된다고 해석하는 것이 동 원칙을 실질적으로 해석하는 것이다.45)

---

44) 박상기, 앞의 논문, 217면. 이에 대하여 가석방심사위원회가 전문가들의 도움으로 과학적으로 분류한 결과 호르몬의 과잉이 문제된다는 결론을 내릴 때, 약물치료가 가능하다는 견해(김희균, 앞의 논문, 287면)도 있다. 김희균 교수에 의하면 약물치료는 부작용도 있을 수 있고, 일부 범죄자에게만 효과가 있는 치료방법이기 때문에 분명히 한계는 있다. 그럼에도 약물치료가 부득이하게 필요한 경우가 있는데, 아동에 대한 상습적 성폭력범이 형기를 마치고 나가는데, 기존의 전자감시제도로는 안심이 되지 않는 경우라고 한다. 이때 범죄자는 처벌의 대상이 아닌 치료의 대상으로 바뀌게 되는 것이다.

45) 이에 대하여 이중처벌금지 원칙에 반하지 않는다는 견해로 설민수, "아동 대상 성폭력범죄자에 대한 성충동약물치료의 실효성과 합헌성 그리고 그 한계", 『법조』 제59권 제10호

(4) 소급적용의 문제점

제8조에 의한 치료명령청구는 이 법 시행 전에 저지른 성폭력범죄에 대하여도 적용한다(부칙 제1조 제2항)고 하여 이른바 '재판시법'을 규정하고 있다. 하지만 이보다 더 심각한 문제는 부칙 제1조 제3항에서 '제22조 및 제25조에 따른 치료명령은 성폭력범죄를 저질러 이 법 시행 당시 형의 집행 또는 치료감호 · 보호감호의 집행 중에 있는 성도착증 환자에 대하여도 적용한다'고 하여 이른바 '형집행시법주의'를 취하여 소급적용한 것이다. 진정소급입법이 허용되기 위해서는 엄격한 요건이 필요한데, 과연 아동대상 성범죄의 억제와 예방이라는 공공의 이익이 유죄의 확정판결을 받은 수형자 등이 누리는 법적 신뢰보다 월등히 우선시되는지는 의문이다. 이는 최근의 성범죄자에 대한 형사제재의 남발현상 속에 모든 경우의 법적 조치가 소급효를 인정하는 추세와 관련이 있는데,[46] 이러한 형태의 입법은 실질적인 의미의 죄형법정주의의 정신에 위배된다고 본다.

3. 제25조에 의한 약물치료

1) 내용

「치료감호법」 제37조에 따른 치료감호심의위원회는 성폭력범죄자 중 성도착증 환자로서 치료감호의 집행 중 가종료 또는 치료위탁되는 피치료감호자나 보호감호의 집행 중 가출소되는 피보호감호자에 대하여 보호관찰 기간의 범위에서 치료명령을 부과할 수 있다(제25조 제1항). 치료감호심의위원회는

(통권 제649호), 법조협회, 2010. 10, 56-59면; 황성기, 앞의 논문, 136면.

46) 최근의 성범죄에 대한 입법과 관련하여 소급효의 문제점에 대한 보다 자세한 지적으로는 박찬걸, "아동대상 강력범죄 방지를 위한 최근의 입법에 대한 검토", 『소년보호연구』 제14호, 한국소년정책학회, 2010. 6, 161면 이하; 박찬걸, "전자감시제도의 소급적용에 관한 비판적 검토", 『교정학 반세기』(허주욱 교수기념논문집), 한국교정학회, 2010. 9, 241면 이하; 박찬걸, "특정 성범죄자의 신상정보 활용제도의 문제점과 개선방안", 『법학논총』 제27집 제4호, 한양대학교 법학연구소, 2010. 12, 99면 이하.

치료명령을 부과하는 결정을 할 경우에는 결정일 전 6개월 이내에 실시한 정신과 전문의의 진단 또는 감정 결과를 반드시 참작하여야 하고(동조 제2항), 즉시 가종료자 등의 주거지를 관할하는 보호관찰소의 장에게 통보하여야 한다(동조 제3항). 또한 치료감호심의위원회는 치료기간의 범위에서 준수기간을 정하여 「보호관찰 등에 관한 법률」 제32조 제3항 각 호의 준수사항 중 하나 이상을 부과할 수 있다(제26조).

2) 문제점

(1) 과잉처벌의 문제점

아동을 대상으로 성범죄를 저지른 자는 현행법에 의하면 수십 가지의 형사 제재가 부과된다. 즉 하나의 형벌에 수십 가지의 보안처분이 부과되고 있는 형상이다. 특정 성범죄자의 경우 중한 징역형의 부과, 신상정보의 공개·등록·고지, 위치추적 전자감시, 치료감호, 보호관찰, 수강명령 등과 더불어 이제는 성충동 약물치료까지도 행할 수 있게 되었다. 이러한 보안처분은 장래에 대한 예방적 성격에서 부과되는 제재인데, 그 핵심적인 표지는 재범위험성에 있다. 문제는 형벌과 구별되는 보안처분임에도 불구하고 형의 양정에서 재범위험성이 고려되는 현상이라고 할 수 있다. 이는 이중평가금지의 원칙에 위배되는 것으로, 만약 재범위험성이 형량 결정 시 고려되었다면 보안처분 결정 시에도 이러한 점이 반영되어야 하겠다. 한편 검사가 치료감호의 청구와 동시에 약물치료명령을 청구하는 것은 치료감호의 효과를 부정하는 것이 전제되어야만 가능하다.

(2) 치료명령 부과 주체의 문제점

법원이 아닌 치료감호심의위원회라는 행정기관이 치료명령을 부과하는 것이 문제될 수 있다. 부과의 대상이 신체훼손적 성질을 가지고 있는 성충동 약물치료명령이라는 점에서 그 심각성이 배가된다. 즉 약물치료는 대상자의 생리적 기능의 손상을 가져오는데, 이러한 침해행위를 수반하는 명령을 사법부가 아닌 법집행기관이 교정처우로서 직접적으로 부과할 수 있는지의 타당성에 의문이 제기된다. 다만 성충동 약물치료의 종료 여부에 대한 결정권 및 성충동 약물치료에 대한 관리·감독권을 치료감호심의위원회가 행사하는 것은 가능하다고 본다.47)

Ⅳ. 성충동 약물치료제도의 개선방안

1. 심리적 치료 프로그램과의 효과적인 연계

「성충동약물치료법」에 명시되어 있는 바와 같이 성충동 약물치료는 약물치료뿐만 아니라 심리치료 프로그램의 병행이 필수적으로 요구된다. 오히려 약물치료보다는 심리치료 프로그램의 운영이 동 제도의 성과를 좌우한다고도 볼 수 있다. 그러므로 재범 방지에 더욱 효과적인 교정 프로그램이 활성되어야 하는데, 수감 기간 동안 성범죄자의 성격장애 등을 완화하거나 제거하기 위한 종합적·의무적·전문적인 교육 및 치료 프로그램이 개빌되어야 한나. 충분한 교육시간의 확보, 새로운 재범 방지 프로그램의 개발, 전문가의 양성 등도 병행되어야 한다. 「성충동약물치료법 시행령안」 제6조(인지행동 치료 등 심리치료 프로그램) 제1항에 의하면 심리치료 프로그램은 1. 인지왜곡과 일탈적 성적기호의 수정, 2. 치료동기의 향상, 3. 피해자에 대한 공감능력 증진, 4. 사회적응능력 배양, 5. 재발방지, 6. 그 밖에 성폭력 재범예방을 위해 필요한 사항 등의 내용을 포함하여야 하고, 심리치료 프로그램은 약물치료 기간 동안 월 1회 이상48) 실시되어야 한다. 심리치료 프로그램의 내실화를 위하여 매뉴

---

47) 이와 관련하여 헌법재판소는 치료감호의 종료 여부를 사회보호위원회가 결정할 수 있는 권한에 대하여 적법절차에 위배된다고 볼 수 없다고 판시하였다(헌법재판소 2005. 2. 3. 선고 2003헌바1 결정).

48) 하지만 구체적인 교육시간은 나타나 있지 않은데, 적어도 8시간 이상은 되어야 한다고 본다.

얼의 개발이 이루어져야 하며, 이를 교육하는 전문가의 확보도 시급히 이루어
져야 하겠다.

2. 재범위험성에 대한 필수적인 중간심사 도입

재범위험성의 판단시기에 대하여 판결선고 시라고 보는 것이 판례의 입
장49)이다. 일반적으로 성폭력범죄의 재범의 위험성 유무는 피고인의 직업과
환경, 당해 범행 이전의 행적, 그 범행의 동기, 수단, 범행 후의 정황, 개전의
정 등 여러 사정을 종합적으로 평가하여 객관적으로 판단하여야 하고, 이러한
판단은 장래에 대한 가정적 판단이므로 판결 시를 기준으로 하여야 한다. 이
와 같이 재범위험성의 판단을 행위 시가 아니라 판결 시를 기준으로 하는 것
은 상대적으로 바람직한 태도이지만 절대적인 기준이 될 수는 없다. 형벌을
종료하고 추가적인 사후감독을 받는 경우에도 판결 시의 재범위험성 판단을
근거로 제재를 집행하는 것이 사후감독의 실효성을 위해 합리적인 것인지는
의문이기 때문이다.50) 특히 약물치료의 대상자에 해당하는 범죄인은 대체적
으로 중범죄에 해당하는 유형에 속하기 때문에 형기가 장기인 경우가 대부분
일 것이다. 예를 들면 13세 미만의 아동에 대하여 성폭력범죄를 저지른 경우
에는 법정형의 최하한이 징역 10년이며, 19세 미만의 청소년에 대하여 성폭력
범죄를 저지른 경우에는 법정형의 최하한이 징역 5년인 것이다.

장기간의 형집행 도중에 판결 시에 보였던 재범위험성이 사라지거나 감쇄
될 수도 있고, 반대로 판결 시에 보이지 않았던 재범위험성이 나타날 수도 있
는 상황을 가정하지 않을 수 없다. 이와 같이 재범위험성에 대한 변화된 모습
이 발견될 경우를 대비하여 형집행 종료시점에 즈음하여 다시 한번 재범위험
성에 대한 판단을 '필수적으로' 거쳐야 하겠다. 비록 현행법에 의해서도 이러

---

49) 대법원 2010. 12. 9. 선고 2010도7410, 2010전도44 판결; 대법원 2004. 6. 24. 선고
2004감도28 판결 등.

50) 김혜정, "성폭력범죄자 출소 후 감독제도 효율화 방안", 『형사정책연구』 제19권 제2호(통
권 제74호), 한국형사정책연구원, 2008. 6, 151면; 설민수, 앞의 논문, 44면.

한 판단을 할 수 있도록 되어 있기는 하지만 임의적인 사항이기 때문에 모든 경우에 적용되지 않을 개연성이 있다. 따라서 재범위험성에 대한 중간심사를 필수적으로 할 수 있도록 하는 법개정이 이루어져야 한다고 본다.

3. 소급효금지의 원칙 관철

성범죄에 대한 최근 입법의 가장 큰 특징으로 소급효를 인정하고 있다는 점을 들 수 있다. 2000년도에 도입된 신상정보공개제도의 경우 법 제정 이후의 성범죄에 국한해서 적용되던 것과 상당히 대조적인 현상이다. 「성충동약물치료법」도 재판시법주의 내지 형집행시법주의 등을 통하여 소급효를 인정하고 있는데, 행위 당시에 존재하지 않은 법률을 통하여 사후에 행위자에게 새로운 부담을 지우는 작금의 행태는 개선되어야 한다고 본다.

4. 국가에 의한 비용부담

미국의 경우에 있어서도 성충동 약물치료를 위한 재정적 부담이 많은 주에서의 확대시행을 어렵게 하는 요인으로 작용하고 있을 정도로 비용부담은 제도의 시행에 있어서 선결되어야 할 과제에 속한다. 우리나라의 경우 제22조에 의한 약물치료의 경우에 있어서는 그 비용을 대상자가 부담하도록 하는 것을 원칙으로 규정하고 있는 것도 재정부담에서 연유한다고 볼 수 있다. 이에 따라 제22조에 의한 치료명령의 결정을 받은 사람에 대하여 보호관찰관은 매 치료행위마다 금액을 특정하여 서면으로써 치료비용의 납부를 명하여야 하며, 치료명령을 받은 사람은 치료비용 납부를 명하는 서면을 받은 날부터 30일 이내에 보호관찰관에게 치료비용을 납부하여야 한다(「성충동약물치료법 시행령안」 제29조 제1항, 제2항). 만약 치료명령을 받은 사람이 치료비용을 부담할 경제력이 없는 경우에는 치료비용 납부를 명하는 서면을 받았을 때마다 보호관찰관에게 1. 치료비용 국가 부담 신청서, 2. 소득금액 증명서 또는 소득이 없어 소득신고를 하지 않은 경우에는 그 사실을 확인할 수 있는 자료, 3. 재산세 납부증명서, 4. 「국민기초생활보장법」에 따른 수급권자인 경우 그 사실을 확인할 수 있는 자료, 5. 그 밖에 일정한 수입원이나 재산이 없음을 확인할 수 있는 자료 등을 제출하여 치료비용 국가 부담 결정을 받아야 하며(동 시행령안 제29조 제3항), 보호관찰관이 치료명령을 받은 사람에 대하여 치료비용 국가 부담 결정을 한 때에는 매 치료행위마다 예산으로써 비용의 전부를 지급하여야 한다(동 시행령안 제29조 제6항).

하지만 치료명령을 받은 사람에게 그 비용을 전가하는 것은 바람직하지 못하다. 이러한 운용방식이 인정된다면 제8조에 의한 치료명령제도가 형해화될 가능성이 크기 때문이다. 즉 판결 당시에 피고인에게 성충동 약물치료명령을 할 경우에는 그 비용을 국가가 부담하기 때문에 재정적인 측면을 고려하여 판결 당시에 치료명령을 부과하지 않고 형 집행 도중에 부가하는 형식인 제22조에 의한 치료명령제도의 이용이라는 편법적인 수단이 동원될 것이다. 또한 다른 두 가지 형태의 치료명령을 받는 자 사이와의 관계에서 형평성이 문제될 수도 있다. 그러므로 치료비용을 대상자에게 부담 지우는 형식은 탈피되어야 한다고 본다.

5. 가석방조건의 엄격심사

가석방과 연계된 성충동 약물치료는 양 제도의 모순적인 성격으로 인하여 그 심사를 엄격하게 해야만 한다. 만약 성충동 약물치료에 동의한 자는 가석방이 보다 쉽게 인정된다는 공식이 성립하게 된다면 가석방 심사 대상자 중 성폭력 범죄자는 형식적이고 자동적으로 약물치료에 동의하는 서류를 제출할 것이다. 이는 진정한 의미에 있어서의 동의가 아님이 자명하다. 따라서 가석방심사위원회는 가석방심사대상자 중 약물치료에 동의한 자의 진정한 의사를 확인하기 위하여 보다 철저한 심사를 거쳐야 할 것이다. 그리하여 진정한 동의로 판단이 되지 않는 경우에 있어서는 가석방에서 과감히 제외시킴으로써 미연에 부진정한 동의를 예방할 수 있을 것이다.

6. 사전 동의의 요구

성충동 약물치료명령은 신체 기능의 일부를 일시적으로 불능화하는 조치이므로 그 조치의 목적 및 효과와 부작용에 대해서 정확한 이해를 수반한 자유의사에 기한 동의가 필수적으로 요구된다고 하겠다. 특히 대상자의 동의는 적극적인 참여를 유도해서 효과를 최대화하는 방안 가운데 하나이다.[51] 하지만 제8조에 의한 약물치료는 동의와 무관하게 강제적으로 시행된다는 문제점이 있다. 이와 같이 성범죄자에 대한 강력한 제재는 당장은 효과가 있어 보일지는 모르지만 재범방지에는 징벌적 성격의 처분이 능사가 아니라는 점을 명심해야 한다. 「성충동약물치료법」의 제안 당시에는 당사자의 동의를 전제로 한 제도를 중심으로 논의가 진행되었던 점을 상기하면 현행법의 태도는 위헌의 소지까지 불러일으킬 수 있는 큰 문제점을 지니고 있다. 그러므로 제8조에 의한 약물치료제도의 시행에 있어서 당사자의 동의를 요구하는 것이 바람직한 것이라고 하겠다. 모든 경우에 있어서 당사자의 동의를 요건으로 하는 것이 타당하지 않는다고 한다면 적어도 초범의 경우만이라도 강제적인 치료명령의 부과는 지양되어야 할 것이다.

V. 글을 마치며

지난 2011년 2월 1일 국회 보건복지위원회 소속 한나라당 신상진 의원은 "최근 아동을 대상으로 한 성폭력 범죄가 지속되면서 국민적 인내심은 극에 달하고 있고 국가차원의 가장 확실한 대책이 요구되고 있다. 작년에 국회에서 약물을 이용한 성충동 억제에 관한 법률이 통과됐지만 약물치료가 갖고 있는

---

51) 김희균, 앞의 논문, 281면.

약물 내성과 부작용, 치료단절에 따른 강한 충동력 발생 등 여러 가지 문제점이 지적되고 있다"고 밝히면서, 아동 성폭력을 예방하기 위한 특단의 조치로 외과적 치료(물리적 거세) 도입을 골자로 하는 「아동 성폭력범죄자의 외과적 치료에 관한 법률안」과 「형법」 개정안을 대표발의 하였다.[52] 이는 성충동 약물치료제도가 여러 가지 문제점을 가지고 있으니 동 제도의 보완책으로 물리적 거세를 도입하자는 것인데, 너무나도 근시안적 발상이라고 하지 않을 수 없다. 물리적 거세에서 나타나는 문제점은 성충동 약물치료제도에서 제기되는 문제점보다 그 정도가 더 심각함에도 불구하고 후자가 시행되기도 전에 전자의 제도를 주장하는 것은 최근 형사정책의 악질적인 경향이라고 할 수 있는 중형주의와 대중에 대한 인기영합주의의 발상에 불과하기 때문이다. 국가가 국민에게 행사할 수 있는 가장 강력한 권한이라고 할 수 있는 형사제재는 다른 어떠한 조치보다도 신중에 신중을 기하여야만 한다. '가장 확실한 대책'을 마련하기에 앞서 '가장 신중한 대책'이 전제되어야만 그 형사제재의 정당성과 효율성을 배가시킬 수 있다. 이러한 점에서 2011년 7월부터 시행될 예정인 성충동 약물치료제도에 대해서도 다각적인 관점에서의 재검토가 요구된다고 하겠다. 제정된 법률은 항상 개정의 대상이 되기 마련이고, 개정의 폭은 동 법률이 인권침해적인 요소를 내포하는 정도에 상응하는 만큼, 「성충동약물치료법」은 대폭적인 개정의 대상으로서 계속적인 검토를 하여야 할 것이다.

---

52) http://www.fnnews.com/view?ra=Sent0801m_View&corp=fnnews&arcid=000009222167
  23&cDate-Year=2011&cDateMonth=02&cDateDay=01(2011. 4. 20. 검색)

제10장 특정 성범죄자의 신상정보 활용제도의 문제점과 개선방안

-성범죄자 등록·고지·공개제도를 중심으로-

Ⅰ. 문제의 제기

2010. 7. 23. 법률 제10391호로 일부개정(제19차 개정)되어 2010. 8. 23.부터 시행되고 있는 「아동·청소년의 성보호에 관한 법률」(이하에서는 「청소년성보호법」1)이라고 한다) 제5장에서는 '아동·청소년대상 성범죄로 유죄판결이 확정된 자의 신상정보 등록 및 공개와 취업제한 등'이라는 제목으로 제33조 내지 제47조에서 신상정보 등록·고지·공개제도2)를 각각 규정하고 있다. 이는 (구) 「청소년성보호법」에서 제기된 여러 가지 문제점과 헌법재판소의 위헌 의견 등을 상당부분 보완한 입법으로 평가된다. 청소년을 대상으로 하는 성범죄의 대책이 최근 많이 부각되고 있는데, 이 가운데 신상정보 공개제도는 약 10년 전(2000. 7. 1.)부터, 신상정보 등록제도는 약 5년 전(2005. 12. 29.)부터 시행되어 오고 있으며, 신상정보 고지제도는 2011. 1. 1.부터 시행될 예정이다.

특히 일정한 성범죄자에 대한 신상정보 공개제도는 2000. 2. 3. 제정된 「청소년의 성보호에 관한 법률」(이하에서는 구 「청소년성보호법」이라고 한다) 제20조에 근거하여 2000. 7. 1. 최초로 시행되었다. 이는 청소년을 대상으로 하는 일정한 성범죄에 대하여 일반국민의 경각심3)을 높이고, 청소년 대상 성범죄

---

* 『법학논총』 27집 제4호, 한양대학교 법학연구소, 2010. 12. 99면 이하.

1) 이하에서 단순히 조문만을 표기하고 법령명칭을 생략한 것은 「청소년성보호법」상의 조항을 의미한다.

2) 일반적으로 성범죄자의 신상정보를 등록만 하고 일반인에게 공개하지 않는 형태(registration statutes)와 등록과 더불어 일반인에게 공개하는 형태(notification statutes)로 나눌 수 있다 (Menendez, Bernard, "The Constitutional Implication of Megan's Law; Permissible Regulation or Unconstitutional Intrusions?", 24 New England Journal on Criminal and Civil Confinement Vol. 24, No. 1, Winter 1998, p.251). 한편 최초의 (일반인에게 공개하지 않는) 성범죄자 등록제도는 1947년 캘리포니아 주에서 시행되었다(Laura A. Ahearn, "Megan's Law Nationwide and The Apple of My Eye Childhood Sexual Abuse Prevention Program", Prevention Press USA, 2001. p.16).

3) 하지만 청소년 성보호에 관한 국민들의 경각심을 고취하다는 명목으로 몇몇을 희생양으로 삼는 것은 전체주의나 독재권력하에서가 아니면 행해질 수 없는 만행이다(박기석, "청소년 성매수자에 대한 신상공개의 문제점", 교정연구 제20호, 한국교정학회, 2003. 9, 66면). 또한 신상정보 공개제도의 입법목적은 위험의 예방이 아닌, 청소년의 성과 관련한 사회윤리 내지 도덕의 보호, 청소년의 건전한 육성 등 그 목적이 지나치게 확장되어 있고 또한 추상

행위에 대한 지역사회의 자율적인 예방활동을 위한 정보제공을 통하여 잠재적 성범죄자의 범죄행위를 억제하는 일반예방효과를 달성하기 위한 정책4)이었는데, 당시 청소년보호위원회는 계도문을 청소년보호위원회의 인터넷 게시판에 6개월간 게재하고, 정부중앙청사 및 시·도의 게시판에 1개월간 게시하였다.5) 그리하여 2007. 11. 21.까지 총 13차례6)의 공개가 있었다.7) 신상정보의 공개 도중 헌법재판소는 2003. 6. 26. 선고 2002헌가14 결정8)에서 (구)「청소

적이라고 할 수 있다(권창국, "청소년의 성매매행위 등에 대한 규제방법으로서의 신상공개제도에 관한 검토", 형사정책연구 제12권 제2호, 한국형사정책연구원, 2001, 216면).

4) 헌법재판소 2003. 6. 26. 선고 2002헌가14 결정('신상공개제도는 범죄자 본인을 처벌하려는 것이 아니라, 현존하는 성폭력위험으로부터 사회 공동체를 지키려는 인식을 제고함과 동시에 일반인들이 청소년 성매수 등 범죄의 충동으로부터 자신을 제어하도록 하기 위하여 도입된 것 …').

5) 당시에는 신상공개제도의 법적 성격과 관련하여 행정처분이라는 견해와 형사제재로 보는 견해의 대립이 있었다. 이는 행정기관인 청소년보호위원회가 신상공개를 결정하고 있었다는 점이 그 결정적인 배경이었다.

6) 제1차 169명, 제2차 443명, 제3차 670명, 제4차 643명, 제5차 545명, 제6차 553명, 제7차 557명, 제8차 532명, 제9차 512명, 제10차 533명, 제11차 494명, 제12차 489명, 제13차 393명 등 총 6,519명이다. 특히 제2차에서 제12차 사이에는 대상자로 확정된 인원이 평균 500명대를 유지하고 있는데, 이는 공개대상자를 결정함에 있어서 의도적으로 그 비율을 조절하고 있는 것 같은 인상을 지울 수가 없다[허영희, "청소년 대상 성범죄 예방을 위한 법률적 제언", 『법학연구』 제15집 제1호, 경상대학교 법학연구소, 2007. 6, 102면(공개를 거듭할수록 공개대상자가 많아지는 것은 신상공개제도에 실효성을 의심받을 수 있을 것이며, 반대로 공개대상자가 해마다 줄어드는 경향을 보인다면 성범죄가 여전히 만연하고 있다고 생각하는 국민의 입장에서는 의구심을 가질 수밖에 없다는 점을 인식한 것 때문이 아닌지 의문이다)].

7) (구)「청소년성보호법」 제정 당시부터 유지되었던 청소년 대상 성범죄자 신상공개제도는 2007. 8. 3. 제10차 개정을 통하여 폐지되었고, 신상정보등록 및 열람제도가 이를 대체하였다. 하지만 당시 도입된 신상정보등록 및 열람제도는 등록기간 단기(5년)의 문제, 열람기관 제한의 문제, 열람권자 제한의 문제, 복사나 반출의 금지문제 등 새로운 문제점이 야기되었다.

8) 제청신청인은 2000. 7. 1. 청소년에게 6만 원을 제공하고 1회 성교행위를 하여 「청소년의 성보호에 관한 법률」 제5조를 위반하였다는 혐의로 2000. 8. 18. 전주지방법원에서 벌금 500만 원을 선고받았고, 같은 달 26. 이 판결은 그대로 확정되었다. 청소년보호위원회는 2001. 5. 3. 위 법률 제20조에 근거하여 제청신청인의 성명, 연령, 생년월일, 직업, 주소 등과 범죄사실의 요지를 관보에 게재하고 역시 같은 내용을 청소년보호위원회의 인터넷 홈페이지에 6개월간, 정부중앙청사 및 특별시·광역시·도의 본청 게시판에 1개월간 게시하기로 하는 결정을 하였다. 이에 제청신청인은 2001. 7. 16. 서울행정법원에 청소년보호위원회를 상대로 위 신상 등 공개처분의 취소를 구하는 소를 제기한 후(2001구28240), 그 소송

년성보호법」(2000. 2. 3. 법률 제6261호로 제정된 것) 제20조 제2항 제1호 및 동조 제5항은 헌법에 위반되지 아니한다고 판시한 바 있다.9) 하지만 동 결정은 위헌정족수 6인의 요건을 충족시키지 못한 이유로 합헌이었지만, 실제로 위헌의 의견이 더 많았다는 점에서 논란을 완전히 종식시키지는 못하였다.

이후 신상정보 공개제도는 한동안 시행되지 않다가 2010년에 들어서 새로운 모습으로 등장하게 되는데, 2010. 7. 26. 여성가족부가 운영하는 '성범죄자 알림e' 사이트에서 신상정보가 새롭게 공개되기 시작한 것이 그것이다.10) 당시 2010년에 유죄 확정 판결과 함께 인터넷 신상공개 명령을 받은 사람은 총 16명인데, 이 중 집행유예로 풀려한 사람 10명이 첫 공개대상이었다. 이후 그

계속 중에 위 법률 제20조에 대한 위헌여부심판제청을 신청하였다(2002아15). 위 법원은 위 법률 제20조 제1항에 대하여는 신청을 기각하고, 같은 조 제2항 제2호 내지 제7호에 대하여는 신청을 각하하였으며, 같은 조 제2항 제1호, 제3항, 제4항, 제5항에 대하여는 신청을 받아들여 2002. 7. 26. 헌법재판소에 위헌여부심판을 제청하였다.

9) 이에 앞서 미국 연방대법원은 2003. 3. 5. 알래스카 주의 신상등록·공개법이 합헌이라고 판시한 바 있다. 알래스카 주의 메건법에 관하여, 미국 연방대법원은 대법관 9인 중 6인의 다수의견으로, 동법이 그 제정 전에 성범죄를 저지른 자에 대해서까지 적용되더라도 사후입법처벌금지조항에 위배되지 않는다고 판결하였다. 그 주요 논거를 요약하면, 동법의 입법자는 공중의 안전을 보호하기 위한 민사적 제재(civil sanction)를 만들려고 한 것이지 형사적 제재(criminal sanction)를 만들려는 의도는 없었던 것으로 보이고, 나아가 동법에 의한 등록 및 정보공개가 위아 같은 비처벌적 목저에 합리적으로 연관되어 있다고 인정되는 점 등에 비추어 볼 때, 그 효과가 위와 같은 비처벌적 입법의도를 무시해도 좋을 만큼 명백히 처벌적이라고 단정할 수 없으므로, 동법에 의한 규제수단을 형벌로 볼 수 없다는 것이다(Smith v. Doe, 123 S.Ct. 1140). 한편, 코네티컷 주의 메건법에 관하여, 미국 연방대법원은, 동법이 성범죄자에 대한 이전의 '유죄확정판결' 그 자체만을 요건으로 하고 있지 '현재의 위험성'을 요건으로 하고 있지 않다는 점을 들어, 성범죄자에게 그들이 과연 현재 위험한지 여부를 판단하기 위한 사전 청문의 기회를 제공하지 않는다고 하더라도 절차적 적법절차원칙에 위배되지 않는다고 하였다(Connecticut Dept. of Public Safety v. Doe, 123 S.Ct. 1160). 이와 같이 메건법은 그 구체적인 입법방향이나 내용에 있어서 한국의 신상공개제도와 현저한 차이가 있을 뿐만 아니라, 미국 연방대법원의 판결은 사후입법처벌금지조항(Ex Post Facto Clause)과 절차적 적법절차원칙(Procedural Due Process)의 위반 여부만 쟁점으로 다루었다. Bureau of Justice Statistics, Summary of State Sex Offender Registries, 2001, U.S.Department of Justice, March 2002; Laura A. Ahearn, "Megan's Law Nationwide and The Apple of My Eye Childhood Sexual Abuse Prevention Program", Prevention Press USA, 2001.

10) 동 제도는 미국 캘리포니아 주의 성범죄자 신상공개제도(www.meganslaw.ca.gov)를 벤치마킹한 것이다. 동 제도에 의하면 성범죄자의 흉터, 문신 등 상세한 신체정보와 과거의 범죄전력을 모두 띄우고, 주소지와 내비게이션 프로그램을 연동시켜 두고 있다.

수가 계속 증가하여 2010. 11. 20. 현재 74명의 신상정보가 공개되어 있다.[11]
한편 '성범죄자 알림e' 사이트(www.sexoffender.go.kr)[12]는 2010. 1. 이후 확정
판결을 받은 성범죄자만을 공개하도록 하였기 때문에, 2006. 6. 30.부터 2009.
12. 31.까지 청소년 대상 성범죄로 인하여 확정판결을 받은 범죄자의 신상정
보는 경찰서에서 열람이 가능하지만, 열람권자가 아동·청소년 보호자, 교육
기관의 장 등으로 제한되고 구비서류 등이 복잡해 실효성이 없다는 지적을 받
아왔다. 이에 2010. 8. 23. 개정법은 702명의 경찰서 열람대상자들에 대해 검사
가 다시 해당 법원에 공개명령 청구를 해 새로운 판결문을 받은 뒤 인터넷에
공개하도록 했다. 이는 기존에 경찰서 열람으로 공개되던 대상자들을 공개방
법만 인터넷으로 변경한 것이다. 소급 적용 검토 대상자는 종전까지 경찰서에
서만 열람할 수 있었던 성범죄자 신상정보를 인터넷에서 볼 수 있는 '인터넷
열람제도'가 도입된 2010. 1. 1. 이전에 성범죄로 유죄판결과 열람명령을 받아
경찰서에서 신상정보를 공개 중인 성폭력 사범들이다. 하지만 이러한 인터넷
신상정보 공개는 3년 6개월의 소급적용으로 인한 문제점이 야기되고 있다.[13]
또한 국가인권위원회는 인터넷으로 공개하는 등의 일반적인 공개는 문제가
있다고 지적하기도 하였다.[14]

　이상에서 보는 바와 같이 성범죄자의 신상정보를 활용하는 방안 중 신상정
보 공개제도는 현재 운영되고 있지만, 세부적인 부분에 대한 문제점 또한 산
적해 있는 실정이다. 이러한 문제점에 대해서는 오래전부터 여러 각도에서의
지적이 있어 왔으며, 동 제도에 대하여는 폐지를 주장하는 견해[15]가 주류를

---

11) 한편 2011. 4.부터는 19세 이상 성인여성을 대상으로 성범죄를 저지른 사람들의 신상정보
　　가 별도의 법무부 인터넷 사이트를 통해 공개될 예정이다.

12) 동 사이트는 6,000명이 동시에 접속할 수 있게 설계되었지만, 개통 직후 5시간 동안 12만
　　여 명, 개통 첫날 60만여 명, 다음날 100만여 명 등이 몰려 사이트가 다운되기도 하였다.

13) 「특정 범죄자에 대한 위치추적 전자장치 부착 등에 관한 법률」의 경우에도 2010. 4. 15.
　　개정을 통하여 3년의 소급적용을 인정하는 부칙 규정을 신설하였다. 이에 대한 보다 자세
　　한 논의로는 박찬걸, "아동대상 강력범죄 방지를 위한 최근의 입법에 대한 검토", 『소년
　　보호연구』 제14호, 한국소년정책학회, 2010. 6, 161면 이하 참조.

14) 국가인권위원회, 청소년의 성보호에 관한 법률 전부개정안 의견표명, 2007. 1. 8.

15) 박영규, "청소년 성보호법상 신상공개제도의 문제점과 개선방안", 『교정연구』 제22호, 한

이루고 있다. 이하에서는 현행 신상정보 공개제도의 내용에 대한 문제점을 지적하여 입법적인 폐지를 주장한 다음(Ⅱ), 신상정보 등록 및 고지제도의 대체적 활용을 체계화하기 위한 전략을 모색해 보기로 한다(Ⅲ).

Ⅱ. 신상정보 공개제도에 대한 검토

1. 신상정보 공개제도의 주요 내용

법원은 ① 아동·청소년대상 성폭력범죄를 저지른 자, ②「청소년성보호법」에 따른 신상공개 결정 또는 열람명령·공개명령을 선고받고 다시 아동·청소년대상 성폭력범죄를 저지른 자, ③ 13세 미만의 아동·청소년을 대상으로 아동·청소년대상 성범죄를 저지른 자로서 13세 미만의 아동·청소년을 대상으로 아동·청소년대상 성범죄를 다시 범할 위험성이 있다고 인정되는 자, ④ 아동·청소년대상 성폭력범죄를 저지른 자로서 아동·청소년대상 성폭력범죄를 다시 범할 위험성이 있다고 인정되는 자, ⑤ 아동·청소년대상 성폭력범죄를 범하였으나「형법」제10조 제1항에 따라 처벌할 수 없는 자로서 아동·청소년대상 성폭력범죄를 다시 범할 위험성이 있다고 인정되는 자 중 어느 하나에 해당하는 자에 대하여 판결로 공개정보를 등록기간 동안 정보통신망을 이용하여 공개하도록 하는 명령을 아동·청소년대상 성범죄 사건의 판결과 동시에 선고하여야 한다.16) 다만, 아동·청소년대상 성범죄 사건에 대하여 벌금형을 선고하거나 피고인이 아동·청소년인 경우,17) 그 밖에 신상정보를 공

국교정학회, 2004. 3, 7면 이하; 이종갑, "성범죄자 신상공개제도의 법정책적 고찰",『법과 정책연구』제8집 제1호, 한국법정책학회, 2008. 6, 108면; 임상규, "성범죄자 신상공개의 필요성과 허구성",『형사법연구』제19호, 한국형사법학회, 2003. 6, 390면.

16) 이는 형사제재적 성격을 강하게 가지고 있는 성범죄자에 대한 신상공개를 사법판단이 아닌 행정판단으로 하고 있었던 구법의 문제점을 해결한 것으로 발전적인 방향으로의 입법이라고 할 수 있다.

17) 하지만 성매매대상 청소년의 신상도 철저하게 보호되는 것은 문제가 있다는 견해(박선영,

개하여서는 아니 될 특별한 사정이 있다고 판단되는 경우에는 그러하지 아니하다(제38조 제1항).

등록정보의 공개기간(「형의 실효 등에 관한 법률」 제7조에 따른 기간을 초과하지 못한다)은 판결이 확정된 때부터 기산한다. 다만, 공개명령을 받은 자가 실형 또는 치료감호를 선고받은 경우에는 그 형 또는 치료감호의 전부 또는 일부의 집행을 종료하거나 집행이 면제된 때부터 기산한다(제38조 제2항).

공개하도록 제공되는 등록정보는 ① 성명, ② 나이, ③ 주소 및 실제거주지(읍·면·동까지로 한다), ④ 신체정보(키와 몸무게), ⑤ 사진, ⑥ 아동·청소년대상 성범죄 요지 등이고(제38조 제3항), 공개정보를 정보통신망을 이용하여 열람하고자 하는 자는 「민법」 제4조에 따른 성년자로서 실명인증 절차를 거쳐야 한다(제38조 제5항).[18] 공개명령은 여성가족부장관이 정보통신망을 이용하여 집행하기 때문에(제39조 제1항), 법원은 판결이 확정되면 판결문 등본을 지체 없이 여성가족부장관에게 송달하여야 한다(제39조 제2항).

2. 신상정보 공개제도의 문제점

1) 이중처벌금지의 문제

형이 확정된 자의 범죄사실을 그 실명 및 사진과 함께 일반에 공개하는 것은 공개대상자의 사회적 인격에 부정적 영향을 미쳐 그의 자유로운 인격발현을 현저히 가로막을 수 있다는 점에서 인격권이 중대하게 제한되는 경우에 해당한다. 특히 현행법에 의하면 당시에 공개제도가 없던 시절인 2010. 1. 1. 이

"신상공개제도 합헌결정에 대한 비판적 검토-2002헌가14를 중심으로-", 『헌법학연구』 제9권 제4호, 한국헌법학회, 2003, 141면)가 있는데, 청소년들에게 전혀 경각심이나 예방적 효과를 발휘할 수 없어 청소년 보호의 효과가 거의 없다고 볼 수도 있기 때문이라고 한다.

18) 성인인증을 의무화한 것에 대하여 정작 성범죄 대상인 청소년은 열람하지 못하게 막고 있는 문제점이 지적되고 있다. 이에 대하여 여성가족부는 '부모가 자녀를 보호할 수 있도록 마련한 제도이기 때문에 청소년이 열람할 때에는 부모의 지도를 받도록 성인인증을 의무화한 것'이라고 설명하였다(조선일보 2010. 7. 27.자 A14면 참조).

전 3년 6개월 이내의 자에 대해서도 소급하여 공개명령을 할 수 있도록 함으로써 소급효 금지의 원칙에 반할 우려도 있다.

과거 헌법재판소의 합헌의견 중 '실제로 지금까지 행해진 신상공개의 실상을 보면, 이는 대국민 범죄방지의 계도를 위하여 개인에 대한 부분적인 자료를 공개한 것으로서, 일종의 사례공개를 하는 정도에 불과한 것이었다', '신상공개제도에서 공개되는 신상과 범죄사실은 이미 공개된 재판에서 확정된 유죄판결의 내용의 일부이며 달리 개인의 신상 내지 사생활에 관한 새로운 내용이 아니고…', '이미 공개된 형사재판에서 유죄가 확정된 형사판결이라는 공적 기록의 내용 중 일부를 국가가 공익 목적으로 공개하는 것으로 공개된 형사재판에서 밝혀진 범죄인들의 신상과 전과를 일반인이 알게 된다고 하여 그들의 인격권 내지 사생활의 비밀을 침해하는 것이라고 단정하기는 어렵다' 등은 사진이 공개되는 현재의 제도에 대한 합헌성 판단자료로 더 이상 활용될 수는 없을 것이다. 공개적으로 범죄인의 체면을 깎아내려 그에 대한 대중의 혐오를 유발하고 그 결과 세인의 경멸과 사회적 배척이 가해지도록 하는 수치형의 기본구조는 본질적으로 심각한 문제점들을 안고 있다. 신상정보 공개제도는 실질적인 측면에서 보면 명예형에 가까운 형벌적인 속성을 지녀서,[19] 공개대상자의 명예실추효과가 지나치게 커질 수 있다.[20] 하지만 사회에서 진정으로 근절해야 할 대상은 엄밀한 의미에서 범죄행위이지 범죄인 본인은 아니다. 이는 단지 범죄인의 인격을 황폐화시키는 것에서 끝나는 것이 아니라, 사회 전체에 인간존엄성에 대한 불감증을 만연시킬 수 있다. 특히 공개대상자는 주변의 경멸을 시작으로 성범죄자라는 낙인의 부여, 직업선택의 자유 제한, 직장에서의 고용유지의 어려움, 재취업의 어려움, 삶의 근거지를 옮기거나 이혼 기타 가정파탄을 겪는 등 한 개인이 오랫동안 가꿔온 사회적 지위와 환경

---

19) 이병희, "성범죄자 신상공개에 대한 형사법적 고찰", 『형사법연구』 제17호, 한국형사법학회, 2002. 6, 276면; 정신교, "성범죄자 신상공개의 예방적 효과", 『법학연구』 제39집, 한국법학회, 2010. 8, 275면(현행 성범죄자 신상공개는 실질적으로는 명예형에서도 치욕형의 부활로 볼 수 있다).

20) 오영근, "한국의 청소년대상 성범죄자의 신상공개제도", 『법학논총』 제23권 제3호(상), 한양대학교 법학연구소, 2006. 12, 165면.

을 하루아침에 박탈당할 수 있다. 나아가 우리나라 사람들처럼 명예와 체면을 중시하는 사람들은 자칫 신상공개로 인하여 더 극단적인 행동을 하거나 자살 등의 방법을 택할 수 있다는 것도 예상할 수 있다.[21] 이와 같이 신상공개는 인간존엄성을 보장하는 헌법정신에 위배되는 측면이 강할 뿐만 아니라, 이미 한번 형사처벌을 받은 자의 정상적인 사회복귀를 지나치게 가로막는 등의 부작용이 크다. 결론적으로 신상정보 공개제도는 헌법상의 이중처벌[22]이라고 할 수는 없다. 하지만 이중처벌이 아니라고 하여 모든 제재수단의 정당성이 당연히 인정되는 것은 아니므로, 다른 척도를 기준으로 판단하는 작업을 게을리해서는 아니 된다. 이중처벌이 아니기 때문에 허용된다는 식의 논의는 지양되어야 하며, 오히려 현재와 같이 수많은 형사제재가 부수적으로 부과되는 상황에서는 보다 엄격한 심사를 거쳐 부가처분의 침해성을 판단해야 하겠다.

2) 평등원칙의 문제

외국의 경우[23]에는 청소년에 대한 악질적인 성범죄에 한하여 공개대상범

---

21) 이경재, "「청소년성보호법」의 문제점과 개선방안", 『형사정책』 제13권 제2호, 한국형사정책학회, 2001. 12, 48면.

22) 이중처벌금지의 원칙은 한번 판결이 확정되면 동일한 사건에 대해서는 다시 심판할 수 없다는 '일사부재리의 원칙'이 국가형벌권의 기속원리로 헌법상 선언된 것으로서, 동일한 범죄행위에 대하여 국가가 형벌권을 거듭 행사할 수 없도록 함으로써 국민의 기본권 특히 신체의 자유를 보장하기 위한 것이다. 그런데 「헌법」 제13조 제1항에서 말하는 '처벌'은 원칙적으로 범죄에 대한 국가의 형벌권 실행으로서의 과벌을 의미하는 것이고, 국가가 행하는 일체의 제재나 불이익처분을 모두 그 '처벌'에 포함시킬 수는 없는 것이다(헌법재판소 2003. 6. 26. 선고 2002헌가14 결정).

23) Megan's Law는 1994. 7. New Jersey 주에서 이웃에 살고 있는 Jesse Timmendequas라는 2번의 성범죄 전과가 있는 자의 집에 강아지를 보러 놀러갔다가 강간살해된 일곱살 소녀 Megan Nicole Kanka의 이름에서 유래한 것이다. 피해자의 어머니는 '이웃에 성범죄자 전과를 가진 사람이 살고 있었다는 사실을 알았더라면 아이를 혼자 보내지는 않았을 것'이라며 입법운동을 벌였다. 동 사건을 계기로 제정된 「성범죄자 등록 및 통지에 관한 법률(Sex Offender Registration and Notification Law)」이 효시가 된 것으로, 각 주마다 내용상 다소 차이가 있으나, 주로 '성범죄자의 등록제도'와 우리의 신상공개제도에 해당하는 '지역사회에의 통지제도'를 골자로 하여 만들어진 일련의 법률들을 가리킨다. 뉴저지에서 일어났던 운동을 시작으로 미국의 성범죄자 신상공개법률(Sex Offender Registration

죄를 제한하고 있으나, 우리나라의 경우에는 (구) 「청소년성보호법」에 의하면 그렇지 않은 경향이 있었다. 청소년 성매매를 금지하기 위한 시도로서 신상공개제도가 도입된 배경[24]이 이를 말해 주고 있다.[25] 즉 신상공개제도 시행 초기의 경우에는 청소년의 성을 사는 행위를 하는 자에 대한 계도가 주목적이었

Act, SORA)이 50개 주에서 각각 독립된 법률로 형성되었다. 일반적으로 특정 성범죄자에 대하여 유죄선고를 받은 자는 사법당국에 이름, 자택 및 직장주소, 자동차정보, 신체적 특징, 사진 등과 같은 개인정보를 제공하도록 규정하고 있다. Megan's Law는 크게 두 가지의 형태로 구분되는데, 먼저 지역 내에 있는 성범죄자들의 데이터베이스를 구축하기 위하여 성범죄자들로 하여금 지방당국에 신상정보를 등록하도록 요구하지만 등록정보를 일반인에게 공개하지 않는 경우(registration statutes)가 있다. 다음으로 등록정보를 일반인에게 공개하는 경우(notification statutes)가 있다. 후자의 경우가 보다 일반적인 것인데, 이에 의하면 범죄자들의 위험정도에 따라 범죄자들을 분류하고 등록된 정보의 공개수위는 위험도가 상승함에 따라 높아진다.

24) 헌법재판소 2003. 6. 26. 선고 2002헌가14 결정(신상공개제도의 입법목적은 해당 범죄인의 신상과 범죄행위를 일반에게 공개함으로써 어린이나 청소년 대상 성범죄행위에 대하여 일반 국민에게 경각심을 주어 유사한 범죄를 예방하고, 이를 통하여 청소년을 보호하기 위한 것이다. 법 제정 당시 성인들이 청소년의 성을 매수하는 범죄의 규모나 증가추세가 매우 심각한 양상이었고, 청소년에 대한 성범죄가 청소년의 성장에 미치는 중대한 해악에 대한 인식 부족과 때마침 인터넷과 같은 매체의 급속한 발달과 맞물려 도덕성의 심각한 해이 현상을 일으켰고, 더 이상 성인이나 청소년들의 도덕성에만 그 개선을 기대할 수 없는 지경에 이르러 법적 제재장치를 통하여 예방될 필요성이 대두되었다. 청소년들의 성을 매수하는 등의 행위는 비록 그들의 형식상 동의에 의한 것이라 해두 정신적 판단력이 약하고 금전적 유혹에 빠지기 쉬운 청소년들에게 있어서는 그것이 진정한 동의에 해당된다고 보기 어려울 뿐 아니라, 그들의 정신과 육체 등의 건전한 성장에 중대한 해악을 주게 된다. 이러한 행위는 돈이면 무엇이든 가능하고 돈을 위해서라면 청소년의 성매매도 할 수 있다는 매우 위험한 배금주의의 표상으로서, 공동체의 사회적 규칙과 법질서에서 심히 벗어나 우리 사회의 근본적 도덕성을 타락시키고 선조들이 가꾸어 온 전통문화를 훼손하므로 이에 대한 적극적인 대처를 하지 않고 방치하였을 때는 우리 사회가 타락한 사회로 변할 수 있다는 점에서 매우 우려할 만한 것이다. 입법자는 이러한 사회적 병폐현상에 대처하여 장차 국가의 장래를 책임지게 될 우리의 청소년들을 보호하고 우리 사회의 성문화에 대한 최소한의 도덕성을 지키기 위하여 그와 같은 입법을 한 것으로 볼 것이다).

25) 입법목적의 관점에서 외국의 제도, 특히 미국의 메건법과 우리나라의 (구) 「청소년성보호법」은 큰 차이를 보이고 있다. 지역사회의 주민을 보호하려는 메건법과 일반예방효과를 높이려는 (구) 「청소년성보호법」은 지향하는 목적이 서로 다르다(정현미 · 윤지영, "성범죄자 신상공개제도와 미국 메건법의 비교고찰", 『법학논집』 제12권 제1호, 이화여자대학교 법학연구소, 2007. 9, 194면). 이 점에서 외국의 제도와 우리나라의 제도를 단순히 비교하는 작업을 함에 있어서 주의를 요한다고 하겠다. 한편 「청소년성보호법」상의 신상공개제도는 (구) 「청소년성보호법」상의 제도와는 달리 메건법의 취지에 부합하는 면이 상대적으로 많은 것으로 파악된다.

던 것이다[26]. 하지만 현행법은 청소년성매수죄를 범하는 경우보다는 청소년을 상대로 하는 강간이나 강제추행에 대한 계도가 주목적으로 변경되었다. 특히 벌금형을 선고받을 경우에는 공개대상에서 제외되기 때문에 단순한 성매매죄만으로 공개되는 것은 불가능할 것으로 보인다. 이와 같이 벌금형 선고시 공개대상에서 제외되는 예외를 인정한 것은 과거 신상공개제도가 청소년성매매와 청소년 대상 강간 등을 구별하지 않고 모든 공개 대상자를 동일하게 취급하고 있는 문제점을 해결하기 위한 것이다. 하지만 현행법에 의하더라도 강간죄나 강제추행죄보다 더 불법성이 현저한 범죄인 미성년자에 대한 살인죄, 미성년자에 대한 인질강도죄, 미성년자에 대한 약취 · 유인행위 등에 대한 신상공개가 이루어지고 있지 않는 점에 대한 분석은 필요하다. 또한 상습폭행 · 강도 · 절도 등과 같이 재범의 위험성이 보다 더 높은 범죄들에 대하여도 신상공개가 이루어지고 있지 않는 점에 대한 고려도 요구된다.

3) 일반예방효과의 문제

과거에는 대상자의 성명(한글 및 한자로 표기하되, 외국인의 경우 한글과 알파벳 또는 한자로 표기한다), 연령 및 생년월일, 직업(확정판결문에 기재된 것을 기준으로 한다), 주소(확정판결문에 기재된 것을 기준으로 시 · 군 · 구까지만 포함한다)와 범죄사실의 요지 등을 '관보게재'를 비롯하여 '청소년보호위원회의 인터넷 홈페이지에 6월간 게재'와 '정부중앙청사 및 특별시 · 광역시 · 도의 본청의 게시판에 1월간 게시' 등의 방법으로 공개하였지만, 현행법에 의하면 성명, 나이, 주소 및 실제거주지(읍 · 면 · 동까지로 한다), 신체정보(키와 몸무게), 사진, 아동 · 청소년대상 성범죄 요지 등을 여성가족부의 홈페이지[27]

---

26) 이종갑, 앞의 논문, 101면.

27) 신상공개제도의 실효성을 달성하기 위해서는 지역주민들에게 해당 범죄자에 대한 상세한 정보가 알려져야 하고 이를 위해서는 인터넷 이상으로 쉽게 접근할 수 있는 신문이나 방송과 같은 공개수단이 선택될 필요가 있지만, 인터넷 이상의 활용에 대해서는 논의가 전무한 실정이다.

에 게재하는 방법으로 공개하고 있다. 주소뿐만 아니라 실제거주지를 공개한다는 점, 주소 등의 범위를 읍·면·동으로 보다 상세하게 공개한다는 점, 신체정보와 사진을 공개한다는 점, 신상정보의 변경 시 변경사항을 수정하도록하고 있다는 점 등에 비추어 볼 때 과거에 비하여 보다 구체화된 신상정보를 제공하고 있다. 즉 현행 신상공개제도는 사진, 주소 등을 보다 구체화하고 있기 때문에 구법과는 달리 충분한 정보를 제공하고 있다고 일단 평가할 수는 있다. 하지만 현실적으로 공개대상자를 식별하는 것은 매우 힘들기 때문에 실효성이 완전히 해소된 것은 아니라고 할 수 있는데, 그 이유는 다음과 같다.

첫째, 신상공개제도의 시행 초기에는 공개대상의 인원이 그리 많지 않기 때문에 해당 인원의 파악이 용이하다는 점은 부인할 수 없다. 하지만 시행시기가 길어지면 길어질수록 이에 상응하는 많은 수의 공개대상인원이 증가할 것인데, 어느 정도의 시기에 이르면 해당 인원의 파악 자체가 힘들어 질 것이다. 공개대상자에 대하여 각별한 관심을 가지고 유심히 살펴보는 경우에도 그 기억의 지속정도는 길지 않을 것이다. 또한 신상공개의 반복은 국민들에게 하나의 관행으로 취급되어질 수 있다. 시간이 흐름에 따라 관심 밖의 영역으로 밀려나서 무감각한 도덕률의 상실감을 일으킬 수 있다. 실제로 과거 2001. 8. 30. 제1차 신상공개 당시만 하여도 상당한 관심이 있었던 것이 횟수를 거듭할수록 미미해진 경험이 있었고, 현행법의 시스템으로 공개가 이루어진 2010. 7. 26. 당시와 시간이 흐르는 있는 지금의 상황도 마찬가지라고 할 수 있다.

둘째, 공개대상자의 실제거주지 읍·면·동까지 비교적 상세히 규정하고 있으나, 공개대상자가 다른 지역으로 이동을 하여 범죄를 저지른 경우에는 당해 지역의 주민들에게 신상공개제도는 무용지물이나 마찬가지이다. 특히 서울 등 대도시의 경우에는 이동이 상당히 용이하기 때문에 읍·면·동의 정보제공이 도움이 되지 않을지도 모른다.

셋째, 인터넷상에 공개되어 있는 대상자의 얼굴이나 체형 등을 인식하고 있다고 하더라도 지역에 거주하고 있는 자가 누구인지 잘 모르는 도시사회의 무관심성은 인터넷상의 공개대상자와 현실의 공개대상자 간의 연관관계를 인식시키지 못할 가능성이 크다.

이상과 같은 이유로 인하여 신상공개제도가 실제로 범죄의 억지나 예방에 실효성이 있다는 증거는 어디에서도 찾아보기 어렵다.28) 또한 형사정책적 관점에서 신상공개를 통한 실질적인 범죄방지효과가 지금까지 크지 않다고 평가29)되고 있을 뿐만 아니라 앞으로 어느 정도 범죄방지효과가 달성될지에 대하여도 의문이 제기되고 있는 실정이다.30) 심지어 신상공개는 일반예방의 효과가 거의 없고 오히려 당해 범죄인으로 하여금 더욱 파괴적인 행위로 나아가게 할 우려가 있다. 즉 신상공개로 인해 공개대상자의 기본적 권리가 심대하게 훼손되는 데에 비해 그 범죄억지의 효과는 너무나도 미미하거나 불확실한 것이다. 헌법재판소의 합헌의견에 의하면 '상식적으로 볼 때 해당 범죄인의 신상을 대중에게 공개하는 제도는 일반 성인들에게 미성년자 성매수자가 되지 않도록 하는 위하적 내지 예방적 효과를 줄 것이라는 점을 인정할 수 있다'고 하지만, 이러한 상식은 보기 좋게 빗나갔던 것이다.

4) 특별예방효과의 문제

성범죄자는 재범의 우려가 높은 범죄이기 때문에 재범방지를 위한 특별예방적 차원에서 성범죄자를 특별히 취급하여야 한다고 한다.31) 하지만 재범의

---

28) 실제로 과거에 총 13차례에 걸친 신상공개가 실시되었지만 성범죄율이 감소하였다는 보고는 없다. 즉 최근 10년간 발생한 사건을 중심으로 보면 청소년 대상 성범죄의 감소효과가 나타난다고 할 수는 없고, 성범죄는 오히려 지속적인 증가추세를 보이고 있다. 설사 범죄율이 감소한다고 하더라도 신상공개제도 이외의 조건들이 개입되어 영향을 미칠 수 있기 때문에 연관성을 단언하기에는 무리가 있다.

29) 설문조사를 통하여 성범죄자 신상공개제도의 효과성을 알아보는 방법도 중요한 연구이지만, 이러한 접근 방식은 제도의 실질적인 실효성, 즉 청소년 대상 성범죄의 예방 내지 감소라는 목표를 달성하는가를 보여 주기에는 취약한 것이 사실이다(최응렬 · 장현석 · 이창배, "성범죄자 신상공개제도의 효과성에 관한 연구-미국 텍사스 주의 성범죄자 등록 및 공개제도의 검증을 중심으로", 『형사정책』 제19권 제1호, 한국형사정책학회, 2007. 6, 360면).

30) 김혜정, "성범죄자 정보등록 · 열람제도에 관한 검토", 『형사정책연구』 제18권 제3호, 한국형사정책연구원, 2007. 가을, 878면.

31) 하지만 '재범의 위험성'에 대해서는 특정한 법적 판단기준이 존재하지 아니한다. 다만 관련된 전문가들의 과학적인 사실판단을 참고로 하여 법률가인 검사나 판사가 결정하는 것

잠재성은 범죄를 일으킬지의 여부가 불확실한 상태에서 출발하므로 재범이 확실한 것으로 추정하고 논리를 펼친다는 것은 문제가 될 수 있다.[32] 신상공개제도가 성범죄집단의 재범률을 낮추는 데 거의 영향을 못 미친다는 연구결과[33]도 있다. 한편 성범죄의 경우 신고율이 적다는 점도 특별예방효과를 분석하기 어려운 이유가 된다.

5) 성범죄자 가족의 인권문제

혈연주의가 강한 한국사회에서 신상공개는 공개대상자 개인의 수치심 유발과 인격권 침해뿐만 아니라 가족, 친지, 친구 등 모든 知人에 대한 영향을 수반한다. 특히 공개대상자의 가족은 대상자와 같은 처벌을 받는다[34]고 볼 수밖에 없어 인권침해가 야기된다. 죄 없는 가족들에게까지 함께 정신적 고통을 겪게 할 뿐만 아니라 그 생활기반을 상실시키는 결과가 초래될 수도 있다.

일 뿐인데, 따라서 그 신뢰도에 관하여 얼마든지 의심이 제기될 수 있다(최정학, "전자감시제도의 도입에 관한 연구─「특정 성폭력범죄자에 대한 위치추적 전자장치 부착에 관한 법률」의 비판적 분석", 『형사정책』 제19권 제2호, 한국형사정책학회, 2007. 12, 359면). 그러므로 재범의 위험성에 대한 전문가의 진단은 단순히 필요한 경우 참고할 자료가 아니라 과학적 근거로서 (판단을 위한) 전제가 되어야 한다(정현미, "성폭력범죄대책과 전자감시: 「특정 범죄자에 대한 위치추적 전자장치 부착에 관한 법률」의 검토를 중심으로", 『형사정책』 제21권 제1호, 한국형사정책학회, 2009. 6, 336면).

32) 정신교, "특정성범죄자 전자감시제도에 대한 쟁점", 『형사정책』 제20권 제2호, 한국형사정책학회, 2008. 12, 293면.

33) Scram D., & Milloy, C, "Community notification; A study of offender characteristics and recidivism", Olympia, WA; Washington State Institute for public policy, 1995, p.124.

34) 이종갑, 앞의 논문, 99면.

Ⅲ. 신상정보 등록 및 고지제도의 보완 및 활성화

1. 신상정보 등록 및 고지제도의 내용

1) 신상정보 등록제도의 내용

「청소년성보호법」 제33조 제1항에 의하면 '아동 · 청소년대상 성범죄로 유죄판결이 확정된 자 또는 제38조 제1항 제5호에 따라 공개명령이 확정된 자는 신상정보 등록대상자가 된다. 다만, 제10조의 죄는 제10조의 죄로 2회 이상 유죄판결을 받은 경우이거나 대상아동 · 청소년이 13세 미만인 경우에 한한다'고 규정하고 있다. 먼저 '아동 · 청소년대상 성범죄로 유죄판결이 확정된 자'에 대해서는 「청소년성보호법」 제2조 제2호에서 규정하고 있는데, ① 「청소년성보호법」 제7조부터 제12조까지의 죄(제8조 제4항[35])의 죄는 제외한다), ② 아동 · 청소년에 대한 「성폭력범죄의 처벌 등에 관한 특례법」 제3조부터 제10조까지 및 제14조의 죄, ③ 아동 · 청소년에 대한 「형법」 제297조부터 제301조까지, 제301조의2, 제302조, 제303조, 제305조 및 제339조의 죄[36]), ④ 아동 · 청

---

35) 「청소년성보호법」 제8조(아동 · 청소년이용음란물의 제작 · 배포 등) ④ 아동 · 청소년이용음란물을 소지한 자는 2천만 원 이하의 벌금에 처한다[국가청소년위원회 최영희 위원장은 '성범죄와 관계된 경우만 조사할 것'이라며 '실제 외국의 경우 아동포르노물은 끝까지 추적하여 처벌한다'고 언급하고 있다(뉴스메이커 2008. 1. 10.자). 하지만 단순소지 그 자체를 처벌하는 것은 문제가 있다고 본다. 성범죄와 관계된 경우에만 조사를 한다고 하는데, 성범죄자의 컴퓨터에 청소년이용 음란물이 있다고 해서 가중처벌을 할 수 있다는 발상 자체가 신기할 따름이다. '실제 외국의 경우 아동포르노물은 끝까지 추적하여 처벌한다'고 하는데, 이는 제작자를 말하는 것이지 단순소지자를 말하는 것이 아니다. 더욱 문제가 되는 것은 실제 성인에게 교복을 입혀 등장시키는 음란물인 이른바 '세라물'에 대해서 '실제 재판을 해서 판결이 어떻게 날지 모르지만 우리 입장에서는 결국 사람들을 선동해서 아동과 성관계를 당연시하는 문화를 양산해내는 것으로 처벌해야 한다고 생각한다'고 언급하는 부분은 절망적이다.]

36) 한편 2010. 4. 15. 형법의 개정을 통하여 제305조의2(상습으로 제297조부터 제300조까지, 제302조, 제303조 또는 제305조의 죄를 범한 자는 그 죄에 정한 형의 2분의 1까지 가중한다)를 신설하였는데, 현행 「청소년성보호법」에 의하면 동죄를 범한 자는 등록대상에서 제외되어 있다. 조속한 추가개정이 요구된다고 하겠다.

소년에 대한 「아동복지법」 제29 제2호 및 제6호의 죄[37] 등이 그것이다. 다음으로 제38조 제1항 제5호(아동·청소년대상 성폭력범죄를 범하였으나 「형법」 제10조 제1항에 따라 처벌할 수 없는 자로서 아동·청소년대상 성폭력범죄를 다시 범할 위험성이 있다고 인정되는 자)에 따라 공개명령이 확정된 자가 신상정보 등록대상자이다.

등록대상자는 제33조 제3항에 따른 송달을 받은 날부터 30일 이내에 ① 성명, ② 주민등록번호, ③ 주소 및 실제거주지, ④ 직업 및 직장 등의 소재지, ⑤ 신체정보(키와 몸무게), ⑥ 사진(등록일 기준으로 6개월 이내에 촬영된 것), ⑦ 소유차량의 등록번호 등의 신상정보를 자신의 주소지를 관할하는 경찰관서의 장에게 제출하여야 한다. 다만, 등록대상자가 교정시설 또는 치료감호시설에 수용된 경우에는 그 교정시설의 장 또는 치료감호시설의 장에게 신상정보를 제출함으로써 이에 갈음할 수 있다(제34조 제1항). 또한 등록대상자는 제출한 신상정보가 변경된 경우에는 그 사유와 변경내용을 변경사유가 발생한 날부터 30일 이내에 제출하여야 한다. 다만, 사진은 최초 등록일부터 1년마다 새로 촬영한 사진을 제출하되, 교정시설 또는 치료감호시설에 수용된 자의 경우에는 석방 또는 치료감호 종료 전에 새로 촬영한 사진을 교정시설 등의 장에게 제출하여야 한다(제34조 제2항).[38] 이와 같이 등록대상자로부터 제출정보 및 변경정보를 제출받은 관할경찰관서의 장 또는 교정시설 등의 장은 지체없이 이를 여성가족부장관에게 송달하여야 한다(제34조 제3항).

여성가족부장관은 송달받은 정보와 등록대상자의 아동·청소년대상 성범죄 경력정보를 등록하여야 하고(제35조 제1항), 등록한 정보에 대하여는 등록일자를 밝혀 등록대상자에게 통지하여야 하며(제35조 제2항), 등록에 필요한

---

37) 「아동복지법」(아동이란 18세 미만의 자를 말한다, 「아동복지법」 제2조 제1호) 제29조는 아동에 대한 일련의 행위를 금지하고 있는데, 이 중 아동에게 성적 수치심을 주는 성희롱, 성폭행 등의 학대행위(제2호)와 아동에게 음행을 시키거나 음행을 매개하는 행위(제6호)를 한 자가 신상정보 공개대상자에 해당한다.

38) 등록대상자가 정당한 사유 없이 제출정보 또는 변경정보를 제출하지 아니하거나 거짓 정보를 제출한 자는 1년 이하의 징역 또는 500만 원 이하의 벌금에 처한다(제48조 제3항 제1호).

정보의 조회를 관계 행정기관의 장에게 요청할 수 있다(제35조 제3항). 또한 등록대상자가 제출정보 또는 변경정보를 정당한 사유 없이 제출하지 아니한 경우에는 신상정보의 등록에 필요한 사항을 관계 행정기관의 장에게 조회를 요청하여 등록할 수 있다(제35조 제4항).

여성가족부장관은 등록정보를 최초 등록일(등록대상자에게 통지한 등록일을 말한다)부터 20년간 보존·관리하여야 한다(제36조 제1항). 등록기간이 끝나면 등록정보를 즉시 폐기하고 그 사실을 등록대상자에게 통지하여야 한다. 이 경우 등록대상자가 등록 원인이 된 아동·청소년대상 성범죄로 교정시설에 수용된 기간은 등록기간에 넣어 계산하지 아니한다(제36조 제2항). 관할경찰관서의 장은 등록기간 중 매년 1회 등록정보의 변경 여부를 확인하여야 한다(제36조 제3항). 한편 여성가족부장관은 등록정보를 아동·청소년대상 성범죄와 관련한 범죄예방 및 수사에 활용하게 하기 위하여 검사 또는 각급 경찰관서의 장에게 배포할 수 있다(제37조 제1항).

2) 신상정보 고지제도의 내용

법원은 공개대상자 중 ① 아동·청소년대상 성폭력범죄를 저지른 자, ② 아동·청소년대상 성폭력범죄를 범하였으나 「형법」 제10조 제1항에 따라 처벌할 수 없는 자로서 등록대상 성폭력범죄를 다시 범할 위험성이 있다고 인정되는 자 중 어느 하나에 해당하는 자에 대하여 판결로 공개명령 기간 동안 고지정보를 고지대상자가 거주하는 읍·면·동의 지역주민에게 고지하도록 하는 명령을 아동·청소년대상 성범죄 사건의 판결과 동시에 선고하여야 한다. 다만, 아동·청소년대상 성범죄 사건에 대하여 벌금형을 선고하거나 피고인이 아동·청소년인 경우, 그 밖에 신상정보를 공개하여서는 아니 될 특별한 사정이 있다고 판단하는 경우에는 그러하지 아니하다(제38조의2 제1항). 이에 따른 고지명령은 ① 집행유예를 선고받은 고지대상자는 신상정보 최초 등록일부터 1개월 이내, ② 금고 이상의 실형을 선고받은 고지대상자는 출소 후 거주할 지역에 전입한 날부터 1개월 이내, ③ 고지대상자가 다른 지역으로 전출하는 경우에는 변경정보 등록일부터 1개월 이내의 기간 이내에 하여야 한다(제38조의2 제2항). 한편 고지하여야 하는 고지정보는 ① 고지대상자가 이미 거주하고 있거나 전입하는 경우에는 제38조 제3항의 공개정보(다만, 제38조 제3항 제3호에 따른 주소 및 실제거주지는 상세주소를 포함한다) ② 고지대상자가 전출하는 경우에는 제1호의 고지정보와 그 대상자의 전출 정보이다(제38조의2 제3항).

이와 같은 고지명령의 집행은 여성가족부장관이 하기 때문에(제38조의3 제1항), 법원은 고지명령의 판결이 확정되면 판결문 등본을 지체 없이 여성가족부장관에게 송달하여야 한다(제38조의3 제2항). 법무부장관은 고지대상자가 출소하는 경우 출소 1개월 전까지 고지대상자의 출소 예정일과 고지대상자의 출소 후 거주지 상세주소의 정보를 여성가족부장관에게 송부하여야 한다(제38조의3 제3항). 여성가족부장관은 고지명령의 집행에 관한 업무 중 고지정보의 우편송부에 관한 업무를 고지대상자가 실제 거주하는 읍·면사무소의 장 또는 동 주민자치센터의 장에게 위임할 수 있는데(제38조의3 제4항), 위임을 받은 고지대상자가 거주하는 읍·면사무소의 장 또는 동 주민자치센터의 장은 고지정보를 관할구역에 거주하는 아동·청소년의 친권자 또는 법정대리인이 있는 가구에 우편으로 송부하여야 한다(제38조의3 제5항).

2. 신상정보 등록 및 고지제도의 평가

1) 긍정적인 평가

신상정보 등록 및 고지제도는 성범죄자의 지속적인 관리로 또 다른 청소년 대상 성범죄를 차단하고 지역사회의 안전을 강화하기 위한 목적[39]을 가지고 있다. 이는 특정 성범죄자에 대한 지속적인 감시를 통하여 재범에 나아가지 못하도록 심리적인 압박을 하여 범죄를 예방하려는 일반예방적 기능과 특별

---

39) 국가청소년위원회, "「청소년의 성보호에 관한 법률」 개정안 설명자료", 2007. 4, 25면.

예방적 기능을 아울러 가지고 있는 제도이다. 그러므로 범죄로부터 사회를 보호하기 위하여 부과되는 형벌 이외의 형사제재인 보안처분의 일종으로 파악된다.

먼저 성범죄자의 신상정보 등록을 의무화하는 제도는 성범죄 사건 발생 시에 경찰 등의 수사기관이 용의자를 선별하고 수사계획을 수립하는 데 도움을 줌으로써 수사기관의 수사력을 향상시킬 수 있을 것이다. 실질적으로 형사제재를 집행하는 기관인 경찰서 등에서 신상정보를 관리하기 때문에 이미 형사절차를 통해 동일한 자료를 획득할 수 있다는 점에서, 또한 등록된 정보는 결국 수사자료로 활용될 가능성이 높다는 점에서 공개제도와는 달리 범죄인의 인격권 침해의 소지가 줄어든다. 특히 범죄자에 대한 자료의 수집은 이미 다양한 영역에서 시행되고 있으며, 수사기관에서는 범죄인의 인적사항과 죄명 등을 관리하는 전과제도를 시행하고 있으므로 위헌의 소지가 신상정보 공개제도에 비하여 훨씬 줄어든다고도 할 수 있다.[40] 또한 경찰은 평상시에도 범죄자의 관리 등을 위하여 체계적인 네트워크를 운영하고 있기 때문에 성범죄자에 대한 관리가 추가된다고 하여도 그리 큰 부담이 되는 것은 아니다.[41] 또

---

40) 등록정보의 내용은 일반적으로 수사과정에서 본인의 확인을 위하여 수사기록에 기록되어 있는 내용들과 유사한 것이다. 이러한 등록정보는 공공기관에서 수사를 위한 목적으로 활용되는 경우가 대부분일 것이고, 이러한 내용을 유죄의 판결을 받은 대상자라면 수사과정에서 이미 기록화될 수 있는 자료에 해당한다.

41) 이경재, "영국의 성범죄자 등록제도와 그 도입 여부에 관한 제언", 『형사정책연구』 제15권 제3호, 한국형사정책연구원, 2004. 가을, 220-221면. 영국의 소위 사라법(Sarah's Law)의 제정 사례는 공공의 안전과 범죄인의 인격권이 어떻게 조정되어야 하는지에 대한 하나의 본보기가 될 수 있다. 1997년에 영국 의회가 통과시킨 성범죄자법(Sex Offender Act of 1997)은 일반적인 통지제도는 규정하지 않고, 그 대신 경찰이 예외적인 경우 그 지역에 거주하는 아동 성범죄자에 관한 정보를 학교나 기타 특정인에게 통지할 수 있도록 하는 규정만 두고 있었다. 그리고 이에 관한 영국 내무부의 실무지침에 의하면, 경찰은 사안별로 범죄의 위험성을 구체적으로 판단하여 단지 예외적으로만 정보를 공개할 수 있을 뿐이었다. 그런데 2000년 7월에 사라 패인(Sarah Payne)이라는 8살 난 소녀가 실종 16일 만에 성폭행 후 살해된 채로 발견되는 사건이 발생하였고, 이에 영국의 시민들은 의회에 더욱 엄중한 조치를 마련할 것을 부르짖으며 메건법과 같은 일반적인 통지제도를 도입하라고 촉구하였다. 그러나 들끓는 여론에도 불구하고 영국 의회는 2000년 말에 성범죄자법에 대한 개정안을 통과시키면서 끝내 일반적인 통지제도는 도입하지 않았다. '사라법'이라고 이름 붙여진 동 개정법은 그 대신 단지 지역별 성범죄자들의 숫자만 일반인들에게 공개할 수 있도록 하였다. 이는 한편으로는 성범죄자가 신상공개로 인해 사회적 박해를

한 신상정보 등록제도를 통하여 성범죄자 자신에게 해당 정보의 등록의무와 변동 시 갱신의무를 부과함으로써 처벌적 성격이 강한 신상공개제도의 기능에 범죄예방적 기능을 보다 보완하는 효과가 있을 것으로 기대된다.42) 이러한 점으로 인하여 미국43) 메건법의 경우, 출소한 성범죄자를 계속해서 추적하기 위한 '등록제도'가 우선적인 것이고, '지역사회에의 통지'는 부차적이다.44) 성범죄자에게는 자신의 정보가 이미 수사기관 등에 등록되어 있다는 사실 그 자체만으로도 일종의 범죄억제력으로 작용할 수 있을 것이다. 한편 신상정보 공개제도와 달리 신상정보 등록제도에서는 소유차량의 등록번호도 관리의 대상으로 하는 특징이 있다. 이와 관련하여 소유차량의 등록번호를 등록대상으로 하는 것에 대한 부정적인 시각45)도 있으나, 범죄 발생 시 CCTV 등에 의해 촬

당할 위험에 노출되는 것을 피하면서, 다른 한편으로는 일반대중에게 그 지역에 성범죄의 위험이 있음을 주의시키기 위함이었다. 즉, 영국 의회는 일반적인 통지제도에 대한 반성적 고찰 끝에 유권자들의 목소리에 쉽게 쏠리지 않고 아동의 보호에 관한 이익과 성범죄자의 정상적인 사회복귀에 관한 이익을 나름대로 조화롭게 절충하고자 했던 것이다.

42) 이용식, "성범죄자 신상정보등록 및 공개제도에 대한 재검토-「청소년의 성보호에 관한 법률」의 개정내용을 중심으로-", 『피해자학연구』 제14권 제2호, 한국피해자학회, 2006. 12.

43) 미국의 경우 성범죄가 흉악해지고 그 위험성이 커지면서 등록제도와 공개제도를 결합하여 하나의 법률이 제정되었는데, 1990년 워싱턴 주에서 지역사회보호법이 그것이다. 동시에 워싱턴 주는 교도소 출소 후에도 치료처분을 받아야 하는 자를 의미하는 '성폭력 흉악범 (sexually violent predators: SVD)'이라는 개념을 고안하였다. 지역사회보호법의 목적은 지역사회에 살고 있거나 살게 될 성범죄자에 대한 정보를 지역사회에 적절히 고지하는 것인데, 위험의 정도를 3단계로 나누고 있다. 1단계는 재범의 위험성이 아주 낮은 경우로 신상정보의 등록만 강제되고 형사사법기관 내부에만 한정되어서 정보활용이 이루어진다. 2단계는 재범의 위험성이 중간정도인 경우로 공개가 학교, 사회단체, 청소년단체 등에 제한되어서 이루어지며, 3단계는 재범의 위험성이 가장 높은 정도로 지역사회에 공개된다. 또한 1994년에 제정된 워터링법은 성범죄자 및 아동에 대한 유괴범의 신상을 형사사법기관이 보관, 관리하고 출소한 성범죄자의 등록정보를 공개할 것인가를 결정하는 데 재량권을 주고 이를 필수요건으로 하지는 않았다.

44) 그리고 등록의무자에게 매년 또는 90일마다 정기적으로 등록정보를 갱신할 의무를 부과하는 등 최신의 정보를 확보하기 위한 제도적 장치를 마련하고 있으며, 등록기간은 최단 5년, 최장 평생으로서 상당히 장기간이다. 한편, 지역사회에의 통지제도는 잠재적 피해자들에게 성범죄자의 출소사실을 통지하여 그를 경계하게 하는 데 초점이 있다. 그리하여 등록 및 통지는 성범죄자의 출소시점을 기준으로 이루어지며, 사진·주소 등 자세한 신상정보가 제공된다.

45) 김혜정, 앞의 논문, 880면. 김혜정 교수는 만약 등록 대상자가 타인 소유의 차량을 운행하거나 자신 소유의 차량을 타인에게 넘겨준 경우, 실질적으로 등록정보로서의 의미를 담고

영된 차량의 조회를 통해 당해인이 그 지역에 존재하였다는 사실 확인 차원에서 필요한 정보로 취급하는 것이 타당하다고 본다.

다음으로 신상정보 고지제도는 신상정보 공개제도와 달리 주소 및 실제거주지의 경우 상세주소를 포함하여 고지하기 때문에 보다 확실한 인적사항이 한정된 범위의 지역주민들에게 공개되는 효과가 있다. 그러므로 바로 옆집에 사는 이웃이 성범죄자라는 사실을 인식할 수 있게 되어 사전차단효과 및 기피의 대상으로 주의를 요할 수 있게 된다. 신상정보 공개제도의 경우 전국적인 규모로 공개가 되고, 성범죄자의 신상정보 중 주소 등의 경우 읍·면·동까지만 언급되기 때문에 그 실효성이 크지 않다는 점에 대한 보완책으로 등장한 제도라고 평가할 수 있다.

2) 부정적인 평가

신상정보 공개제도를 대체하는 방안으로서 활용될 수 있는 신상정보 등록 및 고지제도도 몇 가지의 측면에서 문제점이 제기된다. 먼저 신상정보 등록제도의 경우 아동대상 성범죄에 해당하기만 하면 재범의 위험성을 불문하고 등록의 대상으로 정하고 있어서 그 포괄적인 범위가 문제될 수 있다. 다만, 제10조의 죄[46]는 제10조의 죄로 2회 이상 유죄판결을 받은 경우이거나 대상아동·청소년이 13세 미만인 경우에 한하고 있는데, 이는 청소년성매수죄의 불법성을 다른 유형의 청소년 대상 성범죄의 불법성과 비교하여 차별을 둔 것이다. 또한 유죄판결을 받은 자를 공개의 대상이라고 하면 그 범주에는 중한 범죄뿐만 아니라 사안의 경미성으로 인하여 집행유예 내지 벌금형에 처해진 범죄까지도 포함되는 상당히 광범위한 범위를 내포하고 있다.[47] 범죄의 경중에 대한

있다고 볼 수 없다고 하나, 이러한 극히 예외적인 상황으로 인하여 대다수의 상황을 간과하는 것은 무리가 있다고 본다.

46) 「청소년성보호법」 제10조 (아동·청소년의 성을 사는 행위 등) ① 아동·청소년의 성을 사는 행위를 한 자는 5년 이하의 징역 또는 3천만 원 이하의 벌금에 처한다. ② 아동·청소년의 성을 사기 위하여 아동·청소년을 유인하거나 성을 팔도록 권유한 자는 1년 이하의 징역 또는 1천만 원 이하의 벌금에 처한다.

구체적인 판단이 없이 단지 아동을 대상으로 하는 성범죄를 저질렀다는 이유만으로 '모든' 유죄판결에 대하여 '필요적'으로 등록을 결정하는 것은 문제가 있다. 한정된 자원 활용의 선택과 집중이라는 측면에서 보았을 때 너무 많은 수의 성범죄자를 관리·감독의 대상으로 선정하는 것은 그만큼 중요한 성범죄자에 대한 그물망의 틈새를 넓히는 결과를 초래할 수 있기 때문이다.

다음으로 신상정보 고지제도의 경우에도 아동·청소년대상 성폭력범죄를 저지른 자에 해당하기만 하면 재범의 위험성을 불문하고 고지를 하고 있어서 고지의 대상이 너무 광범위하다는 문제가 발생한다. 다만 아동·청소년대상 성폭력범죄를 범하였으나 「형법」 제10조 제1항에 따라 처벌할 수 없는 자인 경우에는 등록대상 성폭력범죄를 '다시 범할 위험성이 있다고 인정'되는 자를 고지의 대상으로 하여 재범의 위험성을 판단하고 있지만, 이는 범죄가 성립되지 않는 경우에도 고지를 하기 위한 조건으로서 전자의 경우와 동일하게 평가할 수는 없다. 이와 관련하여 아동·청소년대상 성범죄 사건에 대하여 벌금형을 선고하거나 피고인이 아동·청소년인 경우, 그 밖에 신상정보를 공개하여서는 아니 될 특별한 사정이 있다고 판단하는 경우에는 고지의 대상에서 제외하고 있다. 이러한 예외조항은 행위의 불법성을 판단하여 벌금형에 해당하는 비교적 경미한 범죄의 경우에는 고지의 대상에서 제외시키는 역할을 하는데, 이의 반대해석에 의하면 자격정지 이상의 경우에는 중대한 범죄로 파악하여 고지의 대상으로 하고 있는 것으로 보인다. 하지만 아동·청소년을 대상으로 한 성폭력범죄로 인한 자격정지 이상의 형 선고 자체만으로 신상정보의 고지제도를 정당화하기에는 무리가 있다고 본다. 일정한 형벌의 선고 이상을 그 대상으로 함으로써 대상자의 범위는 줄어드는 효과는 있겠지만, 이에 해당하는 대상자 모두가 심각한 범죄자로 취급되는 것은 불합리하기 때문이다. 한편 주소, 실제거주지, 직업의 소재지 및 직장의 소재지 등은 사회안전의 도모라는 측면에서 요구되고 있으나, 너무 자세한 경우에는 대상자를 지역사회에서 완전히 추방하는 성격을 띠고 있으므로 그 범위선정에 신중을 기해야 하겠다.

---

47) 김혜정, 앞의 논문, 877면.

마지막으로 신상정보 등록 및 고지제도의 가장 근본적인 문제점은 성범죄자의 관리기준을 단계별 위험도에 따라 차별화하지 않고 획일화하고 있다는 점이다.48) 범죄자들의 위험성 정도에 따라 관리 및 고지의 정도는 달라야 한다. 따라서 이를 판단하기 위한 기준을 설정하는 것이 무엇보다 중요한데, 위험성의 정도에 대한 판단은 결국 행위 자체의 불법성 및 재범의 위험성 등으로 귀결될 것이다. 참고로 (구)「청소년성보호법」상에서 행해지던 신상공개제도의 경우 대상자 선정 시 당시 청소년보호위원회의 심의과정을 거쳐 100점 만점에 60점 이상의 불법점수를 획득한 자만을 공개한 사례는 좋은 본보기가 될 수 있다. 이와 같은 기준으로 분류된 대상자들에 대해서 등록을 통한 관리 및 감독의 정도, 고지의 유무와 정도 등에 대한 개별적인 검토가 이루어져야 하겠다.

Ⅳ. 글을 마치며

청소년의 성보호라는 목적은 우리 사회에 있어서 가장 중요한 공익의 하나라고 할 것이다. 이를 위하여 특정 성범죄자의 경우 형벌의 가중, 신상정보의 등록, 신상정보의 고지, 신상정보의 공개, 위치추적 전자장치 부착, 화학적 거세,49) 보호관찰, 치료프로그램의 수강명령, 공소시효의 정지 및 연장, 비친고죄의 인정, 상습범 가중처벌조항의 신설, 음주감경사유의 배제 등 수많은 형사법적 효과를 부과하고 있거나 할 예정이다. 하지만 그동안 성폭력범죄에 대한 대책이 만족스러운 결과를 낳을 수 없었던 것은 기존의 성폭력범죄방지정책이 가지고 있는 문제점을 보완하라는 과제와 다른 범죄와 달리 그 이면에

---

48) 同旨 권오명, "청소년 성매매에 대한 입법적 고찰", 『법학연구』 제20집, 한국법학회, 2005. 11, 512면.

49) 16세 미만의 사람에 대하여 성폭력범죄를 저지른 성도착증 환자로서 성폭력범죄를 다시 범할 위험성이 있다고 인정되는 사람에 대하여 성충동 약물치료를 실시하여 성폭력범죄의 재범을 방지하고 사회복귀를 촉진하는 것을 목적으로 하는 「성폭력범죄자의 성충동 약물치료에 관한 법률」이 2010. 7. 23. 공포되어, 2011. 7. 24. 시행을 앞두고 있다.

있는 원인분석을 통하여 다각도로 대응책을 모색해야만 한다는 과제를 새롭게 안겨주고 있는 것이다.

가장 중요한 것은 문제의 원인을 찾아 적절하고 실효성 있는 조치들을 취함으로써 아동대상 성범죄 자체가 발생하지 않도록 예방하는 것이다.[50] 하지만 이를 위한 청소년 대상 성범죄자에 대한 전문적인 교정 인력의 부족 등 물적·인적 시설이 미비하고, 청소년들의 성에 대한 지나친 개방적 사고와 배금주의적 행태, 성을 상품화하는 잘못된 소비풍조, 어른들의 왜곡된 성의식 등 사회문화적 부문에서의 보다 근본적이고 전반적인 개선에는 많은 시간과 노력이 걸린다. 그러므로 예방을 위한 위와 같은 거시적인 차원의 접근과 동시에 미시적인 차원에서의 현 제도를 보다 효율적으로 운영하는 것이 요구된다. 특히 형벌이나 신상공개와 같은 처벌 일변도가 아니라 성범죄자의 치료, 효율적 감시 등과 같은 다양한 수단들을 종합적으로 활용하는 것이 얼마든지 가능하다. 결론적으로 현행 신상정보 공개제도는 제도 자체의 정당성 및 효율성의 측면에서 그 효과를 인정할 수 없기 때문에 폐지되어야 마땅하며, 이를 대신하여 신상정보 등록 및 고지제도에 대한 보완작업을 거쳐 적극 활용하여야 할 것이다.

---

50) 표창원, "아동성범죄 방지를 위한 형사정책적 대안 모색", 『형사정책』 제21권 제2호, 한국형사정책학회, 2009. 12, 11면.

제11장 사면제도의 적절한 운영방안에 관한 연구
-사면심사위원회 등에 의한 통제를 중심으로-

Ⅰ. 문제의 제기

현행 「헌법」 제79조 제1항 및 제2항에 의하면 대통령은 법률이 정하는 바에 의하여 사면·감형 또는 복권을 명할 수 있고, 일반사면을 명하려면 국회의 동의를 얻어야 한다.[1] 이는 1948년 7월 17일 제정된 「제헌헌법」 제63조(대통령은 법률의 정하는 바에 의하여 사면, 감형과 복권을 명한다. 일반사면을 명함에는 국회의 동의를 얻어야 한다)의 내용과 대동소이한 규정인바, 이러한 「헌법」에 따라 「사면법」은 1948년 8월 30일 법률 제2호로 제정된 이후, 2007년 12월 21일 법률 제8721호로 한 차례의 개정을 통하여 현재에 이르고 있다.[2] 대통령의 사면권은 국가원수로서의 통치권 행사이기는 하지만 한편으로는 국가사법작용에 대한 예외적인 조치이기 때문에 그 행사는 제한적이고 신중하게 하여야 한다는 점을 고려하여, 법무부장관이 대통령에게 특별사면, 특정한 자에 대한 감형 및 복권을 상신할 때에 사면심사위원회의 심사를 거치도록 하기 위하여 법률 제정 후 약 60여 년 만에 제1차 개정이 이루어졌을 뿐 나머지의 내용은 제정 당시의 내용을 그대로 유지하고 있다. 제1차 개정 「사면법」에 따라 「사면법 시행령」이 2008년 3월 21일[3] 대통령령 제20755호로 제정되어 익일부터 시행되고 있는데, 이는 「사면법」 제10조의2 제5항에 따라 사면심사위원회의 심사과정 및 심사내용의 공개시기·공개범위와 공개방법에 관한 사항을 규정함을 목적으로 하고 있다(「사면법 시행령」 제1조). 또한 「사면법 시행규칙」이 2008년 3월 27일 법무부령 제637호로 제정되어 공포한 날로부터 시

---

* 『교정연구』 제51호, 한국교정학회, 2011. 6. 253면.

1) 한편 현행 「헌법」 제79조 제3항에 의하면 사면·감형 및 복권에 관한 사항은 법률로 정한다고 규정하고 있으나, 이는 동조 제1항의 내용과 중첩되는 내용으로서, 불필요한 부분으로 평가할 수 있다.

2) 이후 2008년 8월 14일 주광덕 의원이 대표발의한 「사면법 일부개정법률안」(의안번호 1800632)과 2010년 2월 11일 박영선 의원이 대표발의한 「사면법 일부개정법률안」(의안번호 7597호), 박선영 의원 대표발의안, 우윤근 의원 대표 발의안, 정부발의안 등 「사면법」과 관련하여 총 5개의 법률안이 현재 국회에 계류 중에 있다.

3) 제1차 개정 「사면법」이 공포 후 3개월이 경과한 날로부터 시행되었기 때문에, 2008년 3월 22일부터 「사면법 시행령」이 시행되었다.

행되고 있는데, 이는 「사면법」 제10조의2 제8항에 따라 사면심사위원회에 관하여 필요한 사항을 규정함을 목적으로 하고 있다(「사면법 시행규칙」 제1조).

이와 같이 「헌법」과 「사면법」 등 법령에 규정되어 있는 사면은 국가형벌권을 행사할 법적 요건이 갖추어진 사안에 대해서 형벌권 행사를 저버리는 것이기 때문에, 이것이 정치적으로 남용되면 국가형벌권의 자의적 행사에 속하게 된다.4) 또한 대통령의 사면권은 사법권에 대한 중대한 제약이기 때문에 그 행사에는 일정한 한계가 있고,5) 이러한 한계는 적절한 사전·사후의 통제가 있음으로 인하여 비로소 달성될 수 있는 것이다. 사면은 단순히 법치국가적 절차에 따라 내려진 각종 형벌과 제재, 즉 법치국가적 절차의 결과만을 백지화하는 것이 아니라 그 절차 자체의 의미를 손상시킨다는 점에 문제의 심각성이 있기 때문에,6) 이러한 통제수단의 확보는 무엇보다 중요한 일이다. 하지만 현행법령은 이와 같은 법적 장치가 제대로 완비되어 있다고 볼 수 없는 데서 그 문제의 심각성이 더욱 커지게 된다. 따라서 이러한 문제점에 대한 인식을 바탕으로 본 논문에서는 사면제도의 내용과 필요성 및 현황을 간략히 살펴보고(Ⅱ), 현행 사면제도의 문제점을 구체적으로 분석한 다음(Ⅲ), 사면제도가 보다 법치국가적 관점에 부응하기 위한 수단으로서 사전 및 사후 통제방안의 강화방안을 모색해 보기로 한다(Ⅳ).7)

---

4) 김성천, "12·12와 5·18사건의 책임자 처벌 관련 문제점 연구", 『중앙법학』 제11집 제4호(통권 제34호), 중앙법학회, 2009. 12. 212면.

5) 김성천, "사면권의 법적 한계", 『법정논집』 제35권, 1999. 12. 58면; 이석연, "대통령의 사면권행사의 한계-바람직한 논의를 위하여-", 『시민과 변호사』 제40호, 서울지방변호사회, 1997. 5. 81면.

6) 장영수, 『헌법학』(제2판), 법문사, 2007. 1191면.

7) 협의의 사면인 일반사면·특별사면과 더불어 감형과 복권 등을 포함하여 일반적으로 광의의 사면이라고 한다. 하지만 본 논문에서는 편의상 일반사면, 감형, 복권 등에 대하여는 글의 전개상 필요한 경우가 아닌 한 별도의 논의를 진행하지 않기로 한다. 왜냐하면 사면제도 문제의 핵심은 특별사면과 관련하여 대부분 논의되기 때문이다.

Ⅱ. 사면제도의 의의 및 현황

1. 사면제도의 의의

1) 사면제도의 내용

먼저 대통령이 일반사면을 하기 위해서는 먼저 국무회의의 심의를 거쳐(「헌법」 제89조 제3호 및 동조 제9호), 국회의 동의를 받은 다음(「헌법」 제79조 제2항), 대통령령[8]으로서 행하여야만 한다(「사면법」 제8조 제1항). 대통령령으로서 공포된 일반사면은 범죄의 종류를 정하여 해당 범죄를 범한 모든 자에 대하여 행하는 것으로서, 형의 선고[9]의 효력이 상실되며 형의 선고를 받지 않은 자에 대하여는 공소권이 상실된다. 단, 특별한 규정[10]이 있을 때에는 예외로 한다(「사면법」 제3조 제1호, 동법 제5조 제1항 제1호, 동법 제8조 제2항). 하지만 형의 선고에 의한 기성의 효과는 변경되지 아니한다(「사면법」 제5조 제2항). 일반사면의 효과에 대해서는 두 가지의 경우로 나누어 볼 수 있는데, 먼저 범죄를 범하였으나 아직 기소되지 않은 경우에는 공소권이 상실되므로 공소권 없음을 이유로 불기소처분을 하고, 다음으로 기소되어 법원에서 재판을 받고 있는 경우에는 판결로서 면소의 선고[11]를 한다(「형사소송법」 제326

---

8) 일반사면은 포괄적·일반적 성격을 띠고 있다는 점 및 우리나라의 사면현실에서 나타나는 제반 문제점에 비추어 볼 때 대통령령에 의하기보다는 외국의 입법례와 같이 법률의 형식으로 하는 것이 바람직하다는 견해(김성천, 앞의 논문, 각주 4, 215면; 변종필, "사면의 법리와 사면권행사의 법치국가적 한계", 『형사법연구』 제12호, 한국형사법학회, 1999. 303면)도 있다. 특히 김성천 교수는 특별사면 제도 자체의 폐지를 주장하고 있다.

9) 「사면법」 제5조 제1호에 의하면 '형의 언도'라는 표현을 사용하고 있으나, 이는 1948년 「사면법」 제정 당시의 용어로서 현재는 '형의 선고'라는 표현이 보다 일반적이라고 할 수 있으므로, 보다 쉬운 문장으로의 개정이 요구된다고 하겠다.

10) 이에 대한 대표적인 경우는 현재 국회에 계류 중인 법안인 사형제폐지에 관한 법률'의 내용 중 절대적 종신형의 선고 시 사면이 불가능하도록 한 규정을 들 수 있다.

11) 제1심이 이를 간과하고 유·무죄의 실체판결을 한 경우에는 항소심은 항소이유에 포함되어 있지 않더라도 직권으로 제1심 판결을 파기하고 다시 면소판결(파기자판)을 하여야 한다. 제1심 판결선고 당시에는 일반사면이 되지 않았다가 항소심에 이르러 비로소 일반사

조 제2호).

다음으로 대통령이 특별사면을 하기 위해서는 먼저 법무부장관의 상신이 있어야 하는데(「사면법」제10조 제1항), 상신 전에 사면심사위원회의 심사를 '반드시' 거쳐야 한다(「사면법」제10조 제2항). 사면심사위원회제도는 제1차 개정 「사면법」제10조의2에서 법무부장관의 특별사면 등의 상신이 적정하게 이루어질 수 있도록 심사·자문함을 목적으로 법무부장관 소속으로 신설된 것이다(「사면법」제10조의2 제1항, 「사면법 시행규칙」제2조). 한편 형의 집행을 지휘한 검찰청의 검찰관과 수형자의 재감하는 형무소장이 특별사면을 제청코자 하는 때에는 사유를 갖추어 검찰총장에게 보고할 수 있고(「사면법」제12조 제1항), 검찰총장은 직권, 형의 집행을 지휘한 검찰청검찰관의 보고 또는 수형자가 재감하는 형무소장의 보고에 의하여 법무부장관에게 특별사면의 상신을 할 것을 신청할 수 있다(「사면법」제11조). 이러한 일련의 과정을 거쳐 법무부장관의 상신이 있게 되면, 국무회의의 심의를 거쳐(「헌법」제89조 제9호), 대통령이 결정하는 절차를 거친다(「헌법」제79조 제1항, 「사면법」제9조). 특별사면은 이미 형의 선고를 받은 특정인에 대하여 행하는 것으로서, 형의 집행이 면제된다. 단, 특별한 사정이 있을 때에는 이후 형의 언도의 효력을 상실케 할 수 있다(「사면법」제5조 제1항 제2호). 하지만 일반사면과 마찬가지로 형의 선고에 의한 기성의 효과는 변경되지 아니한다(「사면법」제5조 제2항). 즉, 사면은 그것이 행해진 때를 기준으로 장래에 대해서만 그 효력이 발생하기 때문에 소급효가 인정되지 아니한다.[12]

면이 된 경우에도 항소심은 제1심 판결을 직권으로 파기하고 다시 면소판결을 하여야 할 것이다. 그러나 어느 범죄사실에 대하여 원심이 공소기각의 판결을 하였는데 그 후에 그 죄가 또 사면된 경우에는 상소심으로서는 원심의 공소기각의 판단이 옳다면 그대로 유지하여야 할 것이다. 왜냐하면 면소판결의 법적 성질은 실체관계적 형식재판인 반면에 공소기각의 재판은 형식적 종국재판이므로 형식적 종국재판을 먼저 판단하여야 하기 때문이다(김병운, "일반사면에 관련된 문제점에 대한 소고", 『형사재판의 제 문제 제1권』, 형사실무연구회, 1997. 444-445면).

12) 그러므로 벌금·과료·몰수·추징 등을 선고받은 자가 이미 벌금 등의 전부 또는 일부를 납입한 후에 사면을 받더라도 납부한 금액은 환부되지 아니한다(김병운, 앞의 논문, 452면).

2) 사면제도의 필요성

사면은 형법으로 대체할 수 없는 일정한 기능을 가지기 때문에 정당성 내지 필요성을 가진다. 완벽한 법은 존재하지 않고 모든 법에는 문제점이 내재되어 있기 마련인데, 이는 형법의 영역에서 특히 심각하다. 그러므로 사면제도는 입법, 법원의 사실인정, 법해석, 양형상 등의 문제점에 대하여 다른 방법으로 는 더 이상 시정할 수 없는 오류를 제거하기 위한 장치로서 형사범죄에서 법과 판결의 효력을 교정해 주는 기능을 갖는다.[13] 특히 사면은 위기상황에서 형법체계의 부담을 빨리 덜어주는 중요한 역할을 하기도 한다.[14] 형법이 목표하는 이념과 윤리·종교·정치 등이 목표하는 이념이 각각 다를 수 있고, 각 법률 간에도 그 이념이 다르기 때문에 이러한 갈등관계의 조정장치가 필요하다. 그러므로 사면제도는 법률보다도 더 높은 가치가 존재한다는 것을 상징적으로 표현하는 것이기도 하다. 또한 법률의 경직성, 재심사유에 해당하지 않을 정도의 판단의 착오 또는 사정의 변경에 의해 기존의 판결이나 형벌을 변경해야 할 필요성이 있다. 즉 과거의 재판 또는 법률이 급변하는 시대상황에 비추어 적합하지 않다고 판단될 때에 대통령의 결단으로서 법치주의의 경직성을 완화하여 사회정의의 실현과 국민통합을 위한 수단으로 활용되어야 한다. 이상과 같은 이유로 사면이란 권력분립의 원칙에 대한 예외이지만 헌법내재적 한계 속에서 기능하는 한, 그 정당성과 필요성 자체는 대체적으로 인정되고 있다.

2. 사면제도의 현황

지금까지 일반사면[15]은 1948년 9월 27일, 1961년 6월 6일, 1962년 5월 16일,

---

13) 박진애, "우리나라와 독일의 사면제도 비교", 『국회도서관보』 제48권 제2호(통권 제379호), 국회도서관, 2011. 2. 77면.

14) 정현미·황지태, 『사면제도의 현황과 재조명』, 한국형사정책연구원, 2003. 12. 56면.

15) 1948년 9월 27일의 제1차 사면부터 2003년 8월 15일의 제87차 사면까지의 구체적인 내

1963년 8월 15일, 1963년 12월 26일, 1981년 1월 31일, 1995년 12월 2일 등 총 7차례 실시되었다. 제1차 일반사면은 광복과 건국의 기쁨을 국민과 함께 하고 자 단행한 것으로서, 사면제도의 본질에 가장 충실한 사면이라고 평가된다. 하지만 제2차 내지 제5차 일반사면은 짧은 기간에 군사정권의 불법성을 완화하기 위하여 단행한 것으로서, 사면제도의 본질과 관련된 문제점을 드러내는 사면이라고 평가된다. 제6차 일반사면은 정국전환시기에 행해진 불법희석용으로 평가되며, 제7차 일반사면은 광복 50주년 경축기념 사면으로 평가된다.

일반사면이 드물게 이루어진 반면에 특별사면은 대통령취임, 광복절, 성탄절, 3·1절, 석가탄신일, 개천절 등 국가주요 행사 때 연례적으로 자주 실시되고 있다. 또한 그 규모면에서도 일반사면에 버금가거나 그 이상의 대상자가 혜택을 받고 있으며,[16) 주로 선거사범이나 부정부패에 연루되었던 전직 정치인 또는 공무원 등이 혜택을 받고 있는 형상이다. 가장 최근에 단행된 2010년 8월 15일의 제100번째 사면[17) 대상자 2,493명을 분류해보면 95%를 넘은 2,375명이 대선, 총선, 지방선거 등의 선거사범이고 일반 형사범과 외국인·불우수형자 등은 118명에 불과해 정치적 고려가 짙게 녹아 있는 사면이라는 해석을 할 수밖에 없다. 또한 특별사면을 받은 일반 형사범 가운데 81명이 전직 국회의원, 전직 고위공직자, 전직 지방자치단체장, 경제인 등이기 때문에 일반 형사범 가운데 순수 일반인은 고령, 신체장애, 질병으로 고통받는 37명에 불과하였다. 한편 지금까지 사면으로 혜택을 받은 사람의 수는 약 1,280만 명에 달하며, 최근 정권의 사면 현황을 살펴보면 김영삼 정권 9회, 김대중 정권 8회, 노무현 정권 8회, 이명박 정권 5회 등이다.

용에 대하여는 정현미·황지태, 앞의 논문, 20-43면 참조.

16) 대표적으로 1993년 3월 6일 문민정부 출범기념 특별사면에서는 41,886명, 2000년 8월 15일 광복절 기념 특별사면에서는 30,647명 등이 혜택을 입었다.

17) 정부는 광복 65주년을 경축하고, G20 정상회의를 앞둔 시점에서 화해와 포용으로 국력을 한데 모아 '더 큰 대한민국'으로 나아가는 전기를 마련하고자 2,493명에 대한 특별사면 및 전·현직 공무원 5,685명에 대한 징계면제를 실시하였다(법무부 보도자료, "광복 65주년 경축 특별사면 등 실시", 2010. 8. 13).

Ⅲ. 사면제도의 문제점

1. 사면권의 자의적 행사

1) 남용의 위험성

일반사면과 비교했을 때 상대적으로 특별사면에 대한 남용의 위험성이 훨씬 더 크고, 실제로도 그러한 남용이 상당수 있어 왔다. 예를 들어 1987년 11월 29일 승객 115명이 희생된 KAL기 폭파사건의 김현희는 대법원에서 1990년 3월 27일 사형이 확정되었지만 불과 보름 뒤인 1990년 4월 12일 특별사면으로 사형의 집행이 면제되고 석방되었던 사면, 전두환 전 대통령과 노태우 전 대통령에 대하여 대법원에서 1997년 4월 17일 무기징역, 징역 17년이 각각 확정되었지만 1997년 12월 22일 특별사면으로 형의 집행이 면제되고 석방되었던 사면,[18] 김영삼 전 대통령의 차남 김현철 씨에 대한 사면,[19] 선거법위반 혐의로 대법원에서 징역 10월의 실형이 확정된 자가 2개월여 동안 도피행각을 벌이다 검거되었다가 수감 1주일 만인 1998년 8월 15일 사면된 전(前) 부산 시의원에 대한 사면 등이 그 대표적인 예들이다. 만약 대통령이 사법부를 소중히 여기는 마음이 있고 법치주의를 조금이라도 생각하였더라면 단시간 내에 확정판결문을 휴지조각으로 만드는 우를 범하지는 않았을 것이다.

---

18) 이에 대하여 보다 자세히는 이철호, "「헌법」상 사면권과 전·노사면 논의에 대한 관건", 『아태공법연구』 제4집, 아시아태평양공법학회, 1997. 12. 참조.

19) 동 사면의 경우 특별사면 전에 미리 대법원 재상고를 취하하였던바, 이는 정권 핵심부와 김현철 씨 사이에 사면에 대한 사전교감이 있었기 때문에 가능한 것이었다. 또한 김대중 정부 때 국정원장을 지낸 신건 의원은 노무현 정권 말기인 2007년 12월 31일 사면되었다. 불법도청을 방관·묵인한 혐의로 기소된 그는 그해 12월 20일 항소심에서 집행유예를 선고받은 뒤 12월 27일 대법원에 상고했다가 바로 취하, 형이 확정되어 사면 대상에 포함되었다. 이는 형 확정 나흘 만에 사면받은 것이다. 당연히 청와대로부터 사면 언질을 받고 상고를 취하한 것으로 볼 여지가 많은 것이다. 왜냐하면 특별사면을 하려면 형이 확정되어야 하기 때문이다.

2) 정치적인 고려

일반사면은 대체로 새롭게 권력을 장악한 새로운 정치집단이 자신들이 추구하는 새로운 질서를 구축하기 위한 방편으로 활용되었다. 특히 제2차 일반사면부터 제6차 일반사면까지는 군사정권의 불법성을 정당화하기 위한 인기만회책으로 평가된다. 즉 국민들의 환심을 사기 위한 수단, 집권의 부당성에 대한 비난을 완화해 보기 위한 수단, 정권유지를 위한 수단 등의 목적으로 활용되었던 것이다. 일반사면의 경우에는 국회의 동의라는 절차가 필수적으로 요구되기 때문에 행정부의 권한행사에 입법부의 견제가 어느 정도 담보되어 있지만, 새로운 정권 특히 군사정권의 집권 당시에는 집권자가 국회를 장악하는 상황에서 일반사면에 대한 국회의 동의가 형식적으로 이루어지므로 정치적 상황을 고려한 일반사면이 보다 쉽게 이루어 질 수밖에 없다. 다만 제1차 일반사면은 식민시대의 부당한 법령과 그에 따른 재판으로부터의 과거청산의 의미와 독립 후 전환기에 따른 혼란을 막기 위하여 이루어졌다는 긍정적인 정치상황을 고려한 것이었다.[20] 특별사면도 마찬가지로 정치적인 이유에 의한 사면이 가장 문제가 됨에도 불구하고 실제에 있어서는 정치적으로 연루된 경우가 상당수를 차지하고 있다.

2. 일반사면성 특별사면의 행사

수백만 명에 이르는 대규모의 사면은 그 실질은 일반사면이지만 특별사면의 형식을 취하고 있다. 이는 국회의 동의를 거치지 않고 행사될 수 있는 수월성에 기인한 것인데, 일반사면을 해야 할 사안에 대하여 자의로 특별사면으로 처리한다면 국회의 권한을 무시하는 결과를 초래한다. 현행법상 특별사면의 대상자를 일정 수 이하로 제한하고 있지는 않지만,[21] 개개인의 특성을 고려하

---

20) 정현미·황지태, 앞의 논문, 25면.

21) 이에 대하여 「헌법」 및 「사면법」상의 특별사면은 특정소수인에 대한 사면으로 정의하고,

여 결정하는 특별사면 고유의 취지를 생각할 때 대규모의 특별사면은 입법부의 견제를 받지 않으려는 편법에 불과하다는 점을 인식해야 한다. 이러한 현상은 입법부의 권한에 대한 중대한 침해로서 권력분립의 원칙을 위반하는 것이기도 한다.

3. 특별사면에 대한 사전 통제장치 미흡

1) 부서제도 및 국무회의 심의의 형식적 운영

현행법령에 의하면 특별사면에 앞서 사면심사위원회에서의 심사, 법무부장관의 상신, 문서주의, 부서제도, 국무회의의 심의 등의 사전통제장치를 구비해 놓고 있지만, 이러한 제도들이 실질적으로 대통령의 자의적인 특별사면의 행사를 통제할 수 있는가에 대해서는 회의적인 시각이 많은 실정이다.

먼저 대통령의 사면권 행사에 대하여 국무총리와 관계 국무위원의 부서(대통령의 서명에 이어서 서명하는 것)를 요구하는 것은 대통령의 독단을 방지하기 위한 목적으로 인정되는 것이다. 하지만 부서제도는 통제기능보다는 책임소재확인기능이 더 강한 성격을 지니고 있다. 국무총리 또는 국무위원의 부서권에는 부서를 거부할 수 있는 실질적 심사권을 내포하고 있지만, 대통령이 정부구성권을 행사하는 현실에서 부서를 거부하는 각료를 언제든지 해임시킬 수 있는 보이지 않는 작용으로 인하여 형식적 심사에 머무르는 경향이 농후하다.22) 즉 부서제도는 국무총리와 관계 국무위원들이 현실적으로 대통령의 의사를 거부하기 어려운 점을 고려할 때 대통령의 권한행사에 대한 실효성 있는 통제수단이 되기는 어렵다고 본다.

일반사면을 죄의 종류를 정하여 하는 사면(불특정인에 대한 사면)과 불특정 또는 다수인에 대한 사면으로 해석해야 한다는 견해(오영근, "사면에 관한 비교법적 연구", 『교정연구』 제13호, 한국교정학회, 2001. 227면)도 있다.

22) 同旨 이금옥, "대통령의 사면권 행사의 법적 문제와 통제", 『헌법학연구』 제5권 제2호, 한국헌법학회, 1999. 10. 444면.

한편 국무회의의 심의는 대통령이 자의적으로 결정하지 않고 국무총리 및 여러 국무위원들의 의견을 충분히 수렴하여 최종적인 결정을 내리도록 하기 위한 제도이다. 하지만 대통령이 국무회의 심의에 구속되는 것은 아니기 때문에 국무회의의 심의가 대통령에 대한 실질적인 통제기능을 발휘하는 데에는 일정한 한계가 있다. 물론 심의과정에 참여한 국무위원들이 심의사항과 관련하여 어떠한 태도를 취하는지, 그리하여 최종적인 심의결론이 어떤 방향으로 이루어졌는지에 따라 사면권자의 결정에 다소간 심리적 영향을 미칠 수 있는 소지도 없지는 않다.23) 하지만 대통령은 심의결론에 법적으로 구속되지 않는다는 점에서 사면의 절차상 한계라고 평가하기에는 무리가 있다.

마지막으로 「헌법」과 「사면법」에 의하면 사면의 방식은 상향식으로 설정되어 있으나, 대부분의 실제 사면에 있어서는 오히려 하향식의 방식으로 진행되어 법규정의 원칙을 무시하고 있다. 즉 대통령은 검사, 교도소장, 검찰총장, 법무부장관 등으로 이어지는 상향식 라인을 거치지 않고 미리 특별사면을 결정하고 나서 이후에 사후동의를 받는 형식을 취했던 것이다.

2) 사면심사위원회가 행하는 심사의 형식적 운영

(1) 사면심사위원회의 구성원

현행 사면심사위원회는 위원장 1인을 포함한 9인의 위원으로 구성되는데(「사면법」 제10조의2 제2항), 위원장은 법무부장관이 되고, 위원은 법무부장관이 임명 또는 위촉하되, 공무원이 아닌 위원을 4인24) 이상 위촉하여야 한다(「사면

---

23) 변종필, 앞의 논문, 296면.

24) 서울행정법원 2008. 11. 13. 선고 2008구합31987 판결【정보공개거부처분취소】공무원이 아닌 4인 이상의 위원들이 광범위한 외부의 여론 및 로비에 노출될 수도 있고 이로 인하여 심사과정에 어느 정도 책임과 부담을 느낄 가능성도 있는 것으로 보인다. 그러나 근본적으로 그러한 우려는 학식과 경험이 풍부한 외에도 부당한 외부 여론이나 로비에 영향을 받지 않을 수 있는 객관적이고 공정하면서도 중립적인 위원들로 사면심사위원회를 구성하는 방법으로 해결할 문제일 뿐, 위원들에 관한 신상정보를 일체 공개하지 않아 국민적 관심이 큰 특별사면 등에 대한 심사과정이 밀실에서 은밀하게 이루어짐에 따라 위원들로 하여금 심의 결과에 대하여 아무런 책임과 부담을 느끼지 않게 함으로써 해결할 문제

법」 제10조의2 제3항). 위원 중 공무원이 아닌 위원의 임기는 2년으로 하며, 1회에 한하여 연임할 수 있다(「사면법」 제10조의2 제4항). 사면심사위원회 명단 및 약력을 공개하도록 한 2010년 1월 19일의 대법원 판결25)에 따라 2008년 5월 14일 사면심사위원회가 꾸려진 지 1년 8개월 만인 2010년 2월 2일 위원 명단이 일반에게 공개되었다.26) 사면심사위원회는 법무부 소속의 내부위원 5명27)과 외부위원 4명 등 총 9명으로 되어 있는데, 구체적으로 살펴보면 내부위원으로 법무부 장관, 법무부 차관, 법무부 검찰국장, 법무부 범죄예방정책국장, 대검찰청 기획조정부장 등이 있으며, 외부위원으로 유창종(변호사), 곽배희(한국가정법률상담소장), 권영건(재외동포재단 이사장), 오영근(한양대 법학전문대학원 교수) 등이 있다. 하지만 이 중 외부위원의 임기는 「사면법」 제10

는 아니다. 오히려 그 경우에는 대통령의 자의적인 사면권 행사를 견제할 제도적 장치가 필요하다는 국민들의 여망으로 탄생한 사면심사위원회가 대통령의 특별사면권 행사에 대하여 절차적이고 형식적인 합법성을 부여하는 들러리 역할을 하게 될 위험성이 더 크다고 할 것이다.

25) 사면심사위원의 생명·신체 및 재산에 관한 위험은 대통령이 특별사면 등의 대상자를 확정·공표하고 난 후 특정인이 특별사면 등의 대상에 포함되었거나 포함되지 못한 것에 불만을 품은 사람이 그 특정인에 대한 특별사면 등을 상신하는 심사과정에서 9인의 위원 중 누가 어떤 의견을 제시하였는지를 알지도 못한 상태에서 아무 위원에게나 폭언·협박 등의 위해를 가하리라는 가정하에 발생할 수 있는 것으로서 너무나 막연하고 추상적이어서 이러한 위험을 이유로 정보의 비공개를 정당화할 수 없다. 또한 국정 수행에 대한 국민의 건전한 비판은 장려되어야 하며 자유로운 의견 교환을 통하여 형성된 여론에 의한 민주적 통제가 오히려 자의적으로 남용될 가능성이 높은 사면권의 적정한 행사에 기여할 수 있다는 측면에서 보면, 사면 결과에 관한 대대적·집중적인 비난여론의 표적이 될 수 있다는 점은 정보의 공개를 거부할 정당한 사유가 되지 못한다. 따라서 피고가 2008. 8. 1. 원고에 대하여 한 "사면심사위원회 위원 9인의 명단과 약력"에 관한 정보공개거부처분을 취소한다. 同旨 대법원 2006. 12. 7. 선고 2005두241 판결【정보공개청구거부처분취소】사면대상자들의 사면실시건의서와 그와 관련된 국무회의 안건자료에 관한 정보는 그 공개로 얻는 이익이 그로 인하여 침해되는 당사자들의 사생활의 비밀에 관한 이익보다 더욱 크므로 구 「공공기관의 정보공개에 관한 법률」(2004. 1. 29. 법률 제7127호로 전문 개정되기 전의 것) 제7조 제1항 제6호에서 정한 비공개사유에 해당하지 않는다.

26) 법무부는 그동안 위원들에 대한 압력이 우려된다며 한사코 명단 공개를 거부해왔으나 경제개혁연대 연구원인 신 씨가 2008년 8·15 특별사면을 앞두고 법무부에 사면심사위원들의 명단 공개를 요청했다가 거부당하자 소송을 냈다.

27) 「사면법 시행규칙」 제4조(공무원인 위원의 승계): 「사면법」 제3조 제1호의 직위에 있는 자가 위원으로 임명된 경우 인사이동 등의 사유로 그 직위가 변동되었을 때에는 법무부장관이 달리 임명하지 아니하는 한 그 직위의 후임자가 위원직을 승계하는 것으로 본다.

조의2 제4항에 따라 2년이기 때문에 제1기 사면심사위원회 외부위원들의 임기는 2010년 5월 13일 종료되었고, 2011년 6월 현재 제2기 사면심사위원회 외부위원[김일수(한국형사정책연구원 원장), 홍철(대구경북연구원 원장) 등이 추가됨]들이 활동 중에 있다.

(2) 사면심사위원회 심사의 공개범위

사면심사위원회의 심사과정 및 심사내용의 공개범위[28]는 ① 위원회에서 특별사면의 상신이 적정[29]하다고 심사한 사안과 관련된 부분에 한하는 심의서,[30] ② 위원회에서 특별사면의 상신이 적정하다고 심사한 사안과 관련된 부분에 한하는 회의록[31]에 한정된다. 그리고 심의서와 회의록의 내용 중 개인의 신상을 특정할 수 있는 부분은 삭제하고 공개한다. 다만, 국민의 알권리를 충족할 필요가 있는 등의 사유가 있는 경우로서 위원회가 달리 의결한 경우에는 그에 따른다(「사면법 시행령」 제2조). 또한 공개할 수 있는 위원회의 심사과정 및 심사내용의 공개시기는 ① 위원회에서 특별사면의 상신이 적정하다고 심사한 사안과 관련된 부분에 한하는 심의서의 경우에는 '해당 특별사면을 행한 후부터 즉시', ② 위원회에서 특별사면의 상신이 적정하다고 심사한 사안과 관련된 부분에 한하는 회의록의 경우에는 '해당 특별사면을 행한 후 10년[32]이

---

28) 이는 사면심사위원회의 자의적 사면심사를 방지하기 위한 것이다(박달현, "사면의 정당성과 사면의 현대적 의의-개정 「사면법」에 대한 검토를 포함하여-", 『교정연구』 제40호, 한국교정학회, 2008. 12).

29) 그러나 특별사면 등의 상신이 부적정하다고 심사한 사안과 관련된 심의서를 함께 공개하도록 했을 경우에는 상신이 적정하다고 심사한 사안과 관련된 심의서만을 공개하도록 하였을 경우에 비해 사면심사가 더욱 신중하게 이루어질 가능성이 높아질 것이다.

30) 「사면법 시행규칙」 제10조(심의서) ② 심의서에는 위원회에서 특별사면등 상신의 적정성에 관하여 심사한 결과에 따라 심사대상자별로 적정 또는 부적정 의견을 기재한다. ③ 심사과정에서 제시된 개별 위원의 의견은 심의서에 표시하지 아니한다.

31) 「사면법 시행규칙」 제11조(회의록) ② 회의록에는 회의 개요, 심사대상, 위원회의 심사의견, 그 밖의 주요 논의사항 등을 기재한다. ③ 위원회 심사과정에서 심사대상에 대한 특별사면 등 상신의 적정성에 관하여 각 위원의 의견이 일치하지 아니한 경우에는 회의록에 개별 위원의 의견을 기재하여야 한다.

32) 사면심사위원회의 회의록은 10년 후부터 공개하도록 되어 있기 때문에 위원 각자가 현재까지의 사면 심사 시 어떤 의견을 제출했는지는 구체적으로 알 수 없으며, 따라서 현재로

경과한 때부터'이다(「사면법 시행령」 제3조). 이러한 위원회의 심사과정 및 심사내용의 공개방법은 「사면법 시행령」에서 정한 사항을 제외하고는 공공기관의 정보공개에 관한 법률에서 정하는 절차와 방법에 따른다(「사면법 시행령」 제4조). 한편 사면심사위원회의 심사과정 및 심사내용을 알 수 있는 심의서와 회의록은 특별사면 등의 상신이 적정하다고 심사한 사안에 한하여 공개되고 사면심사에서 부적정으로 결정한 사안에 관한 정보는 공개되지 않는다. 심의서에는 개별 위원의 의견을 표시하는 것이 아니라 위원회에서 결정한 적정 또는 부적정 의견만을 기재한다.

(3) 사면심사위원회의 권한

사면심사위원회는 사면심사 대상자의 선정이나 최종적인 사면 여부에 관한 결정 권한은 없고, 단지 법무부장관의 요청에 따라 특별사면 등 상신의 적정성 여부를 심사하여 의견을 제출하는 데 그친다.[33] 따라서 특별사면 등의 상신 여부와 최종적인 특별사면 등 여부의 결정은 사면심사위원회의 의견과 반드시 일치하지는 않는다. 따라서 상신의 적정성을 보장하기 위한 위원회의 심사결과에 대하여 어느 정도의 강제력이 있는가가 문제될 수 있다. 이는 법무부장관이 위원회의 심사결과를 수용하지 않을 수 있는가 또는 최종적으로 대통령이 위원회의 심사결과를 수용하지 않을 수 있는가의 문제로 귀착되고, 만약 수용하지 않는다면 상신의 적정성이 과연 보장되는가 하는 점이다.

4. 사면에 대한 사후 통제장치 미흡

현행법상 사면결정의 정당성을 판단할 기준은 없을 뿐만 아니라 사면결정

서는 위원 각자의 독립성과 공정성을 따지기는 어렵다고 할 것이다.

33) 이와 관련하여 현행 사면심사위원회 위원의 역할은 대통령의 사면권을 견제하는 기능을 갖고 있는 것이 아니라 사면권이 목적에 맞게 행사되었는지 심의하는 전시행정적인 역할을 수행하는 기구로 그 임무에 다소 부정적인 시각을 불식하기가 어려운 실정이다(이영근, "한국법무행정 개혁에 관한 연구", 『교정연구』 제49호, 한국교정학회, 2010. 12. 82면).

의 정당성을 사후에 판단할 수 있는 법적 장치도 마련되어 있지 않다. 유일하게 사후통제의 가능성이 있는 것으로서 탄핵제도가 있는데, 대통령이 그 직무집행에 있어서 「헌법」이나 법률을 위배한 때에는 국회는 탄핵의 소추를 의결할 수 있고(「헌법」 제65조 제1항), 헌법재판소는 이에 대하여 탄핵을 심판 및 결정할 수 있다(「헌법」 제111조 제1항 제2호). 그러므로 대통령의 사면권 행사가 「헌법」이나 「사면법」을 위배한 때에는 탄핵이 가능하다. 일반사면의 경우에는 국무회의의 심의를 거치지 않은 경우, 국회의 동의가 없는 경우 등이 그에 속할 것이고, 특별사면의 경우에는 사면심사위원회의 심사를 거치지 않은 경우, 「사면법」에서 구체적인 사면허용사유 또는 사면불허사유 등의 제한사유를 규정한다는 가정하에 이를 위반한 경우 등이 그에 속할 것이다. 하지만 탄핵이라는 것이 국가원수의 권한을 정지시킬 수 있을 만큼 매우 강력한 심판이기 때문에 탄핵결정에 이르기까지 상당한 진통을 거쳐야만 하고, 최종적으로 헌법재판소의 입장에서도 탄핵결정에 대한 부담감이 있는 등으로 인하여 사면을 사후적으로 통제하기 위한 효과적인 수단이라고 기대하기는 어려울 것이다.34)

Ⅳ. 사면제도의 적절한 운영방안

1. 사면권의 자의적 행사에 대한 대책: 세부적인 사면절차 규정의 정비

사면권은 대통령의 「헌법」상 권리로 인정되어 있지만, 사면의 허용사유 또는 제외사유 등 그 행사의 한계에 대하여는 직접적인 규정을 두고 있지 않다. 「헌법」상 보장된 사면권을 제한하기 위하여 법률에 규정을 두는 것이 타당한 것인지에 대한 의문이 있을 수 있지만, 행사의 권한 그 자체를 제한하는 것이 아니라 자의적인 사면권 남용의 위험성을 방지하기 위한 수단으로서 제한을 가하

---

34) 同旨 오영근, 앞의 논문, 225-226면.

는 것은 헌법내재적 한계에 속한다고 본다. 따라서 사면권을 견제하는 제도적 장치를 명문화한다면 사면권에 대한 자의적 행사를 예방할 수 있을 것이다.

1) 일정 형기 이상의 수형기간 요구

가석방의 경우와 같이 유기형의 경우 형기의 3분의 1 이상이 경과된 자, 무기형의 경우 20년 이상 복역한 자 중에서 사면대상자를 선정해야 것을 원칙으로 해야 한다. 하지만 특별한 사정이 있는 경우에는 사면심사위원회의 심사 시 재적위원 3분의 2 이상의 찬성이 있을 것을 전제로 하여 형기의 3분이 1을 다시 단축하여 원래의 형기의 9분의 1 이상이 경과된 자, 무기형의 경우 5년 이상 복역한 자 중에서 사면대상자를 정하는 예외를 인정하는 것도 생각해 볼 수 있다. 이는 가석방제도와 사면제도의 본질적인 차이점에 기인한 것이다.[35] 또한 벌금형의 경우에도 벌금 납부 후 1년 이상의 기간 경과라는 요건이 필요하다고 본다.[36] 이는 공무담임권과 관련하여 징역형 이상자와의 형평성을 고려하는 차원에서 요구된다. 한편「사면법」제14조 제2호에 의하면 특별사면의 상신을 신청하는 서류 중 형기계산서를 반드시 첨부하도록 되어 있는데, 이러한 자료의 요구는 사면대상의 세부적인 범위를 한정시키는 기능을 한다고 볼 수 있다.

2) 일정한 사면불허사유의 규정

사면대상자 중 대통령이 재임 중 범죄를 범한 자가 자신 또는 자신의 정치세력을 경우(이른바 자기사면의 금지), 헌정질서파괴범죄 · 전쟁범죄 · 조직범죄 · 테러범죄 · 반인륜범죄 · 반사회적인 부정부패범죄 등의 경우,[37] 탄핵을

---

35) 또한 가석방의 경우에는 석방자가 가석방기간을 넘긴다고 하더라도 단지 형의 집행을 종료하게 될 뿐이지 형을 면제받는 것은 아니다. 형선고의 효력도 그대로 남게 되며, 가석방 기간 중에는 보호관찰을 받아야 한다. 이 경우 가석방 중 부과된 조치를 위반하면 가석방이 취소되고 다시 교도소에서 잔여 형기를 마쳐야 한다.

36) 이금옥, "현행「사면법」의 변천과 개정을 위한 논의",『공법학연구』제5권 제3호, 한국비교공법학회, 2004. 12. 263면.

받은 자은 경우,38) 특별사면이나 감형 또는 복권 이후 재범을 한 경우, 벌금·추징금 등의 미납이 있는 경우, 대선·총선·지방선거 등 선거사범의 경우 직전 선거에서 적발된 경우 등에 해당할 경우에는 사면에서 제외시켜야 한다. 특히 선거사범과 관련하여서는 선거법을 어긴 이상 적어도 한 차례는 같은 선거에 출마하지 못하는 불이익을 주어야 하기 때문이다. 또한 전직 공무원이나 정치인에 대하여 정권교체 후 행하는 사면은 정치사면의 전형적인 경우에 해당하기 때문에 엄격히 제한되어야 한다.39)

3) 사면대상자의 개인적인 특수성 고려

사면대상자는 범인이 개전의 정이 현저하여 벌할 필요가 없게 되었을 경우로 판단되어야 한다. 특히 「사면법」 제14조 제3호에 의하면 특별사면의 상신을 신청하는 서류 중 범죄의 정상, 본인의 성행, 수형 중의 행상, 장래의 생계 기타 참고될 사항에 관한 조사서류를 반드시 첨부하여야 하는데, 이러한 자료의 요구는 사면대상자가 효과적인 재사회화를 보이고 더 이상의 형 집행이 불필요하다고 판단할 수 있는 자료라고 할 수 있다. 한편 과거의 정치적·경제적 갈등상황에서 범죄자로 낙인찍힌 양심수 등은 이후의 사정변화로 인하여 전형적인 사면의 대상자가 되어야 하겠다.

4) 보충성의 원칙 관철

사면은 권력분립의 원칙에 의하여 외적40) 한계가 설정된다. 즉 사법권의 본

---

37) 고문현, "사면권 행사의 실태분석을 통한 사면권 통제방안", 『공법학연구』 제11권 제2호, 한국비교공법학회, 2010. 5. 21면.
38) 이희훈, "부패행위자에 대한 대통령의 사면권 제한에 관한 연구", 『한국부패학회보』 제12권 제3호, 한국부패학회, 2007. 9. 167면.
39) 그리스 「헌법」 제47조 제2항, 스페인 「헌법」 제102조 제3항, 덴마크 「헌법」 제24조 등에서는 전직 장관에 대한 특별사면의 경우 국회의 동의를 얻도록 하는 특별한 조건을 부가하고 있기도 하다.

질적인 침해를 가져오지 않는 한도 내에서만 행사되어야 한다. 이에 따라 보충성의 원칙이 등장하게 된다. 즉 실무에서는 사면대상자를 선정하기에 앞서 그 대상자에게 사면보다는 감형 내지 복권의 혜택을 주는 것이 보다 적절하다고 판단될 경우에는 사면을 시행해서는 안 된다. 그러므로 사면대상 여부에 대한 심사 시 형의 감경 여부에 대한 가능성을 심사하는 것이 보충성의 원칙에 부합하는 절차로 보여 진다. 특히 사면심사위원회는 특별사면뿐만 아니라 감형에 대하여도 동시에 적정성 여부를 심사하게 되지만, 특별사면대상과 감형대상의 구체적인 기준은 마련되어 있지 않다. 그러므로 감형대상자를 특별사면으로 또는 특별사면대상자를 감형으로 변경이 가능할 수 있도록 하여야 하겠고, 그 전제로서 양자의 구별기준을 명확하게 설정하여야 한다.

5) 보안처분에 대한 사면

현행법에 의하면 사면의 효과는 형의 선고의 효력을 상실하거나 형의 집행이 면제된다. 여기서 '형'의 의미를 어떻게 해석하느냐와 관련하여 최근에 급증하고 있는 보안처분에 대한 사면의 가능성 여부가 판단된다. '형벌'로 해석한다면 보안처분에 대한 사면은 처음부터 배제가 되겠지만, '일체의 형사제재'라고 해석한다면 보안처분에 대한 사면도 가능할 것이다. 참고할 수 있는 것은 「사면법」 제4조가 행정법규위반에 대한 범칙 또는 과벌과 징계법규에 의한 징계 또는 징벌의 면제는 사면에 관한 규정을 준용한다는 점이다. 생각건대 범칙금부과처분 또는 징계처분도 일종의 강제처분이라는 점에서 보안처분과 일맥상통한다고 본다. 그러므로 보안처분에 대하여 사면의 적용가능성을 전적으로 배제하기보다는 일정한 경우에 사면을 허용할 수 있는 방안도 마련되어야 하겠다. 이는 현행 「사면법」의 규정만으로도 불가능한 것은 아니지만 해석상 논란의 여지가 있으므로 보다 확실하게 입법적으로 해결하는 것이

---

40) 대통령의 사면권은 이미 「헌법」상 보장된 권리이므로 권력분립의 원칙을 주장하더라도 이를 내적 한계의 작용원리로 활용하는 것은 타당하지 않다.

바람직하다고 본다.

2. 사면심사위원회제도의 내실화

대통령의 사면권은 정치적으로 남용되는 경우, 법치주의의 근간을 파괴하고 사법질서에 대하여 뿌리 깊은 불신을 초래한다는 점에서 아주 제한적이고 신중하게 행사되어야 한다. 특히 국회의 동의를 거쳐 명할 수 있는 일반사면과는 달리 대통령이 특별사면권을 행사함에는 아무런 법적 제약이 없어 그동안 그 남용에 대한 문제가 끊임없이 제기되어 왔다. 개정 「사면법」은 이러한 점을 고려하여 법무부장관 소속으로 사면심사위원회를 두고 법무부장관이 대통령에게 특별사면 등을 상신할 때에는 반드시 사면심사위원회의 적정성 심사를 거치도록 하는 규정을 신설하였다. 이러한 입법 취지에 비추어 보면 사면심사위원회는 그 의사결정에 아무런 법적 구속력도 없는 자문기구에 불과하다고 하더라도 그 인적 구성의 적정성 및 객관성과 심사과정의 절차적 투명성을 어느 정도 보장하여 국민에 의한 기본적인 감시와 통제가 가능하도록 하여야 하겠다.[41]

1) 위원구성권의 분산화

현행 사면심사위원회의 위원구성권은 법무부장관에게 전적으로 권한이 부여되어 있다. 즉 위원회의 위원은 ① 법무부차관, 법무부 기획조정실장 · 법무실장 · 검찰국장 · 범죄예방정책국장 · 교정본부장 · 감찰관, 대검찰청 기획조정부장 · 공판송무부장, ② 판사, 변호사, 법학교수, 그 밖에 학식과 경험이 풍부한 자 중에서 법무부장관이 임명하거나 위촉한다(「사면법 시행규칙」 제3조). 하지만 행정조직상 대통령의 하위조직에 해당하는 법무부장관이 전권을 행사하는 것은 위원회의 중립성과 독립성을 심하게 훼손하는 것이기 때문

---

41) 서울행정법원 2008. 11. 13. 선고 2008구합31987 판결 【정보공개거부처분취소】

에[42] 대법원 및 국회 등으로부터 외부위원 후보를 추천받도록 하는 등의 제도개선이 필요하다. 즉 삼권분립의 정신에 입각하여 3인은 국회에서 선출하는 자를, 3인은 대법원장[43]이 지명하는 자를 임명하게 하는 방안이 가장 타당하다고 본다.

2) 외부위원의 다수화

사면심사위원회 위원 9인 중 외부위원들이 과반수가 되도록 하여 위원회 의사 결정의 독립성을 높이는 것도 반드시 필요하다. 왜냐하면 위원회의 회의는 재적위원 과반수의 출석으로 개의하고, 출석위원 과반수의 찬성으로 의결하기 때문이다(「사면법 시행규칙」 제7조 제2항). 현행법에 의하면 외부위원을 4인 이상 위촉하여야 한다고 규정되어 있기 때문에(「사면법」 제10조의2 제3항), 외부위원을 5인 위촉하여도 법규정을 위반하는 것은 아니다. 하지만 실무적으로는 지속적으로 4인만을 위촉하고 있는데, 이는 위원회의 중립성과 독립성 확보차원에서 지양되어야 할 것이며, 이러한 관행이 지속된다고 한다면 입법론적으로 외부위원을 5인 이상 위촉하여야 한다고 개정하는 것이 바람직할 것이다.[44]

3) 회피제도의 적극적인 활용

「사면법 시행규칙」에 의하며 위원은 특별사면 등의 심사대상자와 가족 또는 친족관계에 있거나 있었던 경우 또는 그 밖의 사정으로 공정한 심사가 어

---

42) 대표적으로 위원회 외부위원 중 권영건 재외동포재단 이사장은 2007년 대선 당시 이명박 후보의 외곽조직인 선진국민연대의 공동상임의장 출신으로, 대통령의 사면권을 견제하기 위한 사면심사위원회 위원으로서 적절한지 의문이 아닐 수 없다.

43) 절차상 대법원 또는 사법부의 의견을 물어서 이를 받아들여야 하는데, 이것은 사면권의 최소한도에 필요한 내재적 한계라는 견해(김철수, 『판례·학설 헌법학(하)』, 박영사, 2008. 1734면)가 있다.

44) 2010년 2월 11일 제출된 「사면법」 개정안도 같은 취지이다.

렵다고 판단되는 경우에는 그 심사대상자에 대한 심사를 회피하여야 하며(제5조 제1항), 이러한 회피는 위원장에게 구두 또는 서면으로 신청하여야 한다(제5조 제2항)고 규정되어 있다. 또한 위원장은 회피신청이 이유가 있다고 인정하는 경우에는 이를 허용하여야 한다(제5조 제3항).

위원회의 심사는 공정해야 하는데, 공정한 심사는 공평한 위원회의 존재를 전제로 한다. 공평한 위원회란 조직과 구성에 있어서 편파적인 심사를 할 우려가 없는 위원회를 말한다. 이에 따라 엄격한 기준에 따라 위원들을 구성하고 있지만, 이러한 일반적인 전제조건이 구비되어 있더라도 위원이 구체적인 특정사안에 대하여 개인적인 특별관계를 가지고 있다면 당해 위원에게 공정한 심사를 기대하기 어렵고 또 일반인도 사면의 객관성에 대하여 신뢰할 수 없을 것이다. 여기서 공평한 위원의 구성을 보장하기 위하여 회피제도를 두고 있는 것이다. 따라서 위원들은 당해 사면의 성격이나 정황을 고려하여 공정한 심사를 해할 염려가 있다고 판단할 경우에는 적극적으로 회피제도를 활용하여야 할 것임에도 불구하고 그렇지 못한 것으로 판단되는 경우가 종종 등장하고 있다.

예를 들어 소위 '박연차 게이트' 수사 때 대검찰청 수사기획관으로 대검찰청 중앙수사부 조사를 지휘했던 홍만표 대검찰청 기획조정부장이 위원회에 구성되어 심사에 관여한 것은 문제점으로 지적할 수 있다. '죄질이 나빠 엄중한 처벌이 필요하다'는 입장에 서 있던 사람이 수사 대상자들을 석방해 준 결과가 되었기 때문이다. 이에 '대검찰청 기획조정부장은 당연직 심사위원'이라는 것이 법무부 측 해명이었다. 하지만 당연직 심사위원도 여러 정황을 고려할 때 공정한 심사가 어렵다고 판단되는 때에는 법령상 인정되고 있는 회피제도를 활용할 수 있기 때문에 자진해서 당해 사면심사에서 제외되었어야 하는 것이 마땅하다. 또한 외부위원 중 유창종 변호사의 경우 2008년 광복절 특별사면 혜택을 받은 기업인 나승렬(전 거평그룹 회장), 최순영(전 신동아그룹 회장), 최태원(SK그룹 회장) 등 3인의 형사사건 변호를 맡았던 법무법인 세종 소속이었는데, 본인이 직접 사건을 맡지는 않았다 하더라도 위 사건의 재판 당시부터 사면심사 때까지 계속 법무법인 세종 소속이었던 유 변호사는 동 3인에 대한 사면을 심사할 때 회피를 신청했어야 마땅하다.

현행법령상 위원은 공정한 심사가 어렵다고 판단되는 경우에는 그 심사대상자에 대한 심사를 '회피하여야 한다'고 규정되어 있기 때문에 이는 강행규정으로 해석될 수밖에 없다. 따라서 법무부장관은 위원회의 위원이 회피 의무를 위반한 경우에는 해임하거나 해촉할 수 있다(「사면법 시행규칙」 제12조 제2호). 또한 회피 의무 위반에 정면으로 위배된다고 볼 수 없을지라도 '그 밖에 위원으로서의 직무를 정상적으로 수행하기 어려운 것이 명백한 경우'(「사면법 시행규칙」 제12조 제4호)에 해당할 여지가 있어 해임하거나 해촉할 수 있다. 회피의무를 의무적으로 부과하고 있음과 동시에 회피의무 위반에 대한 제재규정을 두고 있는 현행법령의 취지를 제대로 살려 적극적인 회피제도의 활용이 있어야 하겠다.

3. 사면에 대한 사후적 통제장치의 적극적인 활용

사면권의 행사를 통치행위의 일종으로 파악하던 구시대의 발상은 이미 극복되었고, 사면권의 행사도 일정한 제한이 가능하다고 보는 점에 대하여 대다수의 견해가 동의하는 현 시점에서는 사면에 대한 사후통제의 가능성을 열어두는 것이 바람직하다.[45] 특히 외국의 경우와 달리 남용으로 얼룩져 있는 사면의 현실을 감안한다면 사후통제의 당위성은 더욱 강조된다. 이에 가장 효과적인 사후통제장치로서 헌법재판소에 의한 헌법소원심판을 상정해 볼 수 있

---

45) 사면에 대한 사후통제수단이 확보되어야 한다는 견해로서 고문현, 앞의 논문, 23면; 오영근, 앞의 논문, 226-227면; 이금옥, 앞의 논문, 446면; 정종섭, 『헌법학원론』, 박영사, 2010. 1215면; 정현미 · 황지태, 앞의 논문, 180면. 이에 반하여 사면권행사를 사후에 사법심사의 대상으로 삼는 것에 대하여 부정적인 시각으로는 권영성, 『헌법학원론(개정판)』, 법문사, 2007. 1003면; 장영수, 앞의 책, 1192면. 사면의 결정 또는 거부가 사법적 심사의 대상이 되는가에 대하여 독일의 연방헌법재판소는 4:4로 사법적 심사의 대상이 되지 아니한다고 판시하였다(BVerfGE 25, 352 ff.; BVerfGE 45,187). 독일의 사면제도에 대한 보다 자세한 논의로는 박진애, "「헌법」에 합치하는 사면제도의 모색: 독일 사면제도와의 비교법적 연구를 중심으로", 『헌법학연구』 제15권 제3호, 한국헌법학회, 2009. 9. 330면 이하 참조.

다. 공권력의 행사 또는 불행사로 인하여 헌법상 보장된 기본권을 침해받은 자는 법원의 재판을 제외하고는 헌법재판소에 헌법소원심판을 청구할 수 있는데, 이는 다른 법률에 구제절차가 있는 경우에는 그 절차를 모두 거친 후에 청구할 수 있다(「헌법재판소법」 제68조 제1항). 헌법소원을 제기하기 위해서는 보충성의 원칙을 엄격하게 지켜야 하나, 사면에 대한 법률상의 구제절차가 없는 상황이므로 사면권의 행사로 인하여 「헌법」상 보장된 기본권을 침해받은 자에 해당된다면 곧바로 헌법소원의 청구가 가능하다고 본다. 문제는 사면으로 인하여 「헌법」상 보장된 기본권을 침해받은 자가 과연 누구인가 하는 것인데, 특별사면의 경우 일반수형자들이 전직 정치인이나 고위공무원에 비하여 불평등한 대우를 받았다고 하는 평등권의 침해를 주장할 수 있을 것이고,[46] 동일한 선거사범이라고 하더라도 정당한 이유 없이 상대적으로 중한 범죄행위를 저지른 자를 경미한 범죄행위를 저지른 자에 우선하여 사면의 대상으로 포함시킨 경우도 이에 해당할 수 있을 것이다. 기존 헌법재판소의 입장[47]에서 한 걸음 나아간 전향된 결정이 요구된다고 하겠다.

4. 보다 쉬운 법률용어로의 개정

제정 당시의 용어를 그대로 사용하고 있는 점에 대해서는 조속한 개정이 필요하다. 예를 들면 '좌에 열기한 자'(제3조, 제5조, 제14조, 제16조), '형의 언도'(제3조, 제5조, 제7조, 제27조), '경감한다'(제5조), '검찰청검찰관'(제11조 등), '재감하는'(제11조), '형무소장'(제11조, 제20조), '첨가진달'(제13조), '회복코자 하는'(제17조), '군사법정'(제27조) 등이 그것이다. 이러한 용어들은 '다음

---

46) 오영근, 앞의 논문, 226면.

47) 사면과 관련한 사안에 대하여 헌법재판소는 모두 각하결정을 내리고 있는 실정이다. 1997년 12월 22일 단행된 전·노 대통령에 대한 특별사면에 대한 사안(헌재 1998. 9. 30. 선고 97헌마404 결정)과 1999년 8월 15일에 단행된 김현철에 대한 특별사면에 대한 사안(헌재 2000. 4. 27. 선고 99헌마499 결정) 등에 있어서 청구인은 평등권, 행복추구권 등을 침해당하였다고 헌법소원을 청구하였으나, 헌법재판소는 심판청구의 자기관련성·직접성이 결여되어 부적법하다면서 각하결정을 내린 것이다.

각호에 열거한 자’, ‘형의 선고’, ‘감경한다’, ‘검사’, ‘복역하는’, ‘교도소장’, ‘첨부’, ‘회복하고자 하는’, ‘군사법원’ 등으로 수정되어야 할 것이다.

V. 글을 마치며

대통령의 사면권은 행사될 때마다 사회적·정치적·법적 이슈로 등장하였으며, 적정성 논란을 피할 수가 없었다. 특히 특별사면은 그 정치적 남용과 자의적 행사로 인하여 비판의 집중적 대상이 된 지 오래된 일이다. 이러한 문제의 원인은 우선 사면권자가 사면의 합목적성의 측면에서 재량의 자유를 갖기 때문이다. 현행법상 구체적인 사면허용사유 내지 사면불허사유가 존재하지 않는다는 점, 사면결정의 정당성 여부를 판단할 수 있는 구체적인 기준이 명확하지 않다는 점, 사면결정의 사전통제방안이 몇 가지 존재하기는 하지만 형식적으로 운영되고 있다는 점, 사면결정에 대하여 사후적으로 심사하는 제도 자체가 존재하지 않다는 점 등이 이를 말해준다. 따라서 법치국가의 원리에 입각하여 사면권자가 가지고 있는 재량의 자유를 축소하기 위하여 구체적인 제도를 통하여 그 기준을 입법화하는 작업이 절실히 요청된다. 예를 들면 세부적인 사면절차 규정의 정비의 일환으로서 사면허용요건으로서 일정 형기 이상의 수형기간 요구, 사면불허요건으로서 일정한 제외사유의 규정, 사면대상자의 개인적인 특수성 고려, 삼권분립의 원칙과 관련하여 보충성의 원칙 관철, 보안처분에 대한 사면의 허용 등을 고안해 낼 수 있으며, 사면심사위원회 제도의 내실화를 위하여 위원구성권의 분산화, 외부위원의 다수화, 회피제도의 적극적인 활용 등을 제안할 수 있을 것이다.

마지막으로 사면권의 남용은 현행 사면제도의 입법적인 미비에서도 그 원인을 찾아볼 수 있겠지만 보다 더 근본적인 원인은 사면절차에 관여하는 자들의 사면에 대한 인식의 부족에 기인한 바가 크다. 교정관련 공무원, 검사, 검찰총장, 법무부장관, 사면심사위원회 위원, 대통령 등에 이르기까지 사면에 관

련된 모든 자들이 실제 사면에 앞서 사면제도의 본질을 제대로 파악하고 있어
야 하며, 과거의 남용된 사례 및 잘못된 관행에 대한 자기성찰을 하여야만 사
면제도가 반복되는 불신의 대상이 아니라 국민으로부터 기다려지는 환영의
대상으로 변모될 것이다.

박찬걸

경희대학교 법과대학 졸업(법학사)
한양대학교 대학원 석사과정 졸업(법학석사)
한양대학교 대학원 박사과정 졸업(법학박사)
한양대학교·건양대학교·영동대학교 강사 역임
육군3사관학교 법학과 교수 역임
현) 대구가톨릭대학교 법정대학 경찰행정학과 교수
　　한국소년정책학회 재무이사
　　한양법학회 이사
　　한국형사법학회, 한국비교형사법학회, 한국형사정책학회, 한국피해자학회, 한국형사소송법학회,
　　형사판례연구회, 한국교정학회, 한국법정책학회 정회원
　　국가공무원시험 출제위원

『형법각론 쟁점연구 I』
「성매매죄의 합리화 방안에 관한 연구」
외 다수

형법총론 쟁점연구 I

초판인쇄 | 2012년 4월 30일
초판발행 | 2012년 4월 30일

지 은 이 | 박찬걸
펴 낸 이 | 채종준
펴 낸 곳 | 한국학술정보㈜
주　　소 | 경기도 파주시 문발동 파주출판문화정보산업단지 513-5
전　　화 | 031) 908-3181(대표)
팩　　스 | 031) 908-3189
홈페이지 | http://ebook.kstudy.com
E-mail | 출판사업부　publish@kstudy.com
등　　록 | 제일산-115호(2000. 6. 19)

ISBN　　978-89-268-3285-1 93360 (Paper Book)
　　　　　978-89-268-3286-8 98360 (e-Book)